法学研究

CHINESE JOURNAL OF LAW

《法学研究》专题选辑

陈甦 / 总主编

民事立法与民法典编纂

Civil Legislation and Codification of Civil Code

朱广新　主编

 社会科学文献出版社
SOCIAL SCIENCES ACADEMIC PRESS (CHINA)

总　序

　　回顾与反思是使思想成熟的酵母，系统化的回顾与专业性的反思则是促进思想理性化成熟的高效酵母。成熟的过程离不开经常而真诚的回顾与反思，一个人的成长过程是如此，一个学科、一个团体、一本期刊的发展过程也是如此。我们在《法学研究》正式创刊 40 年之际编写《〈法学研究〉专题选辑》，既是旨在引发对有关《法学研究》发展历程及其所反映的法学发展历程的回顾与反思，也是旨在凝聚充满学术真诚的回顾与反思的思想结晶。由是，《〈法学研究〉专题选辑》是使其所刊载的学术成果提炼升华、保值增值的载体，而非只是重述过往、感叹岁月、感叹曾经的学术纪念品。

　　对于曾经的法学过往，哪怕是很近的法学过往，我们能够记忆的并非像我们想象的那样周全、那样清晰、那样深刻，即使我们是其中许多学术事件的亲历者甚至是一些理论成就的创造者。这是一个时空变化迅捷的时代，我们在法学研究的路上走得很匆忙，几乎无暇暂停一下看看我们曾经走过的路，回顾一下那路上曾经的艰辛与快乐、曾经的迷茫与信念、曾经的犹疑与坚定、曾经的放弃与坚持、曾经的困窘与突破，特别是无暇再感悟一下那些"曾经"中的前因后果与内功外力。法学界同仁或许有同样的经验：每每一部著述刚结句付梓，紧接着又有多个学术选题等待开篇起笔，无参考引用目的而只以提升素养为旨去系列阅读既往的法学精品力作，几为夏日里对秋风的奢望。也许这是辉煌高远却又繁重绵续的学术使命造成的，也许这是相当必要却又不尽合理的学术机制造成的，也许这是个人偏好却又是集体相似的学术习惯造成的，无论如何，大量学术作品再阅读的价值还是被淡化乃至忽略了。我们对没有被更充分传播、体现、评价及转化的学术创造与理论贡献，仅仅表达学人的敬意应该是不够的，真正的学术尊重首先在于阅读并且一再阅读映现信念、智慧和勇气的学术作品。《〈法学研究〉专题选辑》试图以学术史研究的方法和再评价的方式，向学界同行表达我们的感悟：阅读甚至反复阅读既有成果本该是学术生活的重要部分。

我曾在另外一本中国当代法学史著作的导论中描述道：中国特色社会主义法治建设之路蜿蜒前行而终至康庄辉煌，中国法学研究之圃亦蔓延蓬勃而于今卓然大观。这种描述显然旨在鼓舞而非理解。我们真正需要的是理解。理解历史才能理解现在，理解现在才能理解未来，只有建立在对历史、现在和未来的理解基础上，在面对临近的未来时，才会有更多的从容和更稳妥的应对，才会有向真理再前进一步的勇气与智慧。要深刻理解中国法学的历史、现在以及未来，有两种关系需要深刻理解与精准把握：一是法学与法治的关系，二是法学成果与其发生机制的关系。法学与法治共存并互动于同一历史过程，法学史既是法律的知识发展史，也构成法治进步史的重要组成部分。关于法、法律、法治的学术研究，既受制于各个具体历史场景中的给定条件，又反映着各个历史场景中的法律实践和法治状况，并在一定程度上启发、拨动、预示着法治的目的、路径与节奏。认真对待中国法学史，尤其是改革开放以来的法学史，梳理各个法治领域法学理论的演进状态，重估各种制度形成时期的学术供给，反思当时制度设计中背景形塑和价值预设的理论解说，可以更真实地对法治演变轨迹及其未来动向作出学术判断，从中也更有把握地绘出中国法学未来的可能图景。对于既有法学成果，人们更多的是采取应用主义的态度，对观点内容的关注甚于对观点形成机制的关注。当然，能够把既有学术观点纳入当下的理论创新论证体系中，已然是对既往学术努力的尊重与发扬，但对于学术创新的生成效益而言，一个学术观点的生成过程与形成机制的启发力远大于那个学术观点内容的启发力，我们应当在学术生产过程中，至少将两者的重要性置于等量齐观的学术坐标体系中。唯其如此，中国法学的发展与创新才会是一个生生不息又一以贯之的理性发展过程，不因己悲而滞，不因物喜而涨，长此以往，信者无疆。

作为国内法学界的重要学术期刊之一，《法学研究》是改革开放以来中国法学在争鸣中发展、中国法治在跌宕中进步的一个历史见证者，也是一个具有主体性、使命感和倡导力的学术过程参与者。《法学研究》于1978年试刊，于1979年正式创刊。在其1979年的发刊词中，向初蒙独立学科意识的法学界和再识思想解放价值的社会各界昭示，在办刊工作中秉持"解放思想、独立思考、百家争鸣、端正学风"的信念，着重于探讨中国法治建设进程中的重大理论和实践问题，致力于反映国内法学研究的最新成果和最高学术水平，热心于发现和举荐从事法学研究工作的学术人才。创刊至今40年来，《法学研究》虽经岁月更替而初心不改，虽有队伍更新而使命不坠，前后八任主编、50名编辑均能恪守"严谨、务实、深入、学术"的办刊风格，把《法学研究》作为自己学术生命的存续载体和学术奉献的展示舞台。或许正因如此，《法学研究》常被誉为"法学界风格最稳健、质量最稳定的期刊"。质而言之，说的是刊，看的是物，而靠的是人。我们相信，《法学研究》及其所刊载的文章以及这些文章的采编过程，应该可以视为研究中国改革开放以来法学发展、法治进步的一个较佳样本。也正因如此，我们有信心通过《〈法学研究〉专题选辑》，概括反映改革开放以来中国法学发展的思想轨迹以及法学人的心路历程。

本套丛书旨在以《法学研究》为样本，梳理和归整改革开放以来中国法学在一个个重要历史节点上的思想火花与争鸣交织，反思和提炼法学理论在一个个法治建设变奏处启发、拨动及预示的经验效果。丛书将《法学研究》自创刊以来刊发的论文分专题遴选，将有代表性的论文结集出版，故命名为"《法学研究》专题选辑"。考虑到《法学研究》刊发论文数量有限，每个专题都由编者撰写一篇2万字左右的"导论"，结合其他期刊论文和专著对该专题上的研究进展予以归纳和提炼。

丛书第一批拟出版专题15个。这些专题的编者，除了《法学研究》编辑部现有人员外，多是当前活跃在各个法学领域的学术骨干。他们的加入使得我们对这套丛书的编选出版更有信心。

所有专题均由编者申报，每个专题上的论文遴选工作均由编者主要负责。为了尽可能呈现专题论文的代表性和丰富性，同一作者在同一专题中入选论文不超过两篇，在不同专题中均具代表性的论文只放入其中的一个专题。在丛书编选过程中，我们对发表时作者信息不完整的，尽可能予以查询补充；对论文中极个别受时代影响的语言表达，按照出版管理部门的要求进行了细微调整。

不知是谁说的，"原先策划的事情与实际完成的事情，最初打算写成的文章与最终实际写出的文章，就跟想象的自己与实际的自己一样，永远走在平行线上"。无论"平行线"的比喻是否夸张，极尽努力的细致准备终归能助力事前的谨慎、事中的勤勉和事后的坦然。

我思故我在。愿《法学研究》与中国法学、中国法治同在。

陈　甦

2019 年 10 月 8 日

于沙滩北街 15 号

目录
Contents

导　论

朱广新*

我国具有悠久的成文法传统，从公元前 536 年郑国执政，子产"铸刑书于鼎"，至《大清律例》，2000 多年间，成文法绵延不绝，无比发达。20 世纪以来，在此种历久弥坚的成文法传统影响下，寻求民族独立、国家富强的中国人，在法制变革上，将编纂现代意义的法典当作法治建设的首要目标。中华人民共和国成立后，制定统一的民法成为民事立法的重要任务，然而，两次民法制定工作（史称第一、第二次民法典编纂）皆未获得什么成果。1978 年 12 月，党的十一届三中全会开启改革开放的历史新时期，民事立法适应现实需求逐步发展起来。在这个极其重要的历史拐点，民法典编纂再次被提起，并迅疾进入实施中。自此以后的 30 余年间，编纂民法典成为民法学人常谈常新的话题和学术研究的常规对象。但是，直到 2014 年 10 月党的十八届四中全会作出"编纂民法典"的重大决定，民法典才真正凭借 2017 年 3 月颁布的民法总则迈出坚实而具有重大历史意义的第一步。

总体而言，改革开放以来，我国民事立法与民法典编纂在学术研究方面呈现出明显的阶段性、渐进性发展特征，这些特征在很大程度上与经济社会转型性立法普遍具有的特点相契合。

一　第三次民法典编纂与民法通则的制定

党的十一届三中全会使全党工作的着重点和全国人民的注意力转移到

* 朱广新，中国社会科学院法学研究所研究员。

社会主义现代化建设上来，以经济建设为中心的改革开放由此拉开帷幕，有法可依、有法必依、执法必严、违法必究的法制建设方针随之确立起来。立法尤其是有关经济发展的民商事立法，自此进入快车道。① 1978 年底，担任五届全国人大常委会法制委员会副主任委员的陶希晋同志写给中共中央一封信，向中央建议不要制定民法典。中共中央将这封信转到中国社会科学院，院长胡乔木同志将信件交给法学研究所，所领导再交给民法经济法研究室。王家福教授组织研究室全体同志对这封信提出的建议及其理由进行了研究、讨论，大家一致认为这封信的建议是错误的，中国绝对不能没有自己的民法典。在经过慎重考虑和认真研究之后，决定向中央写一个研究报告，提出相反的建议，此即《关于制定民法典的研究报告》。研究报告经胡乔木院长上报中共中央，中央领导同志作了批示。按照批示，全国人大常委会决定立即启动民法典起草工作。1979 年 11 月，五届全国人大常委会法制委员会成立了由杨秀峰同志任组长、陶希晋同志任副组长的民法起草中心小组（通称"民法起草小组"），从全国调集了一批民法学者和实务部门的民法专家，开始了新中国第三次民法起草。② 以民法制定为中心的民法学研究也由此被激发出来。1980 年，王家福、苏庆和夏淑华撰文指出："我国已经进入新的历史时期。实现四个现代化已成为新时期压倒一切的中心任务。体现时代要求、反映人民愿望的现代化建设的宏伟事业，十分紧迫地把制定民法的任务提到了我们党和国家的面前。"该文对制定民法的客观必要性，民法的主要内容（如民法的任务和基本原则、民事权利的主体、民法的适用范围和时效、财产的所有等），制定民法应该注意的原则等进行了较为详细的论述。③ 呼吁尽快制定民法一时成为民法研究的热点。④

1980 年至 1982 年 5 月，民法草案从一稿起草到四稿。1982 年 6 月，全国人大常委会法制委员会决定，终止民法典起草工作，先审议颁布一些社会

---

① 1979 年 2 月，第五届全国人民代表大会常务委员会第六次会议决定建立全国人大常委会法制委员会。1983 年，全国人大常委会法制委员会改成全国人大常委会法制工作委员会（简称"法工委"）。

② 参见梁慧星《难忘的 1979—1986——为祝贺导师王家福先生八十大寿而作》，中国法学网，http://www.iolaw.org.cn/showArticle.aspx? id = 2665，2018 年 5 月 10 日访问。

③ 王家福、苏庆、夏淑华：《我们应该制定什么样的民法》，《法学研究》1980 年第 1 期。

④ 参见魏振瀛、张佩霖《要尽快制定颁布民法》，《北京政法学院学报》1981 年第 3 期。

急需的民事单行法律，待条件具备时再制定民法典。婚姻法（1980）、经济合同法（1981）、商标法（1982）、专利法（1984）、继承法（1985）等单行民事法律先后制定出来。梁慧星教授多年后对此评价道："现在看来，当时如果真的制定了一部民法典，则该民法典必定主要参考苏联和东欧民法，不可能符合改革开放和发展社会主义市场经济的要求。"①

历史地看，第三次民法典编纂的夭折与一个重要的学术研究背景不无关系，即自 1979 年开始持续达 7 年之久的民法与经济法争论。1979 年 8 月 7—8 日，中国社会科学院法学研究所邀请北京地区法律院系的学者召开"民法与经济法问题学术座谈会"，会上形成"大经济法观点"与"大民法观点"两种对立看法。争论的关键问题是，企业之间的经济关系究竟由民法还是经济法调整，即经济合同法究竟属于民法还是属于经济法。持大经济法观点者主张取消民法而由经济法替代。这种观点影响到人们对民法的正确认识，甚至影响到民法研究者对民法的信心。更为甚者，有些人主张把民法的一部分划入经济法，使传统的民法体系陷于凌乱或范围减缩。这种理论在整个法学界占据重要地位，对民法形成较大冲击，使民法学界陷入近乎消沉的境地。② 民法相对于经济法的此种弱势地位，一定程度上也反映在学术论文的产出量对比上。在 20 世纪 80 年代初期，虽然民法制定是立法重点之一，但是从学术论文产出上看，似乎更多的学者热衷于研究经济法问题，与民法制定相关的民法学论文少之又少。但是，深入分析也可以发现，经济法学术论文的研究动机或目的，有些纯粹是为经济法争地盘，而一些主要由民法学者撰写的论文，则是想通过界定经济法的范围而间接论证民法的必要性及其范围③。由于我国法学把调整对象作为部门法划分的主要依据，学者们通常多从调整对象方面分析论证民法或经济法的正当性与存在范围。譬如，有学者从分析各种经济关系的性质入手认为，民法只能调整与价值规律的直接作用相联系，具有当事人双方自主平等以及等价有偿特点的商品经济关系；而基于国家组织经济的职能所产生

---

①　参见《中国民法学的历史回顾与展望》，载梁慧星《中国民事立法评说：民法典、物权法、侵权责任法》，法律出版社，2010，第 40 页。

②　参见《中国民法学的历史回顾与展望》，载梁慧星《中国民事立法评说：民法典、物权法、侵权责任法》，法律出版社，2010，第 38—39 页。

③　参见谢怀栻《从经济法的形成看我国的经济法》，《法学研究》1984 年第 2 期。

的经济关系，包括计划管理关系和经济合同关系等，应该由经济法调整；社会主义新型劳动关系则由劳动法调整。公民个人生活资料的继承关系和某些人身关系也属民法调整的范围。①

1984 年 10 月 20 日，党的十二届三中全会在《中共中央关于经济体制改革的决定》中明确提出：社会主义计划经济是在公有制基础上的有计划的商品经济，商品经济的充分发展是社会经济发展的不可逾越的阶段，是实现我国经济现代化的必要条件。这一重大政策决定彻底扭转了民法在民法、经济法之争中的弱势地位②，民法学研究以及民事立法由此发生重大变迁。其实，1980 年 10 月 17 日，国务院就颁布《关于开展和保护社会主义竞争的暂行规定》，要求各级政府和主管部门"要学会掌握经济规律，利用价格、税收、信贷、利率等经济杠杆，制定必要的经济法规，指导竞争的健康发展"。但是，人们对计划经济与市场调节之间的关系，仍无法形成确定的认识。所以，十二届三中全会提出的"实行计划经济同运用价值规律、发展商品经济，不是互相排斥的，而是统一的，把它们对立起来是错误的"，"只有充分发展商品经济，才能把经济真正搞活，促使各个企业提高效率，灵活经营，灵敏地适应复杂多变的社会需求，而这是单纯依靠行政手段和指令性计划所不能做到的"，极大地解放了包括民法经济法学者的法学思想，民法学者再次燃起呼吁制定民法的热情。

有计划的商品经济体制改革为民事立法提出许多新课题，现实迫切需要制定一批像票据、破产、保险之类的单行法规。从立法体系的角度看，制定民法典也非常必要。民事活动中的代理、时效、法律行为等都不宜以单行法规的形式加以规定，但它们在经济生活中又是必不可少的。有单行民事法规而无民法典，就会显得有目无纲、杂乱无章，不利于立法的系统化。而且单行法规规定过多，仍不免挂一漏万，在法律调整中留下许多空白点。有些学者因此建议，以苏联民事立法的经验教训为鉴，我国民事立法应该有一个总体设计，在制定单行法规的同时，尽快颁行民法典，从而少走弯路，真正建立起具有中国特色的民事立法体系。③

1985 年 4 月 9—14 日，中国法学会民法学经济法学研究会在江苏省苏

---

① 参见史际春《试论我国民法的调整对象及其客观依据》，《法学研究》1984 年第 1 期。
② 参见谢怀栻《谢怀栻法学文选》，中国法制出版社，2002，第 79 页。
③ 李时荣、王利明：《经济体制改革与民事立法》，《法学研究》1985 年第 1 期。

州市召开成立大会。与会人员认为，民法是调整商品经济关系的基本法。通过经济体制改革，我国社会主义有计划的商品经济关系将会获得很大发展，平等、自愿、等价有偿原则是调整商品交换关系的基本原则，民法是最适合体现这种基本原则的法律形式。我国先后制定了经济合同法、专利法、继承法等重要法律，立法工作有了很大进展。当前急需就民法的制定作出通盘设计和规划，加快民法的制定和颁布。1985 年 7 月，全国人大法工委会同最高人民法院和一些法律专家经过反复调查研究，广泛征求法律专家、中央有关部门、各地方以及法律院系、研究单位的意见，参考国外有关法律资料，在 1982 年民法草案（四稿）的基础上起草民法通则草案。同年 8 月 15 日，草拟出民法通则（征求意见稿）并印发部分单位征求意见，之后修改形成民法通则（草案），并于同年 11 月提请六届全国人大常委会第十三次会议进行初审。同年 12 月 4—11 日，全国人大法律委员会和全国人大常委会法工委召开了《民法通则（草案）》座谈会。1986 年 2 月民法通则（草案）修改稿再次印发部分单位征求意见。①

　　1986 年 4 月 12 日，第六届全国人民代表大会第四次会议通过民法通则。有人认为它"就是指民事法律规范的通用准则"，"实际上就是我国的第一部社会主义的调整民事活动和民事关系的基本大法"，"它填补了我国法律体系中民事立法的空白"。② 它以基本法的形式肯定了民法在我国法律体系中的地位和作用，"它把我国法律体系中民事基本法的空白补上去了，使我国的社会主义法制建设向前迈进了一大步"，并为制定一部较为完善的新的民法典奠定了基础③。它"在相当程度上起到了统一认识的作用"④，"标志着我国具有中国特色的社会主义民法的确立"⑤。但是，学者们也清醒地认识到，"《民法通则》还不是完整的民法典，它仍亟待单行法去补充"。⑥ 民事立法仍然任重道远。

　　民法通则颁布后的几年里，如何理解、解释这部法律，成为学术研究的重点。

---

① 参见《徐开墅民商法论文集》，法律出版社，1997，第 22—23 页。
② 参见《徐开墅民商法论文集》，法律出版社，1997，第 19 页。
③ 参见佟柔主编《民法总则》，中国人民公安大学出版社，1990，总序第 9、11 页。
④ 参见江平《民法通则的适用范围及其效力》，《法学研究》1986 年第 3 期。
⑤ 参见王家福《一部具有中国特色的民法通则》，《法学研究》1986 年第 3 期。
⑥ 参见江平《民法通则的适用范围及其效力》，《法学研究》1986 年第 3 期。

二　合同法与第四次民法典编纂

我国的改革开放是一场追求强国富民的自我革命，旧经济体制及与其相关的观念、制度的解体、破除与消灭，与新的经济体制及观念、制度、体系的承认、确立与完善，始终处于激烈碰撞、斗争中。随着改革开放的逐步推进，计划经济体制与商品经济体制所形成的新旧利益格局的冲突和摩擦日益加剧，至 20 世纪 80 年代末 90 年代初期，我国经济体制改革与对外开放实践遭遇严重困境，在理论上面临被从根本上否定的危险。1989 年后，一些实质上主张计划经济的人甚至想以各种借口否定民法通则。

1991 年 4 月 5 日，在民法通则颁布五周年之际，中国社会科学院法学研究所邀请首都从事民事立法、司法及民法教学、研究的学者专家以"民法通则的回顾与展望"为主题召开了座谈会。与会人员在充分认识、肯定民法通则的价值、意义和重大作用之时，亦清楚地认识到我国民事立法相对于社会经济的快速发展所存在的诸多缺陷，并由此提出制定完备的民法典已相当必要。① 如谢怀栻教授提出，我国的民法仍处于一种分散的状态。民法通则过于简单，合同法一分为三，而且已经过时。婚姻法也过于简单。现在正在拟定关于收养和"婚姻管理"的条例，正在着手修订经济合同法，但工作都不理想。如此下去，我国民事立法势必将长期陷于分散零乱的状态。有些重要问题，如债法总则、物权特别是抵押权问题等仍处于无法可依的状态。因此，希望立法者改变过去"立法宜粗不宜细"的指导思想，考虑制定一部完备的、真正解决问题的民法。像民法通则这样看起来似乎面面俱到，而用起来处处捉襟见肘的法律，通过四年多的实践，足以使我们明白，法律是不能"宜粗不宜细"的。再如杨振山教授认为，加速制定我国民法典已势在必行，原因为：一是民法通则的形式和规范不能充分展现民法的价值；二是司法实践及经济实践都需要完整而统一的民法典，零散的单行法规一方面容易发生矛盾，另一方面容易产生漏洞；三是商品经济需要统一的市场，也需要统一的法典来规范；四是民法所保护的

---

① 关于此次座谈会的综述，参见孙宪忠《民法通则的回顾与展望》，《法学研究》1991 年第 3 期。

人身关系内容非常丰富，民法通则的规定尚需进一步充实；五是民法典是集约性立法，它能使各个单行法规进一步得到协调；六是通过民法典的制定，可以更好地向全国人民普及民法知识，也可以促进民法学的研究更进一步深入。

显而易见，民法通则不是抑制了民法学者编纂民法典的梦想和追求，而是在夯实民法地位之后强化了民法学者制定统一民法典的共识。相比于20世纪70年代末80年代初的第三次民法典编纂，十多年的民事法律实践与法学研究已使民法学者对于民法典编纂在思想认识上发生了深刻变化，与民法典相关的学术研究已呈现出应当制定民法典与如何制定民法典相互交织的新格局。建立社会主义市场经济体制的改革目标的明确化，为民法典研究格局的形成更是施加了强大的推动力。

1992年1月18日至2月21日，邓小平先后赴武昌、深圳、珠海和上海视察，沿途发表了重要谈话（史称"邓小平南方谈话"），并作出诸多重要论断，如"改革开放胆子要大一些，看准了的，就大胆地试、大胆地闯"、"计划和市场都是经济手段，不是社会主义与资本主义的本质区别"等[①]。"邓小平南方谈话"标志着我国改革进入加快发展的新阶段。[②] 1992年10月召开的党的第十四次全国代表大会明确提出，我国经济体制改革的目标是建立社会主义市场经济体制，也就是要使市场在社会主义国家宏观调控下对资源配置起基础性作用，使经济活动遵循价值规律的要求，适应供求关系的变化；通过价格杠杆和竞争机制的功能，把资源配置到效益较好的环节中去，并给企业以压力和动力，实现优胜劣汰；运用市场对各种经济信号反应比较灵敏的优点，促进生产和需求的及时协调。

改革开放以来的民事立法，主要以经济建设为基本驱动力，经济改革的方向、目标、范围直接决定着民事立法的规划、信心和广度。社会主义

---

① 《深圳特区报》率先发表重要社论报道，集中阐述了"邓小平南方谈话"的要点。参见陈锡添《东方风来满眼春——邓小平同志在深圳纪实》，《深圳特区报》1992年3月26日。

② 1997年9月12日，江泽民在中国共产党第十五次全国代表大会上的报告对"邓小平南方谈话"作出如下深刻历史评价："一九九二年邓小平南方谈话，是在国际国内政治风波严峻考验的重大历史关头，坚持十一届三中全会以来的理论和路线，深刻回答长期束缚人们思想的许多重大认识问题，把改革开放和现代化建设推进到新阶段的又一个解放思想、实事求是的宣言书。"

市场经济体制这种改革目标模式的提出，彻底解决了困扰人们多年的如何处理计划与市场之间关系的难题，消除了人们关于市场经济发展的种种思想顾虑，为改革开放确立了十分明确的发展方向。这对民事立法及与此相关的法学研究产生了深远影响。许多民法学者自此开始对民法典编纂作更为深入、广泛的思考。

立法是在认识既往人类行为规律性的基础上对未来人类行为加以预见并进行规制的认识活动，必以一定的认识论作指导。从法国民法典、德国民法典、瑞士民法典看，每一部民法典都以一定的认识论为基础，这种认识论反映在民法典的条文或立法技术中。经过一个多世纪的考验，立法中的绝对主义和不可知论皆已被证伪，德国民法典和瑞士民法典所持的认识论相对比较合理。以辩证唯物主义为重要内容的马克思主义哲学是我国未来民法典的认识论基础。辩证唯物主义以相对真理与绝对真理关系为内容的认识论，与作为德国民法典和瑞士民法典基础的康德认识论十分接近。基于人类认识能力的至上性，应制定尽可能多的预料未来人类行为并加以规制的民法典。基于人类认识能力的非至上性，未来制定的民法典必须保持开放性结构，合理地将立法权授予司法者，使绵延的司法过程成为短暂的立法过程之逻辑延伸，以司法者的认识能力补立法者认识能力之不足。因此，若承认辩证唯物主义为我国未来民法典的认识论基础，对未来民法典的涵盖范围、法律渊源、体制设计等问题的处理就获得了明确指针。现实的教训已告诉我们，我国的民事立法不能再采取"宜粗不宜细"的立法方式，而必须制定严格规则主义风格的缜密的法典。同时，又必须承认民法典不可能包罗万象，把立法者不能预见的问题交由经精心选择的其他有权机关依严格的程序处理，使民法典同时具有一定的自由裁量主义的风格。①

自由选择、自由竞争是市场经济的本质要求。意思自治是民法的核心原则。有学者对市场经济下如何理解和落实意思自治原则进行了深入分析。私法所奉行的意思自治对个人才智的激发、人类文明的演进所起的积极作用，以市场经济为主体的国家经济建设和法制建设所取得的成功经验，清楚地告诉我们：实行市场经济机制、强化以意思自治为核心的私法

---

① 参见徐国栋《论我国民法典的认识论基础》，《法学研究》1992 年第 6 期。

系统，是政府正确解决市场与计划的关系，在经济政策和法律制度中的两个必然选择。因此，研究意思自治与市场经济的本质联系及互动关系，认清意思自治的实施现状与市场经济所要求的实施程度之差距，探求扩大意思自治的合理途径以促进市场经济的发展，控制意思自治实施的度，以防个人主义的泛滥，这是现代经济发展摆在每一个法律学者面前亟待研讨和解决的重大课题。权利本位是意思自治的基础。进一步强化权利本位，彻底抛弃义务本位观，应完善民事权利立法体系，建立以民法典为核心，公司法、票据法、证券法、信托法等民事特别法为补充的民事立法体系势在必行。①

有学者以社会转型为视角对民法在我国现代社会中的意义进行了深入研究，并提出如下看法：随着市场导向改革的全面展开和深入进行，中国社会面临着一个全面的转型时期，即由"熟人社会"迈向"陌生人社会"。在陌生人之间，法律的作用达到最高程度。因此，当代中国社会已经越发需要民法，需要法典化的民法。作为满足当代中国需要并促进社会变革和发展的民法典，负有特殊的经济、政治和社会文化使命。经济使命是，为中国的经济活动提供良好的制度框架和活动准则，促进市场经济的发展。政治使命是，促进中国民主政治的发展和法治国的实现。社会文化使命是，通过民法典的颁布，促进中国市民社会的缔造，促进传统文化向现代文化的转型，实现新的社会整合。中国民法的法典化是中国走向繁荣的必由之路，是实现中国现代化的基本出发点。②

社会主义市场经济体制改革，不仅在经济领域引发了一场深刻革命，而且对我国民法经济法体系也必将带来一场观念与制度的巨大更新。有学者对此进行了系统思考。如谢怀栻教授认为，进行民法经济法领域的改革，正如经济体制的改革一样，这种改革不是对原有体制（体系）的细枝末节的修补，而是一种根本性变革，只有掌握这一点，才能使我国的民法经济法体系，真正从计划经济的框框里转变到社会主义市场经济的体制下，起到法律保障经济体制改革、促进经济体制改革和经济建设的作用。原则上，在民法经济法领域，不应该再从所有制方面去肯定或否定某一经

---

① 参见江平、张礼洪《市场经济和意思自治》，《法学研究》1993 年第 6 期。

② 参见韩世远《论中国民法的现代化》，《法学研究》1995 年第 4 期。

济主体的法律人格，而应该只从法律形式上去区分主体，即只要具备法律规定的要件，就承认其有进入市场并在市场中活动的民事权利能力和行为能力；每个主体拥有明确的产权；每个主体对自己的行为负责；各经济主体之间维持自主、平等、互利、公平的关系及合作与竞争的关系。社会主义市场经济要形成、存在和发展，要建立一系列具体制度。必须加速制定公司法，完善民法通则中关于合伙的规定，完善关于企业登记的规定。随着企业法的建立，要完善破产法。要把计划经济体制下的国家所有权改造为市场经济体制下的国家产权，即包括所有权、股权（股东权）、债权、知识产权等在内的复合的"产权"。应该完善法人制度，使法人（其中主要是企业法人）享有完全的产权。应制定一部适用于全国性统一市场的合同法。①

　　另有类似研究认为：区分公法与私法是建立市场经济法律体系的前提，当前强调公私法的区分，具有重大的理论意义和实践意义；应区分作为公权者的国家与作为所有者的国家；要坚决摒弃与社会主义市场经济不相适应的陈旧理论和观念，如关于国有企业财产权的传统理论，苏联现代经济法学派代表人物拉普捷夫的经济法理论等。建立市场经济法律体系应贯彻如下基本原则：财产所有权一体保护、合同自由、自己责任、公平竞争、经济民主、诚实信用、保护弱者、维护社会正义、违法行为法定等。社会主义市场经济法律体系主要由民商法、经济法和社会法三大部门构成。从总体上说，我国民事立法过于简单，缺乏应有的可操作性，不能很好地适应市场经济发展的需要，亟须进一步完善。最理想的方案是组织力量制定一部完整的民法典，但短期内很难完成。为尽快使民事立法适应市场经济发展的要求，可以在现行的民法通则的基础上先分别制定物权法或财产法、债权法或合同法。合同法是债法中最核心的部分。如果债法一时难以制定出来，可以先行制定一部完整的合同法。②

　　制定一部统一的合同法显然已是大势所趋、人心所向。合同法之所以成为最为迫切的民事立法目标，根本原因在于：为满足改革开放不同阶段

---

① 参见谢怀栻《论建立适应社会主义市场经济的民法经济法体系》，《法学研究》1993 年第 1 期。
② 参见中国社会科学院法学所课题组《建立社会主义市场经济法律体系的理论思考和对策建议》，《法学研究》1993 年第 6 期。

的发展需要，我国于 1981 年、1985 年、1987 年先后制定了经济合同法、涉外经济合同法、技术合同法，合同法领域由此形成"三法割据"局面。这种市场分割的合同法格局明显不利于社会主义市场经济体制的发展。因此，制定统一的合同法，结束"三法鼎立"局面，为市场经济确立统一的交易规则，成为民事立法的迫切任务。

1993 年，经济合同法修订①后不久，全国人大常委会法工委召开了一个专家研讨会。与会专家一致认为起草统一合同法的条件已经具备，建议由专家学者承担起草工作并委托部分专家先提出一个立法方案。1993 年 10 月，全国人大常委会法工委邀请江平教授、梁慧星研究员等研究、拟定统一合同法立法方案。这次会议产生的立法方案包括立法指导思想、调整范围及与其他法律的关系、基本结构及起草提要、起草的技术性要求。上述立法方案经由全国人大常委会法工委在一定范围内征求意见后，又于 1994 年 1 月邀请全国十多个单位的专家学者对立法方案进行了更加充分的论证，并在 12 个单位之间进行了起草工作分工。12 个单位的专家学者依照立法方案分别起草各自负责的章节。1994 年 11 月，各单位起草的合同法条文及立法理由汇总，全国人大常委会法工委委托中国社会科学院法学研究所梁慧星、张广兴、傅静坤三人统稿，完成合同法建议草案，并于 1995 年 1 月提交全国人大常委会法工委。1995 年 4 月，全国人大常委会法工委邀请北京地区的专家学者与最高人民法院的司法工作者对合同法建议草案进行讨论和论证。在这次会议上，与会人员充分肯定了建议草案的基本内容，并逐章逐条进行了讨论，对若干具体制度、条文乃至概念、用语提出了意见，由此形成包括四十二章 511 条的合同法（试拟稿）。合同法（试拟稿）为合同法草案打下坚实基础。《中华人民共和国合同法的起草》一文对制定统一合同法的缘由、过程及争议问题进行了详细的总结。② 经过 6 年多的努力，合同法于 1999 年 3 月 15 日颁布，并于同年 10 月 1 日施行。该部法律为社会主义市场经济体制的发展提供了明确的法律依据，其成功极大地增强了制定民法典的信心。

在合同法制定期间，一些多年来一直致力于物权法研究的学者，对如

---

① 1993 年 9 月 2 日，八届全国人大常委会三次会议通过《关于修改经济合同法的决定》。
② 参见张广兴《中华人民共和国合同法的起草》，《法学研究》1995 年第 5 期。

何科学地制定物权法而进行深入研究。在财产公有制下，民法学界对物权法在观念及具体制度上皆缺乏深入理解和深刻认识，在很长一段时间里，人们对应否承认物权概念存在严重分歧，相比于合同法，物权法研究一直显得比较薄弱。① 产权清晰是市场经济发展的前提条件。社会主义市场经济体制的确立为物权法立法与研究同样注入强大发展动力。在市场经济条件下，不论是经营行为还是一般生活行为，都会经常涉及物权的取得与丧失，所以物权是时刻处于变动之中的。物权立法当然应该将物权变动当作立法的重点内容之一。然而，在确定物权立法中的物权变动的规范时，首先应该考虑的问题之一，就是物权变动的原因与结果之间的关系。对这一问题的探讨不仅有着重要的理论意义，而且有着十分重要的实践意义。根据物权变动及其原因之间的复杂关系，应该在我国物权法的基本规则中建立区分原则。《物权变动的原因与结果的区分原则》对此进行了系统分析。② 文章提出的观点大大提升了人们对物权法的深入理解，并为物权法制定提供了坚实的理论基础。2007 年颁布的物权法第 15 条对区分原则作出了明确规定。

　　1998 年 1 月 13 日，八届全国人大常委会副委员长王汉斌邀请 5 位民法教授（江平、王家福、梁慧星、王保树、王利明）参加民法典起草座谈。5 位教授一致认为起草民法典的条件已经具备，王汉斌副委员长遂决定恢复民法典起草工作，并委托 9 位学者专家组成民法起草工作小组，负责起草民法典草案和物权法草案。1998 年 3 月 25—27 日，召开了民法起草工作小组第一次会议，议定"三步走"的规划：第一步，制定统一合同法，实现交易规则的完善、统一和与国际接轨；第二步，从 1998 年起，用 4—5 年的时间制定物权法，实现财产归属关系基本规则的完善、统一和与国际接轨；第三步，在 2010 年前制定民法典，最终建立完善的法律体系。③ 这

---

① 直到 1994 年，我国才出版第一部系统研究物权法的专著，即钱明星教授所著的《物权法原理》（北京大学出版社，1994）。

② 参见孙宪忠《物权变动的原因与结果的区分原则》，《法学研究》1999 年第 5 期。

③ 2000 年 3 月 9 日，李鹏委员长在九届全国人大三次会议上作常委会工作报告，提出：加快起草物权法、国有资产法等法律，建立和健全有中国特色的社会主义物权制度。抓紧修改婚姻法，维护平等、和睦、文明的家庭关系，促进社会主义精神文明建设和社会进步。在民事主体制度、物权制度、债权制度、知识产权制度、婚姻家庭制度等单项法律基本齐备的基础上，力争在本届人大任期内编纂一部比较完整的民法典。

次会议专门讨论了梁慧星教授预先拟定的《中国物权法立法方案（草案）》。民法起草工作小组在讨论此立法方案之后作出决定：委托梁慧星教授负责按照该方案起草一部物权法草案。1999 年 3 月，梁慧星负责的物权法立法研究课题组完成《中国物权法草案建议稿》，并提交全国人大常委会法工委。《制定中国物权法的若干问题》一文，对《中国物权法草案建议稿》所涉及的基本问题进行了阐述。① 1999 年 4 月，全国人大常委会法工委在北京召开物权法草案专家讨论会，讨论梁慧星负责的《中国物权法草案建议稿》。2001 年 5 月全国人大常委会法工委起草完成物权法草案内部稿，同年底正式提出物权法草案。2002 年 1 月下旬，全国人大常委会法工委将物权法草案征求意见稿印发部分单位征求意见。按照原计划应当在 2002 年提交全国人大常委会审议，在 2003 年提交十届全国人大常委会审议通过。

再次提出民法典编纂后，如何编纂民法典成为一个重要话题，就此很快形成三种编纂思路。一是"松散式、联邦式"思路，这一思路的基本观点是：将现行民法通则、合同法、担保法、继承法、婚姻法及正在起草的物权法汇编在一起即可，无须具有严格的逻辑关系，也无须要求完整的规范体系。二是理想主义思路，这一思路的总体特征是：将以法国民法典为代表的法学阶梯体系与以荷兰民法典和俄罗斯联邦民法典为代表的新潘德克顿体系糅合起来，按照序编、第一编（下设分编）、第二编（下设分编）、附编的四层级结构编纂民法典。编的设计反映了对民法调整对象的理解，分编的设计反映了德国民法典创立的潘德克顿体系在 21 世纪的新发展，序编和附编的设置主要参考了拉丁美洲国家的民法典。徐国栋教授所著《民法典草案的基本结构——以民法的调整对象理论为中心》对这种理想主义思路进行了详细阐述。② 三是现实主义思路，这一思路的基本主张是：从中国的实际出发，以德国式五编制和我国民法通则为基础，适应 20 世纪社会生活的新发展，借鉴 20 世纪制定的新民法典的立法经验。梁慧星教授对上述三种编纂思路进行了批评分析和具体阐述。③

---

① 参见梁慧星《制定中国物权法的若干问题》，《法学研究》2000 年第 4 期。
② 参见徐国栋《民法典草案的基本结构——以民法的调整对象理论为中心》，《法学研究》2000 年第 1 期。
③ 参见梁慧星《当前关于民法典编纂的三条思路》，《中外法学》2001 年第 1 期。

　　然而，随后发生的一件大事，使"分步走"的民法立法进程受到强大冲击。2001 年 11 月 10 日，在多哈举行的世贸组织第四次部长级会议审议并批准中国加入世贸组织（WTO），一个月后（12 月 11 日），我国正式成为世贸组织成员。从此，我国改革开放深度融入全球化进程。① 针对加入世贸组织的新情况，九届全国人大常委会委员长李鹏要求 2002 年完成民法典草案并经全国人大常委会审议一次。第四次民法典编纂由此拉开序幕。2002 年 1 月 11 日，全国人大常委会法工委召开民法典起草工作会议。6 位学者专家接受委托，分头起草民法典各编的条文草案。2002 年 4 月 16—19 日，全国人大常委会法工委召开民法典草案讨论会，讨论各位受托人负责起草的各编条文草案。全国人大常委会法工委在各受托人负责起草的各编草案基础上，花费五个月时间形成了九编制的民法典草案（九月稿）。然而，全国人大常委会法工委随后却出人意料地将民法典草案（九月稿）中的"合同编"、"亲属编"、"继承编"、"知识产权编"草案废弃，而将现行合同法、婚姻法、收养法、继承法原封不动地编入，从而形成"汇编式"的民法典草案。2002 年 12 月 23 日，九届全国人大常委会第三十一次会议审议民法草案。该草案随后公开征求意见，在民法学界引起轩然大波，批评声远远多于赞美声。2004 年 6 月，十届全国人大常委会变更立法计划，搁置民法典草案的审议修改工作，恢复物权法草案的修改、审议。② 第四次民法典编纂由此戛然而止。不过，虽然此次民法典编纂持续时间很短，但它却掀起了民法典编纂的争议巨浪。

　　2002 年民法典草案争论最大、最迫切需要解决的是有关民法草案体例的问题，争论主要集中在：知识产权和涉外民事关系的法律适用要不要编入民法草案；人格权和债法总则要不要在民法草案中独立成编。③

　　2003 年，法学期刊《政法论坛》推出江平、梁慧星、杨振山、王利明等法学家关于民法典编纂的争论文章，在学界引起强烈反响。江平教授认

---

① 有研究认为，"中国人世前和人世后改革的共同作用使其成为最为开放的发展中大国"。〔美〕劳伦·勃兰特、〔美〕托马斯·罗斯基编《伟大的中国经济转型》，方颖、赵扬等译，格致出版社、上海人民出版社，2016，第 560 页。

② 参见《中国物权法的制定》，载梁慧星《中国民事立法评说：民法典、物权法、侵权责任法》，法律出版社，2010，第 65—67 页。

③ 参见王胜明《法治国家的必由之路——编纂〈中华人民共和国民法（草案）〉的几个问题》，《政法论坛》2003 年第 1 期。

为，我们应当制定一部开放型的民法典，而不是封闭型的民法典。民法典如果成为一个封闭体系就充满着危险，因为社会经济生活是非常活跃的，它不应当受法律的束缚和阻碍，法律应当给它更大的未来空间和余地。一部开放型的民法典应当表现为主体地位和资格、民事权利、民事活动及民事责任方面法律规定的开放。但是，一部开放型的民法典应当如何制定呢？江平教授并未言明，只是认为"英美法在这一点上是更为可取的"。①由于民法典主要是一种成文法，江平教授的上述意见被理解为"松散式、联邦式"民法典编纂思路。梁慧星教授指出，民法典草案是原封不动地将现行法编入，是彻底的松散式和汇编式的，与人民所期望的民法典差距甚大。中国应当制定一部具有逻辑性和体系性的民法典。100 年前，前人已经替我们作出了选择，在历经百年所形成的法律传统面前，任何立法者和学者都是渺小的。取消"债权"概念和"债权总则编"的理由站不住脚。人格权不应单独设编，基本理由在于人格权的特殊本质。②杨振山教授认为，我国当前的民法法典化已经难以逃脱德国民法典的概念体系，因为我们既有立法及各种教科书对此已经加以接受。无论是五编制、七编制、十编制还是别的体制，关键要看内容的恰当性及其内在的逻辑性，各部分之间能否互相说明与贯通。民法典编纂必须坚持民事权利配置的开放性原则，切不可因追求大而全而使民法典趋于封闭。民法典规定人格权的目的不仅仅在于宣示，更重要的在于保护，将何种行为定为侵权以及对侵权如何进行私法救济才是重心。将对人格权予以宣示性规定或限制每种具体人格权的内容作为一编，且不说其是否存在可以与人分离进行规定的逻辑问题，只就其必要性和可行性而言，都值得认真思考。③王利明教授认为，体系化与系统化是民法典的内在要求。仅适用个别、局部性民事关系的，或常会发生改变的，或处于公法与私法交叉地带的，或具有很强技术性、程序性的，均应由单行法加以规定。我国民法典应采纳德国潘德克顿模式，以法律关系的要素来构建总则，以法律关系的内容即民事权利来展开分则。分则包括人格权、亲属法、继承法、物权、债权总则、合同法的一

---

① 参见江平《制订一部开放型的民法典》，《政法论坛》2003 年第 1 期。
② 参加梁慧星《松散式、汇编式的民法典不适合中国国情》，《政法论坛》2003 年第 1 期。
③ 参见杨振山《民法典制定中的几个重大问题》，《政法论坛》2003 年第 1 期。

般规定及侵权责任编。①

对于民法草案应否设立人格权编，有持反对意见者认为②：这表面看来仅仅是一个立法体系安排问题，但实质上涉及人格权的性质认定，而恰恰在这一问题上既有观念和理论存在诸多谬误。德国民法之所以对人格权仅设保护性规范而不设赋权性规范，原因在于，人格权是一种应当由基本法（宪法）直接规定的权利，民法可以"分解"这种权利并加以具体保护，但民法不是"创设"这种权利的上帝。早期各国民法典未对人格及人格权作出正面的赋权性规定，而仅仅作出概括的或者具体的保护性规定，并非缘于对人格保护的"忽略"。对它们作"重物轻人"的指责，是不能成立的。在这些民法典的编纂者看来，对自然人人格的普遍确认是整个近代法律制度的基础和起点；而人格权，或者为一种自然权利，或者为一种法定权利，根本不是来源于民法的授予，人格权的地位高于民事权利，民法的任务仅在于用产生损害赔偿之债的方式对之予以私法领域的法律保护。事实上，在奉行权利法定主义的国家，就人格权在民法典中的安排问题，立法者不得不面临两个无法逾越的障碍。一个是技术上的障碍，即整体意义的人格权在性质上等同于自然人的法律人格本身，而人格的享有是自然人取得民法上之财产权和身份权的前提，作为前提性的权利与作为结果性的权利显然非属同类，岂可并列？另一个是常识性观念上的障碍，即生命权、自由权等人格权利涉及自然人全面社会生存之根本，岂可由仅仅规范私人生活关系的民法赋予？归根结底，可以断言，正是人格权固有的宪法性质，阻却了各国民法典编纂者对人格权作出正面的赋权性规定并将之独立成编的任何企图。民法草案将人格权与物权、债权、亲属权加以并列，表面上突出了对人格权的保护，实质上使人格权降格减等，使其从宪法权利彻底沦落为由民法创设的民事权利。正确的做法应当是在民法典"自然人"一章中专设"自然人人格保护"一节，从"保护"之角度出发而非从"设权"之角度出发，对一般人格权与各具体人格权作出规定。

但是，另有观点认为，我国民法典制定中的人的伦理价值保护制度的构建问题，绝不是简单的"应该规定在哪里"的问题。如何在法律上看待

---

①　参见杨振山《试论我国民法典体系》，《政法论坛》2003 年第 1 期。

②　参见尹田《论人格权的本质——兼评我国民法草案关于人格权的规定》，《法学研究》2003 年第 4 期。

人的伦理价值与人的关系，才是这个问题的核心。对此的不同认识，直接决定着民法的制度选择。而这个认识既根源于历史的传统，也受制于社会的发展。在我国民法典的制定中，基于现代社会生活中人格价值的扩张以及支配之需要，也基于我国人文主义传统之欠缺，以伦理价值内在化为理论基础的近代民法的人格保护体例并不可取。将人的伦理价值外在化，视其为权利的客体，建立独立、统一的人格权概念及其制度，应是我国民法典唯一的选择。①

关于民法典编制的体制，有学者提出另外一种理想主义思路：我国民法典应主要以荷兰民法典为龟鉴，设编时原则上应以"总则—分则"作为构造模式，以满足逻辑体系的要求，但同时应维护民法内在体系的意义脉络。以"提取公因式"的逻辑构造方法作为体系化的基本工具，对民法具体制度进行层层提炼，抽去传统总则中的法律行为、权利客体和诉讼时效等内容，在财产法中单独设总则予以规定，余留下来的内容设"小总则"规定；同时，应有所创拓，在首尾之间依次设人法、亲属法、继承法，以实现由主体到客体不留痕迹的链式过渡。申言之，就是建构一个小总则—人法—亲属法—继承法—财产法的有别于德国民法典的五编制体系。②

有学者认为，能否制定一部代表 21 世纪潮流和发展趋势的中国民法典，依赖于我们对未来中国民法典品性的定位。现代民法不仅是调整市场经济的基本法，更主要是通过对市场经济的调整来促进社会的进步、推动人的发展的法律，是一部维护人权、解放人性的法律，是建设民主政治与法治国家的法制基础。认为人法在前、物法在后，及人法内容多于物法才是体现了人文主义精神的民法典③，是对民法品性的极大误解，民法中的财产法本身就是人法。正如获取财富并不是人们的目的，而是满足人们追求幸福这一人性要求的手段一样，民法对商品经济的调整也只是手段而不是目的。其目的是通过对商品经济关系的调整，使人的才能得以充分发挥，使人们在自由与必然的统一中实现自我、发现自我、确认自我。民法

---

① 参见马俊驹、张翔《人格权的理论基础及其立法体例》，《法学研究》2004 年第 6 期。
② 参见陈小君《我国民法典：序编还是总则》，《法学研究》2004 年第 6 期。
③ 这是徐国栋教授提出的一种学说。参见徐国栋《两种民法典起草思路：新人文主义对物文主义》，载徐国栋编《中国民法典起草思路论战》，中国政法大学出版社，2001，第 137—183 页。

典应该在促进社会进步和人的发展、建设法治国家这样的高度上进行构建。①

有学者认为，围绕我国民法典形式体系设计发生的激烈论争，主要针对"民法典是否需要设置总则"这一重大的问题。所谓"现实主义"与"理想主义"之争，甚至"人文主义"与"物文主义"之争，实际上可称为"总则派"与"反总则派"之争。德国民法典总则的形成是一种逻辑思维方法及立法技术运用的必然结果，其本身并不包含任何价值判断。身份权的独立所导致的"人法"的分裂，物权与债权的区分所导致的"物法"的分裂，以及法律关系一般理论的创制对法典体系结构的影响，是该法典设置总则的技术原因。理论界对潘德克顿体系"重物轻人"的批评，混淆了罗马法与近代民法中"人法"及"身份"的不同概念。鉴于民法典总则的体制价值和制度整合功能，中国民法典应当设置总则编。②

民法典编纂不能走法律汇编之路，很快成为民法学界的共识。但是，中国民法的法典化也面临一种挑战，即"去法典化"或"解法典化"的观念及立法现实对"法典化"的冲击③。这向我国民法典编纂提出的核心问题是，如何处理民法典与一些民事单行法、特别法之间的关系。有学者认为，民法体系化应统筹安排民法典和单行法各自应规定的内容。一般来说，民法典是对各种民事活动的基本的、普遍适用的规则所作的规定，民法典规定市民社会生活中的基本规则，它在整个国家民事立法体系中属于最普通、最基础的民事立法。那些技术性很强的，仅仅适用于个别的、局部性民事关系的规则不应当由民法典规定，而应当由单行法来解决。④ 几年后，有学者对各国民法典与特别民法的处理关系作出分析之后，对我国民法典如何处理与特别法的关系提出比较合理的建议。⑤

第四次民法典编纂于 2004 年宣告失败后，全国人大常委会法工委迅疾

---

① 参见申卫星《中国民法典的品性》，《法学研究》2006 年第 3 期。
② 参见尹田《民法典总则与民法典立法体系模式》，《法学研究》2006 年第 6 期。
③ 2005 年，意大利学者伊尔蒂的解法典化理论被介绍到我国，对我国民法学界如何理解民法典编纂产生了一定影响。参见张礼洪《"民法法典化与反法典化国际研讨会"综述》，《国家检察官学院学报》2005 年第 3 期；张礼洪《民法典的分解现象和中国民法典的制定》，《法学》2006 年第 5 期。
④ 参见王利明《中国民事立法体系化之路径》，《法学研究》2008 年第 6 期。
⑤ 参见谢鸿飞《民法典与特别民法关系的建构》，《中国社会科学》2013 年第 2 期。

恢复物权法草案的修改与审议。2005年6月26日，十届全国人大常委会第十六次会议第三次审议物权法草案，并向社会公开征求意见。北京大学法理学教授巩献田于2005年8月12日发表的《一部违背宪法和背离社会主义基本原则的物权法草案》的公开信，虽然延缓、拉长了物权法草案的审议过程，但十届全国人大五次会议于2007年3月16日高票表决通过了物权法。

物权法颁布后，民事立法迅速转向侵权法的制定。如何制定侵权法，一时间成为学术研究的热点。有学者认为，我国的侵权行为立法，对德国法现行的以1900年民法典为基础、经由司法实践发展起来的侵权法框架进行零敲碎打式的跟进，显然不太妥当。立基于现代侵权法理念，摆脱德国法因"路径依赖"等而形成的不必要的交叉与繁复，进行制度的整合与创新应当是有益的尝试。就侵权法归责体系而言，忽视归责基础变迁的思想性根基，局限于现行规定而形成的表达，除了易陷于肤浅之外，也会使得变迁了的思想难以发挥指导功能，从而可能发生方向性偏离。鉴于我国私法实践的历史尚短，基于比较法资料来进行制度性反思就显得十分必要，对他国实践的考察，可展现历史的纵深感，有助于把握现代法的脉动。近代民法上的过错责任原则包含"有过错就有责任"和"没有过错就没有责任"两个层面。近代以来，"没有过错就没有责任"原则逐渐被废弃，代之而起的是风险责任原则。风险责任以风险领域理论为基础，根据一定的标准判断风险发生于哪一个责任相关者的生活领域之内，进而确定无过错所致损害的分配。划定风险领域的考量因素包括利益获取、风险开启与维持、信赖保护、损害分散可能性、自我保护可能性等。现代侵权法归责二元体系由过错归责和风险归责构成，风险责任可涵盖现行的危险责任、交往安全义务中的无过错责任、公平责任等所有无过错致害责任。风险责任立法可采用一般条款加类型立法的模式。[①]

十一届全国人大常委会第十二次会议于2009年12月26日审议通过侵权责任法。2010年10月28日，十一届全国人大常委会第十七次会议通过涉外民事关系法律适用法。至此，我国民事立法在"成熟一个、制定一个"的立法原则指导下，经过30余年的不懈努力，最终形成由民法通则、

---

① 参见叶金强《风险领域理论与侵权法二元归责体系》，《法学研究》2009年第2期。

物权法、合同法、侵权责任法、婚姻法、继承法、涉外民事关系法律适用法及众多司法解释构成的民事法律规范体系。

2011 年 3 月 10 日，全国人大常委会委员长吴邦国同志在十一届全国人大四次会议上作全国人大常委会工作报告时庄严宣布，一个立足中国国情和实际、适应改革开放和社会主义现代化建设需要、集中体现党和人民意志的，以宪法为统帅，以宪法相关法、民法商法等多个法律部门的法律为主干，由法律、行政法规、地方性法规与自治条例、单行条例等三个层次的法律规范构成的中国特色社会主义法律体系已经形成。2011 年 10 月 27 日，国务院新闻办公室发表《中国特色社会主义法律体系》白皮书，宣布中国特色社会主义法律体系已经形成。

三 第五次民法典编纂与民法总则

编纂一部民法典是我国民事立法的主旋律和几代民法学者的民法梦，立法机关在近半个世纪里曾为此奋斗过四次。本来，按照原初的民事立法构想，依实际需求先后分别制定各种民事单行法只是民事立法的第一步，民事立法的终极目标是，制定一部体系完整的民法典。① 然而，在民法典尚未编纂的情况下，立法机关却宣布我国法律体系已经形成。这一决定令民法学界感到十分意外。已沉寂一些时日的民法典编纂问题再次成为学术研究和学说会议的热门主题。② 2014 年 10 月 23 日，党的十八届中央委员会第四次全体会议通过的《中共中央关于全面推进依法治国若干重大问题的决定》提出"编纂民法典"。第五次民法典编纂由此正式启动。2015 年 3 月 8 日，全国人大常委会委员长张德江在十二届全国人大三次会议上所作的《全国人民代表大会常务委员会工作报告》提出，"抓紧研究启动民法典编纂工作"。2015 年 3 月 20 日，全国人大常委会法工委召开民法典编

---

① 参见全国人大常委会委员长张德江在十二届全国人大五次会议上所作的《全国人民代表大会常务委员会工作报告》（2017 年 3 月 8 日）。

② 参见王利明《法律体系形成后的民法典制定》，《广东社会科学》2012 年第 1 期；孙宪忠《我国民法立法的体系化与科学化问题》，《清华法学》2012 年第 6 期。2013 年 1 月 19 日，中国政法大学举办"中国民法草案审议十周年——民法典之展望"学术研讨会，呼吁制定民法典，以使现行民事法律更富体系性。2014 年 10 月 18 日，北京大学法学院举办"走向中国民法典——历史的机遇与挑战"学术论坛。

纂工作协调小组会议，正式启动民法典的编纂工作。经反复研究，编纂工作决定采取"两步走"的工作思路：第一步，编纂民法典总则编（即民法总则），争取提请 2017 年 3 月召开的十二届全国人大五次会议审议通过；第二步，编纂民法典各分编，争取于 2020 年 3 月将民法典各分编一并提请全国人民代表大会审议通过，从而形成统一的民法典。

　　相比于此前的四次民法典编纂，这次编纂是在中国特色社会主义法律体系已经形成的状况下，为"完善以宪法为核心的中国特色社会主义法律体系"① 而实施的立法活动。受这种特殊时代背景制约，全国人大常委会将编纂民法典定位为，"不是制定全新的民事法律，而是对现行的民事法律规范进行科学整理"。② 相对于现行民事法律，民法典的编制体例和基本内容被确定为总则编（民法通则）、合同编（合同法）、物权编（物权法）、侵权责任编（侵权责任法）、婚姻家庭编（婚姻法）和继承编（继承法）等。受此影响，学术研究的重心不再表现为民法典应如何编纂（民法典的体例结构），而是制定民法总则和如何完善民法典各分编的内容。

　　法律行为制度是民法总则的核心内容，民法通则关于法律行为的规定不仅极为简略，而且存在严重缺陷。如何科学构造法律行为制度，成为学者关注的重点问题。有研究认为，总则编法律行为制度的设计，不论是体系结构，还是具体条文的编写，都对民法整体功能具有核心价值。法律行为制度的思想渊源，是人文主义革命以来确立的民事主体对于自己的权利义务甚至法律责任的选择权和决定权。按照这种法律思想确立的意思自治原则，在确定法律行为整体结构和具体制度上发挥决定性作用。我国现有立法未能全面地接受法律行为制度的法律思想基础，因而在现行立法的制度体系和条文设计中未能全面贯彻法律行为理论。现行立法在行为主体的类型划分、支配权的法律行为根据、人身关系的法律行为依据等方面存在诸多不足之处。民法典总则编在完善法律行为制度时应弥补这些缺漏。③ 这种观点是将法律行为区分为负担行为与处分行为、财产行为与人身行为

---

① 参见《中共中央关于全面推进依法治国若干重大问题的决定》（2014 年 10 月 23 日中国共产党第十八届中央委员会第四次全体会议通过）。

② 参见《关于〈中华人民共和国民法总则（草案）〉的说明》。2016 年 6 月，十二届全国人大常委会第二十一次会议初次审议了《中华人民共和国民法总则（草案）》。

③ 参见孙宪忠《民法典总则编"法律行为"一章学者建议稿的编写说明》，《法学研究》2015 年第 6 期。

的结果，它实质上为法律行为制度在总则编的核心地位作出了充分的正当性论证。

民法总则应否沿袭民法通则的体例，将民法基本原则集中规定于第一章，具有重要的立法意义，亦受到部分学者的关注。有研究认为：在传统民法知识体系中，基本原则指不具裁判功能的"一般法律思想"，并不在民法典中规定；其与作为裁判规范的诚实信用、善良风俗等概括条款迥然不同。民法通则"基本原则"章实际上是把"一般法律思想"与"概括条款"混而为一，导致诸多理论误区与实践弊端。民法通则"基本原则"章的产生，有其特定的社会背景和历史原因。民法总则不应再于法典之首集中规定基本原则，也不应再将一般法律思想明文化。诚实信用、公序良俗这些概括条款应当各归其位，放在各自的适用领域之中。① 这是一种融合理论与司法实践的合理建议。法律不仅应遵循其自身的规定性，而且应面向社会实践，随着法治发展而进化。

民法典分编的编纂涉及更为繁杂的问题，其中债法体系的完善尤其值得关注。有学者结合法国债法改革，对我国债法规范体系的完善提出了立法建议：我国编纂民法典需要在合同法、侵权责任法已自成体系的现状下重构债法规范体系，协调若干基础关系，包括将法律行为还是合同作为规范的中心，债法总则应否与合同法总则并存，如何处理不同原因所生之债的特殊规范与共同规范的体例关系，如何安置无因管理与不当得利等债的渊源等问题。这也是以法国民法为代表的欧陆法系在重构债法体系时所面临的难题。2016年2月，法国债法改革重构了法国民法典的债法体例，为中国立法提供了参考范例。法国债法的新体系以合同规则为中心，其规范准用于其他法律行为；债法一般性规则从合同规范体系中分离出来，设立债法通则；债法体系按照"债之渊源"、"债之通则"、"债之证明"以及"特别合同"的顺序展开；"债之渊源"囊括合同法总则、侵权责任法以及其他债的渊源（无因管理、非债清偿与狭义不当得利三种传统的"准合同"）规则。这一立法经验凸显了债的渊源在债法体系构建中的主导地位以及合同中心主义。② 吸收其他国家立法的有益经验，是我国民事立法的

---

① 参见于飞《民法基本原则：理论反思与法典表达》，《法学研究》2016年第3期。
② 参见李世刚《中国债编体系构建中若干基础关系的协调——从法国重构债法体系的经验观察》，《法学研究》2016年第5期。

一贯做法。民法典编纂实质上就是我国民事法律的一次现代化过程，德国、法国、日本等国在债法现代化方面所提供的一些普遍经验，非常值得认真对待。

2017 年 3 月 15 日，十二届全国人大五次会议表决通过民法总则，民法典编纂由此迈出坚实的第一步。民法典立法很快转入关于分则各编的准备与研究之中。好的开头是成功的一半，第五次民法典编纂注定是一次实现我国民法典梦想的光辉之旅。

四　结语

自改革开放政策实施 40 年来，我国民事立法经历了三次民法典编纂，1979 年和 2002 年启动的两次民法典编纂，乃经济发展驱动的结果，皆因发展条件不成熟无果而终。2014 年开始的第五次民法典编纂，不再仅仅立足于改革的深化，而是渗入全面推进依法治国这一前所未有的法治变革需求，因而民法典编纂一开始就进展得较为顺利。在 40 多年的民事立法中，《法学研究》在各个阶段都刊发了一些对民法典编纂具有重要指导意义的学术论文。沿着光阴的脚步，阅读这些论文，我们看到的不仅是我国民法变迁的时代风云，而且能够深深地触摸到几代民法学人追求民法典梦想的脉搏律动。

我们应该制定什么样的民法[*]

王家福　苏　庆　夏淑华[**]

摘　要：制定民法是巩固社会主义所有制、发展社会主义商品生产的需要，是社会主义经济规律的客观要求，是改革经济体制、促进现代化建设事业高速发展的需求。民法的主要内容包括民法的任务和基本原则、民事权利的主体、民法的适用范围和时效、财产的所有、财产流转、劳动报酬和福利、财产继承和民事责任。制定民法，要坚持民法是公法的原则；坚持既制定民法典，又制定单行经济法规"两条腿走路"的原则；坚持从中国实际出发，借鉴国外民事立法的有益经验；坚持具体明确解决问题的原则；坚持民主立法的原则。

关键词：民法　民法的适用范围　民法典　单行经济法规

我国已经进入新的历史时期。实现四个现代化已成为新时期压倒一切的中心任务。体现时代要求、反映人民愿望的现代化建设的宏伟事业，十分紧迫地把制定民法的任务提到了我们党和国家的面前。研究和讨论制定民法的必要性、民法的主要内容、制定民法应该遵循的原则，不仅是我国法学研究的重要课题，而且对于制定好民法也有着现实的意义。

---

[*]　本文原载于《法学研究》1980 年第 1 期。

[**]　王家福，中国社会科学院法学研究所研究员，已去世；苏庆，原文发表时为中国社会科学院法学研究所研究人员，后调至最高人民法院，已去世；夏淑华，原文发表时为中国社会科学院法学研究所研究人员，现已退休。

一　制定民法的客观必然性

民法是上层建筑的重要组成部分，它决定于经济基础，同时反过来又为经济基础服务。恩格斯指出，"民法准则只是以法律形式表现了社会的经济生活条件"①。我国之所以需要制定民法，并非人民的主观臆想，而是社会经济生活的客观要求。

首先，制定民法是巩固社会主义所有制、发展社会主义商品生产的需要。恩格斯在谈到法的起源时，曾经指出："在社会发展某个很早的阶段，产生了这样的一种需要：把每天重复着的生产、分配和交换产品的行为用一个共同规则概括起来，设法使个人服从生产和交换的一般条件。这个规则首先表现为习惯，后来便成了法律。"② 民法就是保障社会生产和交换一般条件得以遵循的一个重要法律部门，它具有与其他法律部门本质不同的两个特征：其一，它的调整对象是同生产资料所有制和商品交换紧密相连的财产关系；其二，它的调整是以平等、等价和有偿为原则的。正是在这个意义上，恩格斯把罗马法称为"商品生产者社会的第一个世界性法律"③，把1804年拿破仑民法典称为"典型的资产阶级社会的法典"④。1921年12月23日，列宁在全俄苏维埃第九次代表大会上所作的总结报告中指出："我们当前的任务是发展民事流转，新经济政策要求这样作，而这样作又要求更多的革命法制。"⑤ 1922年在列宁领导下制定的苏俄民法典，就是在社会主义公有制基础上调整"民事流转"（即商品流转）的第一部社会主义民法典。因此，无论罗马法也好，还是拿破仑民法典也好，或者列宁制定的苏俄民法典也好，都是从不同的阶级利益出发，规定保护不同所有制，发展不同的商品生产和交换关系的财产法。

当前在我国，由于还存在全民所有制、集体所有制、公民对生活资料和少量生产资料的个人所有以及个体劳动者所有制，所以商品经济仍然存

---

① 《马克思恩格斯选集》第4卷，人民出版社，1972，第248—249页。
② 《马克思恩格斯选集》第2卷，人民出版社，1972，第538—539页。
③ 《马克思恩格斯选集》第4卷，人民出版社，1972，第248页。
④ 《马克思恩格斯选集》第4卷，人民出版社，1972，第248页。
⑤ 《列宁全集》第33卷，人民出版社，1957，第148页。

在。不仅在全民所有制同集体所有制单位之间、公民个人之间存在商品关系，而且在全民所有制单位之间，由于各企业的分工不同和物质利益上的差异，也存在商品关系。价值规律不仅在消费领域，而且在生产领域起作用。这就从客观上要求我们用平等的方法而不是行政命令的方法，以等价有偿的原则而不是无偿调拨的原则，规定和调整由财产的所有和商品的流转而产生的各种权利和义务关系，以促进社会主义经济基础的巩固，社会主义商品经济的发展。

其次，制定民法是社会主义经济规律的客观要求。我国的经济是以社会主义所有制为基础的经济。它既遵循调节商品生产和交换的一般规律，也遵循社会主义所特有的经济规律。我们搞四个现代化，必须按照客观经济规律办事，坚决与违反客观经济规律、严重破坏生产的现象作斗争。而要做到这一点，就必须制定民法，按照客观经济规律的要求，以法律的形式明确规定哪些经济行为是被允许的、受鼓励的，哪些经济行为是该反对的、被禁止的，以及违反者所应负的法律责任等。

民法既是社会主义经济规律的客观要求，也是这些规律的客观作用得以实现的重要渠道和有力保障。大量事实证明，要发挥社会主义经济规律的作用，没有民法是不行的。如果我们不通过民事立法，用买卖、承揽、商品购销、物资供应、借贷等民事法律制度，把社会生产同社会需要紧密地结合起来，而盲目地生产许许多多"长线"产品，任凭它们霉烂生锈，既不能为生产所消费，也不能为生活所消费，那么，社会主义基本经济规律的客观要求如何能够实现？倘若我们不大力发展民事流转，不建立健全合同制度、民事责任制度，把供产销运有机地按质、按量、按规格品种很好地衔接起来，使合同既成为实现国家计划的法律手段，又充当国家计划的基础，使国家计划具有坚实的科学性和严肃性，那么，有计划、按比例的规律也不可能很好地发挥作用。假如我们不制定民法，不确立所有权制度、法人制度、财产流转制度，使全民所有制企业和集体所有制经济组织成为民事权利主体，用自己独立的财产，以自己的名义，参加民事流转，取得权利，承担义务，进行等价交换，并在国家规定的有限范围内浮动价格，进行适当的竞争，那么，也就不可能把计划调节和市场调节结合起来，发挥价值规律的作用。倘若我们不制定民法，不发展以有偿为特征的民事法律关系，坚持物质利益原则，把个人的收入、企业的利益同劳动的成果、经营的好坏切实挂上钩，避免"吃大锅饭"的现象再次发生，那么，按劳分配规律也难以真正发挥作用。总之，只有赋予各种经济规律的客观要求以民事法律形式，使之成为由国家强制力保障的人人必须遵守的行为准则，才能切实保障按照经济规律搞现代化建设，才能加快实现四个现代化的步伐。

最后，制定民法也是改革经济体制、促进现代化建设事业高速发展的需要。我国的经济体制，在新中国成立初期，基本上是仿效苏联的模式建立的。其特点：一是权力过分集中，管得太死；二是单纯以行政手段管理经济，致使官僚主义、瞎指挥严重存在，造成了数不清的浪费；三是企业处于无权地位，生产由国家决定，产品由国家统购，资金由国家调拨，利润由国家收缴，千百条绳索把企业的手脚捆得死死的，窒息了它们发展的经济动因。这一切都成了"四个现代化"的严重障碍，非改革不可。但是，要改革，要把改革付诸实施，就必须制定民法，用法律形式巩固改革的成果。恩格斯曾说过："因为经济事实要取得法律上的承认，必须在每一个别场合下采取法律动机的形式。"① 列宁则说："苏维埃政权的任务，就是要解释现在已经到来的转变和用法律肯定这种转变的必要性。"② 因为，如果把单纯用行政手段管理经济改为用经济的方法管理经济，就势必要赋予联合公司、专业公司等经济组织以法人地位，使合同这样的经济手段变为法律手段。如果企业的权力扩大，真正像列宁所说的那样"自负盈亏"，实行"商业原则"，它就必然要以自己的名义，按照平等和等价、有偿原则，同各个方面（包括横的和纵的方面）发展民事关系。如果企业的流动资金改为全额信贷，那么它和银行之间就势必增强以借贷为内容的民事法律关系。可见，民法是单纯用行政手段管理经济的对立物。民法是一平二调，践踏所有权的对立物。民法是漠视个人和企业物质利益的对立物。民法是自然经济的对立物。民法也是经济领域里分散主义、无政府主义的对立物。总之，民法是推行经济改革，巩固新经济体制，保障企业自主权，加速经营管理现代化，促进社会生产力高速度发展必不可少的法律部门。如果不制定民法，发展民事法律关系，企业的自主权就可能为自给自足的自然经济倾向大开方便

① 《马克思恩格斯全集》第 21 卷，人民出版社，1965，第 347 页。
② 《列宁全集》第 27 卷，人民出版社，1959，第 195 页。

之门，合同就可能变成一方只有权利而另一方只有义务的霸王合同，专业公司、联合公司也会成为改头换面的行政管理机关，改革就有落空的危险。

综上所述，可以看出，制定民法是实现"四个现代化"的需要，是人民的需要，是历史的必然。

二　民法的主要内容

我国的民法是社会主义民法，它与剥削阶级的民法有本质的区别。尽管它的某些法律用语、法律制度在形式上可能与资本主义国家的民法雷同，但社会主义民法作为人民意志的集中表现，具有完全崭新的内容。

（一）民法的任务和基本原则

民法是调整我国经济关系的基本法。它的任务是通过调整社会主义组织之间、社会主义组织与公民之间以及公民之间的经济关系，保护全民所有的和集体所有的公共财产，保护公民的合法权益，维护社会主义经济秩序，保障社会主义现代化建设事业的顺利进行。它必须明确规定：计划调节和市场调节相结合，以计划调节为主的原则；等价交换的原则；经济核算，自负盈亏的原则；权利平等和义务平等相结合的原则；国家、集体、个人利益统一的原则；按劳分配的原则。

（二）民事权利的主体

民事权利的主体包括公民和法人。公民民事权利能力一律平等，暂时被剥夺政治权利的人，也享有同等的民事权利。不允许以任何借口非法践踏公民的民事权利，保障一切公民参加经济活动的合法权利。要建立、健全法人制度，明确规定构成法人的条件及其权利与义务。不是所有社会组织都是法人。只有能以自己的名义、用自己独立的财产，取得权利，承担义务，在仲裁机关和法院起诉、应诉的组织，并经有关部门审核，进行登记注册后，才具有法人资格，才有权参与各种经济活动。在世界上，法人制度早已为各国所通用。在我国的民法中，也应确立法人制度。这不仅对国内经济生活是必要的，而且对于扩大国际经济合作、发展对外贸易也是必要的。此外，对于法律行为、行为能力、权利能力、代理、权利客体等，也要作相应的规定。

（三）民法的适用范围和时效

民事法律规范，要一律平等地适用于一切人，不论他们的社会地位和社会出身如何；要一律平等地适用于一切单位（具有法人资格的），不管它们是上级组织还是下级组织，是经济组织还是行政管理机关。为了适应国际交往不断扩大的需要，还必须对外国人和无国籍人的权利能力、外国民事法律的适用、国际条约和协定的适用作出规定。要确立诉讼时效制度，把诉讼时效规定得适当短些，以适应现代化建设的需要。

（四）财产的所有

所有权是所有制的法律表现，具有特定的内容。只讲所有制，不讲所有权，实际上是否定对所有制的法律保护。民法必须明确规定全民所有权（或称国家所有权）的内容，明确规定企业经营管理权的内容。企业对依法留用的资金，基建单位对国家给予的贷款，在一定意义上具有所有权，任何单位不得无偿调拨、非法占用。要明确规定集体所有权的内容。政社合一使社、大队、生产队所有权带上了国家所有权的色彩，在一定程度上否定了集体所有权和自主权，应该认真加以研究。全民所有制和集体所有制长期并存是客观的要求，绝不允许用"穷过渡"、"升级"等形式侵犯集体所有权，无偿剥夺集体所有的财富。少数个体劳动者所有权的内容，公民对生活资料和少量生产资料的个人所有权的内容，都应该在民法中加以明确规定。个人合法财产的增多，是社会主义制度优越性的表现，绝不是什么资本主义。再也不能允许采取非法抄家、冻结、没收、收归队有、收归国有等手段，侵犯公民个人所有权。对全民所有财产、集体所有财产、公民私人所有的合法财产，都必须切实加以保护。应该规定包括确定产权、返还原物、排除妨害、赔偿损失、行政处分、刑事责任等在内的一整套法律制度。此外，对于所有权的取得和丧失、共有财产、无主财产、无人管理财产等，也要作出相应的规定。

（五）财产的流转

这主要指在权利平等、等价有偿原则基础上，因一定的法律行为而产生的财产转移、提供劳务、完成工作、给付款项等权利和义务关系。其产生的主要法律根据是签订合同。要明确规定合同的要件、形式、种类，以及变更、终止的依据，不适当履行的责任，杜绝任意撕毁合同而受害一方毫无办法的现象。在我国经济生活中，买卖、物资供应、商品购销、农副产品收购、承揽、基本建设包工、财产租赁、房屋租赁、借贷、储蓄、保险、运送、信贷、结算、信托、保管、服务（提供劳务）等经济关系，都是亿万次重复着的客观存在。我们必须根据各种关系的不同特点，明确规定双方享有的权利和承担的义务，以及不履行义务的责任，保证它们按照各自的规律正常运转。这是社会化、现代化大生产的需要，也是满足人民日益增长的物质文化生活的需要。倘若我们不把这些以财产流转为内容的经济关系纳入民事法律关系，单凭行政首长批条子、下命令，"指挥若定"，势必扼杀社会主义经济生活的勃勃生机，贻误"四化"大业。过去20多年我们在这方面的沉痛教训，一定要记取。

（六）劳动报酬和福利

劳动报酬和福利关系是全民所有制单位、集体所有制单位同职工、社员、著译者、创作者、发明者、技术改进者之间，由于劳动、著译、创造、发明、技术改进所发生的给予报酬、福利和奖励的关系。它关系千家万户，涉及每一个劳动者的切身利益。要贯彻保证国家、集体、个人三者利益统一的原则，按劳分配的原则，把劳动报酬同劳动者的劳动质量和数量挂上钩，同企业和社队的经营好坏挂上钩。要保护著作权、发明权、专利权，以促进文化事业、科学技术事业日新月异地发展，加速实现"四个现代化"。

（七）财产继承

保护继承权，这是由保护公民个人财产必然引申出来的。要规定法定继承，也要规定遗嘱继承。保护继承权，不仅对正确处理人民内部矛盾、巩固国内安定团结有利，而且对争取海外侨胞、外籍华人也有利。在继承问题上要进一步肃清"左"的影响。

（八）民事责任

民事责任就是罚则，就是对违反民法规定的制裁措施。没有它，民法就等于毫无作用的废纸。因此，一定要明确规定民事责任构成的要件（侵权行为的违法性、侵权行为与后果之间的因果关系、侵权行为的故意或过失）、民事责任的种类（罚款、违约金、赔偿损失等）。要明确规定权利受到侵害的企业，有权要求加害者赔偿损失。为了使民事责任发挥应有的作用，必须把它同企业的物质利益，同职工的个人物质利益结合起来，把民事责任同行政责任、刑事责任挂起钩来。企业、职工违了法，不仅要减少收入，而且还要根据情节依法受到行政处分或刑事处分。对企业、国家机关和公民之间的损害赔偿，公民之间的损害赔偿，也要作明确的规定，切实保障公民的合法权益。

三　制定民法应该坚持的原则

民法是社会主义法律的一个重要部门。它涉及面广，内容丰富，关系到国家"四化"的进程和人民的切身利益。要把这部大法制定好，有几个原则一定要坚持。

第一，要坚持民法是公法的原则。社会主义民法是公法而不是私法，是调整公公、公私、私私之间发生的经济关系的大民法，而不是仅仅调整公民个人之间发生的经济关系的小民法。民法是公法，这是列宁提出的原则。1922 年，他在领导创立世界上第一部社会主义民法典（苏俄民法典）时明确指出："我们不承认任何'私法'，在我们看来，经济领域中的一切都属于公法范围，而不属于私法范围。"[1] 社会主义民法之所以是公法，这是工人阶级领导的以工农联盟为基础的无产阶级专政国家的政权性质所决定的，是消灭了资本主义私有制，建立了社会主义公有制的必然结果。社会主义民法，主要是调整公与公之间的经济关系。它所调整的公民之间的经济关系，也主要是从社会主义公有制派生出来的。它跟资产阶级民法以私有制为基础，调整私人与私人之间的经济关系截然不同。有些同志说，民法，顾名思义，就是公民法，因此，它就应该是仅仅调整公民个人之间经济关系的法律。这是以不同形式重新提出社会主义民法是私法的问题，显然是不正确的。还有一些同志，鉴于林彪、"四人帮"疯狂践踏人民民

---

① 《列宁全集》第 36 卷，人民出版社，1959，第 587 页。

主权利和合法权益，认为对人民的经济权益必须加以特殊保护，也主张把民法局限于公民个人关系范围之内。这也不能成为理由。难道林彪、"四人帮"没有践踏企业、社队的权利？不是同样需要保护它们的经济权益吗？企业和社队是与公民个人的经济利益紧密联系在一起的，不保护它们的利益，实际是直接、间接损害了公民个人的合法经济权益。

第二，要坚持既制定民法典又制定单行经济法规两条腿走路的原则。制定民法典和制定单行经济法规是并行不悖的，它们都是适应"四个现代化"需要，加强经济立法的重要组成部分。民法是基本经济法（或基本财产法）。它是从社会经济生活的全局出发，规定调整各种经济关系的共同的、主要的原则。因此，它对各种单行经济法规的制定和实施，具有统率作用和指导意义。同时，由于各种单行经济法规往往从主管部门的业务出发，难免对管理体制、权限、本部门的权益规定得多一些，这就越发需要民法从总的方面对经济活动中一些共同性的东西，对各种经济关系中双方的基本权利和义务，作出原则规定，以利于全面地协调各种经济关系，促进国民经济的顺利发展。由于民法是仅次于宪法的大法之一，因此，它的规定不可能过细、过详，所以在民法之外，还需要有不同的单行经济法规，诸如计划法、工业企业法、银行法、劳动法、专利法、能源法、矿业法、合同法等来加以补充。采取两条腿走路的办法，既制定民法，又制定单行的经济法规，这是符合客观实际的要求的。

除民法典、单行经济法规外，还要不要制定经济法典呢？我们对这一问题的答复是否定的。这是因为：首先，它容易割裂统一的经济生活。任何国家的经济生活都是统一的。特别是在以公有制为基础的社会主义国家里，国家、集体、个人的利益是一致的、不可分割的，社会经济生活更是紧密相连的。根本没有必要人为地用民法典和经济法典来分别调整公民个人之间和单位之间的经济关系。正因为如此，迄今为止，世界各国一般只有一部民法典，而没有经济法典。只有捷克斯洛伐克1964年同时颁布了民法典和经济法典。民主德国1975年颁布民法典以后也打算草拟经济法典。其次，不适应当前经济改革的趋势。所谓经济法，总是比较强调经济行政管理。20世纪20年代，苏联的斯图契卡最早提出的经济法，就是"经济行政管理法"。70年代，苏联的拉普捷夫提出要制定的经济法典，也是"实现经济活动和领导经济活动的经济法典"。我们有的同志主张制定经济法典，也往往基于制定出经济行政管理法规。我们姑且不谈所谓经济法根本不可能成为独立的法律部门的问题，单从这种意见本身来看，就同当前正在进行的经济改革格格不入。因为无论是扩大企业自主权也好，还是用经济手段管理经济也好，绝不是要我们把社会主义组织之间的经济关系更多地变成行政管理关系，而恰恰相反，是要我们在保留必要的行政手段的同时，更多地把它们变成平等、等价、有偿的民事关系。最后，立法技术上重复。只要我们对捷克斯洛伐克经济法典稍加分析，不难看出，它名为经济法典，实际上在很大程度上成为公有制单位之间的民法典，并且同公民之间的民法典多有重复。我们制定一部大民法典，如果再搞一个经济法典，岂不是多此一举？

第三，要坚持从中国实际出发，借鉴国外民事立法的有益经验。我们要制定的民法，是中国社会主义的民法。只有从我国的实际出发，以 30 年来经济建设正反两方面经验的总结为基础，才能使它成为符合我国国情，体现人民意志，反映客观规律，促进社会主义现代化建设的中国式的民法。当然，这并不排斥对国外有益经验的借鉴。1922 年，列宁对苏俄民法典的起草工作曾作过这样的指示："凡是西欧各国文献和经验中所有保护劳动人民利益的东西，都一定要吸收。"[①] 为了使我国民法能够吸收一切"保护劳动人民利益的东西"，具有时代气息，适应现代化的要求，不仅要向社会主义国家民事立法的好经验学习，还要向资本主义国家民事立法的有益经验学习。这个学习和借鉴绝非照搬照套，而是采取"拿来主义"的办法，去其无用之物，取其有用之精华，为我所用。这样，才能使我国民法成为推动"四化"前进的得心应手的工具。

第四，要坚持具体明确解决问题的原则。民法同一切法律一样，是为了解决矛盾、解决问题的。它并非政治口号的堆积，而是经济生活中具体明确的行为规范的汇集。什么是应该做的，什么是不应该做的，什么是允许做的，什么是禁止做的，以及权利和义务，都要规定得清楚、明确。把民法的条文规定得明确具体，会不会束缚人们的手脚呢？民法既然是人民意志的体现，它对于人民，对于代表人民意志的干部，根本谈不上什么束缚。而对于那些侵犯人民经济权益，浪费人民节衣缩食节省下来的十万、

---

① 《列宁全集》第 33 卷，人民出版社，1957，第 173 页。

百万、千万元资金的官僚主义者的手脚，的确是有束缚作用的。因为只有把他们违法的手脚束缚住了，"四化"建设才能顺利进行，人民才能得福。民法的条文规定得具体明确了，客观情况发展了如何办？通过法定程序修改就是了。世界上的任何民法典都不是一成不变的。法国拿破仑民法典那么"神圣"，可是到1976年为止，它的2281条中只剩下1358条原封未动，其他的全都作了这样那样的修改。有的学者还主张把这"水力磨坊、四轮马车时代"的民法典完全废止，而代之以适应"原子能时代"的民法典。我们完全不必因为顾虑客观情况的发展，而把民法典条文写得空洞抽象，不解决任何问题。

第五，要坚持民主立法的原则。马克思指出，应当"使法律成为人民意志的自觉表现"，就是说，"它应该同人民的意志一起产生并由人民的意志所创立"①。马克思这句话极其简明扼要地阐明了无产阶级民主立法的思想。民法是关系到每个单位和每个公民切身利益的大法，它更加需要由人民的意志来创建。在起草过程中，一定要集思广益，广泛征求各方面的意见，集中人民群众的一切好的建议。草案拟成后，应该发动群众充分讨论，提出修改意见。然后，再把修改草案提请全国人民代表大会审议通过，颁布施行。

新中国成立以来，在党中央和毛泽东同志的领导下，全国人大常委会于1954年到1957年、1962年到1964年，曾先后两次起草我国民法，有一个《中华人民共和国民法草案（试拟稿）》。我国民法的制定工作，尽管经过两起两落的曲折，但并非毫无基础。只要我们在党中央领导下，从我国实际出发，切实总结30年正反两方面的经验，认真借鉴外国民事立法的经验，我们就一定能在不太长的时间内，把人民盼望已久的民法制定出来。

---

① 《马克思恩格斯全集》第1卷，人民出版社，1956，第184页。

试论我国民法的调整对象及其客观依据[*]

史际春[**]

摘　要：确定我国民法的调整对象的客观依据，是现阶段我国社会各种经济关系的性质和特点。由此，民法只能调整与价值规律的直接作用相联系，具有当事人双方自主平等以及等价有偿特点的商品经济关系。而基于国家组织经济的职能所产生的经济关系，包括计划管理和经济合同关系等，应该由经济法调整；社会主义新型劳动关系，则由劳动法调整。公民个人生活资料的继承关系和某些人身关系，也属民法调整的范围。

关键词：民法的调整对象　商品经济关系　经济法　劳动法

我国社会主义现代化建设的蓬勃开展，要求国家加强对各种社会经济关系的法律调整，以保证国民经济在国家的领导和管理之下健康、迅速地发展，并切实保障公民各种经济权益和人身权益的实现，使他们以饱满的热情投身于社会主义事业。因此，制定一部适合我国国情的社会主义民法，是我国当前面临的迫切任务之一。然而，社会主义经济本身的特点和经济法理论及其实践在我国的兴起，导致了如何确定我国民法的调整对象，主要是如何划分民法和经济法调整对象问题的产生。民法作为上层建筑，调整具有一定性质和内容的社会关系，这种社会关系在性质上有别于任何其他法律部门所调整的对象。所以，确定我国民法的调整对象存在客

---

　　[*]　本文原载于《法学研究》1984 年第 1 期。

　　[**]　史际春，原文发表时为上海社会科学院法学研究所硕士研究生，现为中国人民大学教授，已退休。

观的依据。近年来，我国法学界研究民法、经济法的调整对象，多是从生产关系的内容出发，有人还撇开生产关系另辟研究门路，往往简单地以生产关系的几个环节或法律关系的主体来确定民法、经济法的调整对象，科学性似嫌不够。本文打算从分析现阶段我国社会各种经济关系的性质入手，对我国民法的调整对象作一探讨。

一　民法调整对象的历史演变

任何法都是对一定的社会物质生活条件的反映。民法作为直接表现社会经济关系的一种法律形式，更是与社会物质生活条件密切相关。社会物质生活条件的变化、发展，决定了民法调整的对象也要不断地变化、发展。在氏族社会向阶级社会过渡的时候，一部分社会习惯和道德、宗教规范被正在形成中的国家确认为法律规范。法产生之初，社会经济、文化发展的水平相当低，社会关系相对来说比较简单，国家职能尚不完备，因而，法以习惯法的形式出现，并作为一个整体存在，没有部门划分。最初的成文法出现时，这种情况依然没有什么变化，例如巴比伦的《汉谟拉比法典》和我国战国时的《法经》就是这样。民法的产生，是土地和动产的私有制彻底冲破了氏族血缘关系的束缚，私有制度下的生产和分工、交换获得比较充分发展的结果。在简单商品生产的条件下，价值规律要求承认每一个商品生产者都是独立的私有者，允许他们按照等价交换的原则，自由地开展商品交换活动。因此，民法一开始是建立在私有制商品生产和价值规律自发作用的基础之上的，其本质是保障以独立私有者身份出现的单个人之间的财产所有和财产流转关系，以维护剥削阶级国家赖以生存的基本经济生活条件。这就决定了它在调整这种社会关系的时候，必须遵循平等、等价有偿的原则。公元以后，以所谓"私法"形式出现的罗马法逐渐成为独立的法律部门，用来调整罗马奴隶制社会的财产关系和人身关系。这时的民法，将国家"公共"活动以外的所有财产关系、人身关系以及民事诉讼关系，都作为自己的调整对象。

调整某类社会关系的法律规范在产生之初，总是与类似的或与其有某些关联的法律规范结合在一起，例如，罗马时代将保障私权的民事诉讼法规与民法结合在一起。当社会关系的发展使某类法律规范调整的对象扩大到一定范围，而且这类规范的数量达到一定规模时，就会出现一个独立的法律部门。随着剥削阶级的国家机器日益与社会脱离，国家司法机构越来越庞大，社会关系和各种社会矛盾不断发展，形成了远比罗马时代复杂的诉讼制度，民事诉讼关系就从民法的调整对象中分离出来。资产阶级革命以后，法国以罗马法为范本制定了著名的民法典，接着又制定了民事诉讼法典。从此，民事诉讼法便成了独立的法律部门。

早在中世纪资本主义萌芽时，有组织的私人贸易团体就已形成并获得了一定的发展，单以民法来调整社会经济关系已显得不够，社会的发展要求制定特殊的法来调整私人组织之间的经济关系。因此，法国于1807年制定了商法典。在这以后，许多资本主义国家将资本主义生产和流通领域主要在私人组织之间发生的财产关系放到民法的调整对象之外。商法赋予集合的资本以法律上的人格，并对其内部的组织和活动提出要求，不同于原来基本上只规定法律关系主体外部活动的民法。尽管在某些国家、某些时期，资本主义法律存在民商合一的现象，但商法事实上已经从民法中独立出来。商法不调整在资本主义生产和流通中已是无足轻重的单个人之间的经济关系，而与民法各有分工。

"十月社会主义革命"的胜利，在苏俄消灭了剥削制度，逐步建立起社会主义的生产关系，使婚姻关系和劳动关系丧失了资本主义条件下的商品性质。1922年苏俄民法典制定的时候，就把本质上不具有等价交换性质的家庭婚姻关系和劳动关系从民法的调整对象中分离出去，分别由作为独立法律部门的家庭婚姻法和劳动法调整。

资本主义从自由竞争阶段发展到垄断阶段，社会的基本矛盾愈益激化，经济危机频繁发生。资本主义国家为了缓和矛盾，推行战争政策，不得不利用国家权力颁布各种法律、法令，控制资源和重要的生产部门，管制物资流通，并直接干预资本主义组织的内部事务及其活动。从简单商品生产到资本主义商品生产，民法调整的经济关系向来是以所有权绝对和契约自由为基础的，国家干预私人经济活动，破坏了传统的民法原则，在这个过程中形成的经济关系，完全超出了民法调整对象的范围。资产阶级学者最先把调整这类经济关系的法律规范称为经济法。他们自诩利用经济法对私人经济活动进行管理，可以达到利用民法调整所不能达到的使社会经济和谐一致的目的。经济法的产生，限制和缩小了民法调整对象的范围。

在社会主义国家，同样存在经济法在民法之外独立发展的问题。1922年的苏俄民法典是列宁亲自关怀制定的社会主义性质的民法典，它把具有等价有偿特点的各种财产关系和一定范围的人身非财产关系作为自己的调整对象。当时的苏联处于国民经济恢复时期，各种经济成分并存，社会主义公有制尚未最后确立，1923年社会主义成分在社会基本生产资金中只占59.8%，在商品流通领域占43.3%，民法典在很大程度上是调整私人企业之间及其与社会主义经济组织之间的经济关系。① 随着苏联社会主义改造的完成和大规模地开展经济建设，公有制成了整个国民经济的基础，国家日益成为社会经济的组织者和领导者，它在民法典之外颁布各种经济法规，来调整在领导和开展社会经济活动中所形成的经济关系。原有的民法典显然已不适合调整这种新的社会经济关系，因此，苏联法学界在20世纪20年代末就提出了经济法理论。尽管看法多种多样，但一般都主张，把有关因国家计划管理而产生的各种经济关系从民法的调整对象中分出去，归经济法调整。这样分工是由这部分经济关系的性质所决定的，有其客观必然性，可以说是一种趋势。

民主德国和捷克斯洛伐克的情况也比较能说明问题。这两个国家根据社会经济关系发展的实际情况，实事求是地确定民法的调整对象。民主德国1975年通过的民法典，已不再将在国家领导国民经济的基础上开展经济活动所形成的经济关系作为调整对象。捷克斯洛伐克则更是在民法典之外同时制定了经济法典，专门调整上述关系及国家领导经济的过程中发生的经济关系。再如罗马尼亚，它在调整民事关系方面仍然沿用1865年尚未从奥斯曼帝国的统治下完全独立时引进的拿破仑法典；另外，它制定了国民经济发展计划法、财政法、投资法、物资供应法、经济合同法、利润法等经济法规，用以调整国家领导、组织国民经济和开展社会主义经济活动所形成的社会主义经济关系。

以上民法调整对象的历史演变情况，对于我们科学地考察我国社会经济关系的性质，并以此确定我国民法的调整对象，具有历史的和逻辑的启发作用。

---

① 见〔苏〕B. B. 拉普捷夫《论苏维埃经济法》，《国外法学》1979年第4期。

二　确定我国民法调整对象的客观基础

民法所调整的对象主要是经济关系。所谓经济关系，即处于一定生产关系之下的人们在社会生产、交换、分配和消费的活动中形成的物质利益关系。经济关系是社会关系的一个重要方面，它本身所包括的范围就非常广。随着社会物质生活条件的发展，经济关系越来越复杂，民法已不可能调整一定社会的全部经济关系。它所调整的，只是其中与价值规律的直接作用相联系，具有当事人双方自主平等以及等价有偿特点的商品经济关系。要确定我国民法的调整对象，必须分析现阶段我国社会各种经济关系的性质，以此为依据，找出哪类经济关系应由民法调整，哪些则由民法以外的法律调整。

在共产党领导下，我国进行了生产资料私有制的社会主义改造，废除了剥削制度，建立了社会主义的生产关系。在我国经济关系中占主导地位的，不再是以私人财产占有制为基础的经济关系，而是在生产资料公有制的基础上，由国家作为统一的社会经济中心，对整个社会的生产、交换、分配和消费活动加以领导和管理而形成的经济关系。归纳起来，现阶段我国社会的经济关系有如下六种。

其一，国家在领导和组织国民经济的过程中形成的具有组织和管理内容的经济关系。社会主义国家的主要职能之一是组织社会经济。在社会生产力尚未发展到生产资料归全社会所有，实行自由人的联合劳动时，国家作为统一的社会经济中心，它不仅是全民财产的代表者，而且根据民主集中制的原则，对整个国民经济进行规划、领导，通过各种国家机构和社会主义组织管理社会的经济活动。在这个基础上形成的经济关系，兼有计划组织和管理的内容，超出了传统的权力服从或平等有偿的范畴，是我国历史上前所未有的新型的社会关系。

其二，根据国家的计划管理和领导，在公有制基础上从事经济活动所形成的经济关系。全民所有制和集体所有制是社会主义公有制的两种形式。各种社会主义组织在国家的统一计划之下开展各种经济活动，遵循社会主义基本经济规律，最大限度地满足全体人民不断增长的物质和文化需要，相互之间形成了分工协作和平等互利的关系。从表面上看，这种关系与私有制条件下不同所有者之间相互对立、平等有偿的商品关系差不多，但实际上它与后者有本质的区别。第一，这种关系根据国家计划产生，是完成国家统一的经济计划和实现社会主义生产目的的手段。第二，国家的计划具有法律效力，各社会主义组织有义务根据计划与其他组织发生、变更和消灭经济关系；即使是指导性计划，也具有极大的严肃性，国家有权干预计划执行单位对计划的不适当调整，后者则必须对由此产生的后果承担法律责任。第三，在全民所有制内部开展物资流转，要贯彻等价有偿的原则。这样做是计算劳动耗费，自觉地节约社会劳动时间和对交换双方所支出的活劳动和物化劳动进行补偿的必要手段。集体所有制内部和集体所有制与全民所有制之间发生的物资流转，当然更要贯彻等价有偿的原则。无论哪一种物资流转，都是整个国民经济有计划流通过程的一部分，商品的价格由国家统一管理，价值和价格已丧失了私有制条件下市场竞争的自发性质。第四，因这些关系发生的纠纷，绝大多数是由国家主管机关用调解和仲裁的方式予以处理解决，而私有制社会的国家则凌驾于具有根本利害冲突的纠纷双方私有者之上，对纠纷处理一般只是采取裁断的办法。搞清这种经济关系的特点，对于我国民法调整对象的确定，具有很大的意义。

其三，在生产资料个人所有的基础上从事经济活动所形成的经济关系。由于我国现阶段生产水平不够高，国民经济的某些部门还较多地存在手工劳动，公有制经济不可能包揽一切经济事业，国家难以用现代化的物质生产手段装备全体劳动者，因此，必须允许劳动者个体经济存在并适当发展，作为社会主义经济的必要补充。个体经济同样要受到国家计划和法律的指导和限制，它自己被纳入国民经济的体系之中，与社会主义组织发生供、产、运、销的关系，与公有制经济紧密结合在一起。但是，个体经济本质上终究是属于私有制经济的范畴，个体劳动者在很大程度上要通过价值规律的自发作用来实现自己的劳动所创造的价值。个体劳动者相互之间以及他们与其他公民和社会主义组织之间发生的经济关系，是完全自主平等的所有者之间的商品生产和商品交换关系。农业社会主义组织的成员在集体劳动和个人消费之外从事少量的生产和流通活动所形成的经济关系，与此具有同样的性质。

其四，在全民所有制和集体所有制的基础上，劳动者作为生产资料的共同所有者，将自己的劳动力与生产资料结合所产生的经济关系。劳动者是社会主义国家和生产资料的主人，他们为自己和社会劳动，在这里，消灭了剥削和压迫，劳动力不再是商品，因此，由此产生的经济关系不再具有在雇佣劳动基础上形成的劳动力等价买卖的性质。

其五，国家和社会主义组织根据"各尽所能，按劳分配"的原则，向劳动者分配个人消费资料，以及在实现消费的过程中所形成的经济关系。我国现阶段除了农业社会主义组织支付劳动报酬采取部分实物形式外，劳动者个人消费资料的分配，必须采用货币支付的形式。劳动者以货币形式领取了劳动报酬以后，再向从事商品流通的社会主义组织和其他公民购买个人需要和喜爱的消费资料，或要求提供某种劳动服务，由此发生一定程度的经济流转关系和某些劳动服务关系。这种经济关系不需要也不可能由国家一一予以计划管理，只能根据供求关系，基本上由价值规律调节，其主体的地位及相互间的关系完全平等，严格遵循自主平等、等价有偿的原则。

其六，社会主义组织相互之间以及社会主义组织与公民之间，因计划外的生产流通以及社会消费、非生产性建设和生活消费而发生的某些具有商品货币内容的经济关系。社会主义组织和国家机关按照需要和意愿直接向其他组织和个人购买办公用品、生活消费资料和文学艺术作品等，在遵守国家法律的情况下不受任何限制。因而，这种关系与上述在个人消费资料的分配和消费中产生的经济关系，具有同样的性质。

至于我国目前存在的中外合资经营企业，在其活动的过程中所形成的经济关系，固然有资本主义私有制的成分，但是由于这些企业的设立，是符合社会主义建设需要的，是根据国家计划并经过严格的批准程序的，因此这种经济关系，是国家组织社会经济，开展计划管理活动的产物，具有国家资本主义的性质，属于上述第一种关系的范围。

这六种经济关系，哪些可以作为我国社会主义民法的调整对象呢？前面已经谈到，民法调整的对象是以客观存在的一定性质的经济关系为基础，而不是主观任意的产物。从历史的发展来看，民法本质上只能与由价值规律直接作用的商品经济联系在一起；民事主体间完全自主平等、等价有偿的关系是它的基础。对我国现阶段经济领域的各种关系作了分析之后，不难看出，这些经济关系按其性质归类，应当分别由经济法、劳动法和民法予以调整。

第一类关系，是在社会主义公有制基础上，由国家作为全体人民和全民财产的代表者，通过各级国家机构和各种社会主义组织，对整个国民经济实行领导和计划管理而形成的经济关系，以及各种社会主义组织和少数个体劳动者之间在从事某些符合国家计划管理的经济活动的过程中形成的经济关系。这就是我国持纵横关系对象说的经济法学者认为应作为经济法调整对象的狭义经济关系。这类经济关系基于国家组织经济的职能而产生，受国民经济有计划、按比例发展的规律的支配。民法受到其本身在历史上形成的一套原则、制度和方法的局限，难以胜任对这类新型社会主义经济关系的调整。这类经济关系只能由经济法部门来调整。

第二类关系，是在公有制基础上，劳动者在创造物质和精神财富的过程中与国家、各种社会主义组织之间以及他们彼此之间发生的经济关系，亦即社会主义条件下新型的劳动关系。如前所述，这类关系在历史上已经从社会主义民法的调整对象中分离出去，自然也不应当作为我国民法的调整对象。

第三类关系，是公民在以货币形式的劳动报酬向社会主义组织和其他公民交换个人消费资料或生活劳务的过程中，在个体劳动者以货币形式实现自己的产品或劳务价值的过程中，以及部分计划外的或用作社会消费和非生产性建设的社会产品在流通和消费的过程中，公民与社会主义组织之间、公民之间和社会主义组织之间发生的具有商品货币内容的经济关系。这类经济关系完全是等价有偿的关系，其当事人以自主、独立所有者的身份出现，传统的民法依然能够发挥作用，对这些关系加以调整。

这样，我国社会经济关系的性质和特点，便构成了确定我国民法调整对象的客观依据。

三　我国民法调整的对象和范围

在公有制条件下，社会生产的目的是满足人民的需要。公民按社会主义方式取得个人消费资料，是公有制的必然结果和社会主义经济的最终归宿。因此，上述第三类经济关系是大量的、普遍的，这类关系直接关系到社会主义条件下劳动力的再生产，关系到千千万万家庭的切身物质利益。由其性质所决定，可以也必须采用民法特有的各种行之有效的内容，予以调整和保障。在这里，民法的重要地位和意义一点儿也没有降低，它是保护社会主义生产关系，实现社会主义生产目的，最大限度地满足全体人民不断增长的物质和文化需要的重要手段。那种认为我国社会主义民法如果主要把以公民为主体的社会关系作为调整对象，就成了与社会主义"公法"对立的"私法"的观点，实际上是只见现象不见本质。在资本主义社会里，私法和公法没有本质的区别，一个是私有制的直接法律体现，一个是私有制通过剥削阶级国家的组织和活动的间接法律体现。社会主义国家的法，在本质上都是公法，都是公有制社会关系的法律体现。

公民个人生活资料的继承关系，包括在应由我国民法调整的经济关系之中。因为，继承关系的依据虽是人的身份关系，但其基础是社会主义的生产资料公有制，作为继承关系客体的，是公民参加社会主义劳动或个体劳动所获得的消费资料以及少量目前允许个人所有的生产资料。在现阶段，家庭是生活消费和劳动力再生产的单位，具有一定身份关系的家庭成员之间互有抚养的义务，这就决定了他们之间必然存在对个人消费资料的相互继承关系。所以，继承关系在社会主义阶段与公民的个人所有权具有密切关系，它实质上是社会消费资料进入消费领域之后，在公民对其占有、使用和处分的过程中发生的流转和重新分配的关系。

保障公民的某些人身权利，特别是公民的生命权、健康权、人身自由权、荣誉权等不受侵犯，也应当是我国民法的重要任务。把一定的人身关系作为我国民法的调整对象，理由是：其一，保障这些关系，是满足公民物质和文化需要，实现社会主义基本经济规律的条件，因而与本质上应作为民法调整对象的那部分经济关系，具有内在的联系。其二，侵犯人身权利会使公民受到财产上的损失，可以用民法上的赔偿方法予以补偿。精神上的损失也可以通过责令侵害他人权利者以道歉、公开恢复名誉等方式予以补偿，有利于维护和发扬社会主义精神文明，维护社会主义的社会秩序。其三，这部分关系涉及面不大，相应的法律规范不多，不足以从民法中分出去自立法律部门，而因其与民法关系密切，故可纳入民法调整。

我国婚姻法已在民法之外成为独立的法律部门，所以，作为民法调整对象的人身关系，不包括已由婚姻法调整的亲属关系和监护关系。

现在，我们得出结论：我国民法的调整对象，应当是国家和社会主义组织以商品货币的形式，向在社会主义组织内从事劳动的公民分配个人消费资料，个体劳动者以商品货币的形式实现自己的劳动价值并换取个人消费资料，公民在占有、使用、处分个人生活资料和提供生活服务，以及社会主义组织在取得某些计划外的生产资料及用于生活消费、社会消费和非生产性建设的社会产品的过程中，公民与社会主义组织之间、公民之间和社会主义组织之间形成的，具有商品货币内容的经济关系，以及具有直接或间接财产内容的人身关系。这些关系，亦即一定范畴的财产关系和人身关系。

从我国社会主义经济关系的内容来考察，可以进一步了解我国民法调整对象的客观性。

在生产资料的生产、交换、分配、消费和消费资料的生产、交换领域，存在计划管理关系、财政金融关系、投资关系、基本建设关系、物资管理供应关系、商业关系、对外贸易关系、生产经营管理关系、经济合同关系、交通运输关系、土地和资源管理使用关系、工商行政管理关系等，这些是在国家领导、管理社会经济，并组织各种社会主义组织和个人从事经济活动的基础上产生的关系，与国家组织经济的职能密切相关，因而必须由计划法、财政法、基建法、经济合同法等经济法规来调整。

在物质和精神财富的生产和流通领域，还存在劳动管理关系、劳动合同关系、社会保险关系、科研关系、发明创造关系、著作出版关系、艺术创作表演关系等，这些是社会主义的体力劳动者和脑力劳动者在与生产资料结合并向社会提供劳动成果的过程中形成的关系。由于劳动力不再是商品，这些关系成为社会主义条件下人与人之间的新型物质利益关系，必须由劳动法等属于劳动立法范畴的法律规范来调整。

在消费资料的分配、消费以及少量生产资料的生产、流通和消费领域，存在消费资料和少量原材料以及生产工具的所有关系和买卖关系，各种租赁关系和借贷关系，加工定做和修理等承揽关系，运输关系，合伙关系，相邻关系，遗产继承关系，个人消费资料和人身保险关系，因侵犯他人人身权利产生的关系等，这些都是发生在完全独立自主和平等的当事人之间的平等、等价、有偿的关系，只有运用民法对这些关系加以调整，才能保障这个领域正常的社会关系和社会秩序，为我国"四化"建设的开展和社会主义事业的兴旺发达发挥其应有的作用。民法的地位和作用，是任何其他法律部门所不能取代的。

经济体制改革与民事立法[*]

李时荣　王利明[**]

摘　要：经济体制改革带来了多种经济形式和多种经营方式的共同发展，为了调整变化了的经济关系，需要加强民事立法。经济体制改革推动社会主义商品生产和商品交换的发展，实践的经验促使人们从理论上认识到，社会主义经济中仍然存在商品货币关系，价值规律的作用完全不能忽视，这就使民事立法有了坚实的理论基础，并丰富和发展了民法的内容。经济体制改革对民事立法提出了许多新的课题，当前亟待制定一批单行法规。

关键词：经济体制改革　民事立法　民法　民事单行法规

党的十二届三中全会通过的《中共中央关于经济体制改革的决定》提出，要"建立起具有中国特色的、充满生机和活力的社会主义经济体制"，以增强企业的活力为中心环节，自觉运用价值规律，大力发展社会主义商品经济。经济体制改革步伐的加快，为民法典的制定开拓了新的道路，为完善民事立法展示了广阔的前景。本文就此作点儿分析，谈点儿粗浅意见，与法学界的同志共同研讨。

---

[*]　本文原载于《法学研究》1985 年第 1 期。

[**]　李时荣，原文发表时为国家经济体制改革局处长，经济师；王利明，原文发表时为中国人民大学法律系教师，现为中国人民大学法学院教授。

一 经济体制改革，带来了多种经济形式和多种经营方式的共同发展。为了调整变化了的经济关系，需要加强民事立法

法律是建立在经济基础之上的上层建筑。正如马克思所指出的，"无论是政治的立法或市民的立法，都只是表明和记载经济关系的要求而已"。① 所以，一项法律的制定，是由该法律调整的社会关系的要求所决定的。当这种社会关系有了发展或产生变化以后，原有法律就不能满足调整需要，新的法律就会产生出来。

长期以来，我国的经济管理体制沿用集中统一的模式，甚至把搞活企业和发展社会主义商品经济的种种正确措施当成"资本主义"，政府部门直接经营管理企业，企业成了行政机构的附属物，缺乏应有的活力。在流通领域，忽视市场机制和价值规律的作用。纵向单一的经济关系占主导地位，即使在横向经济关系中，也在很大程度上受到行政的指挥和支配。调整经济关系的法律，几乎全部都是行政性法规。在这种情况下，有些人就认为"制定民法典的客观依据不充分"，认为"民法就是私法"，是"保护公民权利法"。产生这些片面认识，是不足为奇的。

在党的十一届三中全会确定的正确路线指引下，我国经济建设的指导思想有了根本的转变，实行了对外开放、对内搞活经济的方针，并采取一系列措施推进经济管理体制的改革。随着改革的不断深入，原有的经济关系有了发展，同时又产生了一些新的经济关系。主要表现在以下几个方面。

（1）农村在稳定和完善生产责任制的基础上，出现了多种经营方式。到 1983 年底，实行家庭承包责任制的农户，已占全国农户总数的 99.6%。各种专业户已达到 2500 多万户，占全国农户总数的 13% 以上。同时出现了多种形式的经济协作和联合，有户与户之间的联合，有农户和集体企业、国营企业的联合，如农工联营、农商联营、农工商联营等。农村经济开始向大规模商品化转变，向专业化、现代化转变。

（2）集体经济发展很快。城镇集体企业的职工人数，到 1983 年底已

---

① 《马克思恩格斯全集》第 4 卷，人民出版社，1958，第 121—122 页。

达到 2744 万人，比 1978 年增加 696 万人，增长 34%。增长最快的部门是商业、饮食业和服务业，职工人数由 211 万人增至 405 万人，增长 92%；其次是建筑业，由 175 万人增至 302 万人，增长 73%。企业单位也发展很快。工业集体所有制企业由 1978 年的 26.5 万家增加到 30.5 万家；商业、饮食业和服务业的集体所有制机构由 1978 年的 62.3 万家增加到 97.4 万家；建筑业施工单位，城镇已达到 6768 家，乡镇建筑队达到 5.7 万个。交通运输业的集体企业达到 3.8 万家，货运量约占公路、水运货运量的一半左右。此外，在文教卫生部门，集体企业的职工人数也占全国同行业职工总数的 1/3 多。

（3）个体经济发展快，变化大。城镇个体从业人数到 1983 年底，由 1978 年的 15 万人增至 231 万人，增长 14.4 倍。1978 年还没有个体工业，到 1983 年已达到 32 万户。从改革的发展和安排待业青年的需要来讲，个体户发展到 1000 万至 2000 万户是完全有可能的。农村从事个体劳动的人数由 1980 年的 60 万人增至 538 万人。

（4）城乡集市贸易也迅速发展。全国集市数由 1978 年的 3.3 万个增加到 1983 年的 4.8 万个，成交额占社会商品零售总额的比重由 8% 上升到 13.5% 左右。若包括各大中城布的夜市，成交额比重更大。此外，在科学技术领域，还出现了以科技成果有偿转让、技术难题招标、人才推荐和招聘等为服务内容的各种形式的科技市场。

（5）国营企业在生产经营计划、产品销售、价格、物资选购、资金使用、资产处理、机构设置、人事劳动管理、工资奖金、联合经营等十个方面扩大了自主权。国营小企业，实行集体承包、个人承包或租赁经营方式。这就使企业的法人地位，以及随着厂长（经理）负责制的逐步实行而产生的厂长作为法人代表的权利，都越来越明确。

（6）随着对外开放政策的实施，经济特区的开设和 14 个沿海城市的开放，中外合资、中外合作企业以及外商独资、技贸结合等各种以国家资本主义为主要形式的经济有了新的发展。

（7）在宏观经济管理方面，随着政企职责逐步分开，以及利改税第二步方案的实行，企业吃国家"大锅饭"的现象将逐步改变，企业将真正成为相对独立的经济实体，自主经营、自负盈亏已成为必然趋势。随着指令性计划指标的缩小，市场调节范围的扩大，企业的生产直接决定于市场需要的部分一定会大大增加，企业间的竞争也成为求生存、求发展的一个手段。随着由原有的按行政区划、行政层次统一收购和供应商品的流通体制，改为开放式、多渠道、少环节的流通体制，商品生产和商品交换已经成为符合经济发展客观需要的普遍形式。

综上所述，在国家政策和计划的指导下，国家、集体、个人一起努力，多种经济形式和多种经营方式已经有了相当发展。实践证明，这样做是符合生产关系一定要适合生产力性质的原理的，是从我国生产力水平还不高的实际情况出发的。在当前存在的大量经济活动中，买卖、商品购销、承揽、承包、信贷、信托、租赁、劳动服务、代理、结算、票据等经济联系，是每日每时都作成千上万次的重复的客观存在。一句话，我国商品和货币关系已大大发展了。如果仍然主要采用行政性法规来调整经济关系，特别是用行政性法规来调整横向的商品关系，显然是不适应的。

采用行政性法规调整纵向的管理关系，主要是通过监督、调节、指挥、协调等方式，以达到保障国家对宏观经济的控制。对于横向的商品关系，则主要借助于民法的形式。民法，作为调整商品关系的法律，其全部制度和规范都深深植根于商品关系之中。在其几千年的漫长的发展中，民法形成了最适合促进商品经济发展的完备的体系和制度。这些制度在社会主义条件下，从内容到形式都得到了全面改造而焕然一新，因而能够服务于社会主义的新型商品关系。

正如列宁在1921年推行新经济政策时指出的："我们当前的任务是发展民事流转，新经济政策要求这样作，而这样作又要求更多的革命法制。"① 经济体制改革加快和发展了民事流转，同时也必然提出建立和健全民事法的要求。在我国当前，急需以民法的主体制度赋予当事人参与民事流转的主体资格，使其享有独立的财产权益并在民事流转中承担应尽的义务；以民法的所有权制度保障当事人在商品生产和交换中的财产权益，并维护他们依自己的行为而合法取得的对物质财富和非物质财富的主观权利；以民法的合同制度固定正常的商品交换关系，使在社会分工基础上形成的产、供、销、运的经济联系正常进行；以民法的法律行为、代理、时效等配套制度稳定商品经济秩序。总之，就是要以民法的平等协商和等价

---

① 《列宁全集》第33卷，人民出版社，1957，第148页。

有偿方法鼓励和促进商品经济在我国迅速发展。所以，经济体制改革中发展的商品关系，正是加强我国民事立法的客观依据。

二　经济体制改革，推动了社会主义商品生产和商品交换的发展。实践的经验促使人们从理论上认识到，社会主义经济中仍然存在商品货币关系，价值规律的作用完全不能忽视。这就使民事立法有了坚实的理论基础，并丰富和发展了民法的内容

恩格斯指出，"民法准则只是以法律形式表现了社会的经济生活条件"。① 在理论上是否承认这种"社会的经济生活条件"，即商品货币关系的长期存在（请特别注意"长期存在"这四个字），这是关系到国家是只需要采取经济政策，还是同时需要采取民事法律手段，使商品生产和交换关系按照社会的需要健康发展的问题。如果在理论上持否定态度，认为商品货币关系最终不能反映社会主义生产关系，那么仅仅采取经济政策也就足够了。如果我们在理论上持肯定态度，那么对这种客观存在的商品货币关系，就不仅需要用政策调整，而且要采取具有普遍性、明确性、规范性特征的民事法律形式来进行调整，以使其具有相对的稳定性，并适应其长期存在的需要。

新中国成立以来相当长的一个时期，不论理论界还是业务部门，对社会主义经济中究竟存不存在商品货币关系（包括商品、货币、市场、价值规律以及与价值规律有关的一系列经济范畴），基本上是持否定态度的。这种情况的产生，有着久远的深刻的认识上的根源。马克思、恩格斯原来设想社会主义社会不存在商品货币关系。列宁在"十月革命"前后也认为社会主义要消灭商品经济，实行直接的社会生产和分配。后来他发觉这样行不通，于是实行"新经济政策"，提出要发展真正的商品生产和商品交换，认为这是过渡到社会主义的不可缺少的阶段。但他仍然认为商品生产和商品交换是资本主义的基础。斯大林曾经肯定了商品生产和货币存在的必要，但直到 1952 年，他仍然坚持生产资料不是商品的理论；在承认两种

---

① 《马克思恩格斯选集》第 4 卷，人民出版社，1972，第 248—249 页。

所有制经济之间交换的产品是商品的同时，又提出了尽快由商品流通过渡为产品交换，一步步地缩小商品流通的活动范围。毛泽东同志曾经提出价值规律是一个伟大的学校，但是我们在实践中则长期忽视商品交换和价值规律，甚至认为承认商品经济关系就是违背了马列主义，发展商品生产就会走向资本主义。在这种理论指导下，对于客观存在的商品生产和商品交换采取了限制的政策，并力图向产品经济过渡（请特别注意"过渡"二字）。因为指导思想上是把这种"过渡"作为方针的，所以，在实际上我们对商品关系主要采用政策的调整手段，并把一些民事关系划入由行政性法规去调整的范围。我国民事立法一直十分薄弱，民法典迟迟不能问世，也是在一定程度上受到了上述理论影响的缘故。

马克思主义理论是在实践中发展的。党的十一届三中全会以来，经过拨乱反正，党坚持生产关系一定要适合生产力性质的原理，从我国生产力水平较低、发展也很不平衡的情况出发，作出了在坚持国营经济为主导的前提下，允许多种经济形式长期并存的决策，并提出要大力发展商品生产和商品交换。几年来，经济体制改革进行了许多试验和摸索，取得了显著成效，推动了我国的商品生产和商品交换。经济体制改革的成就，澄清了阻碍商品经济发展的"取消论"、"危险论"、"冲击计划论"以及自然经济、分配经济观念等种种模糊认识。党的十二届三中全会，按照把马克思主义理论同中国实际相结合的原则，明确指出商品生产、商品交换和价值规律在我国经济生活中长期存在的必要。既然在理论上承认了商品关系存在的长期性，那么运用民事立法形式，包括把曾经调整商品关系的一些成熟的政策整理上升为法律来调整这种关系，在理论上是顺理成章的，在实践中是十分必要的。

商品生产和商品交换关系的发展，拓宽了我国民法的调整范围，丰富和发展了我国民事立法的内容。这主要表现在以下四个方面。

第一，主体制度。民事主体是商品生产者和交换者在法律上的地位和资格的反映。长期以来，我国处于商品不发达的环境中，国营企业缺乏应有的自主权，农村中则由生产队和人民公社生产农产品，城镇工商业的集体所有制单位，即使被承认是民事主体，也仍然是行政机构的附属。这种民事主体的行政隶属性和日趋单一化的特征，在体制改革中得到改变。现在，全民所有制企业的自主权不断扩大，城乡集体经济和个体经济快速发展，农村涌现出大批专业户、重点户，城乡都出现了各种形式的经济联合体，再加上经济特区中各种形式的经济组织，这样，民事主体大大增加了。更为重要的是，他们都以商品生产者的身份进入了流通领域。所以，要保障各个主体的合法权益并赋予其应有的法律地位，就必须建立和健全以法人制度为核心的民事主体制度。

第二，所有权制度。所有权是所有制在法律上的表现，是商品生产和交换的前提和结果。我们允许多种经济形式长期存在，并且承认商品生产者的独立地位，就必须保障各个民事主体对其财产的占有、使用和处分的权利。经营方式的改变，产生了承包权、相邻权、抵押权等各种形式的民法上的物权，产生了各种经济联合体对其财产的共有权，这些都应该受到民法的保护。对各种不同经济形式的主体所各自拥有的所有权和经营管理权的范围，也需要作出明确的、严格的规定。

第三，合同制度。从经济体制改革的发展方向来看，市场调节部分要扩大，商品生产和交换要大力发展，合同的作用范围将随之扩大，合同制将得到发展。表现在：其一，合同当事人的相对自由的意志在合同中得到了更多的体现。例如，企业超产自销产品的数量日渐增加，突破了生产资料不是商品不能进入流通领域的框框，当事人双方自主地签订购销合同，能够更多地体现自己的意志。其二，合同关系代替了原有的某些行政关系。例如，建筑业推行投资包干和招标承包制，基本建设中凡是有偿还能力的项目都按照资金有偿使用的原则，改财政拨款为银行贷款，企业流动资金也由无偿使用改为由银行贷款的形式，这就使行政关系向合同关系转化。其三，合同适用范围越来越广。在流通领域中，随着城乡流通体制的改革，减少了统购派购的指标，扩大了购销合同适用的范围。随着对内搞活经济和对外开放政策的实施，各种形式的集资、合伙、联营的组织大量产生，都要通过合同来调整它们在参加经济交往中发生的各种关系。以上这些，已超出我国经济合同法规定的调整范围，而需要在民法中作出健全合同制度的详尽规定。

第四，知识产权制度。知识产权制度是迎接新技术革命挑战、鼓励广大科学技术人员和管理人员发挥聪明才智的重要法律形式。长期以来，我们不重视知识和智力的开发，使发明权、发现权以及合理化建议权得不到有效的法律保护，科研体制也存在严重的"吃大锅饭"的现象。随着经济体制改革的开展，科研体制的改革提上了议事日程。近年来，在科技战线进行了一些有益的探索和改革实验，许多科研单位面向社会，对外实行签订有偿合同的办法，把科研成果有偿地转让给企业。所以，对发明权、发现权、合理化建议权的确认和保护，也成为民事立法需要解决的问题。同时，各地区还出现了各种形式的科技市场，如科技商店、开发中心、交流洽谈会等，这就使发明创造成果的商品属性表现得越来越明显，也说明了以民法原则调整专利制度的必要性。目前我国已颁行了专利法、商标法等法律，但是在知识产权制度方面缺乏总体的规定，对许多原有的规定也需要进一步完善。

我国经济体制改革，从理论和实践上都为民事立法指明了方向，提出了繁重的任务。如何用民法的形式反映改革的丰富内容，以保护改革、推动改革，这是法律工作者需要十分重视和努力研究探讨的重要问题。

三　经济体制改革对民事立法提出了许多新的课题，当前急需制定一批单行法规

随着商品流通体制改革的进行，商品交换活动越来越多，内容越来越丰富，运用现金货币作媒介的弊病很多，因而近几年来票据形式得到快速发展，票据的作用越来越重要。赊销作为竞销商品的一种手段，预收货款作为出售紧缺物资的一种条件，已被广泛利用，不仅应用在各种经济组织间，而且发展到公民之间、公民与经济组织之间。目前，上海等地银行试行票据贴现，把商业信用票据化。中国商业银行还在上海市徐汇区挑选一批居民立支票户头，他们可用支票在餐厅付饭钱，在百货商场购买物品，在饭店招待外宾，还可用来交煤气费和电费等。此外，一些经济组织也可以发行股票集资，兴办各类企业。为了防止票据信用的膨胀，使票据贴现在银行计划范围内办理，银行在发挥结算、监督作用时，必须要有法律依据。因此，急需制定社会主义票据法。

长期以来，我国企业吃的是"大锅饭"，捧的是"铁饭碗"，企业之间没有竞争，企业没有活力，即使长期存在经营性亏损，也可以不受影响，甚至还能得到种种补贴。这就难免形成产品落后、技术陈旧、经济效益低下的严重状况。由于条条和块块的分割，重复生产和盲目建设的问题长期

不能解决，即使在国民经济调整时期，仍然存在一面关停并转一面又盲目建新厂的不合理现象。据统计，1979—1982 年，全国共关停工业企业 2 万多家，同时又新建 6 万多家，其中大部分是"小而全"的企业，造成了一些产品滞销和大量资金的浪费。社会主义企业之间并不排斥竞争，只要有商品生产，就必然有竞争。早在 1980 年，国务院就发布了《关于开展和保护社会主义竞争的暂行规定》。随着经济体制改革的深入进行，企业吃国家"大锅饭"的局面逐渐被打破，企业将在市场上直接接受广大消费者的评判和检验，优胜劣汰，那些长期处于经营性亏损的企业，就将面临一个破产的问题。企业的破产，将会带来一系列问题，诸如清产还债、新旧厂的合并、人员的安置等。处理这些问题在我国目前还没有法律依据，因此，需要制定一部破产法。

保险，是通过一定的方式建立保险基金，对因灾害事故造成的财产或人身损失进行补偿的一项重要的经济事业。在实际生活中，它具有防灾补损、支持社会生产、安定群众生活、聚集建设资金等多种社会功能。据统计，近几年，在农业生产中，平均每年有 3 亿亩左右的农田遭受自然灾害袭击，约 1 亿 3000 万亩耕地受灾，各种疾病对牲畜、家禽的危害很大。各种专业户、重点户在生产经营中承担了很大的风险，而他们抗御灾害的能力却很有限。这就迫切需要为农户提供多种多样的保险服务。在城市，企业随着自主权的扩大，承担的经济责任和风险也相对增长。特别是数千万的集体企业和个体经济户，抗御风险的经济力量更显薄弱。此外，个体劳动者以及经济特区和 14 个开放城市中的各种中外合营企业，都存在承担风险和需要保险的问题。自 1979 年国内保险事业恢复以来，保险业务获得很大进展。到 1982 年底，开办了 60 多种保险业务。保险费收入年平均递增 59.17%，1982 年承保的国营企业财产额占总值的 40% 以上。对外保险业务中，1982 年比 1976 年的外汇收入增长 60%。为了充分发挥保险的职能和作用，必须制定能适应需要的更加完善的保险法。

此外，在海商、抵押等方面都需要有一系列法律规定。

上述关于票据、破产、保险等几部法律，按传统说属于商法，民法典不包括这些内容。但是因为民法的原则对这些法律具有普遍的指导意义，而且都是适用的，所以，我们认为这些法律也应该属于民法的范围，而不应搞民商分立。把上述几部法律作为民法的单行法规，从立法体系上讲，也是比较合理的。

在积极制定单行民事法规的同时，我们认为，必须加紧制定民法典，其道理已如上述。从立法体系的角度看，制定民法典也是非常必要的。民事活动中的代理、时效、法律行为等内容都不宜以单行法规的形式加以规定，但它们在经济生活中又是必不可少的。有单行民事法规而无民法典，就会显得有目无纲、杂乱无章，不利于立法的系统化。而且单行法规规定过多，仍不免挂一漏万，在法律调整中留下许多空白点。在这方面，我们还可以以苏联民事立法和经济立法的经验教训为鉴。苏俄1922年颁布了民法典，民事立法有纲有目、比较整齐，这个经验我们应该借鉴。但是苏联的行政性的经济法规，就表现得名目繁多、体系庞杂、互不协调。苏联各部委和各级地方机关颁布了不少行政性的经济法规，仅基本建设立法汇编就已出了36卷，共4148页。苏联国家银行颁布的《1970年第2号指令》就有773条之多。连苏联领导人也不得不承认这种立法上的混乱，认为"国民经济各部门的指示和细则名目繁多，不胜枚举。尤其是其中很多细则都已过时，包含不合理的限制和繁琐的规定，这就束缚了主动性，违背了当今对经济提出的新要求"。① 这个教训对我们来说是一面镜子。我国的民事立法要吸取苏联的经验和教训，从现在起，就应该有一个总体设计，在制定单行法规的同时，尽快颁行民法典，从而少走弯路，真正建立起具有中国特色的民事立法体系。

有人认为，当前正值体制改革时期，许多方面尚不够成熟和稳定，因而不宜颁行民法典。体制改革的确使许多经济关系处于变化和发展之中，但是我们认为，这并不影响民法典照样可以反映商品关系的主要内容。法律的稳定性是相对的，经济关系的不断变化发展，总是要对法律不断提出"废、立、改"的要求；而法律也只有在不断修改中才能保持其旺盛的生命力。上层建筑必须适应经济基础的发展要求。我国的经济体制改革将是一项相当长期的任务，民法典不能因体制改革尚未结束而不积极制定；相反，我们要利用民法典为改革服务，使之在发展商品生产和商品交换中发挥重要作用。体制改革提出了许多新情况和新问题，而寻找在改革

① 参见勃列日涅夫1974年6月14日向莫斯科市鲍曼区选民作的演说，转引自《苏维埃国家与法》1974年第10期。

中的立法规律则是我们法律工作者的一项重要任务。正如列宁所指出的，我们的任务"就是要解释现在已经到来的转变和用法律肯定这种转变的必要性"。①

　　本文仅就几个大的方面谈了一点儿粗浅的看法。我们希望法学界充分利用经济体制改革带来的有利条件，就民事立法的理论和实践问题展开探讨，为建立和健全我国民事立法作出贡献。

----

　　① 《列宁全集》第 27 卷，人民出版社，1959，第 195 页。

论我国民法典的认识论基础[*]

徐国栋[**]

摘　要：立法者就认识论所持的立场，会影响到立法权在立法机关与司法机关之间的移转，从而影响到民法典的涵盖范围、所采用的法律渊源体系以及对立法的明确或模糊等许多立法事项的处理。我国未来民法典的认识论基础是以辩证唯物主义为重要内容的马克思主义哲学，其属于认识论中的折中说。在此基础上民法典渊源体系应包括法律、国家政策、社会公德、判例、国际条约和国际惯例，并在民法典真实标准上采用形式真实标准，合理使用推定和拟制的立法技术。

关键词：民法典　民法的认识论　民法典的渊源体系　马克思主义

一　认识论与权力量守恒定律

认识论是关于人类认识现实、领悟真理的能力的哲学学说，表示主体与客体的关系，所回答者为主体能否把握客体的问题。如果认为人的认识具有把握全部真理的能力，即为认识论上的绝对主义；如果认为人的认识不具有把握全部真理的能力，即为认识论上的不可知论；如果认为人的认识有所知、有所不知，即为认识论上的折中论。认识论与立法的关系至

---

　　[*]　本文原载于《法学研究》1992 年第 6 期。

　　[**]　徐国栋，原文发表时为中南政法学院讲师，现为厦门大学法学院教授。

大，立法即为在认识既往人类行为规律性的基础上对未来人类行为加以预见并进行规制的认识活动，必以一定的认识论作指导。立法者对自己的认识能力如何估价，直接决定权力量守恒定律发生作用的结果。依这一定律，立法权与司法权此消彼长，法律规定的数量与法官权力成反比，法律的模糊度与法官权力成正比。立法者若对自己的认识能力抱极大的信心，必然努力制定预见未来一切社会关系的法典，由此使司法者补充和变通适用法典条文的活动成为不必要并不被允许。既然立法者已预见一切，司法者所能做者即为"依法审判"。唯有于立法者认识有所不逮之时，司法者之拾遗补缺方为必要。因此，绝对主义必定导致立法至上或绝对的严格规则主义。反之，若立法者对自己的认识能力持怀疑态度，就会避免采用预见未来一切人类行为的法典法的立法方式，而将发展完善法律之工作主要交给法官，换言之，不可知论必定导致司法至上或自由裁量主义。立法者若持认识论上的折中态度，就会力图对已有把握认识的人类未来行为加以规定，而将无把握认识的人类未来行为交给法官处理，以明示或默示的方式授权法官制定补充规则。换言之，折中主义的认识论必定取二元的立法体制，实行严格规则与自由裁量相结合。

由上可见，立法者就认识论所持的立场，会影响到立法权在立法机关与司法机关之间的移转，从而影响到对民法典的涵盖范围、所采用的法律渊源体制以及立法的明确或模糊等许多立法事项的处理。

二 认识论与三部著名民法典

每一部民法典都以一定的认识论为基础，这种认识论必定反映在民法典的一定条文中或一定的立法技术中。对于各民法典中反映立法者认识论选择的条文，我们可称为"认识论条款"，或者另换角度，称它们为"权力分配条款"，因为立法权在立法机关与司法机关间配置的基础是立法者对自己认识能力的估价。

法国民法典第5条为该法典的认识论条款，此条规定："审判员对于其审理的案件，不得用确立一般规则的方式进行判决。"此条反映了法国民法典的认识论基础为绝对主义，立法者受拉普拉斯决定论的影响，认为"只要知道了宇宙的各质量的瞬间构形与速度，一个头脑精细的人就可以算出整个过去与未来的历史"。① 因而相信"仅用理性的力量，人们能够发现一个理想的法律体系"。② 因此，他们力图系统地规划出各种各样自然法的规则和原则，并将它们全部纳入一部法典之中，形成了包罗万象的法典，并以第 5 条断然拒绝法官对这一法典加以补充和修改。"立法者自认为预见到了一切，因为他们要求法官必须以法律条款为依据作出判决。""他们认为，法官将面临的所有诉讼问题，立法者已预先将答案交给他们"，"他们认为他们所提出的规则是合理的，不可改变的"。③ 法国民法典由此形成绝对的严格规则主义的风格。

在德国民法典中找不到明确的认识论条款，但德国民法典第一次草案第 1 条曾规定："法律未设规定者，应类推其他规定以为适用，其他规定亦无者，应适用由法律精神所得之原则。"④ 此条赋予了法官充分的法律补充权，证明立法者并不认为法典可涵盖一切而法官无用武之地。但此条在德国民法典正式公布时被取消，这可能是立法者屈从于三权分立体制的结果。然而，立法者又以另外的方式表达了他们的认识立场，即改以默示的方式对法官授权。法典中大量存在的一般条款"无疑表明了对法院在政策制定方面的立法授权，每一个一般性条款都鼓励建立一个给人以强烈印象的判例体系"。⑤ 因此，德国民法典制定者的认识论选择并不在特定条文中反映，而体现在法典的以众多模糊规定为特色的立法技术中，通过迂回的方式，仍达到了使德国民法典成为以严格规则与自由裁量相结合为取向的法典的立法者目的。

瑞士民法典沿袭了德国民法典以默示方式表达立法者认识论立场的做法，它"避免在许多问题上作明确具体的规定，其条文有意识地规定得不完备，因而条文常常只勾画一个轮廓，在这个范围内由法官运用他认为是恰当的、合理和公正的准则发挥作用"。⑥ 同时，为了更鲜明地表达立法者

---

① 参见王雨田主编《控制论、信息论、系统科学与哲学》，中国人民大学出版社，1986，第27 页。
② 〔美〕E. 博登海默：《法理学—法哲学及其方法》，邓正来译，华夏出版社，1987，第 67 页。
③ 〔法〕亨利·莱维·布律尔：《法律社会学》，许钧译，上海人民出版社，1987，第 68 页。
④ 见郑玉波《民法总则》，三民书局，1979，第 40 页。
⑤ 〔美〕埃尔曼：《比较法律文化》，贺卫方、高钧译，三联书店，1990，第 211 页。
⑥ 〔德〕康·茨威格特、海·克茨：《瑞士民法典的制定及其特色》，《法学译丛》1984 年第3 期。

的认识论立场，瑞士民法典又以明示的方式确立了认识论条款，其第 1 条第 2 款规定："如本法无相应规定时，法官应依据惯例，如无惯例时，依据自己作为立法人所提出的规则裁判。"此款旗帜鲜明地承认了法官立法的合法性，慷慨地把部分立法权交由法官行使，立法者因而勇敢地承认了自己认识能力之不足，由此使瑞士民法典成为严格规则与自由裁量相结合的法典。

德国民法典和瑞士民法典共同的认识论基础为统治了欧陆 200 多年的康德哲学。康德一方面承认"现象世界"是可知的，因而同不可知论划清了界限；另一方面，康德又认为"自在之物"是不可知的，因而同绝对主义划清了界限。① 因此，康德在认识论上持折中态度。按照康德的认识论，基于"现象世界"的可知性，法典法的立法形式可以保留，而不必像英美法那样把过大的立法权交给法官。同时，基于"自在之物"的不可知性，保留下来的法典法不能是包罗万象的、封闭的，而必须将立法者认识不及的问题交由法官处理。因此，立法权必须在立法者与司法者之间按一定比例配置，严格规则和自由裁量皆不可偏废。

不可知论必定排斥制定民法典，菲尔德法典编纂计划的激烈反对者卡特曾指出："科学仅仅是对事实的整理和分类，具体案件的实际判决就是事实，它们只有在进入存在后才能被观察和分类，例如在判决作出后这样做。因此，要求法律科学为未来制定规则，在逻辑上是不可能的。换言之，法学家或法典编纂者不能对未知世界的人类行为进行分类并继而就它们制定法律，正犹如博物学家不能对未知世界的动植物进行分类一样"。② 正是凭借这种不可知的认识论，卡特成功地击败了菲尔德企图对未来人类行为进行规制的法典编纂计划。

经过一个多世纪的考验，立法中的绝对主义和不可知论皆已被证伪，法国法官大量的创法已使民法典第 5 条成为具文，英美法中制定法的大量增加以至于法典（如统一商法典）的出现，又使卡特的结论显得可笑。历史在说：德国民法典和瑞士民法典所持的认识论是对的！③

① 参见朱德生等《西方认识论史纲》，江苏人民出版社，1985，第 9 章。

② 莱曼：《反对法典编纂的历史学派：萨维尼、卡特和纽约民法典的失败》，《美国比较法杂志》1990 年秋季号。

③ 参看拙文《西方立法思想与立法史略》，《比较法研究》1992 年第 1—2 期。

三 认识论与我国未来民法典

当前，我国已进入民法典的酝酿阶段。探讨我国未来民法典的认识论基础，提出一定的认识论作为设计我国未来民法典的指针，已是民法学界的紧迫任务。

马克思主义是我国的指导思想，以辩证唯物主义为重要内容的马克思主义哲学是我国未来民法典的认识论基础。在对人类认识能力进行估价的三种认识论形式中，马克思主义认识论属折中说，即对人类认识能力持有所知而有所不知的估价，认为特定时空的个人或群体只能达到相对真理，不能达到绝对真理。辩证唯物主义虽承认世界可知，但并不承认对世界的认识可以一举完成。客观真理之达到必然要经历一个不断探索、认识不断加深的过程。在每个历史发展阶段，人们只能达到相对真理，即接近对事物本质的认识。无数相对真理的总和构成绝对真理，即把握事物绝对本质的认识。不能否认绝对真理之存在可能，因为人类作为一个整体，在与自然界同时展开的无限延续中具有至上的认识能力，承认这一点是为了反对相对主义和不可知论，为一切科学的存在奠定牢固的基础，为人们把握世界提供信心。同时，人们所达到的客观真理又具有相对性，不能确定我们现在视之为真理的认识不会被将来的反证所推翻，承认这一点是为了反对绝对主义，杜绝特定时空的个人或群体一举把握无限延续发展的世界之本质的幻想。确定真理是一个过程，人类只有在不断的尝试与错误中才能渐次达到绝对真理，无限地接近绝对真理。

辩证唯物主义把人类作为历史整体的认识能力与特定时空个人或群体的认识能力区别看待，认为人类作为历史的整体，具有把握世界最终本质的能力，其认识能力是至上的；而特定时空的人类个体或群体不具有把握世界最终本质的能力，其认识能力是非至上的。由于只有特定时空个人或集体的认识能力对解决具体问题有意义，因此，辩证唯物主义对人的认识能力的估计并不十分乐观，但它又对人类作为历史整体的认识能力作了乐观估计，因此我们说这种认识论对人类认识能力的估计是折中的。

可以看出，辩证唯物主义以相对真理与绝对真理关系为内容的认识论，与作为德国民法典和瑞士民法典基础的康德认识论十分接近。前者明显地脱胎于后者。基于人类认识能力的至上性，应制定尽可能多的预料未来人类行为并加以规制的民法典。同时，基于人类认识能力的非至上性，未来制定的民法典必须保持开放性结构，向司法者合理地授予立法权，使绵延的司法过程成为短暂的立法过程之逻辑延伸，以司法者之认识能力补立法者认识能力之不足。因此，若承认辩证唯物主义为我国未来民法典的认识论基础，未来民法典的涵盖范围、法律渊源体制设计等问题之处理就已获得了明确的指针。

四　认识论与未来民法典的涵盖范围

我国民法最初起草之本意在于制定民法典，但每每难产，在多种原因的作用下，最终制定出来的是民法通则。区区 156 条，对民事关系的涵盖面相当小。一位外国学者指出：从整个情况看，中国的法院和社会遵从的主要民事立法仅有 230 个条文，民事权利和民事责任只有 63 个条款，而这包括了整个财产法的领域（包括知识产权法）。对于中国的法官来说，显然，给予他们这样不成熟的法律工具，对一般条款的滥用似乎就不可避免。这就可能带来许多消极后果。[①] 这些议论可看作是外国人对在中国投资的法律环境的忧虑。由于立法者过分主动地否定了自己具有更大的认识、预见未来民事关系的能力，民法通则未为当事人提供尽可能多的行为规则，也未为法官提供尽可能多的审判规则，因此对当事人来说相当缺乏事实预测的安全性，对法官来说缺乏可操作性。当事人在法律中找不到对自己行为的确切答案，于是判断这些行为正当与否的权力实际上就由立法者转移到了法官手中。法官成了具体案件的实际立法者，他拾得了立法者主动放弃的立法权。由于立法权与司法权之间为此消彼长的关系，法律条文少即意味着法官权力多，这种"宜粗不宜细"的立法方式造成了巨大的危险。由立法者立法与由法官立法极为不同，立法者不是当事人所在社区的成员，他无由接触当事人并受其影响，因此能公正地制定普遍性的规则。而法官为当事人所在社区的成员，有充分的机会与当事人接触并受其

① 参见〔英〕理查德·佐罗斯基《对〈中华人民共和国法律汇编：1979—1986〉的反思》，谢望原译，《中外法学》1989 年第 4 期。

影响，他就具体案件所制定规则的公正性是根本无法保障的。

基于法律规定的数量与法官权力成反比的函数关系，尽力预见未来民事关系并加以规制、扩大法律涵盖范围的民法典，是保障人民权利并限制法官权力的良好立法形式。但这一立法形式在我国长期被弃置不用，原因在于相当长一段时间内我国有许多人认为，民事关系不断发展变化，无法一举把握，所以制定民法典的条件不成熟。这种论点是相对主义、不可知论和形而上学的奇特混合。其相对主义和不可知论表现为：此论把民事关系神秘化，看成若有若无、无法把握的幽灵，因而只好自认无法对之加以把握，最终陷入了不可知论。其形而上学表现为：此论将民法典理解为包罗万象的立法方式，它在等待这么一个瞬间，即不断发展变化的民事关系突然刹车静止，使它能从容不迫地对之加以描摹而形成面面俱到、滴水不漏的民法典。这种论点出自自称信仰马克思主义之人，却严重地违背马克思主义。相对主义片面夸大了事物的运动性并将其绝对化，否认了事物的相对静止和相对稳定；不可知论则片面夸大了人的认识能力非至上的一面，否认了人的认识能力至上的一面；而形而上学将相对的静止看作绝对的，从而否定了运动是事物的根本属性。由上可见，"宜粗不宜细论"或"制定民法典条件不成熟论"的哲学基础直接与辩证唯物主义相冲突，必须对之加以破除，以制定详密的民法典。

辩证唯物主义认识论对人类认识能力具有至上性一面的估价、对事物具有相对静止性的估价，已使制定严格规则主义的法典法成为可能。辩证唯物主义认识论对人类认识能力具有非至上性一面的估价、对事物具有绝对运动性的估价，又决定了所要制定的法典必然是开放的，自由裁量是对严格规则的必要补充。但是在我国法官的素质和待遇皆不高的条件下，矛盾的主要方面是加强严格规则主义，竭尽全力扩大民法典的涵盖面。我们所要做的是，由立法者对已有把握认识的民事关系尽可能多地加以规定，努力扩大民法典的涵盖范围，不妨作出数千条规定，以增强法律的可预见性、可操作性和当事人行为的安全性，限制法官权力的过分膨胀，使"法典成为人民自由的圣经"。现实的教训已告诉我们，我国的民事立法再不能采取"宜粗不宜细"的立法方式，而必须制定具有严格规则主义风格的缜密的法典。同时，又必须承认民法典不可能包罗万象，把立法者不能预见的问题交由经精心选择的其他有权机关（如高级司法机关）依严格的程序处理，使民法典同时具有一定的自由裁量主义的风格。这样的民法典，其涵盖范围将成倍地超过现在的民法通则。

五 认识论与未来民法典的渊源体制

如果确定我国未来民法典为开放性结构，换言之，承认立法者之认识能力有所不逮而应由其他有权机关的认识能力加以补充，以共同完成对民事关系的调整任务，那么民法典的法律渊源问题就出现了。法律渊源问题在哲学上即为认识论问题。法国民法典的立法者由于对自己的认识能力持过分信心，自以为预料了一切、规定了一切，因此只允许民法典自身为唯一的法律渊源，排除了一切形式的其他法律渊源（如判例、学说等），并明文禁止法官以创立规则的方式进行判决。因此，绝对主义的认识论必定导致法律渊源的一元化或制定法化。而德国民法典和瑞士民法典由于受康德的折中主义认识论影响，以不同的方式否定了一元化的法律渊源体制，改造法国民法典式的封闭的法典法为开放的法典法，引进判例和习惯为法律渊源。前者以大量的模糊规定鼓励法官造法，后者更进一步，公开地授权法官在法律和习惯皆无规定时，依据自身作为立法人所提出的规则进行判决。因此，折中主义的认识论必定导致法律渊源的多元化。作为我国民法通则基础的马克思主义认识论与德国民法典、瑞士民法典的认识论基础十分接近，皆为折中主义，因此，民法通则也摒弃一元化的法律渊源体制，其第6条、第7条和第142条规定了法律、国家政策、社会公德、国家经济计划、国际条约和国际惯例皆为我国的民法渊源。民法通则规定多元的法律渊源的认识论基础十分先进，未来的民法典无须对此加以更改。但未来的民法典不应是民法通则的重复，而应是在后者基础上的飞跃。因此问题便在于，在承认未来民法典应采取多元的法律渊源体制的前提下，应确定哪些社会规则作为民法典的补充渊源，以求得更合理的法律渊源体制？我认为，民法通则将国家经济计划列为法律渊源不科学，应在未来的民法典中取消计划的补充渊源地位①而代之以判例。其他的补充渊源可予以保留。

①　详见拙文《民法通则规定的民法渊源》，《法学研究》1991年第1期。

判例之所以应作为我国未来民法典的补充渊源，是由于根据权力量守恒定律，立法权与司法权此消彼长。未来民法典既然承认立法者不可能认识一切而采取开放式的立法体例，司法权就必然随立法权的相对收缩而自行增长，问题只在于如何限制这种增长的司法权之可能的破坏作用。判例法不失为既利用法官的创造性完善和发展法律，又限制其滥用权力的一种方法。自 20 世纪以来，法官已被各国公认为立法者不可缺少的助手。在不承认判例为补充渊源的条件下，由于我国"宜粗不宜细"的立法方式造成了巨量的法律漏洞，法官实际上可以立法，且不受自己所立之法的约束，可以因人立法、因事立法，这时，他事实上运用的立法权本质上是不受法律的普遍性和确定性制约的命令权，这是一种缺乏控制的危险权力。相反，若将判例作为按依循先例原则适用的补充渊源，则可使法官受自己所制定的规则的约束，不因受各种影响而随时随地变动自己所立的规则，法官之立法权因而受到了普遍性和确定性的制约，使法官所立之规则具有了不仅约束当事人，而且也约束自己的属性，这才是法治。法治的精神和灵魂就是双重约束，尤其是约束规则制定者，法律的普遍性和确定性就是约束规则制定者的有力手段。前者限制规则制定者就亲人和仇人制定不同的规则，保障立法和法律适用上的平等；后者限制规则制定者在情况发生变化、规则变得不利于自己时，任意更动规则。因此，将按依循先例原则适用的判例作为法律渊源并非为法官滥用权力张目，而是出于既利用法官的创造性填补必不可免的法律漏洞，又防止法官因人司法、朝令夕改、滥用权力的考虑，这正是治疗前述法官权力膨胀之弊病的一剂良药。

当然，将判例作为补充渊源并非无条件。制定和认可判例的权力只能由最高法院或高级法院行使，以保障判例立法权掌握在素质较高的人员手中，并使判例立法者与当事人在空间上有距离，以避免或减少后者的影响，最高法院和高级法院一般不审理一审案件，可保障这一点。

综上所述，我国未来民法典的法律渊源体系可在民法通则的基础上规定为：①法律；②国家政策；③社会公德；④判例；⑤国际条约；⑥国际惯例。

六　认识论与未来民法典的真实标准

如前所述，我国未来民法典只能建立在辩证唯物主义认识论基础上，承认人有所知而有所不知。然而，我国的法学理论长期坚持实质真实论，主张"不能仅仅认定这个案件在法律上是真实的，而且要认定这个案件的实质真实，就是要反映事物的原来面貌，不能加上任何外来的成份"。① 此论的基础显然是认为特定时空的个人或集体具有把握绝对真理能力的绝对主义真理观，与辩证唯物主义认识论相冲突，而且也与我国民事立法中大量运用只追求形式真实的推定和拟制的实践相冲突。因此，在酝酿民法典之际，有必要对上述哲学理论与部门法理论、部门法理论与立法实践的矛盾予以澄清，以为未来民法典确定正确的真实标准。

关于真实标准问题，我们可以先确定自然现实和法律现实的概念作为讨论的基础。

自然现实是在物理意义上已经发生过的人的行为或自然事件，是客观存在过的人的或自然的活动所造成的现象。法律现实是通过立法或诉讼确定的将作为适用法律之根据的人的行为或事实状态，是法律确认或创造的现象，它可能与自然现实相吻合，也可能不相吻合。因为"构成法律现实的东西并不是由直接观察考定的东西，而是我们思想所玄想的东西。法律现实并不是一种好像物理或生理现象的事实，它是纯知识的，仅仅是一种概念现实，一种凌驾于实在存在的地位上的思想产品"。② 在不相吻合的场合，法律现实仍通过立法或司法的确认（我国司法界习惯称这一过程为"认定"）而具有法律效力。

自然现实与法律现实的区分是判定立法是采取实质真实论还是形式真实论的基础。任何司法程序（实体民法中也包括一些程序性的内容，如宣告死亡、时效等制度）都是查明案件真相以据之适用法律的过程。在理论上，司法程序可分解为查明事实与适用法律两个阶段。就查明事实的阶段而言，它是由法官和当事人（包括当事人之代理人）所共同进行的一种纯粹的认识活动，认识的对象是案件事实，认识的目标乃真相的求得。如果将真理理解为与对象本质相符合的认识，则司法程序的查明事实阶段就是认识真理的过程。因此，任何司法程序的设计者都必须以一定的真理观或认识论作为其哲学基础。如果立法者持绝对主义的认识论，则必然要求法

---

① 西南政法学院编《民事诉讼法讲座》（上），西南政法学院，1983，第18—19页。
② 吴传颐：《法国、德国和苏联的民法》，美吉印刷社，1948，第27页。

律现实与自然现实相统一，换言之，拟作为适用法律之根据的事实必须是在物理意义上已经发生过的事实，这就是实质真实论。如果立法者持折中主义的认识论，则必然允许法律现实与自然现实在一定程度上存在脱离，即承认在某些情况下达不到法律现实与自然现实的合一，而不得不满足于以与自然现实可能存在偏差的法律现实为根据作出裁断，这就是形式真实论。推定和拟制就是根据形式真实论设计的机制，广泛地存在于我国现有的民事立法之中。因此，如果将立法的真实标准问题理解为对实质真实论和形式真实论的选择，则未来民法典的真实标准问题就是它应否保留推定和拟制之问题。

推定是从 A 现象的存在推论出 B 现象也存在，从而根据 B 现象适用法律的思维过程。A 现象是自然现实，由 A 现象推论出来的 B 现象是法律现实。推定表示某一事实或若干事实与另一事实或若干事实之间盖然的因果关系。因此，推定的逻辑公式是："如果 A，那么 B"。推定所形成的因果关系为盖然的，若有反证出现，则这种因果关系解除，因此，推定所形成的两事实之间的因果关系不稳定。

推定的基础是我们于生活中取得的因果关系经验。我们常常看到 A 现象一出现，必然导致 B 现象出现，于是我们认为，A 现象是 B 现象的原因，B 现象是 A 现象的结果，因而确认 A、B 两现象之间存在因果关系。这种经验使我们确信，A 现象出现了，即使我们未看到 B 现象，我们也能断言 B 现象迟早要出现，由此使我们不必经历事件的全过程即能知晓事件的结果。但由于事件往往多因一果，同样的结果可能由不同的原因引起，B 现象的出现并不必然以 A 现象为原因，因此，我们习惯性的因果性思维常可能导致错误。承认这一可能，就使推定形成的因果关系只能是盖然的，可以由反证推翻。

推定的成立条件是人类认识能力的非至上性，即立法者认为，在司法程序中所认定的事实只是法律现实，在许多情况下，审判上所能达到的只能是形式真实，而不可能全部是实质真实。实质真实在某些场合下不可能达到有两个原因：第一，事实上达不到。第二，可能达到实质真实，但这样做要花费巨大代价而不经济。为了效率和经济，我们不得不暂时满足于形式真实，以法律现实为根据作出裁断。

拟制是认可法律现实与自然现实间存在合理背离的另一例证。它所表达的是这样一个过程：就自然现实而言，A 现象并不是 B 现象，但为了某种需要，立法者把 A 现象视为 B 现象，因而将 A 现象适用为 B 现象制定为法律。在这一过程中，A、B 两现象本各为自然现实，将 A 视作 B 后，B 现象就成了 A 现象的法律现实，因此，拟制的逻辑公式是"A 就是 B"，拟制性法条的特点在于："立法者虽然明知其所拟处理的案件与其所拟引来规范该案型之法条本来所处理之案例，其法律事实由法律上重要之点论，并不相同，但仍将二者通过拟制赋予同一的法律效果。申言之，通过拟制将不同的案件当成相同，然后据之作相同的处理"[①]。由于拟制在立法中常用带"视为"的句子行文，学者将其作为"视为"进行研究[②]。由于拟制的运用乃为满足立法者之某种需要，它属立法政策问题。由于拟制涉及法律现实与自然现实的背离，它又是个认识论问题。如果说推定是立法者认识有所不逮而不得不使法律现实与自然现实相背离，那么拟制则是立法者已认识自然现实，但公然背离自然现实，因此，它也是对实质真实论的背弃。正如梅因认为，拟制是用以表示掩盖或目的在掩盖一条法律规定已经发生变化这一事实的任何假定，旨在增强法律的适应性[③]。

由上可见，推定和拟制皆是使法律现实与自然现实发生一定背离的立法技术，具有积极的功用，是对实质真实论的限制。若持绝对主义的实质真实论，未来民法典中将不允许使用推定和拟制，法律适用必然无效率和不经济，且使立法者失去一根据立法政策矫正法律规定之僵硬性的途径，十分不可取。因此，未来民法典应根据辩证唯物主义认识论采用正确的真实标准，摒弃绝对主义的法律观。在人的认识能力可及之处，采用实质真实标准；在人的认识能力不可及之处以及立法政策所需要之处，采用形式真实标准，合理使用推定和拟制的立法技术，而不可采用一律的实质真实标准。

---

① 黄茂荣：《法学方法与现代民法》，台湾大学法学丛书，1982，第 151—152 页。
② 参见江平《民法中的视为、推定与举证责任》，《政法论坛》1987 年第 4 期。
③ 参见〔英〕梅因《古代法》，沈景一译，商务印书馆，1959，第 15 页。

市场经济和意思自治[*]

江　平　张礼洪[**]

　　摘　要：市场经济是意思自治的经济，意思自治的功能空间是市场的生存空间，意思自治的实施是保障和促进市场经济发展的有效手段，意思自治是市场经济法律活的灵魂。我国法学界长期受计划经济的束缚，意思自治在现有法律中未能得到明显的反映，但在权利本位观之树立、自愿原则之确立、任意法之扩张、选择主义和处分权主义在民诉法上之贯彻四个方面，比较鲜明地贯彻了意思自治。其中，权利本位是意思自治的基础，自愿原则是意思自治的基本内容，任意法是意思自治的灵魂，选择主义和处分权主义是意思自治的司法保障。

　　关键词：意思自治　权利本位　自愿原则　任意法　选择主义　处分权主义

　　众所周知，市场和计划作为一对矛盾的两个方面在经济机制中同时存在。市场和计划的关系问题解决得好坏决定了现代国家经济建设的兴衰成败。政府作为国家的管理者，如何处理好这一难度大且重要性非同小可的问题呢？私法所奉行的意思自治对个人才智的激发、人类文明的演进所起的积极作用，市场经济国家经济建设和法制建设所取得的成功经验，清楚地告诉我们：实行市场经济机制、强化以意思自治为核心的私法系统，是

---

　　[*]　本文原载于《法学研究》1993 年第 1 期。

　　[**]　江平，中国政法大学法学院教授；张礼洪，原文发表时为中国政法大学硕士研究生，现为华东政法大学教授。

政府正确解决市场与计划的关系，在经济政策和法律制度中的两个必然选择。因此，研究意思自治与市场经济的本质联系及互动关系；认清意思自治的实施现状与市场经济所要求的实施程度之差距；探求扩张意思自治的合理途径以促进市场经济的发展，控制意思自治实施的度，以防个人主义的泛滥：这是现代经济发展摆在每一个法律学者面前亟待研讨和解决的重大课题。我国自1978年起围绕计划与市场问题进行了14年之久的卓有成效的改革后，1992年顺应时代的要求，明确了建立健全市场经济作为当前改革的主攻方向，故而研究市场经济与意思自治的上述相关问题，显得尤为迫切和具有现实意义。其研究成果将为我国尽快建立一个保障和促进市场经济的法律系统提供坚实的理论依据。

有鉴于市场经济与意思自治的本质联系，中外法律学者已作过充分的论证，本文对此不再赘述，而将研讨的重点放于我国对意思自治之贯彻及其改进。

市场经济的实质就是商品经济，是以市场为资源配置中心的经济，它是开放式的经济、法治的经济。市场经济要求市场主体地位平等、竞争机会平等，均享有广泛的权利，以契约为纽带构筑彼此之间的社会关系；市场经济利用价值规律自发调控经济运行，激发市场主体之间的有效竞争。市场经济的上述属性决定了意思自治是市场经济在法律上的必然选择。因为，意思自治以主体地位平等、机会平等为其确立的前提，以竭力保障权利、救济权利的权利本位观为其基础，以契约自由为其核心内容，以维持有效竞争为其主要功能。由此可见，市场经济是意思自治的经济，意思自治的功能空间就是市场的生存空间，意思自治的实施是保障和促进市场经济发展的有效手段，意思自治是市场经济法律活的灵魂。

那么，到底什么是意思自治呢？通过对传统法学理论的研究，我们至少可以概括出意思自治在三个层面上的内涵。

从法哲学、法律社会学层面理解，意思自治是个人主义、自由主义哲学思潮的直接产物，可大致定义为：每一个社会成员依自己的理性判断，管理自己的事务，自主选择、自主参与、自主行为、自主负责。

从公法、私法划分层面上理解，意思自治指私法自治，又称私权自治，基本含义是：私法主体有权自主实施私法行为，他人不得非法干预；私法主体仅对基于自由表达的真实意思而实施的私法行为负责；在不违反强行法的前提下，私法主体自愿达成的协议优先于私法之适用，即私人协议可变通私法。私法自治是罗马法时期公法、私法划分理论的直接产物，它以承认民法是私法为理论前提，成为民法之精髓。随着现代民法的发展，私法自治演变为所有权绝对、契约自由、过失责任三大民法基本原则。

从冲突法层面上理解，意思自治指当事人有协商选择处理纠纷所适用之准据法的权利。冲突法为不同法域的私法冲突，故此层面上的意思自治似应理解为对私法自治的反映。随着近现代私法、公法相互交融渗透，公法对私法自治给予了充分的肯定和保护，私法自治在公法领域进行了卓有成效的渗透。

民事诉讼法上的选择主义与处分权主义就是私法自治在公法领域的直接延伸，它是意思自治在第四个层面上的含义，是法律现代化所赋予的新的时代内涵。后三个层面上的内涵是意思自治在实证法上之反映，故本文所指的意思自治仅就后三个层面的含义而言。

我们认为，准确、全面地把握意思自治的内涵，还应明确以下五点内容。其一，意思自治不是具体法规的具体指导原则，而是贯串整个私法的灵魂和红线，是自由精神在法律领域最高层次的反映。其二，意思自治是为调和国家利益与个人利益的现实冲突而产生，它反映了作为政治主权者的国家对非政治主权实体的行为自由和经济利益给予多大程度的承认和保护。其三，意思自治的演绎空间是市场主体自由行为而不受国家权力干预的现实空间。其四，意思自治仅就民法主体行使私权而言，公法主体行使公权不存在意思自治之说。其五，意思自治鲜明地体现了现代法治的一大基本原则——对非政治主权实体而言，法律不禁止即为自由。

我国民法学界长期受计划经济的束缚，直到近期多数学者才接受了公法、私法划分理论，故意思自治在现有法律中未能被一目了然地反映，但是在权利本位观之树立、自愿原则之确立、任意法之扩张、选择主义和处分权主义在民诉法中之贯彻等四个方面，比较鲜明地贯彻了意思自治，同时这四个方面的内容也反映了我国法学界对意思自治的理解。

一　权利本位是意思自治之基础

权利是当事人在法律制约下的行为自由，是当事人获得合法利益的可能性。权利的核心是利益，权利的本质是自由，故尊重权利、保障权利是市场经济有序运行的前提，权利的存储空间就是意思自治的功能空间。权利本位的法律就是指在权利与义务这一矛盾体中，承认并贯彻权利是主导，权利是核心，义务围绕权利而设定，就是指承认法律是权利的科学，力求围绕权利的保障和救济构筑立法体系，健全司法制度。权利本位是意思自治的基础，不尊重权利，不竭力保障权利，不竭力救济权利，就根本谈不上实行意思自治，此为自明之公理。1804 年法国民法典对权利本位观给予了最充分的贯彻。受近代垄断经济的冲击，私法公法化勃兴，权利本位观已逐渐为社会本位观所替代，这"亦惟权利本位法律之调整，绝非义务本位法律之复活也"①。

我国现行民事立法对权利本位观给予相当程度之贯彻。市场经济基本法——民法通则就是以权利本位贯穿始终的法律。该法不仅将"公民、法人的合法的民事权益受法律保护，任何组织和个人不得侵犯"规定为基本原则，而且还专门设立了"民事权利"一章。该章中分别以财产所有权和与财产所有权有关的财产权、债权、知识产权、人身权为标题一一单独设节，对上述民事权利系统地进行了规定。此外，该法还设立"民事责任"一章，详细列举了民事救济措施。尽管如此，建立在计划经济体制之上的权力为本位、管理为本位的观念仍占有一席之地，这一点从法规名称的定夺上便可见一斑。如本应作为物权法之核心的土地法，在大陆却以行政管理法规形式制定，并被命名为"土地管理法"。在我国，法学界始终存在权利本位、义务本位、权利义务并重的观念之争。这种争论不仅反映在学理上，也反映在立法过程中。如在民法通则和著作权法的制定中，曾有人反对章节名称只写"民事权利"与"著作权人及其权利"，主张同时写上权利和义务；在商标法制定中，也曾有人主张定名为"商标管理法"。所幸的是，上述主张均未被立法机关采纳。应加以强调的是：中国有关权利本位之争，不是国家和地区的有关权利本位与社会本位之争，而是计划经济体制下的义务本位、行政权力本位与市场经济权利本位之争。

进一步强化权利本位，彻底抛弃义务本位观，应着重解决好下列三方面的问题。

---

① 王伯琦：《民法总则》，正中书局，1979，第 33 页。

第一，完善民事权利立法体系。当前，因民法通则过于抽象，致使对私权的保障和救济往往不能充分落实。劳动法、商法更不健全，劳动权、股东权、票据权利、信托权利等民事特别法上的权利未能得到现行法的保障。因此，建立以民法典为核心，以公司法、票据法、证券法、信托法等民事特别法为补充的民事立法体系势在必行。只有实现立法体系的科学化，方可保证民事权利设定的合理化，民事权利保障的彻底化。

第二，完善土地立法，建立内容完善、功能健全的物权法。土地是万物之母，是人类文明进步的永恒物质基石，是一切资源的核心。土地权利是物权的核心，故旨在实现社会资源最佳配置的市场经济，必然要求土地得到高效益的利用，要求建立一个以土地权利为核心、讲求权利高效利用的物权法体系。1982 年宪法规定"任何组织或者个人不得侵占、买卖、出租或者以其他形式非法转让土地"。因此，长期以来我国土地上一切权利几乎全归国家，土地的转让、处分均表现为国家的行政权力，而不是民事主体的民事权利，土地价值未能得到充分体现，对土地权利的研究也成为法学的禁区。土地权利的虚空直接导致了我国物权制度内容简单、结构混乱，这不仅表现在缺乏地上权、地役权等重要物权种类，限制物权内容单薄，更表现在我国至今仍未采用"物权"这一概念。1988 年通过的宪法修正案，规定土地使用权可依法转让，这激发了我国开发利用的热潮，但至今批租转让仍是我国管理土地转让的行政手段，权力本位、管理本位的观念仍是土地法律的主导观念，这已经不能适应市场经济条件下土地开发利用的实践需要。因此，加强土地民事立法，确立广泛的土地权利，建立科学的物权制度，已成为我国进一步贯彻权利本位的突破口。

第三，彻底抛除权力本位、官本位观念，把立法思想由以管理与限制为核心转变为以自由和放开为核心。"长官意志决定一切"、"权大于法"、"法律是管理人、约束人的工具"，这些观念在民众中尚有很大市场。我国法律以约束性、管理性法规占绝对优势的现状，明显地反映出管理与限制的总体立法思想。这些思想观念是权利本位观的大敌，是意思自治贯彻实施的"拦路虎"。为此，强化法律规范的引导功能，树立以自主与放开为核心的立法思想，将国家权力还原为市场主体自由权利，势在必行。

二　自愿原则是意思自治的基本内容

民法通则第 4 条规定"民事活动应当遵循自愿、公平、等价有偿、诚实信用的原则",从而将自愿原则确立为民法的基本原则。对自愿原则的内涵,民法学界存有理解上的差异。有的认为该原则主要指当事人意志自由问题;有的认为该原则主要指当事人进行民事活动应以自愿为前提;有的认为该原则强调当事人只对自由表达的真实意愿实施的行为负责;有的认为该原则就是意思自治原则。[①] 大多数民法学者认为,自愿原则是指是否进行和如何进行民事活动应由当事人自主决定,不受他人意志的非法干预;自愿原则体现在当事人意志自愿、行为自主两个方面,它就是私法自治所指的当事人自主为私法行为的自由。自愿原则是权利自由的表现,它贯彻了意思自治所要求的自由观念,但并不等同于意思自治原则。因为意思自治所包含的民诉法上的选择主义与处分权主义,以及私人协议优先于法律的内容,并不能为民法上的自愿原则所包含。

自愿原则在民事立法中已得到很大程度的贯彻。经济合同法、涉外经济合同法、技术合同法三大合同法及其他民事单行法规中均规定以自愿原则或内容与其相近的原则为指导原则。自愿原则主要反映在合同法规范中,三大合同法对合同当事人的缔约自由、选择对方当事人的自由及决定合同内容和形式的自由均进行了规定。通过自愿原则在合同法中的贯彻,意思自治的核心——契约自由在一定程度上已在我国得到贯彻。但也应当看到自愿原则和契约自由贯彻的不足:现行经济合同法受计划影响很强,不仅合同法中存在大量有关计划合同的条款,将合同作为实现国家计划的工具来看待,而且还沿用"经济合同"这一带有明显计划经济烙印的名称;缺乏要约承诺制度。对合同效力,单方解除权之行使,现行合同法均未规定,契约自由无从获得有效之法律保障。

为进一步贯彻自愿原则,确保完全意义上契约自由的实现,以下几方面的改进显得尤为迫切和重要。

---

① 参见《法学研究》编辑部编《新中国民法学研究综述》,中国社会科学出版社,1990,第 46 页。

第一，摆脱计划合同的影响，制定统一合同法。针对现有经济合同法过于简略，作为计划经济体制的产物已明显不适应建立健全市场经济机制的需要的现状，立法机关已经制定了经济合同法修改草案，对经济合同法进行修改。在经济合同法的修改上始终存在两种不同的意见。一种意见主张对现有经济合同法中不适应现实的部分进行修改，仅摒弃经济合同法中反映计划体制要求的条款，扩大经济合同法适用的主体范围，不作根本性的体系变动；另一种意见是制定统一合同法，结束现有合同法三足鼎立的现状，作到一步到位，反对仅修改经济合同法、实行过渡性修改的做法，只有尽快制定统一合同法，实行国内合同与涉外合同适用法律的统一，确立依行为性质制定合同法的模式，才能为市场经济的发展提供科学统一的运作规则，自愿原则才能得到进一步的贯彻。

第二，制定要约、承诺制度。要约和承诺是订立合同的必经程序，是合同当事人意思自治的充分体现，但现行合同法中对此未进行任何规定，这是意思自治贯彻中的空白。只有规定要约、承诺的效力，弥补契约自由在现行法律中的贯彻所存在的这一断层，市场经济所要求的交易安全和良好秩序才能实现。

第三，加强国内、国际市场规范的统一，国内市场规范应尽快向国际市场规范靠拢。国际市场规范是国际经济交往中当事人自愿形成的，在商事活动中多次反复使用并被证明为行之有效的市场规则，是意思自治的产物。国内市场规范对国际市场规范的吸收和运用程度如何，从一个侧面反映了国内市场经济规则的完善程度。目前的涉外经济合同法较充分地采纳了国际市场规范，而经济合同法对国际市场规范的吸收却较为欠缺。如有关违约金制度，依经济合同法的规定，经济合同的违约金数额由法律规定，实行法定违约金制；而依涉外经济合同法的规定，涉外经济合同的违约金数额由当事人自行协商约定，实行约定违约金。只有尽快结束这种国内、涉外两套合同法规范的现状，结束国内市场规范与国际市场规范脱节的局面，自愿原则才能在更广泛的范围内得到贯彻。

三　任意法是意思自治的灵魂

尽可能地赋予当事人行为自由是市场经济和意思自治的共同要求，为此，意思自治发出了"私人简约可以变通法律"的呐喊，它鲜明地体现了意思自治极力推行任意性规范，以无限多样的契约触及丰富多彩的社会生活，克服强行法无法周延所有社会关系的局限性。以强行法划定违法行为及不法行为的界限，以任意法调整此范围之外的一些行为，这是意思自治的根本要求，因此，我们说，任意法是意思自治的灵魂。困束任意法，强化强行法，处处规定当事人应该干什么、不应该干什么，只会束缚市场主体的手脚，实行意思自治、发展市场经济只能成为一句空话。

罗马法学家曾深刻指出，私人协议可变通私法是意思自治的根本特征。之后，现代民法对此作了鲜明的继受。1804 年法国民法典第 1134 条规定："依法成立的契约在缔约当事人间有相当于法律的效力。"第一次在立法上把任意性规范扩大到私法的大部分范围。长期以来，我国法学界以契约非由国家机关制定，不具有国家强制力为由对此条款大加鞭挞。今天要建立市场经济，弘扬意思自治，有必要重新认识"契约就是法律"的含义。应该说，这一论断并不含有契约由立法机关制定，自身具有国家强制力之意，它只是深刻地指出：当事人在不违反强行法前提下自愿达成的契约，受法律保护，其履行受国家强制力的保障。在我国立法原则中，任意法就是"约定优先于法定"，强行法就是"法定优先于约定"。这个认识是正确的。依此认识来考察任意法的实施状况，我们可以看到任意法在法律规范体系中的扩张已经进行。如 1992 年 11 月通过的海商法中，第六章（船舶租用合同）第 127 条规定："本章关于出租人和承租人之间权利、义务的规定，仅在船舶租用合同没有约定或者没有不同约定时适用。"又如著作权法第 27 条在通过前追加进第 2 款："合同另有约定的，也可以按照合同支付报酬。"民法通则中也有一些任意性规范。但另外，我们应看到，任意法在现行法中的存在范围仍极为狭窄。

如何扩张任意法的适用范围呢？我们认为首先应确立这样一个指导思想，即市场经济法律不能过于讲原则，欠缺可操作性，又不能具体到均为强行法。具体应解决好三方面的问题。

其一，制定详细的法律规范。过去，我国一直奉行"宜粗不宜细"、"吃不准的不规定"的原则。这不仅造成立法落后于实践，还造成许多无法可依的法律"真空"。同时，法律规范过于抽象、粗略、缺乏可操作性，往往造成扩大司法自由裁量权，甚至使法律一经实施即变形走样，民法通则就是一个典型。该法尽管贯彻了权利本位观，但条款过于粗略，仅仅是权利宣言书，以至于最高人民法院制定了多达 200 条的司法解释加以补充，造成立法体系的畸形。

其二，依需调整的社会关系重要性不同，确定为归任意法抑或强行法调整。规范市场经济秩序，及规范市场经济中不可动摇的且必不可少的规则的法律规范均应为强行法，如权力不得滥用，诚实信用原则等。允许市场主体自行行为、较为次要的社会关系应由任意法调整。市场经济法律规范应使任意法占较大比重。

其三，确立对市场主体而言市场经济法律不禁止即自由的原则。只有维护这一原则，权力本位、管理与限制的法律观念才能被破除，任意法才能获得自由发展的广阔天地。

四　选择主义和处分权主义是意思自治的司法保障

私法与公法既对立又统一，实体法与程序法既对立又统一。作为私法精神的意思自治的最终贯彻有赖于公法的保障。私权的救济有赖于民事诉讼权利的行使。无完善的诉讼权利体系，无公正的裁判制度，无科学的公力救济制度，私权体系再科学，私法规范再合理，民事救济权再完善，也无从实现，只能成为一纸空文，因此，贯彻意思自治不仅是私法的任务，也是公法的职责。与贯彻意思自治关系最密切的公法是民事诉讼法，民事诉讼和仲裁制度中的选择主义和处分权主义是意思自治在公法上的延伸。所谓选择主义是指在民事诉讼中，允许当事人在不违反级别管辖、专属管辖的前提下选择管辖法院，在民事仲裁中，允许当事人协议选择仲裁机构、仲裁人员，涉外仲裁中允许当事人选择解决争议所适用的法律。处分权主义是指，当事人在民事诉讼和仲裁中，有权自主处分其诉讼权利、民事权利和仲裁权利，法院对此不能加以干涉。与选择主义和处分权主义密切相联系的是辩论主义审判方式，这也是意思自治的体现。

我国民事诉讼法于 1991 年 4 月在修正了执行 9 年之久的民事诉讼法（试行）的基础上通过。经改进颁布的民事诉讼法更加强调选择主义，如该法第 25 条规定了合同纠纷的协议管辖制度，允许当事人自愿协商选择被告住所地、合同签订地、合同履行地、标的物所在地、原告住所地法院管辖。仲裁制度也充分体现了选择主义。在目前全国人大及其常委会制定的法律所规定的 8 种仲裁中，全部实行自愿仲裁，除经济合同仲裁外均实行协议仲裁。处分权主义始终是民事诉讼法的基本原则，现行民事诉讼法第 13 条明确规定："当事人有权在法律规定的范围内处分自己的民事权利和诉讼权利。"但司法审判中的地方保护主义、以纠问式为主的审判方式及许多领域中实行的行政仲裁制度，成为意思自治在司法上扩张的障碍。

有鉴于此，我们认为，民事诉讼制度、仲裁制度应在以下诸方面得到改进。首先，应彻底破除司法地方保护主义，坚决防止司法权力的倾斜和扭曲，牢固树立司法机关统一、独立的权威。其次，应完善审判制度，推行辩论主义的审判方式，逐步废除纠问式的审判方式，给诉讼当事人以更广泛的诉讼权利。最后，应完善仲裁制度。对仲裁机构的组成、仲裁人员的选择程序均应明确化，对非自愿性仲裁应加以纠正，正在制定的仲裁法，拟将国际经济贸易和海事仲裁中的仲裁制度与国内各行政部门主管的仲裁制度合为一轨，把目前的行政仲裁变为民间仲裁，减少仲裁的行政干预，使意思自治在仲裁制度中得以完全实现。

本文从权利本位、自愿原则、任意法规范、选择主义和处分权主义四个方面对意思自治在我国实施进行简要概括，极力促成意思自治在市场经济法律中的迅速扩张。只因我国现有的法律制度脱胎于计划经济体制，对市场经济所要求的意思自治的贯彻尤为欠缺，既不是无视社会本位观更替为权利本位观的大潮，亦不是无视意思自治过度膨胀的弊端、无视个人主义泛滥的恶果。我们坚信，对意思自治的合理控制极为必要。此为计划对市场宏观调控的要求，我们应本着既大胆又谨慎的态度促成意思自治在我国法律中之扩张。

论建立适应社会主义市场经济的
民法经济法体系*

谢怀栻**

　　摘　要： 建立社会主义市场经济的民法经济法体系，必须遵循适应社会主义市场经济需要的重要原则。在这些原则之下，建立一系列具体制度及相应的法律，如企业制度和企业法，产权制度和有关法律等。此外，应明确国家对经济的宏观调控，并将其与国家利用法律对经济的微观管理相结合。

　　关键词： 民法经济法体系　　企业制度　　产权制度　　合同制度

　　中国共产党第十四次全国代表大会提出在我国建立社会主义市场经济体制，要努力实现十个方面的主要任务。其中之一是要"高度重视法制建设。加强立法工作，特别是抓紧制订与完善保障改革开放、加强宏观经济管理、规范微观经济行为的法律和法规，这是建立社会主义市场经济体制的迫切要求"。为了完成这个任务，我们必须把注意力首先集中在我国的民法和经济法领域，因为民法和经济法是直接反映经济的。过去几十年里，我国的计划经济体制直接反映在我国的民法和经济法领域。现在要改变这种体制，要在我国建立社会主义市场经济体制，也必须从这个领域着手。上面说的"加强宏观经济管理"，正是经济法的任务，而"规范微观经济行为"则是民法的任务。因此，改变、革新我国的民法和经济法制

---

　　*　本文原载于《法学研究》1993 年第 1 期。

　　**　谢怀栻，中国社会科学院法学研究所研究员，已去世。

度，建立适应社会主义市场经济的民法经济法体系，就是当前的迫切任务。

在进行民法经济法领域的改革时，我们还须注意到，正如经济体制改革一样，这种改革不是对原有体制（体系）细枝末节的修补，而是一种根本性变革。只有掌握这一点，才能使我国的民法经济法体系，真正从计划经济的框框里转到社会主义市场经济的体制内，起到保障经济体制改革、促进经济体制改革和经济建设的作用。

在这个根本原则下，本文拟就建设我国适应社会主义市场经济的民法经济法体系问题，从以下三个方面提出一些意见。

一　适应社会主义市场经济的民法经济法体系的原则

社会主义市场经济要存在、运行并且发展，必须适应并遵循一些重要的原则。而民法经济法体系也必须适应并遵循一定的原则。

（一）经济主体的多元化

要形成市场，就必须要有多种主体。如果只有一个主体，就谈不上市场。这是从经济方面说的。在法律方面，就是要承认多种主体的法律地位，或者说，承认多种主体（各种主体）的"人格"（权利能力和行为能力）。过去几十年里，在我国，真正的经济主体只有一个，即全民所有制企业，其他的经济主体，如集体企业、个体企业乃至个人，不是没有法律地位，就是只能作为附庸而存在，甚至是非法的。在社会主义市场经济里，不仅有全民所有制企业（国有企业）、集体企业，还有其他经济主体，都具有法律地位，即都是合法的。在民法经济法领域，再不应该从所有制方面去肯定或否定某一经济主体的法律人格，而应该只从法律形式上去区分主体，从而承认个人、合伙、公司、公司集团都是有资格进入市场的经济主体，只要它们具备法律规定的要件，法律都承认它们有进入市场并在市场中活动的民事权利能力和行为能力。此外，进入市场的还可以是许多其他组织，如行业协会、职业团体、社会团体等。至于国家，也可以以同等身份进入市场。

当然，在这些主体之间存在一些差别，例如经济实力有差别，经济地位有差别，但是经济差别不应影响它们的法律地位，不应影响它们在市场中活动的合法性。一个规模巨大、经济实力雄厚的国家公司或国有企业（即非公司形式的企业），与一个经济实力不大的私人公司或私人合伙乃至个人，在法律上地位是一样的，也就是说是平等的。这是市场的要求，必须反映在法律上。既然它们的法律地位是一样的，国家作为社会主义市场经济的裁判员和协调者，对这些主体应该一视同仁、平等对待。

（二）每个主体拥有明确的产权

在社会主义市场经济里，每个经济主体都拥有属于自己的财产（资金、产品、各种无形财产等），对自己的财产拥有明确的产权。所谓产权，当然是一种法律上的权利，不论是所有权、债权还是知识产权，在法律上都是受到保护的、不受侵犯的。每个主体对于其所拥有的财产可以自主地、自由地处理，对于它们在市场上的行为可以自主地、自由地决定，而不需听命于他人，或者受他人支配。除了国家通过法律作出的限制外，每个主体可以运用自己的财产，行使自己的产权。

在过去若干年里，存在于我国社会中的一些不正常的现象，如产权不明、任意平调、任意侵犯他人产权等，都已消失。

国家作为全体人民的代表，也拥有它的产权，而且除了一般的财产外，还拥有特殊的财产，如全国的土地、关系到社会经济命脉的某些生产资料（如水力资源、重要的矿藏等），这些都要由法律予以规定。

只有国家才能在特别情况下对其他经济主体的产权进行干预，包括限制、禁止乃至征收，但这些都必须先由法律规定，然后国家才能依照法律规定（包括实体和程序两方面）实行。

（三）每个主体对自己的行为负责

在市场经济里，每个主体，包括进入市场的国家在内，要对自己的行为负责，既对自己的合法行为（如订立合同）承担责任，也对自己的违法行为（如民事侵权行为、其他违反法律的行为）承担责任。每个主体不享有任何特权，不能对自己的行为不负责任；也不能忍受他人（包括国家）的不合法的干涉，或者对自己不应负责的事承担责任。

过去，在我国社会里，一个经济主体的责、权、利常常处于混乱状态。在社会主义市场经济里，责、权、利必须合理地、合法地结合起来。这里的唯一标准是法律——民法和经济法。权利和利益要规定在法律里，责任也要规定在法律里。

国家也有它的责任。当它以一个普通的民事主体身份进入市场时，它要依照民法的规定承担责任。当它以一个权力者身份进入市场时，它也只能依照经济法的规定行使权力，并且要承担责任。[①]

（四）各经济主体之间维持自主、平等、互利、公平的关系，以及合作与竞争的关系

社会主义市场经济里的各经济主体再不是分为等级的，也不是附属于他人的。国有企业也不再是国家机关的附属物。各经济主体都是自主的，相互间是平等的。各经济主体之间的关系也是互利的和公平的。这样的关系主要表现在合同关系上。社会主义市场经济中的各个经济主体间，通过各种各样的合同的纽带联系起来，而不再通过其他关系（如封建式的人事关系，或计划经济中的行政关系）去联系。

在社会主义市场经济里，各经济主体之间的关系又表现为合作与竞争的关系。这些主体都有一个共同的最终目的和方向，即建设社会主义；但又有各自的具体利益，所以既要合作又要竞争。它们的合作关系受民法规范，它们的竞争关系受竞争法（属于经济法）规范。

（五）社会主义市场经济由国家进行宏观调控

国家对于各经济主体的各自活动（经营）不加干预，但要对市场进行宏观调控，从而也间接地对各经济主体的行为施加影响。这种影响包括积极方面的引导、鼓励或帮助，也包括消极方面的限制或禁止。在这方面，民法和经济法都要发挥各自的作用。国家仍然制定计划和政策，并且通过各种经济手段去实施。国家要协调各个、各种经济主体间的利益，维护社会的整体利益，维护本国全体人民的利益，这些都要通过法律去实施。国家进行宏观调控，在社会经济发生困难（经济动荡或经济危机）时，或者国家遇到重大灾难（自然灾害或外来侵略）时，尤其有必要。

[①] 当然，国家还有依照其他法律承担责任的时候，例如依照国家赔偿法而承担责任。

二 社会主义市场经济的各项具体制度及相应的法律

在上述原则之下，社会主义市场经济要形成、存在和发展，就要建立一系列具体制度，并把这些制度用法律固定下来，这样的法律就是民法和经济法。社会主义市场经济的存在和发展也有赖于其他法律，例如宪法、刑法、行政法、社会法等。但与社会主义市场经济直接联系的则是民法和经济法。因此，我们必须首先着眼于民法和经济法。以下是其中的主要内容。

（一）企业制度和企业法

过去几十年，我国唯一的经济主体是全民所有制企业，即使是全民所有制企业，也只是国家机关（即该企业的主管部门）的附属物，因而在我国不存在一定的企业制度，更不存在企业法，规范全民所有制企业的只是一些行政命令。我国有企业法，始自实行改革开放政策以后。1979年制定的中外合资经营企业法，是我国第一部关于企业的法律。直到1988年，才制定全民所有制工业企业法。以后又陆续制定了一些关于企业的法律和法规，形成了现在的企业法这个部门。这样建立起来的企业制度和企业法有几个特点。第一，划分本国资本的企业和外商投资企业，相应地形成两套企业法，即本国企业法和涉外企业法。两类企业的法律地位和受到的法律待遇迥然不同（突出地表现在税收方面）。关于外商投资企业的法都是全国人大制定的法律，关于本国企业的法除了全民所有制工业企业法外，都是国务院制定的条例或地方法规（如关于农民股份合作企业的）。第二，在本国企业里，又依所有制划分企业而对之制定法规，例如全民所有制企业（全民所有制工业企业法，也准用于非工业企业）、集体企业（城镇集体所有制企业条例、乡村集体所有制企业条例）、私营企业（私营企业暂行条例）等。把企业依资本来源和所有制分开，给予不同对待，是过去长期实行计划经济的遗留办法，而且这些企业法规的内容也有很多是计划经济时期的规定。因此，这种企业法已不能适应社会主义市场经济的情况（实际上现在就已出现"不合法"的企业，例如各种所有制混合的企业以及股份制的中外合资企业），必须建立适应社会主义市场经济的新的企业法。

新的企业制度必须符合两点：第一，每个企业都是独立自主的；第二，每个企业的权利和责任都是明白而确定的。第二点尤为重要。这就要求把企业的法律形式放在第一位，而不能把资本来源和所有制形式放在首位。道理很简单，一个企业进入市场，所有与它进行交易的人首先要知道的是它的权利和责任，而不是它的资本来源。企业的法律形式正是表明其权利和责任的标志。例如独资企业是由其企业主负无限责任的，合伙企业是由全体合伙人负连带无限责任的，而公司是只由公司法人负无限责任，而其投资人（股东）只负有限责任（在有限公司），或者不负责任（在股份公司），或者只在特殊情况下才负无限责任（在无限公司）。如果依企业法律形式划分企业并作出标志，这些责任情况是一见即明的。这样的企业才适于进入市场并在市场中活动。我国现在已兴起股份化的热潮，而现行的企业制度和企业法对股份制企业来说是不相适应的。因此，改革现行的企业制度和企业法势在必行。

因此，必须加速制定公司法，完善民法通则中关于合伙的规定，完善关于企业登记的规定。

随着企业法的建立，要完善破产法。现在的破产法形同虚设，根本原因在于产权问题。以后市场经济发展了，产权问题解决了，破产制度才能建立，破产法才能发挥作用。

国有企业仍是我国的主要经济力量。不论是公司形式的国有企业，还是非公司形式的国有企业，都要有特别法去加以规范。

（二）产权制度和有关法律

进入市场的每一个主体必须要有明确的产权。但是在我国建立产权制度，首先遇到的一个问题是国家所有权。长期以来，在我国民法中，国家所有权成为一个老大难问题，成为影响许多其他问题的一个因素，这是计划经济的后遗症。建立社会主义市场经济以后，这个问题必将随着经济的发展而逐步解决。解决的主要途径是，要把计划经济体制下的国家所有权改造为市场经济体制下的国家产权，即包括所有权、股权（股东权）、债权、知识产权等在内的复合的"产权"。在计划经济体制下，国家所有权是国家产权的唯一形式。那时，不存在国家的股权；国家享有的债权极其有限（国家对企业是"拨款"而不是贷款。"拨改贷"是近几年才有的）。在社会主义市场经济体制下，国家也和其他经济主体一样，享有各种产权。目前在股份制企业中，"国家股"的确立，使一部分国家所有权转型为国家股权。至于在不实行股份制的国有企业中，仍保留原来形式的国家所有权。这样，就基本上可以解决长期以来国家所有权与企业经营权纠缠的问题。国家所有权转型为国家股权之后，解决了国有企业或国家参股的企业进入市场的问题。当然，要在我国从理论上阐明国家股权问题，在实践中管好国家股，不是一件容易的事。现在我国一般人（甚至法学界和经济界的某些人）对"股权"的确切含义和实际运作都还不十分明白，甚至有误解。例如有人把股权理解为所有权，有人理解为债权，这样都对正确处理国家股问题有妨害。更有甚者，不少人认为国家由"所有人"转为"投资者"，国家对企业财产的"所有权"转为"股权"，就是对国家所有权的消灭，就是国家财产的消失，因而这是对社会主义公有制的侵害。这些误解很不容易消除。不过，只要我国的市场经济日益发展，这些问题迟早会解决的。

在产权方面，另一个重要的法律问题是，应该完善法人制度，使法人（其中主要是企业法人）享有完全的产权。我国自民法通则公布后就有了法人制度，在各种法律和法规中也规定了"企业是法人"。但真正的法人制度迄今未能形成，多年来对企业法人要求的"自负盈亏、自我发展"一直做不到。原因固然很多，一个重要原因是产权问题没有解决。一个不享有充分产权的法人只是一个空洞的组织。这一点充分表现在我国的全民所有制企业上。现在转换企业机制就是要解决这一问题。这不是纯法律问题，但可以通过法律去协助解决。我们必须在民法方面完善对法人的规定，强化法人的各种权利，特别是产权，各种企业法人才能在市场中活动自如而发挥其作用。

至于产权的内容，我国民法已经有不少规定。关于所有权、债权、知识产权，问题较少。需要建立的是各种其他物权制度，并制定相应的法律。

（三）合同制度和合同法

各种经济主体在市场里的活动都要通过合同进行，因而合同制度和合同法是社会主义市场经济所必不可少的。我国在形式上一直就有合同制度和关于合同的法规。在改革开放以前,那都是计划经济体制下的合同。现行的是改革开放以后建立的或制定的,但也需要从根本上加以再改革。

现行的合同法也和企业法一样,分为国内企业间的合同法与涉外合同法。国内的合同法又有两部,经济合同法和技术合同法。这种合同法体制只能说是一种过渡形态,在由计划经济向有计划的商品经济过渡时期有一定的作用,但不能适应社会主义市场经济的需要。事实上,最近几年的实际情况已经突破了这几种合同法的框框。例如涉外经济合同法的适用范围已经由最高人民法院加以扩大,经济合同法中的某些规定或者不起作用(例如非即时清结的合同须用书面订立的规定),或者已经过时(例如有关计划的),都已形同虚设。特别是"经济合同"这种陈旧的名称,尤其与社会主义市场经济不相适应。

因此,应该对这几个合同法(以及许多有关的行政法规和地方性法规)加以综合改革,制定一个适用于全国性统一市场的合同法。这个合同法应该达到以下几点。第一,使合同与国家计划脱钩,完全成为经济主体之间的交易法。这样,就不必再分国内合同与涉外合同。第二,随着我国对外贸易的发展,我国合同法应该尽可能地与国际公约和国际惯例保持一致。第三,在国内,尽量减少关于合同的行政法规与地方性法规,使进入市场的一切经济主体都遵守一个统一的合同法。当然,这个合同法不可能把一切合同包括无遗。一些特殊合同仍然要规定在其他法律里,例如有关著作权的合同规定在著作权法里,有关房地产的合同规定在房地产法律里。但是关于各种合同的共同事项应该只由一个合同法去规定,例如关于合同的订立、合同的效力、违约责任、损害赔偿等。如果在这些共同问题上没有全国统一的规定,对社会主义市场经济的运行是不利的。

对某些特殊的合同,例如重大的外贸合同、关系人民日常生活的合同,国家有必要进行干预(管理),但要通过立法和司法的方式去实行,不能以行政方式干预。

合同制度和合同法涉及市场经济的所有方面,不仅涉及商品交易、服务提供,也涉及资金的融通、证券的发行和交易、技术的转让等方面。只要有市场,就必然有相应的合同制度和法规,所以完善合同法绝不能忽视。

（四）资金融通和融资法

市场经济中一个重要问题是资金的融通，这正是民法中的一个重要问题。资金融通包括资金的筹集和保存、资金的借贷等。我国现在已经建立了各种资本市场（包括外汇市场），就必须有相应的法规对这些市场中的活动进行规范。几年来烦扰我国的三角债问题，就是因为我国在这方面没有完善的制度和法规而形成的。今后要使企业易于取得资金，使闲散资金得到运用，使贷出的资金得到保障，都有赖于完善的融资制度和融资法。

任何企业在成立之初就要筹集资金。企业的规模越大，企业所要办的事业越大，就越需要大量的资金。这个问题对于公司最为重要。现代股份公司的优越性就在其能无限制地筹集资金。我国过去的全民所有制企业完全仰赖国家拨款，近几年来已有变化。所以筹集资金已日益成为企业的重要问题。现在筹集资金的新渠道有发行股票和发行债券。这两个问题都应在公司法中作出规定。现在我国还有非股份公司的企业发行债券，对此没有法律作出规定。对这些债券的持券人（债权人）应如何保护，是一个大问题。所以这方面的法律必须从速制定。

融资的另一重要方式是借贷，包括向银行贷款与企业间的资金周转。在这里存在两方面的法律问题，贷方的贷出（放款）与借方的还贷（收款）。在市场经济中，放款与收款都要既灵活又安全，这就需要完善的贷款制度和借贷法律。我国过去在这方面问题较多。在贷的方面，通过行政命令或者通过人情关系放款，没有关系的就不给贷款；在还的方面，故意拖欠不还，使贷者不敢贷。这些必须依据法律解决，做到贷者愿贷、敢贷，借者容易借到、依约还款，才能适应社会主义市场经济的需要，所以必须制定完善的借贷法。

要使借贷安全，就要以法律规定保证制度和担保制度（人的担保和物的担保）。我国在这方面没有完善的法律，特别是没有建立抵押权制度。所以必须制定详尽的担保法。

银行是资金的保管库。过去我国实行现金管理，以行政命令规定企业必须将现金存入银行，又规定企业必须使用转账支票，个人不能使用支票，这些都限制了资金的流通。在社会主义市场经济下，资金运用灵活是最重要的，上述各种限制必须放开。我们需要完善银行法与银行的规章，放开对使用支票和存款的不必要的限制，使企业（和个人）乐意将资金存入银行而又能很方便地取出或调往他处。

我国的外汇管理制度与外币（包括外币证券）兑换制度，随着市场经济的发展，也要改革。有关的法律当然要改订。

（五）证券制度和证券法

证券（有价证券）是市场经济高度发达的产物。20 世纪 50 年代，当我国建立高度集中的计划经济体制时，原有的股票、汇票、本票消失了，支票受到大大的限制，其他一些有价证券（如提单、仓单）也只在极小的范围内得以留存。直到 70 年代末，汇票和本票才又出现，但已面目全非，其所具有的"中国特色"使其几乎失去了有价证券的实质。现在要建立社会主义的市场经济，必须重建包括汇票、支票、本票、股票、提单、仓单等在内的有价证券制度，并制定票据法和其他相应的法律。最近我国已制定公布了海商法，对海运提单已有规定（第四章第四节）。股票应该在公司法（股份公司法）中规定。当前急需的是制定票据法。现在汇票已在市场上逐渐出现，支票的使用范围也在扩大，这方面的纠纷也逐渐进入法院，而法院没有据以判案的法律。

另外，股票和债券（国债券、金融债券、企业债券）的交易已经出现，证券交易所也在上海和深圳建立。我国亟须制定全国统一的证券交易法。

全国统一的票据法和证券交易法尚未制定，而地方法规却不断出现，这种情况不利于统一的全国市场的形成和发展。事实上，一些混乱现象也已出现，例如海南省未经上级批准就于 1992 年 3 月开办股票内部交易中心；一些省市未经中央批准就于 1992 年准许企业发行股票、股票认购证、信托受益债券等，虽经事后制止或纠正，但对我国市场经济的发展已有了不好的影响。

为了贯彻改革和开放政策，我们要建立的票据制度和证券交易制度，要制定的票据法和证券交易法，应该摆脱计划经济体制的束缚，尽量向国际惯例靠拢，使我国的票据和证券能进入国际市场，使我国社会主义市场经济进一步地得到发展。

（六） 投资制度和投资法

我国社会主义市场经济要持续地发展，必须建立一个完善的投资制度，制定投资法。这是我国异于其他发达国家的地方。因为要建设社会主义，只靠国家拨款和国有企业积累资金是不够的，必须动员全社会来积聚资金，还要吸收外来的资金。我国近十年来对于吸收外资较为注意，在几个涉外企业法中规定了一些鼓励外来投资的措施，又制定了一些鼓励外来投资（包括我国港、澳、台地区和华侨投资）的行政法规。但是一直没有制定一个完善的投资法，更没有注意到如何有计划地全面地吸收国内的投资。国家发行了多年国库券，直到近几年，才使发行工作通过市场去进行。我国又发行过多次金融债券，也都是分散地进行的，欠缺长期的、全面的安排。一些企业债券近几年来不断发行，吸收了大量社会资金，甚至影响到国债的发行。这是由于我国还没有完善的投资政策、投资制度、投资法。这是我国经济法中亟待解决的一个重要问题。

在我国这样的发展中国家，面临着社会主义建设这样宏伟的任务，资金问题是一个长期的问题，不是 3 年 5 年、10 年 20 年能解决的。我们应该制定一个面向各个方面的、预期其长期实施的投资法，把我国的投资政策用法律形式昭示给全体人民和世界各国，不应该只利用一些行政法规或地方法规。近些年来，有一些外来的投资者常常认为我国没有"投资法"（指正式的法律），缺乏投资安全感。我们应该注意这一点。

我国国内也有巨额的闲散资金存在，但是这些资金被用于炒股票、炒房地产，甚至炒黄金、外汇。我们应该通过各种方式吸引这些资金，使之投向国家所指引的方向。忽视国内资金，或者只采用一些零打碎敲的办法都是不对的。例如我国发行国库券已有多年，每年发布一个单行条例，好像这只是每年临时采用的一个偶然性措施，而不是一个长期的稳定的政策。人民手中有资金，想要投入最安全也最有利于社会主义建设的国债中，却不知道下一年还有没有国库券可买，就只好把资金投入不如国债安全的企业债券。如果国家制定一个国债法，向人民昭示，要在 10 年、20 年或更长时期内每年发行国内公债，鼓励人民把节约下来的资金有计划地投向国债，其效果（包括对人民的教育作用）必然好得多。如果说每年的发行数量和利率不能完全相同，仍然可以在国债法中授权国务院每年决定。

在吸收外资方面,我国较为重视,但 10 余年来,对方式方法不加改进,对一些零乱的行政法规和地方法规不加整顿,外国投资者对此常有意见。

在这方面,我国台湾地区的做法值得我们借鉴。台湾早在 50 年代,就制定吸收外资的有关规定(《外国人投资条例》和《华侨投资条例》),到 60 年代又制定了一个全面的《奖励投资条例》,用多种方式方法鼓励人民向生产性事业投资。这三个条例一直施行了 30 年。其间对第三个条例多次修改,使之适应经济发展的情况和需要,主要是调整投资的方向(由劳动密集型生产事业到技术密集型事业再到高精尖产业)。近来又把《奖励投资条例》改订为《促进产业升级条例》继续施行。

总之,我国应该认识到吸收国内外资金是一项长期的(上百年的)工作,应该制定全面的投资法去贯彻实行。

(七)竞争制度和竞争法

竞争是市场经济的本质属性,没有竞争就没有市场经济。我国建立社会主义市场经济必须很好地处理企业间的竞争问题。现在经济界所注目的是如何为企业创造好的竞争环境,特别是使各类企业有大体平等的竞争条件。这一点应该主要由企业法去解决。关于竞争的另一点是反对限制竞争和反对不正当竞争的问题,这是竞争法所要解决的问题。

自由竞争是资本主义初期的神圣原则。这一原则给资本主义带来昌盛,也给社会带来很大的危害。因而资本主义国家自己到了后期也注意到应该对竞争加以管理。一方面对垄断(垄断是对竞争的限制,甚至消灭竞争)加以管制,这样出现了反垄断法(美国称为反托拉斯法,德国称为反对限制竞争法,日本称为反独占法);另一方面对不正当的竞争加以管制,这样出现了反对不正当竞争法(反对不公平竞争法),二者合称为竞争法。

我国在社会主义条件下实行市场经济,与资本主义国家的情况有所不同,但是我们也面临着如何对待竞争的问题。这个问题在我国比较复杂。一方面,我国要提倡和鼓励企业之间进行自由而公平的竞争,因而也要反对限制竞争(垄断),反对不公平(不正当)的竞争;另一方面,我们要促进社会化生产的发展,又要鼓励和支持企业间的联营、支持大规模企业集团的建立。另外，我国还有一个特殊问题，就是地方封锁问题。这个问题牵涉到财政制度、价格制度、税收制度各个方面，更为复杂。因此，我国对要制定什么样的竞争法，必须全面地进行研究。

三   国家对市场的宏观调控

实行社会主义市场经济之后，国家的主要任务是对经济进行宏观调控。国家对大部分国有企业不进行直接经营（当然仍然有一部分要由国家直接经营，例如一部分国防工业），而通过股权去间接调控。这样，国家就可以摆脱计划经济时期的繁琐事务，把注意力用于更重要的宏观调控方面。这主要是经济法的任务。

国家的宏观调控有两个特点。第一，宏观调控的对象是经济整体，是从社会整体利益也就是社会主义的整体利益出发的。前面说过，国家对社会主义市场经济的各种经济主体都是平等对待的，不偏向任何一种主体。但国家必须维护整体利益。当然，为了维护整体利益（其中首先是社会主义的大方向和根本制度），国家的措施对某些经济主体可能有所影响，但对整体利益的维护也会有利于社会的各个部分，因而不会对这些主体有危害。第二，宏观调控的手段主要是间接调控，例如通过税收银行、社会政策（例如社会保障制度）等去引导，而不用或只最小限度地运用直接行政干预手段。在运用行政手段时，也必须由法律作出规定或予以授权。

实行社会主义市场经济，仍然要有计划，国家仍然要制定计划。不过不再是指令性计划，而主要运用指导性计划。只要适当运用好各种间接调控手段，指导性计划也可以收到指令性计划的效果。我国还是要制定计划法。

国家宏观调控的目的和作用主要表现在：第一，协调社会各个部分、各种经济主体、各个社会群体之间的利益，使全国的每一群体、每一主体，各得其所，都能享受到自己应得的利益。第二，预防社会经济发生动荡甚至危机，万一发生了，国家有紧急对策。第三，为国家遭受重大灾害（重大自然灾害和外来侵略）预筹对策。

国家的宏观调控和微观管理是互相结合的。有一种误解，似乎在市场经济里，国家丝毫不起作用，一切经济行为由企业自由进行。实际上，世界历史上从来没有这样的经济。就算在资本主义初期自由经济下，国家也不是绝对不管事的。商业登记（企业登记、公司登记）就是一种最原始的管理方式。现代公司法里，法律对公司的资本和利润分配有严格控制，公司负责人违反了规定要受到各种制裁（包括刑事制裁）。在证券交易法里、在竞争法里，国家对证券交易、对企业的结合和联合行为以及竞争行为，都有严格的控制。就算在纯属于民法的合同法、担保法的领域里，法律关于当事人的责任和违约制裁的规定，实际上也属于对当事人行为的管理，只不过国家的宏观调控和微观管理在直接目的、手段和效果各方面有所不同而已。微观管理所直接涉及的是各个或多数经济主体的利益，主要从经济主体方面着眼；宏观调控所直接涉及的是国家和社会的整体利益，主要从国家和社会方面着眼。二者是相辅相成、相得益彰的。

像我国现在这样，有些经济行为和经济活动被管得很严，甚至管死；对有些又管得很松，甚至不管。这都是经济不正常、法制不健全的表现。如果说过去有这种情形是由于多种难以避免的原因，今后我们要建立社会主义市场经济，就绝不能再有这样的情形。

在这方面，有些发达国家的经验也可供我国参考。德国在第二次世界大战后为恢复和发展经济，制定了《经济稳定与增长促进法》。这就是一个对经济进行宏观调控的法律。其中规定了国家调控经济的目标与总方针、国家进行经济决策的民主程序、经济危机发生时的对策等。有了这样一个基本法律，然后围绕这个基本法律再去制定各种从各个方面调控经济的法律，如税收法、银行法、财政法（包括预算法）、外贸法等。

我国是在社会主义条件下实行市场经济，我们的目标、方针和具体情况与资本主义国家有原则上的不同。我们应该根据我国国情，决定政策、制定法律，然后贯彻实施，使我国的社会主义市场经济取得最后成功。

建立社会主义市场经济法律体系的理论思考和对策建议[*]

中国社会科学院法学所课题组[**]

摘 要：社会主义市场经济是法治经济。建立社会主义市场经济法律体系，在理论上要明确市场经济法律秩序的条件、市场经济法律体系的基本原则，区分公法与私法、作为公权者的国家和作为所有者的国家，摒弃与市场经济不相适应的陈旧理论和观念，大胆借鉴和吸收发达国家或地区的成功经验。社会主义市场经济法律体系由民商法、经济法和社会法构成，涉及规范市场主体及其行为、市场秩序、宏观调控、劳动和社会保障等方面的法律。我国当前应采取有效措施，尽快改变社会主义市场经济立法的滞后状态，加强社会主义市场经济法律的实施。

关键词：社会主义市场经济法律体系 民商法 经济法 社会法

一 引言

社会主义市场经济是法治经济。即使是最简单的市场关系、商品买卖关系，也是以一系列法律规则（成文的或不成文的）为基础的。换言之，

---

　* 本文原载于《法学研究》1993 年第 6 期。

＊＊ 本课题组全称为：中国社会科学院法学研究所社会主义市场经济法律体系课题组。课题组负责人：王家福；课题组成员：王家福、王保树、梁慧星、谢怀栻、史探径、崔勤之、陈甦、邹海林。

社会主义市场经济是受法律规范、引导、制约、保障，并严格按照法律运作的经济。

所谓市场，不是指特定的交易场所，而是指在一定法律体系中进行的各种交换关系的总体系。因此，市场被描述成一种"制度过程"。在其中，市场参加者作为独立的人（自然人和法人）彼此相互作用，各自追求自己的目标。市场过程只能在一定的法律体系中才能进行。这种法律体系是由合适的法律和制度所造就的。没有合适的法律和制度，就不能形成正常的市场秩序，也就不可能有真正的市场，造就适应市场需要的法律和制度，就是我们所说的社会主义市场经济的法制基础。社会主义市场经济的法制基础大致包括以下几方面的法律和制度。

其一，确认市场主体资格。市场过程发生的首要条件，是存在市场参加者，亦即经济学上所说的"经济人"。这种在市场过程中追求自己利益的经济人，构成市场经济活动的法律主体。市场法律主体须符合以下要件：首先，他们是相互独立的人；其次，他们在法律地位上完全平等；再次，他们有完全的行为能力，能够从事法律行为；最后，他们有完全的责任能力，能够对自己行为的结果承担责任。符合这些条件的自然人或法人，即可成为市场参加者。现在的国有企业还受到各种行政隶属关系的束缚，尚不完全具备市场主体的要件，不能真正进入市场，以真正独立、平等的市场主体资格参加同他人的竞争。

其二，充分尊重和保护财产权。市场不仅要有参加者，而且须有财产才能发生。这里所说的财产是指市场参加者自己的财产。因此，社会主义法律体系的法制基础当然应包括充分尊重和保护市场主体财产权的法律制度。这主要指民法上的所有权制度和他物权制度。现在的问题是国有企业虽然在法律上属于企业法人，具有市场主体资格，但它们不享有完整的财产权。依照现行法，国有企业财产所有权归国家，而企业只享有经营权。另一问题是对自然人财产所有权的法律保护尚欠充分和完善。

其三，维护合同自由。市场活动参加者既然是彼此相互独立、法律地位平等的个人，任何人均不能将自己的意志强加于他人，以迫使他人接受自己的交易条件，因此他们之间的关系唯有采取合同形式。在现代化市场经济条件下，合同关系是最基本的法律关系，现代社会因此被称为合同社会。一切市场活动都是通过缔结和履行合同来进行的。合同法律制度构成市场经济最主要的法制基础，其职能在于维护合同自由。

其四，国家对市场的适度干预。在现代化市场经济中，合同自由与国家干预这一对矛盾始终存在。没有合同自由，就没有市场经济；没有国家的适度干预，也不可能有真正的合同自由和市场经济秩序。即使是历史上鼓吹自由放任主义最力的经济学家，也不主张将政府完全排除在经济活动之外，而是认为政府应承担维护市场公正与秩序的职能。单凭市场自发的机制不可能保障市场秩序。因为在市场活动中，市场参加者由于追求眼前的狭隘的私利容易产生作伪、欺诈和违约的倾向。没有适度的国家干预，就会导致滥用合同自由和各种违法行为，就不可能有正常的市场秩序。社会主义市场经济本身要求适度的国家干预，那种认为市场经济条件下政府无所作为的思想是不正确的。

其五，完善的社会保障。现代化市场经济不仅要求国家适度干预，而且要求有完善的社会保障制度。因为市场本身意味着优胜劣汰，可以说，市场竞争是残酷的。对于那些竞争中的失败者尤其是劳动者，以及不具有竞争能力的老人、儿童和残疾者，应由社会提供物质保障。在没有社会保障的条件下提倡所谓"砸三铁"，不符合现代化市场经济的要求，不利于维护社会的安定。

二　建立市场经济法律体系应解决的法理问题

（一）建立市场经济法律秩序的条件

中共十四大报告提出建立社会主义市场经济体系的目标时指出："要看到市场有其自身的弱点和消极方面，必须加强和改善国家对经济的宏观调控。我们要大力发展全国的统一市场，进一步扩大市场的作用，并依据客观规律的要求，运用好经济政策、经济法规、计划指导和必要的行政管理，引导市场健康发展。"这就提出了建立和维持一个健康发展的市场经济法律秩序的问题。究竟什么样的市场经济法律秩序才算得上是健康发展的市场经济法律秩序？这就是法学者所说的"公正自由的竞争秩序"。作为社会主义市场经济法律秩序的公正自由的竞争秩序必须符合下述条件。

其一，市场的统一性。社会主义市场经济法律体系应当致力于维护全国统一的大市场。因为只有形成全国统一的市场，才能有健康发展的市场经济秩序。要维护全国市场的统一性，首先要求全国市场经济活动遵循统一的法律法规。我国现时的市场状况不符合统一性要求。各地区有各地区的市场，经济特区有经济特区的市场，其间有许多人为设置的壁垒和障碍，存在各种保护性措施和优惠措施。这种全国市场被人为肢解分割的状态是多种原因造成的。但不论何种原因，时至今日，不应再容许其继续存在。要打破各种封锁分割状态，消除各种壁垒和障碍，最关键的措施就是由中央统一有关市场活动和管理的法律的立法权。

其二，市场的自由性。所谓市场的自由性，其表现是市场主体享有充分的合同自由。目前的状况是，市场参加者尤其是国有企业受到两方面的束缚和限制。一方面是企业主管机关基于隶属关系所加于企业的束缚和限制。改革开放15年来所进行的"扩权"，即在不触动行政隶属关系的前提下扩大企业自主权，属于在旧经济体制内部进行小改小革，不适应今天向市场经济体制转换的要求。现在讲转换企业机制，将国有企业推向市场，如果不改革原有的行政隶属关系是不可能做到的。根本解决问题的办法就是废除这种行政隶属关系，使国有企业获得完全解脱，成为真正独立自主的市场主体，即实现从身份（行政隶属关系）到契约的进步。另一方面的束缚和限制来自拥有市场经济管理权限的国家机关。这方面的束缚和限制当然不应完全废除，而是要尽可能地予以削减，只保留与国家适度干预相符的必要的管理。这种必要管理，应通过制定市场经济管理法规使其法律化和科学化。例如关于企业的设立及各种资格的取得，应由审批主义改为准则主义；关于经营范围的限制应尽量废除，凡法律禁止或法律规定的由国家垄断经营以外的营利行为，一般企业均可从事。

其三，市场的公正性。即一切市场主体，无论自然人还是法人，无论大企业还是小企业，不论其所有制性质，均以平等的资格在平等的基础上进行相互竞争。市场经济法律体系应致力于维护这种公正性。要达到这一点，应当做到：一是法律制度同一。即一切市场参加者，在市场经济活动中应遵守同样的法律法规。不容许有同一行为，因行为者或行为地不同而服从于不同法律规则的情况存在。合法行为无论其行为人或行为地有何不同，一律是合法的；违法行为，无论其行为人或行为地有何不同，也都一律是违法的，并依同样的法律法规予以制裁。二是经济机会均等。市场对一切市场参加者开放，法律不限制某一类主体进入市场，不对某一类主体实行优惠。它们在登记设立、取得场地使用权、领取证照、购买原材料、获得信贷资金等各方面完全平等。三是税负公平。即一切市场主体均应依法纳税及缴纳各种课负，且法律关于税负应设立公平合理的标准，不应因企业类别、所有制不同而畸轻畸重。

其四，市场的竞争性。社会主义市场经济依其本质应是自由竞争的经济，市场参加者享有充分的合同自由，并依据合同自由相互进行竞争。因此，市场经济法律体系应致力于抑制垄断，维持市场的竞争性。没有竞争性的市场，犹如一潭死水，终究要干涸。在市场经济法律体系中，制止垄断的法律法规应居于特别重要的地位。应当看到，在竞争与垄断的关系上我国有自己的特点，即不是由自由竞争发展到垄断，而是在不断打破垄断的前提下逐渐开展自由竞争。在原有的中央集权的行政经济体制下实行完全的国家垄断，经济体制改革实质上就是打破国家的垄断；已经进行的改革在打破国家垄断局面的同时，却强化了地方政府及某些行政部门管理经济的权力，又由于在财政税收制度上实行所谓"包干制"，进一步刺激了地方保护主义倾向，结果使以地方封锁和部门分割为主要形态的行政性垄断成了当前限制竞争的主要因素。因此，在近期内应致力于制止和制裁行政性垄断，以维持市场的竞争性。

（二）大胆借鉴和吸收市场经济发达国家和地区的成功经验

建立社会主义市场经济法律体系，对我们来说是一个新课题，我们还缺乏这方面的经验。虽然自改革开放以来，为适应改革开放的要求和经济生活所发生的重大变化，我们已经制定了若干经济法律法规，其中有的法律如民法通则、海商法、著作权法等基本上是符合市场经济要求的，但多数法律法规仍然较多地带有计划经济的色彩。因此，在制定有关市场经济的法律法规时，非大胆借鉴和吸收国外成功的立法经验不可，仅靠我们自己改革开放以来所积累的经验，是不可能建立市场经济法律体系的。

借鉴和吸收国外成功的立法经验，也是出于市场经济法律体系本身的要求。我们所要建立的市场经济法律体系本身有两项基本要求，即一要符合中国实际，二要与各国相通。所谓符合中国实际，当然是指符合改革开放和发展现代化的社会主义市场经济的实际。所谓与各国相通，指凡是现代法律中已有的、反映现代化市场经济共同规律的法律概念、法律原则和法律制度，各国成功的立法经验和判例学说新成果，都要大胆吸收和借鉴。切忌另起炉灶，自搞一套，人为地设置藩篱和障碍。因为我们实行对外开放而不是闭关锁国，我们要恢复关贸总协定缔约国地位，使国内市场与国际市场相沟通。我们应尽可能地使我国的立法能够被外国的法官、律师、企业法律顾问、企业家、商人及普通人所理解，与各国相通，则于国有利，反之则有害。

借鉴和吸收市场经济发达国家和地区的成功立法经验，也是市场经济客观规律的要求。我们所要制定的有关市场经济的法律法规，本质上是现代市场交易的规则，这些规则背后起作用的是现代市场经济共同的客观规律。不容否认，不同国家的法律，由于社会政治制度、民族、历史传统、风俗习惯的不同，而存在各自的特色和相互的差异。但我们应该看到，在调整市场经济关系的法律领域，这种特色和差异正日渐减少，并已有国际化的趋势。由于现代市场经济的基本经济规律是共同的，这就决定了我们在设计市场经济法律体系构架和制定有关市场经济的法律法规时，不仅可以而且必须吸收和借鉴国外的立法经验。

（三）区分公法与私法是建立市场经济法律体系的前提

虽然没有哪一个国家的立法明文规定"公法"或"私法"概念，但是现代法以区分公法、私法为必要，乃是法律上的共识。公私法的区别，是现代法秩序的基础，是建立法治国的前提。在现代国家，一切法律规范，无不属于公法或私法之一方，且因所属不同而效果不同。关于区分公私法的标准，约有三种学说。其一为利益说，即以规定国家利益者为公法，以规定私人利益者为私法。其二为意思说，即规定权力者与服从者的意思，为公法；规定对等者的意思，为私法。其三为主体说，即公法主体至少有一方为国家或国家授予公权者，私法主体的法律地位平等。其中第三说为学界通说。

我国法学理论由于受苏联理论的影响，在一个相当长的时期，将我国一切法律均视为公法，而否认有私法之存在。这一理论正好符合权力高度集中的行政经济体制的要求，并成为在这种体制下实行政企合一，运用行政手段管理经济，以及否认企业、个人的独立性和利益的法理根据。毫无疑问，这种理论已经不能适应社会主义市场经济的本质和要求。当前强调公私法的区分，具有重大的理论意义和实践意义。

区分公法私法的必要性，在于市场经济本身的性质。在市场经济条件下，存在两类性质不同的法律关系。一类是法律地位平等的市场主体之间的关系，另一类是国家凭借公权力对市场进行干预的关系，由此决定了规范这两类关系的法律法规性质上的差异，并进而决定了两类不同性质的诉讼程序和审判机关。对于任何法律法规，若不究明其属于公法还是属于私法，就不可能正确了解其内容和意义，不可能正确解释和适用。因此，建立社会主义市场经济法律体系，要求以承认公法与私法的区别并正确划分公法与私法为前提。

（四）区分作为公权者的国家与作为所有者的国家

在社会主义市场经济条件下，国家并不是无所作为的。相反，国家总是承担着一定的经济职能。在自由放任的市场经济条件下，国家只承担有限的经济职能；而在战后奉行凯恩斯经济政策的市场经济条件下，国家承担了繁重的经济职能。但无论是奉行自由放任还是干预经济政策，国家作为公权者的身份与国家作为财产所有者的身份，是严格区分的。国家在对市场进行管理、维持市场秩序及裁决市场参加者之间的争议时，是以公权者的国家身份出面，所依据的权力属于公权力（包括行政权、立法权和司法权）。作为财产所有者的国家，法律上称为"国库"，可以直接从事市场经济活动，如进行投资、组织商业活动等，这种情形的国家与其他市场参加者处于平等的法律地位，须同样遵守法律法规。作为财产所有者的国家与作为公权力者的国家之严格区分，是市场经济本质的要求，是市场经济法律秩序形成的前提条件。

我国旧有法律理论受苏联法律理论的影响，并不区分国家的两种身份，而是强调两种身份的合一。旧理论认为，社会主义国家最突出的特点之一，就在于把全部国家权力同所有人的权利结合起来掌握在自己手中，就在于国家权力同所有人的一切权利密切不可分割地结合。这种理论正是"政企不分"、"政资不分"的旧体制本质特征的法理根据，由此决定了社会主义国家承担了庞大的几乎是无所不包的经济职能，国家以公权者和财产所有者的身份直接管理经济。这种理论显然违背市场经济的要求。要建立社会主义市场经济法律体系，要求对原来所谓的国家经济职能加以区分，将作为公权者的国家与作为财产所有者的国家严加区分，使国家所承担的经济职能仅限于基于国家公权力对市场经济进行适度干预。国家以全民所有制财产所有者身份进行的经济活动，不再属于国家经济职能，可以通过将国有企业改组为股份公司或有限责任公司，将财产所有权转化为股权，由国有资产管理机构去行使。这样，将使国家从繁重的经济职能中解脱出来，专注于行使应有的对市场进行管理和宏观调控的经济职能；同时也才能真正实现政府职能的合理化，实现所谓"小政府，大社会"的行政体制改革目标。再者，恢复国家公权者的身份，使国家不再是一个超级经济组织，可以避免和防止腐败现象。

（五）坚决摒弃与社会主义市场经济不相适应的陈旧理论和观念

毋庸讳言，我国现有法律理论是新中国成立初期在继受苏联法律理论的基础上形成的，在改革开放前的长时期内基本上反映了原有经济体制的本质特征和要求。改革开放以来，基于社会生活所发生的根本变化，我国立法已经在许多方面突破了原有法律理论。但不可忽视仍有许多与市场经济不相适应的陈旧理论和观念被保留下来，甚至在现行立法中多有体现。按照马克思主义关于历史唯物主义的基本观点，法律理论和法律观点只是一定经济基础的本质和要求在上层建筑中的反映，是与所由产生的经济基础相适应并为之服务的。我们今天进行经济体制改革和建立社会主义市场经济体制，是经济体制的根本性变革，理所当然地要求坚决摒弃与市场经济不相适应的陈旧法律理论和观念。不如此，则不可能建立市场经济法律体系。

在应当坚决摒弃的陈旧法律理论中，首当其冲的是关于国有企业财产权的传统理论。按照这一理论，国家对国有企业财产享有所有权，企业只享有经营权。这一理论是 20 世纪 40 年代由苏联民法学家维尼吉克托夫提出来的，其物质基础是苏联高度集中的行政经济体制，其理论依据是斯大林的经济理论。这一法律理论的根本缺陷在于"政企合一"，使国有企业成为行政机关的附属物，为旧体制下国家运用行政手段指挥和管理经济提供了法理根据。从改革开放开始，这一法律理论就受到冲击和挑战，并日益成为改革开放和发展社会主义市场经济的障碍。只有坚决抛弃国有企业经营权理论，承认国有企业作为企业法人对其财产享有法人所有权，才能真正实现企业体制的改革，使国有企业成为真正的市场主体。

另一妨碍社会主义市场经济法律体系建立的法律理论，是苏联现代化经济法学派代表人物拉普捷夫的经济法理论。这一理论形成于 20 世纪 50 年代末 60 年代初，并于 70 年代末传入我国，对我国经济法学界产生了巨大的影响，直到今天仍然占据我国经济法教学讲坛。拉普捷夫的经济法理论及由我国学者稍加修正所形成的"纵横统一"经济法理论，本质上是一种阐发计划经济体制合理性的经济法主张。其要害在于强调"计划组织因素与财产因素"的结合，强调"横向经济关系与纵向经济关系"不可分割的联系，把企业视为"经济机关"，否认经济关系的"商品性"。这一套经济法理论的实质是巩固和发展表现为行政经济、权力经济的计划经济体制，完全违背我国所进行的经济体制改革的方向，与我们所要建立的社会主义市场经济是格格不入、相互抵触的。只有坚决抛弃这一理论，人们的思想才能解放，经济法学才能发展，才可能建立符合社会主义市场经济本质的经济法理论，为社会主义市场经济法律体系提供可靠的科学的法理基础。

此外，还应该坚决抛弃把计划法当作经济法的基本法的观念。把计划法视为经济法的基本法的观念，形成于 80 年代初的中国经济法学开创时期，此后成为经济法学中占支配地位的观念。按照这一观念，计划法应当具有高于其他经济法律的经济基本法的地位，国民经济中的各种经济形式、各种经济关系均受计划法调整，计划法的调整范围包括生产、流通、分配和消费等各环节所发生的经济关系。直至 80 年代末，坚持这一陈旧观念的经济法学者还主张一切经济法律中都要有关于国家计划的规定，反对缩小指令性计划。这一观念是高度集中的计划经济体制本质要求的反映。随着经济体制改革的逐步深入，尤其是确定建立社会主义市场经济体制的今天，经济法的根本任务已经不再是"维护计划经济管理秩序"，而是建立和维护社会主义市场经济的公正自由的竞争秩序。因此，必须坚决抛弃把计划法视为经济法的基本法的陈旧观念，而代之以竞争法（包括反垄断法和反不正当竞争法）是经济法的基本法的新观念。为了保证社会主义市场经济的健康发展，计划作为宏观调控的手段之一，无疑仍有其重要作用。这种计划手段之运作仍须采用法律的形式。但这种条件下的"计划法"已经与原来的计划法有质的差异，主要是体现产业政策的要求，主要采用指导性计划形式。

（六）坚持市场经济法制的统一

社会主义市场经济法律体系，目的在于建立和维护全国统一的大市场，因此必须坚持法制的统一。首先是规范市场经济活动和管理的法律法规的统一。同样的市场行为应服从同一法律规则，绝不允许存在相互抵触的法律规则。在这方面存在严重的问题，不仅不同地方之间有相互抵触的法规，中央制定的法律与地方制定的法规存在相互抵触，甚至中央制定的法律法规之间亦不统一。这种法制不统一的局面之形成有多种原因，但不论何种原因，绝对不应再容许这种法制不统一的局面继续存在。坚持法制的统一，首先要求统一立法权，即规范市场经济活动和管理的法律法规的立法权统一由中央一级立法机关行使。民商事法律，包括民法典及公司法、票据法、海商法、保险法、证券交易法，以及经济法中的反垄断和反不正当竞争等法律法规，只能由中央立法机关制定和修改。在改革开放初期曾经采用过的授权地方制定有关经济性法规的办法现在已经不宜再沿用，对已经授出的立法权应当收回或废止。

其次是统一法律法规的解释权。法律解释权问题迄今未得到重视。现在的情况是层层下放解释权，任意解释法律甚至借解释以修改法律的现象时有发生，并且未解决由哪一个机关对宪法、法律、法规进行统一解释的问题。统一解释法律的机关，在美国、日本是最高法院，在德国是宪法法院，在我国台湾地区则是大法官会议。建议设立一个由若干法律专家组成的机构，行使统一解释法律的职能，这个机构可以隶属于全国人大法律委员会。

最后是统一司法权和执行权。我国目前严重存在地方人民法院受制于地方政府的现象，有的地方法院甚至变成了地方保护主义的工具，严重损害了司法权的统一。法院的执行权也存在被一些行政机关侵夺的问题。司法权和执行权统一由法院独立行使是维护法制统一的保障，应当受到高度的重视。

（七）建立市场经济法律体系应贯彻的基本原则

要使各种法律法规围绕建立和维护公正自由的竞争秩序这一根本目

的，发挥各自的规范机能，必须使各种法律法规体现一定的基本原则，要求立法者在制定和修改法律法规时，市场经济管理机关在依法行使其管理职能时，一切市场参加者在从事经济活动时，以及司法机关在裁决争议和追究法律责任时，均应遵循这些基本原则。总结我国改革开放以来发展社会主义市场经济的经验教训，并参考市场经济发达国家和地区的经验，我们认为，我国市场经济法律体系应当有以下几项基本原则。

第一，财产所有权一体保护原则。商品交换的基础是财产所有权。保护财产所有权是一切法律法规的任务。我国在原有计划经济体制下，由于实行单一的所有制，在法律制度上强调对国有财产的特殊保护原则。这种对某种所有制的财产特殊保护的原则，已经不适应市场经济条件下多种所有制结构及市场主体法律地位平等的要求。因此，社会主义市场经济法律制度应贯彻对一切合法财产所有权一体保护的原则。

第二，合同自由原则。合同自由原则是市场经济的基本原则，没有合同自由原则就没有市场经济。我国在旧体制下不承认合同自由，改革开放以来虽然承认当事人享有一定的合同自由，但实际生活中当事人的合同自由受到过多限制和干预。社会主义经济法律体系应当充分尊重和保护当事人的合同自由，非出于重大的正当事由不得加以限制和干预。

第三，自己责任原则。所谓自己责任原则，即市场主体对自己行为的后果负责。这一原则在一般违法行为的情形下，表现为过失责任原则，即只在行为人有故意或过失时才承担法律责任；在某些法定的特殊违法行为情形下，则实行无过失责任原则，即只要有法律规定的事实，就应使当事人承担法律责任，而不以故意过失为要件。

第四，公平竞争原则。公平竞争既是市场经济法律制度的目的，也是一项基本原则。在市场经济条件下，所谓公平不是指结果的公平，而是指一切竞争者应处于平等的法律地位，服从同一法律规则，并坚持制裁不公平竞争行为。

第五，经济民主原则。经济民主是政治民主在经济生活中的延伸。正如政治民主的对立面是独裁、专制，经济民主的对立面是垄断和寡占。我国在政治生活中坚持社会主义的民主政治，相应的，在经济生活中要求实行经济民主。为此应坚持反对垄断（包括经济性垄断和行政性垄断），坚决反对任何导致垄断和限制竞争的行为。

第六，诚实信用原则。诚实信用是市场经济活动的道德标准。在现代市场经济条件下，诚实信用已成为一切市场参加者所应遵循的基本原则。它要求市场参加者符合"诚实商人"的道德标准，在不损害其他竞争者，不损害社会公益和市场道德秩序的前提下，去追求自己的利益。违反诚实信用原则，即构成违法行为。

第七，保护弱者的原则。在现代市场经济条件下，一方面是现代化的大公司、大企业，它们拥有强大的经济实力，在市场活动中居于优势地位；另一方面是广大消费者、劳动者，他们以分散的个体出现，经济力微弱，在市场活动中最容易受到伤害，成为牺牲者。这就要求市场经济法律制度体现保护弱者的原则，要求由国家从立法、司法、行政、教育等各方面担负起保护消费者和劳动者的责任。保护弱者的原则在社会主义市场经济条件下尤其具有重大意义。

第八，维护社会正义的原则。市场活动本身是一个潜伏着各种风险的领域，总是会有损失、失败和破产。参加市场，就应承担市场风险。在市场活动中，参加者会滋生一种作伪、欺诈、骗取、违约和规避法律的倾向。因此，社会主义市场经济法律制度，应致力于维护社会正义，维护市场道德秩序，不应容许任何假冒伪劣、坑蒙拐骗、巧取豪夺、恃强凌弱、寡廉鲜耻、为富不仁。

第九，违法行为法定原则。市场经济法律制度应体现违法行为法定原则。凡一切行政违法行为和犯罪行为，均应由法律作出明示禁止规定。法律未明示规定禁止的行为，应当视为合法行为，行为人应不受制裁。法律法规中不得授予执法机关对法律未明示禁止的行为追究行政责任和刑事责任的裁量权。因情事发生变更，对法律未明示禁止的某种行为欲加禁止时，须由立法机关修改或由有立法权的机关发布补充性规定，此种修改或补充性规定不得有溯及力。

三　社会主义市场经济法律体系的架构

社会主义市场经济法律体系的架构，是指适合社会主义市场经济发展的各种法律之总体结构。它是科学的，必须充分地反映市场经济客观的共同规律之要求；它是综合的，应当是对社会主义市场经济进行调整的诸种性质各异、作用不同的法律规范之集合体；它是现代化的，必须是从中国国情出发，博采各国市场经济法律之所长，与世界相通的法律体系。市场经济法律体系在世界上已有几百年的历史。直至今日，其构架在一些发达国家中已臻完备，有许多有益经验可资借鉴。因此，我国完全应当也完全可能建造出一个最科学、最现代化的社会主义市场经济法律体系的架构。

（一）社会主义市场经济法律体系的法律部门构成

从法律部门来划分，社会主义市场经济法律体系主要由民商法、经济法和社会法三大部门构成。

1. 民商法

民商法是社会主义市场经济的基本法律，属于私法。它是规范市场主体之组织、活动规则的法律规范之总称，是保障市场主体自由、自治的重要法律。

民法是调整平等主体之间的经济关系和人身关系的法律规范的总称。它包括法人制度、代理、时效、物权、债权、知识产权、亲属、继承等法律规范。其任务是确认市场主体资格，规定市场主体的权利、义务和行为规则。我国已制定了民法通则、经济合同法、涉外经济合同法、技术合同法、专利法、商标法、著作权法，民事立法已初具规模。特别是民法通则，它基本上反映了市场经济发展的要求。但从总体上说，我国民事立法过分简单，缺乏应有的可操作性，不能很好地适应市场经济发展的需要，亟须进一步完善。最理想的方案是组织力量制定一部完整的民法典，但短期内很难完成。为尽快使民事立法适应市场经济发展的要求，可以在现行的民法通则的基础上先分别制定物权法或财产法、债权法或合同法。

商法是规范商事行为的法律规范的总称。它包括公司法、票据法、证券交易法、保险法和海商法等，属于私法范畴，为民法之特别法。其任务是规范从事商事（市场交易）活动的组织，确认商事活动的行为规则，规定商事活动的支付、融资手段，减少风险发生的途径，制定海上运输的规则等。我国的商事立法非常薄弱，亟待花大力气完善。当然，这并非意味着要制定商法典。考虑到民商法的一致性，民法可以为商事活动提供一般规则，因而只要制定属于商法性质的上述法律，即可使商事立法完善。但迄今为止，我国除已制定海商法外，其他几部商事法律均未颁布。目前，公司法正由全国人大常委会审议，可望年内问世。其他几部法律，也应抓紧制定。

2. 经济法

经济法是市场经济中极为重要的法律。它是调整国家从社会整体利益出发对市场干预和调控所产生的社会经济关系的法律规范的总称。它属于公法性质。现代市场经济应以市场主体的自主、自治为前提，但仍需国家对市场的适度干预和宏观调控。这种干预和调控，任务是维护社会整体利益。经济法包括创造竞争环境、维护市场秩序规则和宏观调控规则两部分。前者包括反不正当竞争法、反垄断法、消费者权益保护法；后者包括预算法、银行法、物价法、信贷法、计划法、经济稳定增长法等。应尽快将上述基本法律制定出来，为建立公平竞争秩序和实现宏观调控创造条件。

3. 社会法

社会法是市场经济另一种重要法律。它是调整因维护劳动权利、救助待业者而产生的各种社会关系的法律规范的总称，包括劳动法、社会保障法等。它的法律性质介于公法与私法之间，其目的在于从社会整体利益出发，保护劳动者，维护社会安定，保障社会主义健康发展。

（二）构成社会主义市场经济法律体系的法律类别

从法律对市场经济的作用来划分，社会主义市场经济法律体系可以包括以下几个部分。

1. 规范市场主体的法律

要发展社会主义市场经济，首先应规定市场主体资格。市场主体主要是企业。就这一意义上讲，企业立法是有关市场主体的立法。1979年以来，我国已制定了全民所有制工业企业法、城镇集体所有制企业条例、乡村集体所有制企业条例、私营企业暂行条例、中外合资经营企业法、中外合作经营企业法和外资企业法。尽管覆盖面较广，在一定程度上体现了改革精神，其中针对外商投资企业的立法也体现了国际惯例，但是从总体上讲，尚未跳出按所有制形式立法的模式，依然保留着高度集中的计划经济的深深烙印，从而衍生出以下问题：①各类企业地位不平，税负不一，待遇各异，难以在同一起跑线上竞争；②由于对不同所有制企业政策不同，假集体真私营、冒名顶替的企业屡见不鲜；③组织松散，责任不明，对债权人和交易安全缺乏应有的保障；④特别是全民所有制企业政企难分，难以获得独立人格从事自主经营；⑤由于没有公司法，已登记注册的近 80 万家公司尚无法可依。因此，当务之急是要从我国实际出发，充分借鉴各国成功经验，健全我国有关市场主体的立法。

（1）公司法。主要规定公司的定义、设立、变更、终止和对内对外关系，规范有限公司、股份公司、外国公司分支机构的法律。其宗旨在于建立适应市场经济的公司法律制度，俾求通过调整公司的内外关系，保障公司、股东、债权人的合法权益，为国有企业转换经营机制提供法律依据。公司法业已经历 100 多年的历史。世界各国的实践已充分证明，公司作为以营利为目的的法人是最普遍、最佳的企业组织形态（市场主体）。我国现在制定的公司法，应当是一部把中国国情与现代国际通行原则统一起来的现代化的公司法。首先，体现开业自由。有限公司的设立，可采取准则主义，除有特殊规定外不必审批。至于股份公司，由于涉及面大，开始可保留许可主义，即设立后还需审批。其次，扩大其覆盖面。不仅要涵盖不同所有制企业，而且应允许自然人（包括外国自然人）、法人（包括外国法人）依法设立公司。此外，还应允许一人公司存在，即国家、企业法人一人可以设立有限公司。现有的国有企业可以逐步改组成有限公司或股份公司。再次，确立有限公司和股份公司股东的有限责任。把股东的股权与公司法人的财产所有权分开，使公司的权利和义务有坚实的物质保障。又次，按国际行之有效的分权原则设置公司的组织机构，使公司的运营高效、机敏、正确。最后，有严密的会计财务、股票发行、分立合并、解散清算制度，要明确董事、经理的职权与责任，确保股东、债权人和社会的利益。

（2）合伙企业法。是规定合伙企业的组成、合伙人的权利与义务、入伙、退伙、利益分配和债务承担的法律。其宗旨在于调整合伙关系，保护债权人利益，促进合伙经济发展。我国的私营企业中，有相当一部分是合伙企业；企业联营中，也有一批联营组织属于合伙性质。但是，民法通则对合伙仅作了原则规定，不能满足合伙企业的发展需要。因此，制定一部合伙法（或合伙企业法）已显得十分必要。

（3）独资企业法。是规定独资企业的设立、变更、终止及其对内对外关系的法律。其宗旨在于规范私营独资企业的经营行为，保护私人投资者的合法权益，使独资企业健康发展。我国私营企业的总数已超过 10 万，其中的合伙企业和有限公司，应分别由合伙企业法和有限公司法调整。但众多的私营独资企业应有一部较完善的私营独资企业法进行调整。

（4）合作社法。是规定合作社的设立、变更、终止及其对内对外关系，包括社员、组织机构、合作社的财务会计的法律。其宗旨在于调整合作社的内外关系，保障社员的合法权益，使合作社在市场经济中发挥稳定的作用。在我国经济生活中，现已存在供销合作社、手工业合作社、住宅建设合作社等不同种类的合作社，亟须有一部合作社法，对其行为加以规范。我国还有 400 多万城镇集体企业，1500 多万乡镇企业。由于出资来源的多样、管理方式的差异，它们中的一部分实际上已不是原来意义的合作经济组织。这部分集体组织可以按照公司法改组成以劳动群众集体持股为主的有限公司或股份公司。另一部分集体经济组织则可以按照新制定的合作社法改组成为合作社，并以吸收新社员（包括法人社员）的办法不断壮大自己。在自愿、平等、互助基础上发展合作经济组织，对我国经济，特别是农村经济的社会化、现代化、规模化、高效化有着不可忽视的重要作用。在农村中，现在正实行一种所谓的"股份合作制"，虽采用"股份"名义，但又实行"一人一个表决权"的制度，亟须在制定合作社法后将其改组为规范的合作社。

2. 规范市场主体行为的法律

在建立和发展市场经济的过程中，应强调市场主体行为的自主性。但是，国家必须从法律上对市场主体的行为加以规范，依照市场经济的客观要求制定一整套共同行为准则，充分调动其革新技术、提高质量、增加效益的积极性和创造精神。这种公之于众的、透明度极高的法律规则，应该以规定并保障市场主体的权利为主要内容，以便使它们易于了解自己在市场经营活动中的行为范围，从而不经他人"推动"而自行进入市场。

（1）物权法或财产法。即调整公民、法人因直接控制和支配财产而产生的社会关系的法律规范的总称。它是发展市场经济的前提性法律。我国在相当长的时间里漠视物权，以为有了公有制，社会生产力就会自然而然地发展起来。公有制有其优越性，它使人人在生产资料方面处于平等地位，消灭了剥削现象。这无疑是历史的进步。但公有制也存在问题，即它使生产者与财产的距离被拉远了。因此，必须有健全的物权制度加以完善，从而使公有制的优越性充分发挥出来。实践证明，如果一个国家的物权法律制度不健全，财产关系不明晰、不稳定，就很难激励人们去创造财富、积累财富、维护财富。我国改革开放15年来经济之所以蒸蒸日上，不容忽视的一个重要原因就在于逐步建立起了自己的物权法律制度。为了适应社会主义市场经济的发展，我们应当在民法通则规定的基础上进一步制定物权法。物权法既要规定动产物权，也要规定不动产物权；既要规定所有权，也要规定使用权、地上权、采矿权、承包经营权、典权等用益物权，规定抵押权、质权、留置权等担保物权。要贯彻物权法定、一物一权、物权优先效力、物权变动公示等原则和制度。对于物权（尤其是所有权），无论是国家的、集体的抑或个人的，都要一视同仁地加以切实保护。

（2）债权法。即调整公民、法人因合同、不当得利、无因管理、侵权行为等产生的债权债务关系的法律规范的总称。它是发展市场经济的基础性法律。合同法是债法中最核心的部分。如果债法一时难以制定出来，可以先行制定一部完整的合同法。我国已有经济合同法、涉外经济合同法和技术合同法，但相互之间尚存在不协调和相异之处，亟须系统化和统一。合同法的制定，应充分适应社会主义市场经济的要求，贯彻自愿、平等、等价有偿、公平、诚实信用等原则精神；采用有关国际公约和各国通行的规定；既有合同通则的规定，也必须有市场经济中常见的合同种类（包括新出现的合同种类）的规定。新的合同法颁行后，经济合同法、涉外经济合同法、技术合同法应予废止。关于合同仲裁，可以采用民间协议仲裁，商事仲裁委员会可以设在民间商会中。

（3）票据法。即调整公民、法人因票据而产生的各种社会关系的法律规范的总称。它规定票据制度，确定票据上的权利义务，具有强制性、技术性、国际统一性的特征。由于票据有着支付、信用、结算、融资等极其重要的作用，因而票据法是支持和发展市场经济的重要法律之一。我国应当根据两个票据国际公约及各国通行的做法制定出一部现代化的票据法，使银行和企业更多、更好地使用票据，为日益发展的交易提供灵活安全的支付手段和保障。

（4）保险法。即调整公民、法人因保险而产生的各种社会关系的法律规范的总称。保险是国民经济的一个重要组成部分，在防灾补损、保障社会生产、安定人民生活等方面，都起着重要作用。保险法通过对保险通则、保险合同、财产保险、人身保险、保险企业设立与管理的规范，建立起以企业、个人共同的力量，以互助互济之精神，针对交易的各种风险、人身危险、意外事故的保险制度，使企业和个人的危险得到适当而可靠的社会保障。

（5）证券交易法。即调整因证券的发行、交易和管理而产生的各种社会关系的法律规范的总称，旨在建立和发展统一的证券市场，创造公开、公平、公正的证券发行、交易环境，保护投资者合法权益和社会公共利益。证券交易法应规定证券的发行和上市买卖、证券公司、证券交易所、证券业自律组织、证券的行政管理等。目前，我国已发行股票、企业债券、国债券，并设立了两个证券交易所，证券市场正在蓬勃发展。证券交易特别是股票交易涉及千千万万投资者的利益和社会经济的稳定，必须有健全的证券交易法，依照证券交易法严格管理，以防止恶性投机，坚决打击内部交易，确保证券市场健康发展。

（6）动产担保交易法。即调整公民、法人因动产担保而产生的各种社会关系的法律规范的总称。为了充分适应工农业发展融通资金的需要和尽量实现动产的担保功效，可以再制定动产担保交易法，以设立动产抵押、附条件买卖（保留所有权）和信托占有三种不转移占有的动产担保法律制度。

（7）房地产交易法。即调整因土地使用权和房屋转让所产生的社会关系的法律规范的总称。通过这一法律的制定，使土地使用权和房屋交易规范化，制止不法交易、炒买炒卖，打击违法犯罪，促进房地产业健康发展。

（8）期货交易法。即调整因期货（商品期货、金融期货）交易引起的社会关系的法律规范的总称。通过确立针对期货交易主管机关、期货商、期货交易所、期货交易的规则，以保障我国期货交易市场的健康发展。

3. 规范市场秩序的法律

现代市场经济的发展，需要国家依据公权力从全社会的利益出发对市场实行干预与调控。但这种干预与调控有别于计划经济条件下的市场行政管理，它的目的是维护市场的统一性，创造平等的竞争环境，维护公平的竞争秩序，保障正当竞争者的权益、消费者利益和社会公共利益不被侵犯。这些都应当体现在规范市场秩序的法律之中。

（1）反不正当竞争法。即禁止各种不正当竞争行为的法律。所谓不正当竞争，指经营者在经营活动中，以同他人竞争为目的，违反诚实信用原则和公认的商业道德，损害或可能损害他人合法权益的行为。虽然我国社会主义市场经济正处于发育阶段，但假冒、虚假广告和商品说明的虚假陈述、诋毁他人商誉和商品信誉、商业贿赂、窃取商业秘密等不正当竞争行为已广泛存在。而且，这些行为常常同高度集中的计划经济的弊端相结合，如不严加制止，不仅可以殃民、祸国，而且将危及整个改革开放事业。最近通过的反不正当竞争法，明确规定了禁止不正当的竞争行为、执法机关、执法程序、处罚办法等。只要认真实施，就可以保护正当竞争的生产经营者和消费者的权益，保障社会主义市场经济健康发展。

（2）反垄断法。是禁止垄断和其他限制竞争行为的法律。其立法目的在于禁止限制竞争行为，创造公平竞争的良好环境，俾求市场经济得以健康发展。制定反垄断法，对于我国来说，还有一个维护社会主义宗旨的意义。因为任何企业如果不靠提供更优质的产品、更优良的服务的竞争获取利益，而是通过垄断捞取好处，那么实质上就是无偿占有他人劳动。这是与社会主义宗旨相悖的，必须予以反对。我国正处于高度集中的计划经济体制向社会主义市场经济体制转轨的时期，反垄断法的制定不仅要反对诸如限制竞争协议、滥用市场力量、联合破坏市场结构、垄断性合并等经济垄断，而且还要反对地方封锁、部门分割、拼凑行政公司等行政垄断。后者不仅保护落后，破坏统一市场之构成，而且还会引发社会腐败，腐蚀我们的政权。为使我国经济逐步社会化、专业化、集约化，取得较高的规模效益，在制定反垄断法时一定要注意"度"。对于合理的集中一定要允许，有关限制竞争的允许条款、排除条款必须精心拟定，使之合乎我国国情，有利于经济的高速发展。为使反垄断法得以实施，应当规定权威性执法机构和具体的执法程序与惩罚办法。建议设立国家公正交易委员会，由委员5—7名组成，其中应有经济学家和法学家。其编制和财务可隶属于经贸委，业务上直接对国务院总理负责。

（3）消费者权益保护法。这是保护消费者权益免遭侵害的法律。该项法律应规定消费者权利、消费者受损害后的救济措施、生产经营者在保护消费者合法权益方面的义务等内容。

（4）广告法。是规定正确有效地利用广告媒介，以及传播虚假广告的责任的法律。其目的在于规范广告行为，保护社会公共利益和用户、消费者的合法权益。

（5）反倾销法。是规定确认倾销标准和反倾销措施的法律。其目的在于防止由于以低于其本国的价格在中国销售产品对中国国内工业造成损害。鉴于我国即将恢复关贸总协定缔约国地位，制定这一法律，反对外国以低于公平价值的价格在我国倾销商品，维护我国民族工业和市场秩序，是十分必要的。

4. 规范市场宏观调控的法律

我国的社会主义市场经济不是自由放任的市场经济，而是实行宏观调控的现代市场经济。规范市场宏观调控的法律是在充分尊重市场主体的法律地位的前提下，规定国家从社会的整体利益出发，以间接的宏观调控措施，保证国民经济稳定协调发展。在市场经济条件下，政府可依法实行宏观调控，从企业外部进行适度干预。因此，市场宏观调控法律应明确政府在发展市场经济中的地位和作用。

（1）预算法。是规定预算的编制、审议、通过和执行的法律。其目的在于使预算的编制、审议、通过程序规范化，强化对预算决算执行的监督，保障预算收支平衡。

（2）银行法。是规定中央银行的地位、组织、职能，商业银行和专业银行的设立、营业、权利、义务和监督管理的法律。通过该法的制定，我国中央银行得以依法运用控制货币发行量、收放银根、调节利率和贴现率的办法，维护金融秩序，使市场经济沿着健康、高效的方向发展，使商业银行和专业银行尽快走向企业化经营，推动我国金融业进一步现代化和繁荣。

（3）税法。是规定税种、税率、税金的计算和征纳的法律。要改革税制，统一税负，加强税收征管，以强化税收宏观调控功能，调节各经济主体的利益，推动社会主义市场经济发展，保障社会公平。

（4）计划法。按照市场经济的客观要求制定计划法，为社会主义市场经济的发展提供科学的、具有预测性和指导性的计划。计划法旨在正确规划国民经济发展的远景目标，确定重大比例和结构关系，保障经济持续、稳定、协调发展。它规定宏观计划的确定、通过和实施，以及计划、产业政策对企业的引导措施。对于国计民生至关重要的项目，还应当在严格限定的范围内保留指令性计划。

（5）物价法。物价法应规定自由定价的基本原则，同时应规定价格主管机关的职责。这样，可以有效地实现价格调节功能，还可以在经济发生重大波动，或出现严重自然灾害时，依法行使限价和冻结价格权，保证社会安定和经济稳定发展。

（6）国民经济稳定增长法。规定防止经济波动和治理经济波动的宏观调控措施，保证国民经济持续、稳定、协调、高速增长。

（7）国有资产法。是规定国有资产的管理机构、管理方式、管理制度及法律责任的法律。其目的在于建立适应市场经济的国有资产管理的法律制度，防止国有资产流失，保障国有资产的保值和增值。

5. 规范劳动及社会保障的法律

国外市场经济发展的经验表明，市场经济的正常运行，除有赖于上述市场主体行为规则和有关维护市场秩序的法律规范外，还必须以社会安定为前提。而社会安定除依靠政治体制改革及制裁犯罪外，还必须完善劳动与社会立法。

（1）劳动法。调整职工与其录用单位之间劳动关系的法律。内容是规定基本的劳动标准和劳动制度。立法主旨是通过对劳动关系弱者一方职工权益的保护，协调和巩固劳动关系，促进生产或工作发展。

（2）劳动就业法。规定就业者的条件、招工规则、不正当招工行为的限制、社会上特殊群体（妇女、残疾人等）的就业保障等内容，促进劳务市场（劳动力市场）有秩序地运行。

（3）工资法。规定劳动报酬确定的原则和方式、国家对国有企业工资总量和分配原则的调整、法律责任等事项。

（4）公证法。规定我国公证基本制度的法律。1982 年国务院颁布了《中华人民共和国公证暂行条例》，但该条例已难适应市场经济条件下公证业务发展的需要，有必要制定公证法。公证法主要应规定公证业务、公证机关的性质和职能、公证人员、公证程序、公证文书的效力、法律责任等。

四　社会主义市场经济法律的制定

（一）社会主义市场经济法律的制定要正确处理好三个关系

社会主义市场经济法律的制定，应当正确处理好以下三个关系。

其一，要处理好市场经济共同规律与中国特点的关系。我国实行的市场经济，是以公有制为主体的社会主义市场经济，当然具有自己独有的特点。我们制定市场经济法律时对此必须予以充分注意。但社会主义市场经济也是市场经济，必然与其他市场经济具有共同的规律。因此，社会主义市场经济立法只有反映了这些共同规律，才能真正适应社会主义市场经济的需要。只讲中国特色，就不可能有现代化市场经济法律。

其二，要处理好直接经验与间接经验的关系。我国的社会主义市场经济尚处于初建阶段，直接经验不多。但是，市场经济在全世界已有很长的历史，业已积累了丰富的经验。因此，我们在制定社会主义市场经济法律时，一定要借鉴被世界各国实践证明的行之有效的经验，同时也应当充分珍视自己的成功经验。

其三，要处理好超前性与现实性的关系。社会主义市场经济法律的制定，要从我国的现实出发，但又不能停留于现实，把需要改变的现实也肯定下来，必须具有一定的超前性或者前瞻性，这样才能引导前进、深化改革、促进发展。一时达不到法律规定，可以规定一些过渡条款，使现实情况逐步与市场经济所要求的规范接近和一致起来，避免造成不必要的混乱。

（二）采取有效措施，尽快改变社会主义市场经济立法的滞后状态

社会主义市场经济立法滞后，已成为我国社会主义市场经济健康发展的严重障碍。社会主义市场经济立法跟不上实践的需要，并非立法部门的原因，而主要出于理论认识上的不清。现在中央已作出了建立社会主义市场经济体制的决策，社会主义市场经济正迅速向前发展，当务之急是采取一切可行的有效措施，加快社会主义市场经济法律制定，改变严重滞后的局面。

（1）制定社会主义市场经济立法规划。这一规划要科学，要符合社会主义市场经济规律的客观要求，不要搞成反映各部门利益的立法要求的拼盘。应力争在1993年制定出公司法、证券交易法、消费者权益保护法、预算法、注册会计师法。在1994年制定出合同法、物权法、票据法、保险法、银行法、劳动法、国有资产法、房地产交易法、期货交易法、反垄断法、广告法、商事仲裁法、律师法。1995年制定独资企业法、合作社法、

动产担保交易法、外贸法、反倾销法、税法、社会保障法、计划法、物价法、拍卖法、公证法。1996 年制定国民经济稳定增长法、劳动就业法、工资法、提存法等。

（2）明确分工，限期完成。社会主义市场经济立法任务艰巨、紧迫，必须由各方面有组织地明确分工、通力合作才能完成。有关市场经济一般规则的法律，可由全国人大法律委员会和全国人大常委会法工委牵头起草；有关市场经济宏观调节的法律可由全国人大财政经济委员会牵头起草；有关市场经济建立的实践性较强的法律可由国务院法制局牵头起草。各种法律的起草要成立专门的起草小组。起草小组的组成要包括立法工作者、实际部门的专家、科研和教学单位的专家。应特别注重发挥法律专家学者的作用。每个法律起草必须明确期限，并限期完成。

（3）设立社会主义市场经济立法协调机构。为了保证社会主义市场经济立法又快又好地进行，避免重复劳动、拖延时间，防止因指导思想不明而大返工，有必要成立一个社会主义市场经济立法协调小组。该小组可以由全国人大财政经济委员会和法律委员会牵头，由全国人大常委会法制工作委员会、国家经济体制改革委员会、国家经济贸易委员会、国务院法制局、国务院发展研究中心、法学科研和教学单位的有关人士参加。其任务为：协调立法计划与分工；讨论立法指导思想；就有关重大立法问题及时向委员长会议和中央提出建议；协调进度，督促起草工作加紧进行；协调解决起草法律所必需的经费。

（4）全国人大法律委员会和全国人大常委会法制工作委员会对于非自身牵头起草的法律，要提前介入。尽量减少在修改、审查中的反复，以提高起草工作的效率。

（5）将法律草案及有关材料提前送全国人大常委会。改进全国人大常委会的法律草案审议工作，延长每次会议的时间，保证有关社会主义市场经济的法律尽快出台。

（6）建立社会主义市场经济立法的咨询班子。这个班子可以包括科研、教学、实务（包括立法、司法、律师等法律实务）的专家，分成若干小组，负责对有关法律起草的前期、后期论证以及进一步完善理论的论证，充分发挥专家在健全社会主义市场经济法律中的作用。

（7）为了使社会主义市场经济立法更加民主化、科学化，重要法律草案在全国人大及其常委会审议之前应在报纸上公布，以广泛听取各方面的意见。

五　社会主义市场经济法律的实施

社会主义市场经济法律秩序的建立和维护，不仅要求有完备的社会主义市场经济法律，做到有法可依，而且要求这些法律在生活中真正实施，做到有法必依、执法必严、违法必究。如果不能使法律很好地付诸实施，再好的市场经济法律也只能是一具空文。因此，社会主义市场经济法律的实施问题具有关键性意义。

社会主义市场经济法律的实施自然需要自然人、法人的守法，但关键在于国家执法机关的严格执法和司法机关的严格司法。目前，我国的执法、司法总体上是好的，但也存在许多不容忽视的严重问题。为了更好地促进和保障社会主义市场经济发展，为了更快地建立起社会主义市场经济法律秩序，有必要对我国执法、司法制度加以相应的完善。

（一）进一步强化法治观念

国家行政执法机关、人民法院，都应当是忠于人民、忠于事实、忠于法律的实施法律的机关。必须更加彻底地摒弃人治思想，强化法治观念，只服从法律，不受一切个人意志的干扰。法律是人民意志的体现，任何权力都是人民通过法律赋予的，并受法律的约束。法大于权，而不是相反。在我国，党和国家都必须在宪法和法律范围内活动。任何人、任何组织都没有凌驾于法律之上、超越于法律的特权。一切合法权利都必须一视同仁地加以保护，一切违法犯罪行为都必须依法予以追究。只有坚定不移地树立起法律至上的权威，牢固地树立起法治观念，才能排除一切不正之风的干扰，执好法、司好法，从而保障社会主义市场经济的健康发展。

（二）转换职能，严格执法制度

为了适应社会主义市场经济发展的需要，国家的经济职能正由直接管理向间接管理转变，对执法的要求日益严格。要逐步推行公务人员任职资格考试制度，切实保证执法机关人员的业务素质。要明确规定执法机关的权限和执法的程序，保障执法机关能依法执法。执法机关执法的出发点和归宿，只能是人民利益和法律的尊严。地方利益、部门好处、单位实惠绝不应成为执法的驱动源。要提高执法机关的地位，保障执法机关的经费，提高执法人员的待遇。同时，要严禁执法机关办公司或设立与机关职权有关的服务机构。应坚决制止执法机关以任何方式进入市场，以权谋私，搞权钱交易。罚没款要全部上缴国库，不得以任何形式与执法机关的利益挂钩。坚决刹住以罚代刑现象。要严格按照法定程序执法，增加执法的公开性、透明度，严禁涉及执法的公事在私下进行。要建立严格的拒腐倡廉、勤政为民制度，使我国的执法机关成为高素质、高效率、公正廉明的坚强执法机关。

（三）提高法院地位，保证法院独立行使审判权

法院是法律得以实施的最后一道关口。改革开放 15 年来，我国法院工作取得了重大的成就。但是，社会主义市场经济的发展，向我们的司法工作提出了更高的要求。为了保证法律的更好实施，更好地维护社会主义市场经济法律秩序，司法工作仍需作必要改进。

1. 要进一步提高法院的地位

目前，我国法院的实际地位低于宪法和法律所规定的法定地位，本应与政府平行，实际在政府之下。这种状态对法院切实地实施法律极为不利，应当予以改变。最高人民法院和高级人民法院应当通过审理若干跨省、跨地区的大案要案，作出具有全国性影响的重大判决，以提高法院的威望。

2. 要进一步提高法院依法行使审判权的独立性

目前，地方保护主义猖獗。为了保证法院不受地方保护主义的干扰，能依法独立行使审判权，应当逐步实现以下几个方面。

（1）法院的经费独立。法院的建设经费、办案经费均应由国家财政解决，统一由最高人民法院下拨。中央财政不够部分，可以由地方财政上交中央财政，再由最高人民法院统一下拨。法院是代表国家行使审判权的机关，经费必须充裕，而且直接由国家财政供给。

（2）法院的人事独立。法院是一个专业性极强的司法机关，要逐步实行法官任职资格制度。法官资格考试不应由法院系统自己进行。应建立全

国统一的司法考试制度。只有考试合格，才有担任法官、检察官和律师的资格。没有通过司法考试取得法官资格的任何人均不能担任法官。法院的人事任免建议权主要应由最高人民法院行使。法院的任免权应向上提一级，即不是由同级的人民代表大会而是由上一级人民代表大会任免。

（3）要提高法官的工资待遇。

3. 要进一步创造法院公正适用法律的条件

要进一步实行好公开审判制度、辩护制度和举证责任制度，切实地维护当事人的权利。要进一步严格执行诉讼费、赃款上缴国库制度，严禁以任何方式与法院利益挂钩。要严禁法院办公司或创设与审判有关的诉前有偿调解服务机构。不允许法官到任何机构、企业兼任法律顾问等职。

（四）切实保护合法权利，坚决制裁违法犯罪

为了保障社会主义市场经济法律真正实施，还必须依法切实保护公民和法人的合法权利。凡是合法取得的一切财产、权利，都应当一视同仁予以保护，不能因时、因人、因所有制之不同而变化。同时，为了保障社会主义市场经济法律得以实施，还必须坚定不移地制裁违法、打击犯罪。特别是对于大案要案，尤其是内外勾结的大案要案，要一查到底，依法坚决惩处。坚决维护市场经济法律秩序，制止贪污腐败，保障改革开放健康有序发展。

论中国民法的现代化[*]

韩世远[**]

摘　要：民法既是适应社会需要而出现的，同时也是促进社会变革和社会发展的工具，当代中国需要法典化的民法。中国民法典负有特殊的经济、政治和社会文化使命。中国制定民法典要仰赖中国的法学家，在自力更生的同时借鉴吸收外国的经验教训。中国民法典应有实用性和体系开放性的特点。民法的科学化有赖于在方法论上超越概念法学，实现民法学的科学化。中国民法的现代化，不仅需要民法的法典化和科学化，还要求民法的活法化。

关键词：民法的现代化　民法典　民法的科学化　民法的法典化

百余年的中国现代化历程发端于西方文明的冲击。1911 年大清民律第一草案的颁布"充分显示着一个古老民族如何在外来压力下，毅然决定抛弃固有传统法制，继受西洋法学思潮，以求生存的决心、挣扎及奋斗"。[①]自此，中国民法开始了其坎坷的历史。应该说，中国民法的现代化不单是民法制度的现代化，同时还应是文化的现代化；中国民法的现代化不单是民法的法典化，同时也还应是民法的科学化、民法的活法化。

---

　* 本文原载于《法学研究》1995 年第 4 期。

　** 韩世远，原文发表时为中国社会科学院研究生院博士研究生，现为清华大学法学院教授。

　① 王泽鉴：《民法学说与判例研究》第 5 册，台湾大学法学丛书编辑委员会，1991，第 2 页。

一　民法与当代中国社会

这是一个足以写成几卷书的标题，本文所要谈者仅两点，一是民法在当代社会的功能，二是当代中国社会对民法的需要，意在表明民法现代化的意义。

法学史上虽有历史法学派倡导法律如同语言一样是民族精神的体现，法律只能被发现而不应被创制，虽有法律达尔文主义主张法律的自然生成，主张政府对法律的干预是徒劳无功而抵制法典化运动，但现代法学越发趋向认为法律的调子应是扩张性的而非防御性的。固然"法律规则的首要目标，是使社会中各个成员的人身和财产得到保障，使他们的精力不必因操心自我保护而消耗殆尽"，① 但"我们的时代期待于法制的不仅是要它建立秩序，而且是想通过新的法律手段多少从根本上改造社会"。② 法律成为实现一定目的的手段，"目的是全部法律的创造者"。③ 法律被视为一种社会工程，法的目的是尽可能有效地建筑社会结构，要求以最小的阻力和浪费最大限度地满足社会中的人类利益；④ 或是认为法是使人类的行为服从规则治理的事业，⑤ 把法律制度看作不断的有目的的产物。总之，现代法律已成为国家进行社会管理和社会控制并促进社会变迁的工具。民法既是适应社会需要而出现的，同时现代民法也应是促进社会变革和社会发展的工具。

另外，当代中国社会已越发需要民法，需要法典化的民法。因为随着市场导向改革的全面展开和深入进行，中国社会面临着一个全面的转型时期。如果说以往的社会关系中地缘关系、亲缘关系占据主导地位的话，那

---

① 〔英〕彼得·斯坦、约翰·香德：《西方社会的法律价值》，王献平等译，中国人民公安大学出版社，1990，第41页。
② 〔法〕勒内·达维德：《当代主要法律体系》，漆竹生译，上海译文出版社，1984，第12页。
③ 耶林在其《法律、实现目的的手段》一书序言中写下的一句话，参见〔美〕E. 博登海默《法理学—法哲学及其方法》，邓正来等译，华夏出版社，1987，第104页。
④ 参见〔美〕罗斯科·庞德《通过法律的社会控制　法律的任务》，沈宗灵、董世忠译，商务印书馆，1984；《法律史解释》，曹玉堂等译，华夏出版社，1989。
⑤ Lon. L. Fuller, *The Morality of Law* (Revised Edition), Yale University Press, 1969, p. 106.

么随着社会流动的不断增强，这种地缘关系和亲缘关系正日趋淡薄，中国社会正经历着一场从身份到契约的运动，而调整地缘、亲缘社会关系的道德的"滑坡"无疑是这种转变的现实反映。① 中国社会正在由"熟悉人"社会迈向"陌生人"社会，而在陌生人之间，法律的作用达到最高程度。② 杜尔克姆曾谓："凭借契约性合同而使个人私利获得满足，取决于稳定的法律和道德原则的切实存在。"③ 中国社会的现状则是：传统道德渐趋解构、社会价值观日趋多元化。如此，"法律所负有的特殊任务之一，就是把支离破碎的道德环境，重新组合成一个结构严密的社会统一体"④，进而通过法律的整合，使社会关系重新具有稳定性和可预测性。

二　中国民法典的时代使命

各国制定民法典均有其独特的时代使命。法国民法典的制定是为了巩固法国大革命的成果，兼有守成、统一和更新三重目的；⑤ 德国民法典的制定是要实现德意志民族、国家和法律的统一；⑥ 日本民法典制定的目的在于推行维新变法及废除领事裁判权。当今我们所要制定的中国民法典，

---

① 当前中国社会道德究竟为"爬坡"抑或为"滑坡"是伦理学界讨论较多的一个问题，笔者赞同"滑坡"论。
② 〔美〕布莱克：《法律的运作行为》，唐越、苏力译，中国政法大学出版社，1994，第49页。
③ 转引自〔英〕罗杰·科特威尔《法律社会学导论》，潘大松等译，华夏出版社，1989，第87、111页。
④ 波塔利斯对法国民法典颁布前夕的景象有过精彩的描述："呈现在我们面前的是一个什么场面呀！我们面对的只是一堆杂乱无章的外国法和法国法、一般习惯和特别习惯、已废除的法令和未废除的法令、互相对立的规则和彼此矛盾的判决，所遇到的仅一不可思议的迷宫而已，而且在任何时刻，我们失去了指引路线，在巨大的混乱中我们随时会迷失方向。" P. Fenet, Recueil Complet des Travux Preparatoires du Code Civil xciii (1836). 伏尔泰对这一状况精练地描绘道，旅行者如同更换其马匹那样频繁地更换其法律。参见 A. T. Von Mehren & J. R. Gordley, *The Civil Law System* (Second Edition), Little, Brown and Company, 1977, p.48。
⑤ 德国直到19世纪的最后10年才取得政治上的统一。在民法典生效前，这个新国家的领土上至少有6种法律体系有效。参见 Chung Hui Wang, The German Civil Code, 17—19 (1907)。
⑥ 启蒙思想家所说的理性主义精神、自由主义者所说的合理加利己主义原则以及黑格尔所说的普遍主义意义，均要求摒弃极端的利己主义思想，信奉"只有尊重他人的权利和利益才能够赢得他人对自己权利和利益的尊重"。

作为满足当代中国社会需要并促进社会变革和发展的工具，负有特殊的经济、政治和社会文化使命。

中国民法典的经济使命就是：民法典应为中国的经济活动提供良好的制度框架和活动准则，促进市场经济的发展。市场经济的发展既需要民法典在量的方面充分保证民事活动有法可依，为民事活动提供一般准则，使市场参加者能够按照这些规则活动，进行预测、计划和冒险，同时还需要民法典在质的方面体现私法自治精神、予经济主体以充分的自由，体现权利本位与社会本位相结合，在关怀当事人个人利益的同时，兼顾对社会公益的保护。

中国民法典的政治使命就是：促进中国民主政治的发展和法治国的实现。民法典奉行私法自治，必然要求明确区分政治国家和市民社会，要求区分公域和私域；民法典奉行权利本位和权利神圣，必然要求政府权力有限，因为民法典在设定民事权利的同时，也就划定了政府不得随便侵犯的范围，于是民法典成为"人民自由的圣经"，成为"准宪法"。另外，民法典所要求的市民社会必将是人民实行民主（经济民主）的第一领域和保护民主（政治民主）的最后屏障。再者，利益主体的多元化和多元的利益主张必然要求政治机会的均等和政治主体的平等，从而保障政治民主的实现。在一个没有民法传统、没有民法文化的国度，民主政治只能是乌托邦。另外，民法典虽奉行私法自治，其所赋予的自由只能是法律之下的自由。每个人在享有民事权利的同时，又被要求尊重他人的权利，因而，真正的私法自治向来与无政府主义无缘而笃信"正义的秩序"——法治。①

中国民法典的社会文化使命就是：通过民法典的颁布，促进中国市民社会的缔造，促进传统文化向现代文化的转型，实现新的社会整合。在中国，颁行民法典不仅是一种社会控制，更应是一场社会改造和文化变革。中国是一个有悠久专制历史传统的国家，中国的社会和国家也长期一体化，而一个国家社会一体化的社会必然是"行政权力支配社会"，②"是全能的和无数的官僚立足的基地"。③历史已经昭示：政治国家和市民社会的分离是社会进步的运动。中国改革的事实也已表明，中国正在走向二者的

① 博登海默先生所理解的法治即是"正义的秩序"。
② 《马克思恩格斯选集》第1卷，人民出版社，1972，第693页。
③ 《马克思恩格斯选集》第1卷，人民出版社，1972，第697页。

分离。① 促进中国市民社会的建构已成为中国民法典的时代使命，完成这一使命的过程也正是民法由纸上的法转变为活法的过程，也正是培育民法文化、促使中国文化由传统转向现代的过程。

三　中国民法的法典化

萨维尼曾谓："只要法律积极有效，编纂法典是没有必要的……只有在法律极为衰败的时候才有人想起来要编纂法典。"② 然而时至今日我们则应该说：中国民法的法典化是其走向繁荣的必由之路，是实现其现代化的基本出发点。本文于此所欲探讨者有三：中国民法法典化之本体、途径及中国民法典的应有特征。

（一）法典化之本体

法典化是大陆法系的传统理念。"一部法典，照罗马日耳曼法系的观念，不应寻求解决实践中出现的所有具体问题：它的任务是作出一些充分概括、形成体系、易找易学的规定，以便使法官及公民们从这些规定中，通过尽可能简单的劳动，能轻而易举地推出这个或那个具体困难应该怎样解决的办法。"③ "维护法典化之精神，有助于简约法律，保持法律之概观性，避免割裂零散、俾益法律之适用。"④ 通过法典化，"把整个法律精简成一个袖珍本，以便使每一个人都能带着他自己的律师"。⑤ 这恰是对法典化理念最形象的表述。

---

① 参见孙立平《国家与社会的结构分化——改革以来中国社会结构的变迁研究之一》，《中国社会科学季刊》（香港）1992 年 11 月创刊号；孙立平等《改革以来中国社会结构的变迁》，《中国社会科学》1994 年第 2 期。

② 〔德〕萨维尼：《论当代立法和法理学的使命》，载高等学校教学参考书《西方法律思想史资料选编》，北京大学出版社，1983，第 533 页。

③ 〔法〕勒内·达维德：《当代主要法律体系》，漆竹生译，上海译文出版社，1984，第 88 页。

④ 王泽鉴：《民法学说与判例研究》第 5 册，台湾大学法学丛书编辑委员会，1991，第 34 页。

⑤ 〔美〕伯纳德·施瓦茨：《美国法律史》，王军等译，中国政法大学出版社，1989，第 81 页。

（二） 中国民法法典化的途径

与英美法系的"法官法"不同，大陆法系向来是"法学家的法"，法学家及法学在法律发展中充当主导角色，自罗马法以降，一直有此传统。优士丁尼《国法大全》的重要组成部分——《学说汇纂》和《法学阶梯》基本上系由法学家著述构成。在罗马法复兴中，法学家们对欧洲普通法的创设作出了重大贡献。法国民法典是由 4 位法学家起草的。① 在德国，关于法典编纂的论战，既是由法学家发起，又是由法学家终结的。如果说法国民法典的制定得益于注释法学，德国民法典则完全是潘德克顿法学的结晶。今天，中国要制定一部民法典，同样要仰赖中国法学的繁荣，仰赖中国的法学家。

一部民法典，在内容上有着一系列具体制度，在形式上有着"规则—原则—概念"的结构－功能框架，如何安排内容、组织形式，均系民法学所必须予以解决的重大问题。解决途径不外有二：一为自力更生，一为借鉴吸收外国经验教训。一方面，民法本非中国固有传统，当欧人依民法进行诉讼解决纠纷时，国人尚在打板子以息纷争。制定一部后发外生型民法典并求其现代化，我们就应该尽可能地避免后发劣势，发挥后发优势，充分享受后发利益——继受外国法学，借鉴外国立法，自不必赘言。另一方面，我国现行民法通则及其他民事立法中，已初步确立了民法的基本制度，其中大多系学自外国并已为实践证明为切实可行，然而由于经济体制、立法体制、民法理论、立法指导思想等原因，存有诸多法律漏洞，加之补充方法的欠缺或不科学，已使现行民事法律在许多方面无法满足现实经济生活的需要。② 借鉴外国先进经验填补法律漏洞，亦是现实经济生活的迫切要求。

我国民法法典化的步骤可有两种选择：一为一步到位式，即一开始就着手制定一部民法典；一为分步进行式，即先分别制定各个部分并颁布施行，最后汇总为一部统一的民法典。仍施行于我国台湾地区的"民国民法

---

① 参见〔德〕茨威格特、克茨《比较法总论》，潘汉典等译，贵州人民出版社，1992，第 156、149 页。

② 参见梁慧星《法律漏洞及其补充方法》，载《民商法论丛》第 1 卷，法律出版社，1994；崔建远《我国民法的漏洞及其补充》，《吉林大学社会科学学报》1995 年第 1 期。

典"的制定即属后者，其优点在于照顾了现实经济生活对法律规则的迫切需要。我们目前所作的亦是后一选择，意在结束合同法"三足鼎立"局面的统一合同法起草工作正在进行，我国的物权立法不久也会提上日程。我们希望能在不太遥远的将来看到一部现代化的中国民法典出台。

（三）我国民法典应有的特征

1. 实用性

对于一部有特定价值与使命的现代民法典来说，实用性应成为其首要品性。民法典作为满足社会需要而出现，并进而成为促进社会发展的杠杆，唯有实用，才能落实于实践，实现其价值，完成其使命。明确此一定性，有助于我们澄清在一些相关问题上的争论。

第一，实用性应成为检验继受外国法得失成败的标准。据此标准，一方面，继受外国法应"不以古老或新潮为标准，而以适应中国实际需要的程度为尺度"。① 当然，中国的实际就是搞市场经济，就是建立全国统一的大市场及与国际市场接轨，如果我们要制定一部成为 21 世纪序曲而非 20 世纪尾声的民法典，对经济体制过渡时期的一些落后现实就不应迁就，因而真正的实用性应是具有适当前瞻性的实用性。另一方面，依实用性标准，在继受外国法上不应过分拘于严格区分大陆法系与英美法系，英美法系也确有许多制度、规则优于大陆法系而值得借鉴吸收，如动产担保、先期违约等。在实用性价值面前，体系价值只能是第二位的。

第二，法典用语应具有实用性。一般来说，法典应有"清晰、简洁的用语，避免冗长与含糊"。② 具体言之，各国民法典的用语风格又各具特色，瑞士民法典的用语具有通俗性和鲜明性；法国民法典所使用的则是箴言式的洗练、简洁、有力的用语；而德国民法典则以其艰涩著称，"这部法典不是要用之于普通公民，而是要用之于法律专家，它有意识地放弃了通俗易懂性和民众教育的作用，却处处以一种抽象概念的语言取代具体清楚的逐件逐节规定，而这类语言不仅对于门外汉甚至于常常对外国的法律

---

① 孟勤国：《关于吸收和借鉴西方民法问题》，《法学研究》1993 年第 4 期。
② Lobinger, Codification, in 2 Encycopaedia of the Social Science (1930, reissued 1937), p. 609.

家也都必定不可理解……"① 因而大大损伤其价值，以致"在德国，没有任何人会像法国、奥地利和瑞士人一样对他本国的法典怀有热情爱羡或心心相通的情感，即使是德国法律家以这部法典那无可否认的技术质量而感骄傲，亦不过是一种冷漠的、几乎是迫不得已的承认而已"。② 与德国民法典相反，法国民法典修改委员会原主席莫朗迪埃尔教授则认为，民法典"要达到其目的，这些规则应以尽可能简洁清晰，且首要的是具有实用特征的语言表述，我们力求避免那些必然暗含一哲学体系的学术惯用语句。一部法典并非一部教条的著述，它的形形色色的条文并非作为像一部各部分彼此衔接依次展开的书让人去阅读。每条都是向市民作出的一个命令，一个尽可能自足的命令。表述的逻辑性并不如词语的精确性来得重要。"③ 笔者认为民法典的体系化、科学化与其用语的实用性应是可以统一的、兼得的，我们制定民法典时应注意德法民法典的成败得失并吸取其经验教训。

第三，确立实用性标准，有助于我们正确处理传统与借鉴外国民法制度的关系问题。在异质继受的前提下，引入的外国民法制度必然会存有与本国固有传统碰撞的问题。依据实用原则，我们就应该在此二者中间谋求适度的平衡，既不能过于激进，亦不能过于保守；既要明了何为可欲，也应知晓何为可行。在处理传统与变革的关系上，我们仍不妨以法国民法典为例加以说明。虽然马克思曾指出："法国拿破仑法典并不起源于旧约全书，而是起源于伏尔泰、卢梭、孔多塞、米拉波、孟德斯鸠的思想，起源于法国革命"，④ 但实际上对历史连续性价值的关注却在法典的草拟中占有优势。最后制定的民法典与这种理想主义相去甚远，应当说民法典体现了很强的现实主义，非常强调与历史的联系和对传统的维持，革命时新设的理念性很强的诸制度也经修正由过度的自由主义退回到中庸之道。这部似

---

① 〔德〕茨威格特、克茨：《比较法总论》，潘汉典等译，贵州人民出版社，1992，第268页。

② 〔德〕茨威格特、克茨：《比较法总论》，潘汉典等译，贵州人民出版社，1992，第268—269页。Juiliot De La Morandiere，"Preilminary Report of the Civil Code Reform Commission of France"，16 *La. L. Rev.* 1（1955），pp. 24 – 25.

③ Juiliot De La Morandiere，"Preilminary Report of the Civil Code Reform Commission of France"，16 *La. L. Rev.* 1（1955），pp. 24 – 25.

④ 《马克思恩格斯全集》第1卷，人民出版社，1956，第129页。

乎是"对革命的反动的法典",由于它的节制精神和智慧而得到了后世的赞誉。① 在法国民法典颁行一个半世纪之后,其修改者回顾道:"当以一个新法典取代我们的旧法典时,我们想保持旧法典的两个极为重要的特征,它们保证了法典的巨大成功并存活了如此长久。……这便是我所信赖的两个性格——(1)实用的语言并避免过分的系统化;(2)力求在传统和进化之间保持平衡。"② 法国民法典注重与历史传统的联系这一特征,应该说与四位起草委员均系经验丰富的法律实务家(自然会注重法典的实用性)不无关系。对于依实用原则要求在传统与变革之间维持适度的平衡此一命题,尚有必要说明其有效范围。因为对法律制度移植的研究已表明:哪怕是从一个具有迥然相异文化的社会里引进,但只要引进的法律与实际事务(如商务活动)有关,那么该外国法律制度的引进可以是很成功的,因为实际事务具有强烈的诱导因素促使接受这种变革。但研究也表明,那些社会关系表现出很强的文化价值的地区(如家庭关系),往往对引入的反映不同文化假设的法律原则所产生的影响具有强大的抗力。③ 只要对日本民法典制定时发生的"法典争论"及穗积八束提出的"民法出、忠孝亡"略知一二,对此便不难理解。也正是因为有法律制度中表现出很强文化价值的部分,前述命题才有意义。

2. 体系的开放性

利益法学的代表人物赫克认为法有两个理想:完全的安定性理想与完全的妥当性理想,但由于立法者观察能力的有限及表现手段的不足,此二理想不可能同时满足,故此最好的法律也存在漏洞。④ 民法典自不例外,这种局限性在萨维尼对蒂鲍特、卡特对费尔德的法典化论战中均有反映。解决此一困惑的出路在于谋求安定性理想与妥当性理想的协调,因而我们不能不承认:"真正伟大的法律制度是这样一些法律制度,它们的特征是将僵硬性与灵活性予以某种具体的、反论的结合。在这些法律制度的原

---

① 参见梁慧星《民法解释学》,中国政法大学出版社,1995,第32—33 页;〔德〕茨威格特、克茨《比较法总论》,潘汉典等译,贵州人民出版社,1992,第166 页。

② Juiliot De La Morandiere, "Preliminary Repori of the Civil Code Reform Commission of France", 16 *La. L. Rev.* 1 (1955), pp. 24 – 25.

③ 参见〔英〕罗杰·科特威尔《法律社会学导论》,潘大松等译,华夏出版社,1989,第28 页。

④ 参见梁慧星《民法解释学》,中国政法大学出版社,1995,第71 页。

则、具体制度和技术中，它们将稳固连续的效能同发展变化的利益联系起来，从而在不利的情形下也可以具有长期存在和避免灾难的能力。"① 为此，庞德教授曾特别指出法典应 "尽可能提供对原则的完整的立法表述，以对法学和司法的发展提供一法律依据……除了需要严格规则的财产法和继承法外，有节制地规定规则并应规定它们的类推。"② 我国将来的民法典在处理安定性与妥当性关系上也应保持体系的开放性这一任何现代法典都应有的品格。

此外，我国民法典还应具备规范的完整性和系统性特征，即法典应是 "对该法全体的一个完整的立法表述"，③ 并具有 "逻辑、科学同时便利实用的安排"，④ 自不待言。

四　中国民法学的科学化

时人常谓："法律必须被信仰，否则它将形同虚设。"⑤ 还应说：法律须能被信仰，否则它必形同虚设。一部法律可因自身的缺陷而注定成为具文，也可因适用者解释不当而被架空，这便提出了法律科学化的问题。笔者以为民法科学化的第一要义是民法学的科学化，因为民法典的制定和解释适用均须以科学的法学为基础、作保障。

反思中国的民法学研究，应该说我们正处在一个缺乏方法革新、缺乏法学学派、缺乏法学争鸣的时代。欲求法学争鸣和法学学派，我们首先应寻求法学方法的革新，民法学的科学化须仰赖相应的法学方法。

反思中国民法学的研究方法，应该说我们很多人并没有走出 19 世纪，其方法并未超出 "概念法学" 的方法。为证明这一论断，有必要先对 "概念法学" 作一回顾性介绍。

赫克在《概念的生成与利益法学》一文中将概念法学与利益法学作了

---

① 〔美〕E. 博登海默：《法理学—法哲学及其方法》，邓正来等译，华夏出版社，1987，第 392 页。

② R. Pound, "Sources and Forms of Law", Pt. Ⅲ, 22 *Notre Dame Law.* 1 (1946), pp. 71 – 72.

③ R. Pound, "Sources and Forms of Law", Pt. Ⅲ, 22 *Notre Dame Law.* 1 (1946), pp. 71 – 72.

④ Lobinger, Codification, in 2 Encyclopaedia of the Social Science, p. 609.

⑤ 〔美〕伯尔曼：《法律与宗教》，梁治平译，三联书店，1991，第 5 页。

对比。就概念法学他写道，概念法学"把法官限定于仅把事实归类于概念的功能，相应的，法秩序被视为一个法律概念的'完整'体系，一个被看作演绎或分析之体系的体系。从一般概念得出特殊概念，从生成的这些概念通过逻辑推演，法规则即可适用于特定事实。最终，原因概念的确定使律师能够确立新的法规则。这样，该'体系'被视为'新素材'的无尽源泉。法律科学的功能被认作从既存法规则中推演原因、概念，精确地下定义，或是运用术语解释这些概念，并通过它们构造一个完整的反过来能产生新的法规则的体系。纵然在通过实际考量得出规则的场合，仍认为有必要将其表述为系从某概念合乎逻辑地推演而来。因而，在法学中逻辑至上成为一普遍认可的原则。"① 依概念法学，"某特定国家及阶段的实在法被视为一个体现于法典中的自足的整体，并含有它自己的表现为其结构中固有的逻辑原则形式的发展方法，这一观念被称作'法的逻辑自足性'"。② 耶林作为概念法学的反叛者和批判者，在收入其《法学中的戏谑与严肃》文集的《在法律概念的天国里》一文中，以诙谐的笔调借剧情中法律概念上天国的看护人之口对概念法学有一个表白："对我们而言空气即是毒药，正因如此，我们的天堂才坐落在世界的最遥远角落，这样便没有任何空气和阳光能够进入，概念不能忍受与真实世界的接触。……在你面前为你所有的这个概念的天国里，不存在任何你想象中的生命，它是一个抽象思想和概念的王国，这些思想和概念通过逻辑从自身生成自身，并因而羞于同真实世界有任何接触。一个人若想进到这里必须抛弃所有关于起初世界的记忆，否则他便不配或不能够观赏那些存在着我们天国中至高无上之乐趣的纯粹概念。"③

概念法学在方法论上强调逻辑自足、逻辑至上和概念第一，无视现实生活的要求，仅仅按逻辑推导走向法的概念的体系化，鲜明地反映了启蒙时代的理想——相信理性万能，相信人只要凭靠理性就能创造最好的社会制度（当然包括法律制度）。但"自从启蒙运动的理想，即运用纯粹理性对概念进行分析就能达到对世界的认识，被休谟的怀疑主义和康德的《纯

---

① P. Heck, "Begriffsbildung und Interessenjurisprudenz (1932)", As translated in *Jurisprudence of Interests: Selected Writings* (1948), Harvard University Press, Cambridge, Mass, p. 102.

② Von Mehren, "Book Review", 63 *Harv. L. Rew* (1949), p. 370.

③ R. Von. Ihering, *Scherz und Ernst in der Jurisprudenz* (ed. 12, 1921), p. 252.

粹理性批判》所动摇以来，科学对我们来说就再也不是理性科学而无非是经验科学了。"① 耶林早在 1860 年前后即指出："把法学夸张到法的数学、归结到逻辑推理是一种谬误，是基于对法本质的误解。生活并非为了概念，概念却是因为生活。"② 1900 年后，对注释方法的反对意见在整个欧洲兴起。"在德国，齐特尔曼明确宣布书面上的法不能成为一个完美无缺的体系，书面法须被看作一种社会学现象而非某立法者的意志，此一主张急速地占据了整个欧洲。"③ 在欧洲出现了利益法学和自由法运动。此外，第一次世界大战后急剧的社会和经济变迁以及实质性相对论的哲学观也显露了注释的或概念法学的方法在实践中的弱点。

20 世纪 80 年代初我国民法学的复兴是与介绍国外民法同步进行的。中国民法学者所面临的既有建立民法学体系又有为民事立法提供理论基础的双重任务，从一开始就多有重立法研究（即立法至上）、轻判例研究，重体系、重概念、重逻辑（即逻辑自足、概念第一）而轻民法实效与社会需要，重命题演绎、轻事实归纳的特点，具有浓重的"概念法学"色彩。时至今日我们也并未走出"教科书法学"的阶段，很多人还是将民法通则作为中国民法学的研究范围，所从事的还多是对既有法条的注释，所使用的方法并未超出概念法学的方法。当然，在我们这个法学研究几乎是从零开始的国度，这种概念法学对我国民法学的复兴无疑起过进步的历史作用，但现在要制定一部民法典并求其现代化，仅凭概念法学已不足以完成这一宏业。诚如耶林所倡，"通过罗马法，超越罗马法"，现在的确需要中国民法学者"通过概念法学，超越概念法学"了。④ 我们需要自然法学，因为我们需要拥有法律理想；我们需要分析法学，因为我们需要进行法律适用；我们需要社会法学，因为我们需要明了法律现实。但我们更加需要

---

① 〔德〕伽达默尔：《赞美理论——伽达默尔选集》，夏镇平译，上海三联书店，1988，第 49—50 页。

② 〔日〕长谷川国雄：《世界名著便览》，天津编译中心译，世界知识出版社，1992，第 229 页。

③ Von Mehren, "Book Review", 63 *Harv. L. Rev* (1949), p. 371.

④ 超越概念法学是扬弃而非抛弃概念法学。概念法学（主要指潘德克顿法学）给人类留下的大量宝贵遗产值得我们去发掘、鉴别、吸收、消化。梅里曼教授曾指出："实际生活中离开了概念人们就无法进行语言交往，所以，因为使用了这些概念而对（概念）法学大张挞伐也是不公正的。"参见〔美〕梅里曼《大陆法系》，顾培东等译，知识出版社，1984，第 74 页。

的乃是一种宽容、一种综合。

超越概念法学，就要求"法学家不能局限于法学的知识结构就法论法，而应当吸收其他学科的认识成果来说明法学的问题，从而深入到法律现象的深层"。① 美国法学家富勒是战后新自然法学派的代表人物，同时又是著名的合同法大家，20 世纪 30 年代发表的《合同损害赔偿中的信赖利益》② 被誉为英美合同法中一篇里程碑式的论文；③ 德国法学家拉伦茨是新黑格尔法学派的代表人物，同时又是德国当代的民法学大师，以其《法学方法论》雄视全世；日本法学家川岛武宜在 60 年代即以其《日本人的法意识》而成为日本法社会学领域里的头面人物，同时他又是日本颇负盛名的民法学家。④ 此三人均堪称不局限于法学某一领域的典范，均应成为我们效法的楷模。

在方法论上超越概念法学，要求我们以博大的胸怀和勇敢的自我超越精神开发、挖掘、提炼、创造适合民法学研究需要的方法，引进和吸收国外行之有效的研究方法，移植和借用其他学科的方法。具体可包括：其一，最普通的哲学方法，如归纳和演绎、分析和综合、逻辑和历史的统一、定性分析和定量分析等。其二，一般科学方法，如系统方法、结构功能方法、比较方法以及各种逻辑推理方法等。其三，各门具体学科的方法，如法理学的价值分析方法、语义分析方法等，法社会学的结构主义、功能主义、现象学、系统论等方法论，角色分析、制度分析等基本方法以及统计方法、文献方法、社会调查等具体方法。德国民法在实体制度方面甚多创见，均系得益于其方法论的成就。"制度可以修正、变更甚至废弃，但方法将永远存在。"⑤ 研究方法的多元才能带来法学学派的形成，因为不同的法学学派往往各有不同的研究方法偏好。同时，只有存在

① 张文显：《法学基本范畴研究》，中国政法大学出版社，1993，第 5 页。
② L. L. Fuller and William R. Perdue, "The Reliance Interest in Contract Damages", *The Yale Law Journal*, Vol. 46 (1936—1937).
③ 当代英国合同法大师阿蒂亚认为富勒的该篇论文"无论如何，在普通法世界的全部现代合同法学术中，大概已成为最有影响力的一篇论文"。参见 P. S. Atiyah, *Essays on Contract*, Clarendon Press, Oxford, 1986, p. 73。
④ 川岛武宜的《所有权法的理论》（岩波书店，1949）与我妻荣的《近代法上债权的优越地位》一书并列，已成为日本民法学的经典著作；《民法总则》作为日本水平最高的有斐阁法律全集的第 17 卷，也是民法专业学生的必读书。
⑤ 王泽鉴：《民法学说与判例研究》第 5 册，台湾大学法学丛书编辑委员会，1991，第 9 页。

多个法学学派和研究视角的多方位，才能带来法学的繁荣并保证法学认识的科学性，也只有繁荣的科学的民法学，才能保障科学化、现代化的中国民法。

五　中国民法的活法化

中国民法的现代化不仅要求民法的法典化与科学化，而且要求民法的活法化，也就是要求民法由死的纸上的法变为活的行动中的法。

20 世纪 60 年代，比较法大师达维德曾以法国民法典为蓝本为埃塞俄比亚制定了一部非常现代化的民法典，但因不符合埃塞俄比亚的实际而根本无法实施，被人讥为"比较法学家的乐章、非洲人的噩梦"。可见，民法的活法化比制定一部民法典来得更为关键、更为重要。诚如马汉宝先生所言，"具备西方化的现代法典不一定表示西方所谓的'法治'已经实现。犹如有一部成文宪法，未必即有实际的宪政。如何能使国人于社会生活中，切实接受西化的现代法制，兹事体大。""变'法'易，变'法之观念'难。为求变'法'有效，则又不能不求变'法之观念'。"① 如果我们制定出一部现代化的在价值理性上以人为关怀的中国民法典，而我们的国民在心理上、情感上和观念上并不予接受并作为保护自我权益的工具，如果我们的国民并不信赖民法、珍视民法并充分利用民法，那么我们就不能不承认这是一种悲哀——是学者的、是国民的，更是国家的悲哀！

刑法的实施自有公安、检察机关的保障，民法的适用则须仰赖国民的援引。颁行后的民法作为一种存在，其对于国民与其说是"六经注我"者，不如说是国民成了"我注六经"者。俄国法学家彼德拉日茨基就曾别具一格地提出过"直觉法律说"，认为个人的法律意识和人类的内在经验在解释法律和社会现象的时候具有很大作用。② 现代化应说最终是"人的现代化"。民法的现代化固然需要一部现代化的民法典，但更需要拥有现代观念和现代意识的国民。民法的活法化即是民法规范成为国人民事活动

---

① 马汉宝：《个人与法治》，台湾《法学评论》第 60 卷，第 1、2 期合刊。
② 〔美〕E. 博登海默：《法理学—法哲学及其方法》，邓正来等译，华夏出版社，1987，第 136 页。

中实际遵循的规则，充分的活法化即是民法文化的形成。为求民法的活法化则须求国民的"民法社会化"，这一过程就是国民认知民法、评价民法、形成相应的民法情感并形成相应的行为模式的过程。

民法的活法化要求民法与国民良性互动关系的形成，为此需要有相应的中介承担国民"民法文化启蒙"的使命。在中国承担此使命的主要角色有二：其一为发展民法学说的学者及其他人文学者，其二为发展民事判例的法官。王伯琦先生曾指出："立法者之任务固已完毕，司法及法学方面，应如何致力于发扬现行法律之精神，启迪社会意识，使社会之意识能融合于法律之精神，实为治务之急。"①

启蒙，依康德的界定即是"敢于使用你的理智"。欧洲启蒙运动使科学取代神学占据统治地位，文艺复兴和启蒙运动使欧洲人走出了黑暗的中世纪。作为中国步入法治和现代化的必由之路，民法文化的启蒙则可以界定为"敢于使用你的权利"。进行民法文化启蒙，中国学者的使命就是帮助国民知晓其权利、珍视其权利并敢于行使其权利。100 多年前德国伟大的法学家耶林即开始高呼"为权利而斗争"，100 多年后的今天，在中国我们也终于听到了"为权利而斗争，为法律而斗争"的呼声。②

"从一般舆论来看，法律制度所应得的尊严与威望，在很大程度上取决于该制度的工作人员的认识广度以及他们对其所服务的社会的责任感的性质和强度。"③ 国民的法情感与法意识多由法院的司法活动直接或间接地塑造，法院和法官在启蒙国民民法文化上作用重大。司法被认作是社会正义的最后一道防线，它像社会的镜子，镜子若看不清楚，社会正义就会出问题。在一个国家现代化的历程中，司法应扮演稳定社会秩序、带动社会进步的角色。在民法文化启蒙方面，的确只有法官才能最终使国民相信法律、依靠法律。

---

① 王伯琦：《民法总则》，台湾编译馆，1963，第 18 页。

② 梁慧星：《为权利而斗争，为法律而斗争》，《法制日报》1994 年 4 月 20 日。

③ 〔美〕E. 博登海默：《法理学—法哲学及其方法》，邓正来等译，华夏出版社，1987，第 492 页。

《中华人民共和国合同法》的起草[*]

张广兴^{**}

摘　要： 制定统一的合同法是完善合同法制的迫切任务。12个法学教学科研单位的学者起草了合同法建议稿并提交给全国人大常委会法工委，其草拟的条文及其立法理由都有较高的水平。在起草过程中，学者更加注重合同法体系上的完整性和结构上的逻辑性，更加注重最新理论成果及各国经验的借鉴意义；司法界人士更多地注意合同法的可操作性，要求规定得尽可能细致、具体；立法机关的人士则更多地考虑合同法与现有法律的衔接，尽可能与现行有关法律的规定保持一致。正式通过的合同法会有许多甚至是重大的变化，由法律专家学者起草法律，对于中国的立法无疑具有历史意义。

关键词： 合同法　合同法建议稿　意思自治　诚实信用

中国固有法中虽不无调整合同关系的法律规范，但清末以前，尚无集中、统一和系统地规定合同关系的法律。清末宣统三年（1911）制定的《大清民律草案》（史称"第一次民法草案"），为中国合同专门立法之肇始。其第一编第五章"法律行为"中，设"契约"一节；第二编"债权"中除债之通则外，另专门规定契约通则及买卖等19种具体合同，举凡366条。民国14年（1925）的"第二次民法草案"中关于合同的规定、体例

＊　本文原载于《法学研究》1995 年第 5 期。

＊＊　张广兴，原文发表时为中国社会科学院法学研究所副编审，现为中国社会科学院法学研究所研究员。

及内容大体依第一次民法草案。1930 年民国政府制定的民法典债编第一章"通则"中，设债之发生、债之标的、债之效力、多数债务人及债权人、债之移转、债之消灭六节，其关于合同的内容具有合同通则性质；第二章"各种之债"分二十四节，规定了买卖等 24 种合同。

中华人民共和国成立后，宣布废除国民党旧法统，民国政府制定的民法典也随之废止。从 1950 年至 1956 年，为了恢复国民经济，开展有计划的经济建设，适应当时多种经济成分并存的经济结构，国家在经济领域广泛实行合同制度。至 1956 年，中央各部委总共制定了 40 多件合同法规。在 1956 年 12 月完成的民法草案中，也设有合同通则性规定及买卖等 16 种合同。1958 年以后，生产资料所有制的社会主义改造已经完成，中国实行集中统一的计划经济体制，作为商品交换法律形式的合同制度被取消。虽然从 1961 年开始，中国又把恢复和推广合同制作为调整国民经济的一项重要措施，并制定了许多合同法规，但 1966 年以后，合同制度再次被废弃。

1978 年以后，中国实行对内搞活、对外开放的经济体制改革，合同在发展国民经济中的重要作用重新被人们认识。① 1981 年 12 月 13 日，中国制定了《中华人民共和国经济合同法》。此后，国务院依据经济合同法，制定和批准发布了 12 个合同条例或实施细则，中央各部委也制定了许多有关合同的规章。1985 年 3 月 21 日，中国制定了《中华人民共和国涉外经济合同法》，1987 年 6 月 23 日又制定了《中华人民共和国技术合同法》。自此，中国的合同法呈"三足鼎立"局面。除这三个合同法及一大批合同条例及规章外，1986 年制定的民法通则中，也设有有关合同的内容。另外，后来的海商法、保险法、铁路法、著作权法、票据法等也设有有关合同的特别规定。

上述合同法律、法规的制定和施行，并未能解决中国合同法制不完备的问题。其一，是缺少系统的合同总则性规定。民法通则中有关合同的规定，尚无法作为合同法总则适用。实际上，民法通则对三个合同法也未起到"统"的作用。其二，是合同法的适用范围未能覆盖社会的全部经济生活，每时每刻大量发生在公民之间、公民与法人之间的合同关系缺少规

---

① 当时及其后较长一段时间，合同被认为是执行国家计划的工具。

范。其三，是合同法规定的合同种类过少，① 不足以规范各种经济交往。其四，合同法对各种合同规定得过于简略，不仅当事人在订立和履行合同时难以适用，法院在处理合同纠纷时适用合同法也时常发生困难。② 当然，对国家计划的过分强调、立法技术上的不成熟、许多重要制度的遗缺、各法律法规之间的不协调等，也是中国合同法制中存在的重大问题。

1987 年开始了对经济合同法的修订工作，③ 并产生了若干个修订草案。对经济合同法的修订，主要有两种意见：一是将其修订为合同法总则（1993 年春曾有过一个名为"中国合同法"的修订草案）；二是以原法律为基础，删去计划性和行政干预过强、显然不适应现实经济生活的内容，俟时机成熟时，制定统一的合同法。1993 年 9 月 2 日，立法机关通过的《关于修改〈中华人民共和国经济合同法〉的决定》，采纳了后一种意见。修订后的经济合同法修改了立法目的，将其适用范围扩大到法人、其他经济组织、个体工商户、农村承包经营户之间的合同，废除了由行政机关确认合同无效的制度，改革了合同仲裁制度。对于其他内容，则无大的变动。因此，制定统一的合同法，仍是完善合同法制的迫切任务。

一 《中华人民共和国合同法》的起草经过及立法方案

经济合同法修订后不久，全国人大常委会法工委召开了一次专家研讨会。与会专家一致认为，起草统一合同法的条件已经具备，建议由专家学者承担起草工作并委托部分专家先提出一个立法方案。1993 年 10 月 18—19 日，全国人大常委会法工委邀请江平教授（中国政法大学）、梁慧星研究员（中国社会科学院法学研究所）、王利明教授（中国人民大学）、崔建远教授（吉林大学）、郭明瑞教授（烟台大学）、张广兴副编审（《法学研究》）、最高人民法院审判员李凡、北京市高级人民法院审判员何忻，研究和

---

① 经济合同法规定了购销、建设工程承包、加工承揽、货物运输、供用电、仓储保管、财产租赁、借款、财产保险 9 种合同。技术合同法中规定了技术开发、技术转让、技术服务 3 种合同。

② 为此，国家工商行政管理局曾于 1990 年开始推行经济合同范本，最高人民法院也制定了大量的司法解释。

③ 经济合同法被视为中国有关合同的最主要法律或者"基本法"。

拟定统一合同法的立法方案。这次会议产生的立法方案包括立法指导思想、调整范围及与其他法律的关系、基本结构及起草提要、起草的技术性要求。

（一）立法方案确定的立法指导思想

其一，从中国改革开放和发展社会主义市场经济，建立全国统一的大市场及与国际市场接轨的实际出发，总结中国合同立法、司法的实践经验和理论研究成果，广泛参考借鉴市场经济发达国家和地区立法的成功经验和判例学说，尽量采用反映现代市场经济客观规律的共同规则，并与国际公约和国际惯例协调一致。

其二，充分体现当事人意思自治，在不违反法律和公序良俗的前提下，保障当事人享有充分的合同自由，不受行政机关及其他组织的干预。非基于重大的正当事由，不得对当事人的合同自由予以限制。

其三，考虑到本法制定和实施的时代特点，本法应能适应中国建成社会主义市场经济后对法律调整的要求，同时应兼顾目前由计划经济体制向市场经济体制过渡时期的特点，但对落后的现实不应迁就。

其四，本法在价值取向上应兼顾经济效率与社会公正、交易便捷与交易安全。即在拟定法律规则时，既要注重有利于提高效率，促进生产力发展，又要注重维护社会公益，保护消费者和劳动者权益，维护市场经济的道德秩序，不允许靠损害国家、社会利益，损害消费者和劳动者而发财致富；既要体现现代化市场经济对交易便捷的要求，力求简便和迅速，又不可因此损害交易安全，应规定必要的形式和手续。

其五，应注重法律的规范性和可操作性，条文繁简适当，概念尽量准确，有明确的适用范围、构成要件和法律后果，以便于正确适用。

（二）立法方案确定的合同法调整范围及与其他法律的关系

其一，本法调整平等主体之间的合同关系。

其二，本法仍维持狭义合同概念，即本法所称合同为债权合同。

其三，本法坚持统一的合同概念，不区分经济合同与非经济合同、商事合同与民事合同、国内合同与涉外合同。

其四，非平等主体之间的承包关系，如企业内部承包、企业承包等尽管采取合同形式，亦不受本法调整。

其五，本法在坚持民商合一体制的前提下，处理与民（商）事特别法的关系：凡特别法有规定的，适用该特别规定；凡特别法无规定的，应适用本法。这里所说的民（商）事特别法，指公司法、票据法、证券法、海商法、保险法、专利法、商标法、著作权法等。

（三）立法方案确定的合同法基本结构

分为总则、分则、附则三部分。

总则九章：一般规定、合同的成立、合同的效力、合同的履行、合同权利义务的转让、合同的解除与终止、合同的消灭、违约责任、合同的解释。

分则二十八章：买卖、赠与、土地使用权转让、企业经营权转让、租赁、融资租赁、借贷、借用、承揽、运送、委托、行纪、居间、保管、医疗、旅游、住宿饮食服务、邮政通讯服务、培训、出版、演出、储蓄、结算、合伙、雇用、保证、保险、技术成果转让与使用许可。

附则一章。

（四）立法方案确定的立法技术要求

其一，每个条文均要拟一个条名。

其二，每个条文均要附立法理由，内容包括现行法律法规的规定，国际公约及主要国家和地区合同法的参考条文和起草理由。起草理由中要提出实践中存在的问题、尚未解决的难点、不同学说及取舍理由。对理论上或者实践中有意见分歧的问题，还要设计不同的条文。

其三，各章节的条文安排依从一般到特殊、从抽象到具体的逻辑顺序。

其四，概念须准确，尽量使用合同法上的固有概念，新创概念要说明理由，使用同一概念，其内涵及外延应保持一致。

上述立法方案经由全国人大常委会法工委在一定范围内征求意见并给予初步肯定后，又于1994年1月5—7日邀请全国十多个单位的专家学者进行更充分的论证并获赞同。全国人大常委会法工委委托中国政法大学、北京大学、中国人民大学、对外经济贸易大学、吉林大学、烟台大学、武汉大学、西南政法大学、西北政法学院、华东政法学院、中南政法学院和中国社会科学院法学研究所等12个单位的专家学者，依照立法方案分别起草各自分工的章节。1994年11月，各单位起草的合同法条文及立法理由汇总，由全国人大常委会法工委委托中国社会科学院法学研究所梁慧星、张广兴、傅静坤三人统稿，完成合同法建议草案，于 1995 年 1 月提交全国人大常委会法工委。

二 《中华人民共和国合同法（建议草案）》的主要内容

合同法建议草案（以下称"建议草案"）是在集中了各起草单位起草的章节的基础上形成的。总的来看，各起草单位比较严格地依据立法方案的要求，草拟的条文及其立法理由，都有较高的水平。

建议草案共计三十四章 538 条，分总则、分则和附则三部分。其中，总则分一般规定、合同的成立、合同的效力、合同的履行、合同权利义务的转让、合同的解除与终止、合同的消灭、违约责任、合同的解释九章，164 条；分则分别规定买卖、赠与、租赁、融资租赁、土地使用权出让与转让、企业经营、借贷、借用、承揽、运送、储蓄、结算、出版、演出、委托、居间、行纪、保管、合伙、雇用、保证、技术开发与技术服务、技术商标转让与使用许可、保险等 24 种合同，计二十四章 371 条；附则一章 3 条，分别规定涉外合同的法律适用、过渡条款及施行和废止条款。

以下仅就总则各章的主要内容作一简介。

第一章为"一般规定"，规定了立法目的、合同定义和基本原则，共计 7 条。

第 1 条规定合同法的立法目的，"为了保护合同当事人的合法权益，维护社会经济秩序，促进社会主义市场经济的发展"。与经济合同法及技术合同法相比，突出地将保护合同当事人的合法权益作为首要的和直接的立法目的。

第 2 条规定"合同"的定义为"当事人之间设立、变更、终止债权债务的协议"。这个定义大致采民法通则第 85 条的合同定义，但将合同限定于"债权债务关系"，而不采民法通则"民事关系"的提法，同时，也与经济合同法关于"经济合同"的定义①有别。其理由在于：民法通则第 85

---

① 经济合同法第 2 条将"经济合同"定义为，特定平等民事主体"为实现一定经济目的，明确相互权利义务关系而订立的合同"。

条的合同定义本身外延过宽，从字面理解甚至可以包括有关身份的协议；[①]而经济合同法第 2 条的定义显然又过狭，不能涵盖所有的民事合同。在民法上，合同是债的一种重要形式，因而明确"债权债务关系"能够准确揭示合同的性质，明确合同法的调整对象。

第 3 条至第 7 条分别规定了合同自由原则、平等原则、公平原则、诚实信用原则和公序良俗原则。较之于民法通则第一章中规定的民事活动的基本原则和三个合同法规定的合同原则，[②] 有重合、交叉和增减。建议草案突出了合同自由原则，并将其作为首要原则。第 3 条规定："当事人在法律允许的范围内享有合同自由，任何机关、组织和个人不得非法干预。"建议草案还对诚实信用原则作了特别规定。第 6 条规定："双方当事人行使权利履行义务，应当遵循诚实信用的原则。法院于裁判案件时，如对于该待决案件法律未有规定，或者虽有规定而适用该规定所得结果显然违反社会正义时，可直接适用诚实信用原则。法院适用诚实信用原则裁判案件，必须报请最高人民法院予以核准。"

第二章为"合同的成立"，分要约，承诺，合同的形式、成立时间和地点，缔约过失责任四节，计 23 条。

关于要约，基本上采各国合同法之通例，分别规定了要约的定义、生效、撤销、失效等内容。关于要约的生效时间，采大陆法系国家合同法和有关国际公约的到达生效原则。第 12 条规定，商品带有标价陈列，自动售货机的设置，投标书的寄送，视为要约；价目表的寄送，招标公告，商品广告，视为要约邀请。在"要约"一节，还规定了悬赏广告。第 13 条第 1、2 款规定："以广告声明对完成一定行为的人给予报酬的，对完成该行为的人负给付报酬的义务；对于不知有此广告而完成该行为的人，亦同。在数人分别完成该行为时，如果广告人对于最先通知的人已给付了报酬，则他给付报酬的义务即为消灭。"第 3 款规定了悬赏广告的撤销及赔偿责任。

---

① 但民法通则关于"合同"的定义设在"债权"一节，显然亦持狭义概念。
② 民法通则第一章规定的基本原则有：平等原则，自愿、公平、等价有偿、诚实信用原则，守法原则，公序良俗原则。经济合同法规定了平等互利、协商一致的原则（第 5 条）以及守法原则（第 4 条）。涉外经济合同法第 3、4 条规定了平等互利、协商一致和守法原则。技术合同法第 3、4 条规定了守法原则和自愿平等、互利有偿和诚实信用原则。

关于承诺，建议草案规定，承诺的内容应当和要约的内容一致，否则视为新要约。但对要约表示同意而对要约的内容进行了非实质性的添加、限制或者更改，除要约人及时表示反对或者要约中明确规定其内容不许任何修改者外，承诺为有效，合同的内容以承诺的内容为准。作此规定系采纳了《联合国国际货物销售合同公约》的规定。对于承诺的生效期，建议草案采到达主义，即承诺到达要约人时生效，但承诺不需要通知的，在相当时间内有可认定为承诺的事实时，承诺生效。另外，对于承诺的期限、承诺的表示及传递方式、迟到的承诺及承诺的撤回等，也分别作了规定。

关于书面合同的成立时间和成立地点，建议草案采纳了现行司法解释的规定，即合同自当事人双方完成签字或者盖章时成立。其成立地点，依最后签字或者盖章的地点为标准而为确定。

建议草案对缔约过失责任专设一节而为规定。建议草案规定："当事人在为订立合同而进行磋商的过程中，相互负有协力、保护、通知及其他依诚实信用原则和交易惯例所要求的义务。当事人违反前款义务，给对方造成损害的，应当承担赔偿责任。"对当事人在订立合同的过程中所负有的保密义务及违反保密义务时的赔偿责任，也设有专条规定。除此处规定缔约过失责任外，建议草案还规定了合同无效或者被撤销后的赔偿责任，这两种情形下的赔偿责任，亦属缔约过失责任。但为了照顾合同法的逻辑结构，将这两种情形下的缔约过失责任规定在"合同的效力"一章。

第三章为"合同的效力"，分生效要件，无效合同，合同效力的补正，可撤销合同，合同无效或者被撤销的法律后果，定式合同，附条件、附期限、附获奖机会的合同七节，计32条。

关于无效合同，建议草案规定了违反公序良俗、违法、合同标的不能确定和合同标的自始不能等四类合同为无效合同；故意免除或限制故意或者重大过失的责任、人身伤害的责任、消费者权益保护法禁止免除的责任和其他违反公序良俗的责任的条款无效。对于双方代理、自己代理和狭义无权代理而订立的合同，建议草案规定为原则上无效，这几类合同可因符合商业惯例、被代理人追认或者纯使被代理人获益等情形而为有效。对于法定代表人越权而订立的合同，建议草案则规定其仅在对方当事人于订立合同时明知或因重大过失而不知该法定代表人越权时无效。对于表见代理，建议草案规定，在无权代理、代理人超越代理权和代理权终止的情况下，善意相对人有理由相信以他人名义与之订立合同的人有代理权时，其依合同取得的权利受法律保护。

关于合同效力的补正，建议草案规定，无行为能力人、限制行为能力人订立的合同，可因其法定代理人的追认而成为有效合同，同时规定了相对人的催告、撤回，法定代理人的撤销、追认等程序及其效力。对于无代理权人、无处分权人订立的合同，建议草案也规定了催告、追认、撤销的程序；同时规定，无处分权人订立的合同，即使因权利人不予追认而无效，其无效也不得对抗善意第三人。

关于可撤销合同，建议草案规定，合同可因欺诈、胁迫、重大误解、显失公平、不当影响而成为可撤销合同。与民法通则相比，欺诈、胁迫被规定为合同的可撤销原因而非无效原因，其理由在于充分尊重受欺诈、胁迫一方当事人的自由意思，由其自行选择合同的效力，同时也是为了稳定社会的经济关系，维护交易安全（撤销权自合同成立时起经一年不行使而消灭）。考虑到实践中有的合同当事人恶意主张合同无效的现象，建议草案出于设立合同撤销制度系为保护受欺诈、受胁迫、在合同中受重大不利的当事人的目的，明确规定只有受欺诈、受胁迫、重大误解、重大不利、受不当影响的一方当事人享有撤销权。

为了规范社会上大量存在的定式合同，消除定式合同中一方当事人利用定式条款损害对方当事人利益的现象，建议草案专设一节规定定式合同。建议草案规定，由一方当事人为与不特定多数人订约而预先拟定的，且不允许相对人对其内容作变更的合同条款，为定式合同条款，含有定式合同条款的合同为定式合同。定式合同条款使用人负有以明示方式提请相对人注意定式合同条款，并使其能以合理方法了解定式合同条款内容的义务。定式合同条款违背诚实信用原则而对相对人不合理的无效。定式合同在解释时，应依可能订约的一般人的合理理解为标准；遇有两种或者两种以上不同的解释时，应采纳其中最不利于定式合同条款使用人的解释。

第四章为"合同的履行"，分合同履行的原则、双务合同的抗辩权、向第三人履行的合同和由第三人履行的合同、合同约定不明时的履行、合同履行的保全等五节，计12条。

建议草案规定，合同生效后，当事人各方应严格按合同约定履行。合同应依据其性质、交易习惯及诚实信用原则履行，并规定双方当事人对于合同的履行有相互协力的义务。

借鉴大陆法系国家合同法和我国涉外经济合同法的规定，建议草案规定了双务合同同时履行抗辩权和不安抗辩权。对于不安抗辩权的成立条件，建议草案规定为，有先为履行义务的一方当事人，有确切证据证明对方当事人已丧失履行合同债务的能力，或者没有履行诚意并且可能丧失履行能力，或者资信状况严重恶化时，可以暂时中止履行合同。中止履行合同的一方负有及时通知对方当事人的义务，当对方恢复履行能力或者提供了适当的担保时，应当履行合同。中止履行后，如果对方在合理期限内未恢复履行能力或提供相应担保，中止方可以解除合同。

较之于民法通则和三个合同法，建议草案增加了向第三人履行的合同和由第三人履行的合同，规定了合同债权人的代位权和撤销权，并在"合同约定不明时的履行"一节，增加了履行方式约定不明时，应按合同性质要求以有利于实现合同目的的方式履行等内容。

第五章为"合同权利义务的转让"，分债权让与、债务承担、合同承受三节，计20条。

关于债权让与，建议草案规定，合同债权原则上可以让与第三人，但当事人约定、法律规定和依性质不得让与的合同债权不得让与。其中，当事人约定不得让与的合同债权，其约定不得对抗善意第三人。建议草案规定，合同债权人让与债权，经让与人或者受让人通知债务人，即对债务人生效，除非法律有相反规定。此与民法通则第91条规定的"应当取得合同另一方的同意，并不得牟利"的条件不同。建议草案详细规定了合同债权让与人的义务，并分别合同债权让与在有偿和无偿时不同的权利瑕疵担保责任。

关于合同债务的承担，建议草案规定，合同债务转让须经债权人同意始生效力。第三人承担部分债务时，债务人对该第三人的履行负担保责任。

第六章为"合同的解除与终止"，分合同的约定解除、法定解除、合同的终止三节，计15条。

关于法定解除，建议草案规定，合同陷于履行不能、债务人拒绝履行合同债务、债务人迟延履行、不完全履行不能补正或者补正已对债权人无利益，为合同法定解除的原因。建议草案规定，债务人拒绝履行的，无论履行期是否届至，债权人均有权解除合同；非定期债务履行迟延时，债权人应当催告，且须于催告规定的期限届满时债务人仍未履行的，始得解除合同，而定期债务则无须催告；部分债务不履行的，债权人仅得就不履行部分解除合同，但合同已履行部分对债权人已无利益时，债权人可按全部债务不履行解除合同。建议草案规定，解除权的行使应依合同约定或者法律规定的方式通知，此种通知不得撤销。解除合同的效力为恢复原状和损害赔偿。损害赔偿的范围包括因债务不履行造成的损害和因合同解除而造成的损失。

对于继续性合同，建议草案对其终止作了规定。并明确规定，继续性合同终止时，合同效力向将来消灭，终止的一般事由、终止权的行使及合同终止后的损害赔偿，适用合同解除的有关规定。

第七章为"合同的消灭"，分一般规定、清偿、抵销、提存、混同、免除六节，计28条。这一章除分别规定合同债权的消灭原因外，还规定合同消灭后，当事人在必要时应承担保密、协力、通知等义务，即所谓"后契约义务"，此系基于诚实信用原则而发生的义务。

第八章为"违约责任"，分一般规定、违约金、损害赔偿、其他责任方式、责任竞合五节，计21条。

在"一般规定"一节，建议草案将拒绝履行、不能履行、迟延履行和瑕疵履行规定为违约的四种形态，将不可抗力规定为免责条件，但是否全部免责，则须视不可抗力的影响程度及范围。建议草案规定，债务人明示拒绝履行的，债权人无须等待履行期届满，即可追究其违约责任；不能履行不适用于金钱债务；迟延履行的，对迟延履行后不可抗力造成的损害，债务人也应负责；因瑕疵履行而给债权人造成人身或合同标的物以外的其他财产损害的，应承担损害赔偿责任。建议草案规定，合同当事人一方因与自己有法律联系的第三人过错造成违约的，亦应承担违约责任。对于债权人迟延，建议草案规定，因可归责于债权人的原因致履行迟延的，债务人不承担迟延履行的责任，因此使债务人遭受损害的，债权人应负损害赔偿责任。

对于违约金的性质，建议草案采涉外经济合同法第20条的规定，即"视为违反合同的损失赔偿"，并规定债权人请求债务人支付违约金的，不得同时请求其继续履行合同或者赔偿损失，但如果违约金是专为迟延履行约定的，不在此限。如果违约金过分高于或者低于违约造成的损害，当事人可以请求法院或者仲裁机构适当予以减少或增加。

关于损害赔偿，建议草案规定，当事人可以事先约定损害赔偿金或其计算方法。当事人没有约定时，损害赔偿额应相当于债权人因对方违约所受的包括所失可得利益在内的全部损失，但不得超过违约方在订立合同时依其已知或应知的情况所预料到或者理应预料到的可能损失。建议草案对于过错相抵和损益同销，也作了专门的规定。

建议草案规定，债务人违约后，如债务履行仍有可能，债权人可不解除合同，而向法院申请强制实际履行。对于定金罚则，除规定了丧失或双倍返还定金外，明确规定违约方承担损害赔偿责任的，定金应计入损害赔偿额，但定金数额超过损害的，执行定金。

依上述关于违约责任的规定，建议草案采取原则上各种违约责任方式不并用的做法，即在一般情形下，违约金视为预定的损害赔偿，损害赔偿与定金罚则、强制实际履行择一适用，同时赋予法院或仲裁机构对违约金酌情增减的裁量权。如此规定，一方面可以使受违约损害一方的损失得到弥补，另一方面也将违约方的违约责任限定在对方当事人履行利益的范围之内，以防当事人恶意利用违约责任的规定。

在这一章中，建议草案还规定了第三人故意违背善良风俗侵害他人债权的损害赔偿责任，以及违约行为同时造成违约责任与侵权责任竞合时，受害人择一请求的权利。

第九章为"合同的解释"，用6个条文分别规定了真意解释、整体解释、目的解释、习惯解释、公平解释和诚信解释。

1995年4月18—21日，全国人大常委会法工委邀请北京的专家学者与最高人民法院的司法工作者①对合同法建议草案进行讨论和论证。在这次会议上，与会人士充分肯定了建议草案的基本内容，并逐章逐条进行了讨论，对若干具体制度、条文乃至概念、用语提出了意见。其中，经过讨论形成比较一致的如下。

关于总则部分，第一章中关于法官援用诚实信用原则的条文，删去"或者虽有规定而适用该规定所得结果显然违反社会正义"，将"公序良俗"一词改为"公共秩序和社会公德"。第二章增加要约邀请的定义条

---

① 参加这次会议的有全国人大常委会法工委主任顾昂然、副主任胡康生与法工委民法室的王胜明等，最高人民法院的费宗祎、李凡、张永平，法学科研教学单位的江平、谢怀栻、梁慧星、王保树、张广兴、王利明、徐杰、沈达明等。

款。第三章第一节"生效要件"改为"一般规定",删除"必备要件"条;无效合同中增加"以合法形式掩盖非法目的的合同";合同无效或者被撤销的法律后果中增加"恶意串通"条款(依民法通则第61条第3款)。第四章补充"情事变更及合同变更"。对第五章进行删减。第六章将合同的"解除"与"终止"统称"解除"。而将第七章"合同的消灭"改为"合同的终止",并将其中的"清偿"改为"履行",以适于约定俗成。

关于分则,因保险法和担保法中有保险合同和保证合同的详细规定,这两部法律将于年内通过,因此合同法中对这两种合同不再规定。同时,在分则中增设关于医疗、旅游、饮食住宿服务等具体合同。

会后,全国人大常委会法工委委托梁慧星、张广兴根据讨论会上提出的意见修改总则部分,分则部分则由全国人大常委会法工委民法室负责修改。

三 《中华人民共和国合同法》起草过程中关于若干问题的不同意见

在合同法的起草过程中,人们对有关合同法的一些问题有着不同的看法。这些分歧对合同法的通过和颁行将会造成重大影响。总的来说,参加合同法起草工作的学者更加注重合同法在体系上的完整性和结构上的逻辑性,更加注重合同法上的最新理论成果及各国合同法上的成功经验对于合同立法的指导和借鉴意义,特别是合同法将作为未来我国民法典债编的基础成为共识①的情形下,更是如此。司法界人士更多地注意合同法的可操作性,要求合同法的规定尽可能细致、具体。立法机关的人士则更多地考虑合同法与现行有关法律的衔接,要求合同法的规定尽可能与现行有关法律的规定保持一致。应当说,上述这些考虑都有其合理性,但具体到合同法的起草工作,便形成了意见冲突。

---

① 较为一致的看法,是将民法通则修改后作为民法典的总则,制定物权法(已列入立法规划),为合同法补充侵权行为,将不当得利和无因管理的内容修改为债编,婚姻法、继承法修订为亲属编,而后将其整合为民法典。

以下，仅就合同法起草过程中若干重要问题上存在的不同意见作一介绍。其中，有的意见仅是笔者个人的意见。

（一） 制定合同法的着眼点

制定合同法的着眼点是指，现在制定合同法，究竟是着眼于调整我国当前的经济生活，还是着眼于调整我国建成发达的市场经济时的经济生活。由于 21 世纪即将来临，可将这种分歧称作"世纪之争"。当然，这两种意见均不存在极端化倾向，分歧只是在于对规范当前存在的某些经济现象的强调程度。

一种意见认为，法律应当反映现实，并能对现实社会生活起到调整作用。在我国现阶段的经济生活中，有大量的经济关系处于不规范状态，亟须由合同法予以调整。例如农村土地承包合同、企业承包与租赁合同、依据国家指令性计划签订的合同等，现在存在许多问题。对这些问题不予规范和调整，合同法在现实经济生活中的作用将大打折扣。我们不能设计一套只在将来才用得着的方案，等待社会发展到预定的阶段再去适用，而不顾现实生活某些方面的需要。

另一种意见认为，法律应当有一定的稳定性和引导性，这就要求在立法时具有前瞻性。法律对社会生活的反映，并不仅仅是反映既存的现实。对于根据社会发展规律已经可以预测到的将来的社会生活，立法时也应当考虑，而且是应当考虑的重点。对于我国现阶段存在的一些不具有长久生命力的合同形式，以及国家有关行政法规或者以政策方式对这类合同作出的规定，不应当在正在起草的合同基本法中固定下来。对这些问题，可以采用其他的方式（例如制定行政法规，作出立法或司法解释等）加以调整。我国的社会经济生活正处于急剧发展变化的时期，建成发达的市场经济指日可待，对于发达的市场经济中的规律性的事物，我们已有所认识。在此情形之下，我国的合同法不应迁就现实，而应一步到位，成为世界上最先进的合同法。

（二） 合同法与现行法的关系

现行法是指我国现行的有关合同的法律，包括民法通则中关于民事活动的基本原则、民事法律行为中有关合同的规定、"债权"一节、"民事责任"一章中有关合同责任的规定和三个合同法。这些法律在规范我国的经济关系中起了重要的作用，并成为起草合同法的重要依据。但合同法建议草案中的某些规定与现行法并不一致，例如关于合同法的基本原则（前已述及），合同的形式（经济合同法规定除即时清结外，应当采用书面形式；技术合同法、涉外经济合同法均要求采用书面形式；而建议草案未作强制性规定），因欺诈、胁迫而订立的合同的效力（民法通则及三个合同法均规定为无效，建议草案规定为可撤销），当事人欠缺相应行为能力订立的合同的效力（民法通则规定为无效，建议草案规定其效力可以补正），表见代理（民法通则从本人明知而不作否认表示而作规定，建议草案则从相对人善意而无过失而作规定），合同债权让与（前已述及），违约金与损害赔偿的关系（经济合同法规定后者可吸收前者，建议草案则规定二者不能并用），等等。由于合同法通过后三个现行合同法将被废止，因此上述不一致将表现为合同法与民法通则规定的矛盾与冲突。

一种意见认为，现行有关合同的法律是在总结了我国的合同以及司法实践的基础上制定的，并已经被证明比较适合我国的实际，广大群众也已经掌握和接受了这些法律规定，如果轻易加以改变，将会在一定程度上造成混乱。民法通则在我国现行的法律体系中起着民法总则的作用，在民法通则没有修改的情况下，合同法如果作出与其相矛盾和冲突的规定，也会造成法律体系上的混乱。因此，除非有特别的理由，否则不能突破民法通则的规定。如果确实需要突破，也应等民法通则作了相应的修改以后再来考虑。

另一种意见认为，民法总则反映了当时我国的社会生活，具有极大的进步意义。但毋庸讳言，由于当时的社会生活条件与现在的社会生活已有很大的不同，由于当时理论上的准备不足和立法技术上的原因，其中的一些规定在近十年后的今天看来已经不尽适应现实生活的需要。如果在制定合同法时对显已不适合的规定不能突破，合同法将不能与国际市场经济法律制度接轨，也将越来越脱离我国市场经济发展的需要。如果等民法通则修订后合同法再作修改，从立法成本上看也是不经济的。立新法而受旧法的局限，法律将难以进步，何况民法通则将要修改为民法典的总则编。因此，制定合同法的根据，主要的应当是我国经济生活及其发展的需要，与国际市场经济法律制度接轨的需要，而不应当首先考虑是否与现行法律一致。

（三）对有关国际公约，发达国家和地区的合同立法、学说和判例的借鉴与吸收

在起草合同法的过程中，借鉴和吸收有关国际公约、国际惯例中关于合同的规定，借鉴其他国家和地区合同立法的成功经验和判例、学说，充分反映现代市场经济客观规律的共同规则，同时充分考虑中国的国情，已形成共识。但对于如何借鉴、借鉴什么，则有不同看法。

一种意见认为，市场经济，特别是发达的市场经济，有一些不因社会制度不同而相异的共同规律。我国的合同法应当充分反映和遵循这些共同规律，不应过分强调中国特色，特别是不应将计划经济体制下行政机关对合同的过度干预作为中国特色而在合同法中保留。由于我国自清末以来即采纳大陆法系的立法形式及学说，因而应当在借鉴英美法系中适合我国民族文化、民众心理的合同法制度的同时，把重点放在借鉴和吸收大陆法系的合同法制度方面，其中尤以借鉴和吸收1930年民国政府制定、现在我国台湾地区适用的"民法典"债编中有关合同的规定为必要。理由在于：首先，该债编吸收了当时世界上最新的立法成果，其中有关合同的规定，迄今未见有多少过时。其次，该债编是在广泛进行民事习惯调查的基础上制定的，对我国的民族文化传统及国民心理意识有较多反映。再次，我国大陆地区的合同法理论及法院既往的司法解释的理论依据，与台湾地区的合同法理论及法院判决的理论根据并无明显不同。最后，我国大陆与台湾地区的经贸交往及海峡两岸统一后的经济发展，不能因合同法内容上的大的冲突而受影响。

另一种意见认为，要使我国的合同法成为世界上最先进的合同法，应将借鉴的重点放在英美法系国家的合同法。首先，从国际合同统一立法的趋势看，融大陆法系与英美法系的合同法规则为一体是一个潮流。许多国际公约中的一些重要制度（例如《联合国国际货物销售合同公约》中的"根本违约"）已更多地采纳了英美法系的规则。其次，大陆法系国家的合同法固然有体系完整、逻辑严谨的优点，但同时有不够灵活的缺点。而这个缺点，正是我国的合同法在调整社会经济交往关系时所要力求避免的。

（四）意思自治在合同法中的地位

意思自治是现代民法，特别是合同法的一项最基本的原则。但在集中统一的计划经济体制中，合同的计划性（或者行政性）占据统治地位，意思自治失去了存在的意义。中国经过了十几年的经济体制改革，对合同领域的当事人意思自治虽然有所重视，但是否将其真正上升到合同法的基本原则的地位，尚有疑问。这是一个方面。另一方面，社会主义市场经济不能放弃国家对经济生活的宏观管理，但具体到合同领域，这种管理如何体现，也是一个问题。因此，在起草合同法的过程中，便有着对当事人意思自治与国家对合同管理相互关系的不同意见。

一种意见认为，在合同领域应当充分贯彻当事人意思自治的基本精神，合同自由的基本原则应当成为合同法的首要原则，并在合同法的各项具体制度中得到体现。例如，当事人对合同形式有选择的自由；即使合同中有待定条款，仍不影响合同的成立；不应规定合同的必要条款；不应规定合同有效的必备要件，而采除明示列举合同无效的若干情形外，合同一律有效；合同的效力有欠缺时允许当事人补正；将欺诈、胁迫、不当影响规定为合同可撤销的原因；合同权利原则上可自由转让；当事人可以预为选择违约责任形式；等等。也就是说，合同法中应当有大量的任意条款，强制性条款应当缩减到十分必要的程度。国家对合同领域的干预，应以维护交易公平和安全，维护社会利益和公序良俗为目的，且主要依法院的审判程序进行。国家基于宏观调控和管理社会经济生活的目的对合同实行干预，可以制定相应的行政法规。在合同法中既无必要设立合同管理机关，也无必要授权行政机关针对合同法中已经规定的合同再制定单行条例。

另一种意见认为，在现代各国，合同法领域已不再是放任当事人任意作为的天地，意思自治也已受到多方面的限制。国家出于社会利益的考虑，对合同领域进行干预是多数国家的通例。我国在建立社会主义市场经济的过程中，更有必要以国家的力量建立和维护良好的社会经济秩序。此外，现阶段我国的公民、法人合同法律意识不强，合同知识不足，多规定一些强制性条款更能引导当事人增强合同法律意识，也更有利于维护他们的合法权益。同时，对于大量存在的利用合同进行违法活动的现象，赋予国家有关行政机关对合同进行检查监督的权力，也是为维护社会主义市场经济秩序增设一道防线。

(五) 诚实信用原则的适用

诚实信用原则已被民法通则规定为民事活动的基本原则，在合同法建议草案中也得到了充分体现。例如，建议草案规定了基于诚实信用原则而产生的先契约义务和后契约义务，在合同履行、合同解释以及有关定式合同的规定中，都规定了诚实信用原则。另外，在一些具体的合同中也有关于诚实信用原则的规定。对诚实信用原则的不同意见，集中在对建议草案第 6 条关于法院直接适用该原则处理案件的规定（前已引述）是否妥当的问题上。

一种意见认为，诚实信用原则在性质上属于"一般条款"，其含义和内容没有确定。它不是直接适用于法律要件的性质的规定，因此不直接适用于解决个别法律问题，而是以对法律规定、合同的合意和惯例进行补充的形式加以适用。在有法律的个别规定、合同或惯例的情况下，法官无视之而直接适用一般条款作出判决，是不允许的。这种做法违反了意思自治的基本原则。规定诚实信用原则作为法律渊源可以直接适用于合同问题的解决，易于产生"法官向一般条款逃避"（即对法律、合同以及惯例不去努力进行调查和解释，而是简单地依靠一般条款作出判决）的现象。[①] 有学者认为，即使法院可适用诚实信用原则处理待决案件，但"报请最高人民法院予以核准"，则是变相剥夺了当事人的上诉权，这与我国的二审终审制不符（只有极个别的案件由最高人民法院作为一审），对当事人也不利。

另一种意见认为，诚实信用原则固然与其他基本原则一样属于一般条款，对其内容和含义难以作出确定的解释。因此，一般而言，法官于处理具体案件时不得直接援引诚实信用原则作为裁判的依据。但是，如果诚实信用原则在司法中仅有赋予法官自由裁量或者创设新规则的权力的作用，那么它仍然没有解决法官在处理案件时法律没有规定、当事人没有或者无法具体约定，同时欠缺交易习惯时的裁判依据问题。至少是在大陆法系国家，一方面要求法官不得以法无明文规定为由而拒绝受理案件，另一方面

---

① 摘自日本著名民法学者、京都大学法学部教授北川善太郎 1995 年 6 月 5 日的《我对中国合同法草案的意见》。北川教授针对合同法建议草案的体系安排、制度设计、条文表述等，提出了 1 万多字的书面意见。

又要求法官依法律规定裁判。当合同当事人有约定或者有交易习惯时，法官的裁判当然不成问题，但如果既缺乏法律的个别规定，又缺乏当事人的约定及习惯，法官援引诚实信用原则作为裁判根据当是可以接受的。否则，法律中关于诚实信用的规定（例如"当事人行使权利履行义务应依诚实信用为之"）则将成为虚设，对违反诚实信用、恶意利用法律规定的行为也难以依法遏止。至于法官援引诚实信用原则而为裁判须经最高法院核准是否剥夺当事人的上诉权，则应当从法院系统最高审级机关的设置目的及其实际效果来认识。设立最高审级机关的根据，建立在这个机关的裁判不会发生错误的假定之上，国民对此应有确信。同时即使在程序上，经过最高法院核准，该待决案件的审理也同样是经过了两级审判程序，与二审终审制在实质上并不冲突，尽管最高法院的核准程序与普通二审程序会有一些区别。

在合同法起草过程中，对于合同法理论上的一些问题及合同法体例结构、制度设计、繁简详略、概念术语等，也存有一些不同意见，本文恕不一一介绍。

四 后记

本文完成时，笔者见到了经全国人大常委会法工委修改整理后的合同法（试拟稿）。此稿已经下发至全国各地及有关单位征求意见。试拟稿为四十二章511条。

试拟稿与前边介绍的合同法建议草案相比，比较大的变动有：

（1）建议草案总则部分修改后为九章154条，除第一章"一般规定"和第九章"合同的解释"外，各章均分设若干节；而试拟稿总则部分则为七章69条，除第三章"合同的效力"下设四节外，其余各章均不分节。试拟稿总则各章依次为：一般规定、合同的订立、合同的效力、合同的履行、合同的变更和转让、合同的终止、违约责任。

（2）建议草案分则部分二十四章（删去"保证合同"和"保险合同"后为二十二章）；试拟稿分则部分为三十四章434条，其各章依次为：买卖合同，供水、供电、供气合同，土地使用权出让与转让合同，农村土地承包经营权许可使用或者转让合同，承揽合同，工程建设合同，运输合同，邮政合同，电讯合同，租赁合同，融资租赁合同，借贷合同，储蓄合同，结算合同，借用合同，保管合同，仓储合同，著作权、邻接权许可使用或者转让合同，专利权、商标权、其他工业产权许可使用或者转让合同，技术开发合同，咨询合同，姓名权、肖像权许可使用合同，赠与合同，财产分割合同，服务合同，医疗合同，旅游合同，培训合同，雇佣合同，合伙合同，合作合同，委托合同，居间合同，行纪合同。

（3）建议草案附则为 3 条；试拟稿增至 8 条，增加各条分别为：行政机关对合同的监督检查、给予合同当事人行政处罚的具体规定、合同担保的法律适用及方式、合同特别法的适用、对国务院根据本法可以制定合同条例的授权条款。

合同法由立法机关正式通过以前，相信还会有若干修改稿。即使最后提交立法机关审议的合同法草案，在审议中也会有所改动。也许，当人们看到正式通过的合同法时，会发现其内容较之于建议草案有了许许多多甚至是重大的变化，但由中国的法律专家学者起草法律，对于中国的立法，无疑具有历史意义。

物权变动的原因与结果的区分原则[*]

孙宪忠[**]

摘　要： 物权的产生与债法上合同权利义务关系的产生有不同的时间界限和法律依据，本质上相互区分，因而有必要确立物权变动的原因与结果的区分原则。该原则指在发生物权变动时，物权变动的原因与物权变动的结果作为两个法律事实，它们的成立生效有不同的法律根据。该原则的意义在于，对物权变动的基础关系必须按该行为成立的自身要件予以判断，而不能以物权变动是否成就为标准；物权的变动必须以动产交付与不动产登记为必要条件。

关键词： 物权变动　动产交付　不动产登记

所谓物权变动，即物权的设立、移转、变更与废止。在市场经济条件下，不论是经营行为，还是一般生活行为，都会经常涉及物权的取得与丧失，所以物权是时刻处于变动之中的。物权立法当然应该将物权变动当作立法的重点内容之一。然而在确定物权立法中物权变动的规范时，首先应该考虑的问题之一，就是物权变动的原因与结果之间的关系。对这一问题的探讨不仅有着重要的理论意义，而且有着十分重要的实践意义。根据物权变动及其原因之间的复杂关系，应该在我国物权法的基本规则中建立区分原则。

---

[*]　本文原载于《法学研究》1999 年第 5 期。

[**]　孙宪忠，中国社会科学院法学研究所研究员。

一　物权变动中原因与结果的一般关系

一般认为，买卖为典型的交易行为，也是典型的物权变动。因为，买卖合同的本质，是转移标的物的所有权。[①] 我国合同法第130条规定的买卖合同也是如此。按照这一原则，出卖人订立合同的目的是取得价款而出让其所有权，而买受人支付买价的目的在于取得所有权。这样，在买卖这种最典型的交易中，物权变动当然就有了原因，即买卖合同；相对应的是，物权的变动，即所有权的移转，就成为这一原因的结果。本文以对买卖合同中物权变动的原因与结果的分析为例得出的结论，对其他物权变动应该同样有效。

对一个成立生效的买卖合同，我们有必要就物权变动的原因与结果之间的关系进行如下思考。

1. 买卖合同涉及的两种基本财产权利有着本质的区分

买卖合同可以直接产生的权利是一项债权，即请求权；而买卖的目的是移转标的物的所有权，即物权。因此，在买卖合同中必然同时涉及物权和债权这两种基本的民事权利。一般认为，物权属于支配权、绝对权、对世权，而债权属于请求权、相对权、对人权。物权与债权之间有着本质的区分，这种区分是民法财产权利体系构成的基础，也是民法分析的科学基础。

2. 买卖合同所涉及的物权变动与债权变动时间上的差异

买卖合同成立生效，即发生债权的变动，当事人之间债权债务关系建立，此时当事人开始享有债权法上的请求权。但是，买卖合同的成立生效，并不当然地发生标的物上的物权变动的结果。标的物的所有权移转，只能是在动产交付之后或者不动产登记时才发生，并非从双方当事人订立合同时就当然发生。[②] 因此，物权的变动发生在当事人履行合同之时。这样，买卖合同中物权的变动与债权的变动产生了明显的时间上的差异。当然，就一般的交易行为而论，债权的变动是在物权的变动之前，但是也存

---

① 王家福主编《中国民法学　民法债权》，法律出版社，1991，第25页以下。
② 德国民法典第873条、第925条、第929条；我国旧民法第758条、第761条第1款；我国民法通则第72条等。

在物权变动在先而当事人之间的合同在后发生的情形，如不动产的所有权人先在自己的标的物上设定抵押权（即所有权人抵押权），[①] 然后再依合同将此权利移转的情形。但是无论如何，债权变动与物权变动是有差异的。

3. 物权变动与债权变动的法律基础不同

在买卖合同中，两种不同的权利变动是在两种不同的法律基础上进行的。依据买卖合同所产生的法律关系是债权债务关系，其建立的基础是当事人的意思表示。在当事人就合同的意思达成一致时，合同即产生约束力，即债权法上的约束力。但是，由于债权法上的权利只是一种相对权、对人权，不具备排他的效力，故而物权的变动必须依赖物权变动中的公示行为，即标的物的交付（动产）或者登记（不动产），物权变动只能在交付或者登记时才能生效。此中的法理，在于物权的本质与债权完全不同。债权因为属于请求权、对人权、相对权，因此债权的变动不必予以公示，即可产生法律上的效果。而物权的本质是支配权、绝对权、对世权，物权的变动必须在公示之后才能发生对世的效果，即使世人了解到物权的变动，知道物权的变动对世人的排他性作用，以保障物权秩序的客观公正性。[②] 因此，物权变动与债权变动就建立在完全不同的法律基础上。

从以上分析可以看出，买卖合同所涉及的债权变动及物权变动，是两个不同的法律事实。它们有不同的法律基础，有不同的成立时间，有不同的生效要件。其实，买卖合同所涉及的物权变动，即物权的移转，是物权变动的一种形式。从对买卖合同中两种权利变动的分析，可以看出在物权移转的行为中原因与结果有十分清楚的区分。

其他以债权关系变动作为原因的物权变动，如物权设立、物权的变更等，同样也存在原因与结果之间的区分。以物权的设立为例，以当事人的意思设立抵押权或者质权时，当事人订立的抵押合同或质押合同，为债权性质的合同。[③] 当事人订立的合同成立生效，只是为设立抵押权或质权建立了合法的原因。由于债权的相对性，合同的生效并不当然地产生物权的排他性的效果，因此物权并未设定成功。只有在进行抵押权不动产登记

---

① 孙宪忠：《德国当代物权法》，法律出版社，1997，第 151 页。
② Baurl Stürner, Lehrbuch des Sachenrechts, 16. Auflage, Verlag C. H. Beck, 1992, Seite 29.
③ 王泽鉴：《民法学说与判例研究》第 5 册，中国政法大学出版社，1998，第 116—117 页。

时，或者在指定的动产交付时，设定的抵押权或者质权才能有效发生。①
这些原则我国现行法律也是承认的。因此，在设立物权的行为中，物权的
产生与债权法上合同权利义务关系的产生，有不同的时向界限，有不同的
法律根据。它们在本质上也是互相区分的。

二 区分原则的基本意义

任何物权的变动自然有其法律上的原因。但是从上文的分析中可以看
出，原因的成立生效与物权的变动却并不是一回事。因此在物权法中，就
有必要建立物权变动的原因及其结果的区分原则。

所谓区分原则，即在发生物权变动时，物权变动的原因与物权变动的结
果作为两个法律事实，它们的成立生效依据不同的法律原则。这一原则来源
于德国民法，即德国法中的"Trennungsprinzip"，或称分离原则。德国法学
家认为，买卖合同的成立生效与所有权的移转之间的区分，并不是人为的拟
制，而是客观的事实。无论物权变动的原因是什么，原因的成立与物权的变
动都不是一个法律事实，而是两个区分的法律事实。② 在原因行为中，当事
人享有债权法上的权利，并承担债权法上的义务；而在结果行为中，当事
人完成物权的变动，使得物权能够发生排他性的后果。③

按照区分原则，以发生物权变动为目的的基础关系，主要是合同，属
于债权法律关系的范畴，成立以及生效应该依据债权法、合同法来判断。
在法学上，这种合同属于物权变动的原因行为。因为不动产物权的变动只
能在登记时生效，动产物权的变动只能在占有交付时生效，故合法成立的
合同也许不能发生物权变动的结果。其中的原因，可能是客观情势发生变
迁，使得物权的变动发生了客观不能的情形；也可能是物权的出让人"一
物二卖"，其中一个买受人先行进行了不动产登记或者接受了动产的占有
交付，其他的买受人便不可能取得合同指定的物权。因合同产生的权利属
于债权，法律性质为相对权，它只有相对性，而没有排他性，因此，买受

---

① 德国民法典第 873、1205 条；我国旧民法第 758、885 条。
② Baurl Stürner, Lehrbuch des Sachenrechts, 16. Auflage, Verlag C. H. Beck, 1992, Seite 43；
Deutsches Rechtslexikon, Band 3, 2. Auflaga, Verlag C. H. Beck, 1992, Seite 692.
③ 孙宪忠：《德国当代物权法》，法律出版社，1997，第 151 页。

人无法也无必要知道是否存在"一物二卖"的情形，也无法排斥他人购买同一标的物的合同。所以，物权变动的合同和物权变动本身确实是两个法律上的事实。这一点应该说是十分清楚的。

区分原则的基本意义，可以归纳为如下几点。

（1）关于物权变动的基础关系，即物权变动的原因行为的成立，必须按照该行为成立的自身要件予以判断，而不能以物权的变动是否成就为标准判断。如以债权法上的合同作为物权变动的原因行为时，则债权的法律关系的成立，自然以合同法所规定的合同成立生效的要件，即当事人的意思表示真实而且一致为充分必要条件。如果合同具备这一条件，则应该认为合同关系已经合法成立生效，当事人应该受到合同的约束。违约者，应该承担法律责任。至于物权变动能否成功，并不是合同成立生效的必要条件。因为，在合同生效后能否顺利完成动产的交付和不动产的登记，其中当事人自己的作为或者不作为虽然会产生一定的决定作用，但是当事人之外的客观因素也会发挥一定的决定作用。有时可能因为当事人自己的意思不发生物权变动，有时会因为客观的原因不发生物权变动。因为，原因行为与物权变动不是一个法律事实，故不可以认为未发生物权变动时合同也是无效的。

（2）关于物权的变动，必须以动产的交付与不动产物权登记为必要条件，而不能认为基础关系或者原因关系的成立生效就必然发生物权变动的结果。合同成立生效，能够产生债权法上的效果，但是不一定能够产生物权法上的效果。要产生物权变动的效果，必须进行物权的公示行为，即动产的交付和不动产登记的行为。其中动产的交付，除典型的一次性彻底的占有移转之外，尚有交付替代、占有改定等形式。但是无论如何，物权变动的成就，一般是在物权变动公示之时。如果合同成立生效而未发生动产的交付和不动产登记，则权利取得人就只是享有请求交付的权利，即债权法上的权利，而没有取得对物的支配权。

从上文的分析中也可以看出，区分原则在物权法中有着广泛的适用性。凡是以债权法上的行为作为原因的物权变动，必然适用这一原则，因为债权法上的当事人的意思不能当然发生物权变动的结果。由于当事人的意思表示引起的物权变动是物权变动的常规性现象，故将区分原则作为物权法的基本原则是毫无疑义的。但是，从这一分析中也可以看出，区分原则在物权法中的适用也有一定的限制性：凡不以当事人的意思表示为原因而成立、生效的物权变动，如法律的直接规定或者事实行为引起的物权变动，即发生物权的原始取得的情形，依法理可以直接产生物权变动的结果，故自然不适用区分原则。这种情况因不是物权变动的常规性现象，故只能作为一种法定的例外，而不能以此作为否定区分原则作为物权法的基本原则的理由。

三　各国立法例中原因与结果之间关系的比较分析

区分原则是根据物权与债权的基本性质的差异建立起来的。因为对物权与债权之间的区分认识不一，尤其是对物权变动的成立生效与债权变动的成立生效的关系认识不一，在当代大陆法系各国的立法体例中，对物权变动的原因与结果之间关系的规定有很大差异。对此的比较分析，对于加深对区分原则的理解是十分必要的。[①]

1. 以法国民法为代表的债权意思主义立法模式

按法国民法典的规定，以买卖合同作为原因的所有权的变动完全依据合同中当事人的意思来判定，只要双方当事人的合同成立、生效，则标的物的所有权当然发生转移。法国民法典第 1538 条规定："当事人双方就标的物及其价金相互同意时，即使标的物尚未交付、价金尚未支付，买卖合同即告成立，而标的物的所有权即依法由出卖人移转于买受人。"只是对待建不动产的买卖，法律规定可以对买卖合同进行公证，但是所有权的移转仍然是在买卖合同成立之时（法国民法典第 1601 - 2 条）。[②] 从这些规定可以看出，在法国法中，标的物的所有权仅仅依据当事人债权法上的意思来实现移转，除此以外不需要当事人其他的行为。因此，法国民法是不承认区分原则的。这一立法的原因，在于法国民法中并无严格而且准确的物权与债权的区分。在法国民法中并没有形式意义上的物权立法；而学者们关于物权的认识，是把物权定义为"广义财产权"。所谓广义财产，"指为

---

① 此处的分析比较，参见前列 Baurl Stürner 书第 178 页以下；王泽鉴《民法物权（一）通则·所有权》，三民书局，1992，第 61 页以下；谢在全《民法物权论》上册，五南图书出版公司，1989，第 64 页以下等。

② 此处关于法国民法典的译文，引自马育民译《法国民法典》，北京大学出版社，1982。

民事主体拥有的财产和债务的综合，亦即属于民事主体之具有经济价值的权利义务的综合"。① 从这一表述可以看出，法国法并没有清楚地认识到，或者说没有在立法中确立物权与债权的界限。由于没有物权与债权的界限，故也就没有物权变动与债权变动的界限。这种立法有着明显的早期罗马法的影子，在法理上与实践上均有重大缺陷。

　　债权意思主义的立法在实践上对第三人的安全有着很大的风险。因为，债权的意思只因当事人的意思表示一致而生效，而第三人无法知悉这一意思；但是由于债权的意思可以使物权的变动生效，即当事人的意思直接产生排除第三人的结果。对这样的结果，法律既未提供方式让第三人预防，也未提供对第三人损害的救济。这种损害交易公正与安全的情形在不动产的物权变动中表现得最为充分。对此问题，法国立法者并非没有认识，经过长期的争论，法国在 1855 年即法国民法典实施半个世纪之后，制定了不动产登记法，规定了不动产物权的变动不经登记不得对抗第三人的原则。但是，由于这一原则规定在单行法中而不是规定在基本法中，对其效力历来存在争议，实践的效果仍然不佳。故后来他国的立法均不再采纳这种模式。

　　2. 公示对抗主义的立法模式

　　以日本民法为代表。日本民法典第 176 条规定："物权的设定及移转，只因当事人的意思表示而发生效力。"同时，关于不动产的物权变动，该法第 177 条规定："不动产物权的取得、丧失及变更，除非依登记法规定进行登记，不得以之对抗第三人。"关于动产物权的变动，该法第 178 条规定："动产物权的让与，除非将该动产交付，不得以之对抗第三人。"② 从这些规定可以看出，日本民法对物权变动与债权变动之间的关系的认识是：物权的变动仍然是因双方当事人的意思表示一致而生效，但是物权没有进行公示的，均不得对抗第三人。这种立法模式，是采纳法国民法后发展出来的一些理论和原则；与法国民法不同的是，日本法以基本法的方式将公示原则直接规定出来，并将这一原则推行至动产。这样，在民法的发展中就产生了对抗主义的立法模式。日本法的规定就是，如果发生物权变

---

　　① 尹田：《法国物权法》，法律出版社，1998，第 2 页以下。
　　② 关于日本民法典的译文，引自曹为、王书江所译《日本民法》（法律出版社，1986）。

动，则物权变动在当事人意思表示一致时生效，但如果没有交付或没有进行不动产登记，则不能对抗那些已经完成交付和不动产登记的第三人。如在一物多卖的情况下，日本法规定标的物已交付或已经进行不动产登记的买受人取得标的物真正的所有权，而未登记的或者未接受交付的买受人不能取得真正的所有权，虽然他们在法律上也有一种"所有权"。对抗主义的立法，看到了物权变动与债权变动之间的区分，也试图以立法形式将这两者区分开。但是，由于第176条规定的原则，该法并未将它们区分开来。故日本民法的规定，在物权变动的原因与结果的区分原则上，采取了骑墙式的不彻底的态度。

将物权变动的效力只与当事人的意思系结，首先是违背物权公示原则的。对抗主义在立法上的另一个缺陷是，在一物二卖的情况下，根据第176条的规定，两个买受人都取得了标的物的所有权；而且该所有权是当事人认为可以受到法律保护的所有权，因此当事人可以对标的物进行法律上的处分。但是法律所认定的真正的所有权取得，即受法律保护的所有权取得，与当事人自己认识到的所有权取得并不一致。这样，在当事人处分其"所有权"时，肯定会出现标的物上所有权的法律保护形态与当事人认定的事实形态越来越分离的情况。这对经济秩序的法律保护造成很大的妨碍。比如，在不进行不动产登记的情况下，买受人可以取得标的物的所有权，而且可以将此所有权作法律上的处分；依此方式取得物权的人作为买受人又可以继续对该标的物进行处分。这些买受人均有理由以为自己取得了标的物的所有权，因此可以处分标的物；但是标的物的实际占有与登记状态却又可能不发生任何变化。这样，标的物的所有权的法律状态与事实状态发生了很大的分离。在交易的中间状态一旦发生争议的情况下，物权取得的公正保护在事实上是不可能的。

3. 公示要件主义立法模式

瑞士民法、奥地利民法及我国旧民法采用这一模式。指物权变动的成立、生效，不仅需要当事人在债权法上的意思表示一致，而且还需要物权的公示，即动产的交付和不动产的登记，并且以动产的交付和不动产的登记作为物权变动生效的根据这样一种立法模式。我国旧民法第758条规定："不动产物权，依法律行为而取得、设定、丧失及变更者，非经登记，不生效力。"第76条第1款第1句规定："动产所有权之让与，非将动产交付，不生效力。"瑞士民法典第 656 条第 1 项规定："取得土地所有权，须在不动产登记簿登记。"第 714 条第 1 项规定："动产所有权的移转，应移转占有。"① 这些规定的关键在于，双方当事人订立的合同本身并不发生物权的变动，而只是在动产的交付或不动产登记后才真正发生物权变动，这与法国法和日本法的规定有非常明显的区别。这一立法的法律思考，就是关于物权变动的区分原则。它不把物权变动的时间界限确定在意思表示一致的时候，而是确定在物的交付或者登记的时候。如果没有进行动产的交付或不动产登记，物权不发生变动。

4. 物权意思主义的立法模式

德国民法典第 873 条第 1 款规定："为转让一项土地的所有权，为在土地上设立一项权利以及转让该项权利，或者在该权利上设立其他权利，在法律没有另行规定时，必须有权利人和因该权利变更而涉及的其他人的合意，以及该权利变更在不动产登记簿上的登记。"第 929 条第 1 款第 1 句规定："为让与一项动产的所有权，必须由所有权人将物的占有交付于受让人，并就所有权的移转由双方达成合意。"② 德国民法中的合意，指专门为发生物权变动的效果而产生的物权意思表示，即物权契约。③ 德国民法对物权变动的基本规定，其基本特征是：在发生物权变动时，不仅仅需要双方当事人交付物权或进行不动产登记的事实，而且还需要双方当事人就物权变动进行新的合意，即建立纯粹的物权意思表示一致。而且物权变动的原因，并不是当事人债权法上的意思的结果，而是该物权合意的结果。这样，物权法上的意思，就成了物权变动的直接原因。德国法认为，既然物权变动和债权变动是两个不同的事实，说明在当事人之间就两个不同的事实有不同的意思表示，所以物权变动中独特的物权意思表示并不是人为的拟制，而是客观的存在。对德国法中独立的物权意思表示的理解在我国法学界有很大的争议。④ 但是，如果从本文论述的区分原则的理论基础——物权与债权的本质区别、物权变动与债权变动成立、生效要件的区别等方

① 关于瑞士民法典的译文，引自殷生根所译《瑞士民法典》（法律出版社，1987）。
② 本文关于德国民法典的译文，皆为作者自译。原文来源是：Bürgerliches Gesetzbuch, 34. Neubearbetete Auflage, Stand 10, Deutscher Taschenbuch Verlag, 1993。
③ 孙宪忠：《德国当代物权法》，法律出版社，1997，第 151 页。
④ 对这一问题有兴趣者，可以参见拙作《物权行为理论的起源及其意义》，《法学研究》1996 年第 3 期。

面来看，可以很清楚地得出肯定的答案。而否定的观点，基本上都存在对区分原则认识不清的问题。

虽然在立法上与德国法有所差异，但是在法理解释上，我国旧民法也是采纳物权独立意思作为物权变动的基本原因的，[①] 这与德国法学者的意见完全一致。我国旧民法的司法案例也是承认独立的物权契约存在的。[②] 台湾"最高法院"的判例，也一再肯定物权独立意思的存在。因此，承认物权行为作为物权变动的独立原因，并不仅仅只有德国民法，我国也有较长时间的传统。奥地利民法的制定早于物权行为理论产生近40年，因此它并不存在是否接受该理论的问题。瑞士民法是否接受该理论尚有争议。但是无论如何，这些立法均采纳了将物权变动的原因与结果区分的原则。

在没有物权与债权区分的英美法系国家的立法中，强调物权变动必须公示，从而将物权变动与债权变动在法律上予以区分者也不少见。起源于澳大利亚的托伦斯登记制，以登记权利作为不动产物权的基本根据，实现了原因行为与物权变动的区分。这一制度，除施行于澳大利亚全国外，还施行于爱尔兰、加拿大、菲律宾等国家以及美国的伊利诺伊和加利福尼亚等十余个州。[③]

我国现行法律以及法律解释文件也基本上遵循了这一原则。如在土地使用权转让合同与土地使用权登记的问题上，司法解释机关坚持了上述区分原则："转让合同订立后，双方当事人应按合同约定和法律规定，到有关主管部门办理土地使用权变更登记手续，一方拖延不办，并以未办理土地使用权变更登记手续为由主张合同无效的，人民法院不予支持……"在这里，法律的解释文件坚持了不能以未发生物权变动来主张债权法上的合同无效的观点。其实，这正是区分原则的要求。又如，在土地使用权"一权二卖"的情况下，后一合同的买受人通过办理登记取得了权利，而前一合同的买受人无法取得土地使用权的，"转让方给前一合同的受让方造成

---

① 王泽鉴：《买卖、设定抵押权之约定与民法第758条之"法律行为"》，见氏著《民法学说与判例研究》第5册，中国政法大学出版社，1998，第116页以下；苏永清：《物权行为的独立性与无因性》，载《固有法治与当代民事法学——戴东雄教授六秩华诞祝寿论文集》，三民书局，1997；等等。

② 转引自蔡墩铭主编《民法立法理由、判解决议、令函释示、实务问题汇编》，五南图书出版公司，1983，第838页以下。

③ 李鸿毅：《土地法论》，三民书局，1991，第254页以下。

损失的，应该承担相应的民事责任"。显然，从要求转让方（即出让人）承担因其过错使得买受人不能取得权利的责任即违约责任这一点来看，司法解释显然承认，合同的约束力不是根据物权是否发生变动为标准来判断的，而是根据当事人所订立的合同来判断的。① 这也是对区分原则正确运用的例子。由于以发生不动产物权变动为目的的合同与物权变动本身是两个法律事实，只在买卖合同有效成立后，才发生合同的履行问题，亦即在合同生效之后才发生标的物的交付和登记问题。未交付或未登记，其法律效果是不发生物权变动，绝不能以未交付或未登记而否认买卖合同的效力。

四 区分原则的实践价值

区分原则的建立不但符合物权为排他权而债权为请求权的基本法理，而且被民法实践证明是一条分清物权法和债权法的不同作用范围、为物权变动与债权变动建立科学的规范基础、区分当事人的不同法律责任的行之有效的原则。区分原则的基本要求有二。一是在未能发生物权变动的情况下，不能否定有效成立的合同的效力。因合同仍然是有效的合同，违约的合同当事人一方应该承担违约责任。依不同情形，买受人可请法院判决强制实践履行，即强制出卖人交付或办理登记，或判决其支付损害赔偿金。二是不能认为已经生效的合同均能产生物权变动的结果，即不能仅仅以生效的合同作为物权排他性效力的根据。因为，物权变动只能发生在不动产登记与动产的占有交付之时，物权的变动必须以公示的行为作为其基本的表征。物权变动的原因与结果相区分的原则，既适用于不动产物权变动，也适用于动产物权变动。具体来说，区分原则的实践价值如下。

（一）在合同生效而物权变动未成就情况下发挥保护合同当事人的债权请求权的作用

按照区分原则，在未发生物权变动的情况下，合同仍旧可能成立、生

---

① 1995 年 12 月 27 日最高人民法院印发《关于审理房地产管理法施行前房地产开发经营案件若干问题的解答》，第 12 条、第 14 条。

效。因为，在合同成立、生效后，物权变动可能会有多种原因而不能成
就。比如在出卖人"一物二卖"的情况下，就肯定只能有一个买受人取得
标的物的所有权，而其他的买受人绝对不能取得标的物的所有权。在此
时，对其他的买受人而言，虽然标的物的所有权不能取得，但是他们在合
同法中的权利却不能抹杀，他们仍然可以依据请求追究违约责任等方式来
实现自己的权利。

　　在这一意义上，坚持区分原则在我国的司法中具有重大的价值。因
为，在我国的一些现行立法及其相关的法律解释中，区分原则的科学法理
并未得到彻底的坚持。如，我国担保法第 41 条规定，当以合同设定抵押权
时，"抵押合同从登记之日起生效"。第 64 条第 2 款规定："质押合同自质
物移交于质权人占有时生效。"法律没有把物权公示的行为即不动产物权
登记以及动产的交付当作物权变动成立、生效的条件，而是将其当作债权
法上的合同成立、生效的要件。这一立法，就是把债权的变动与物权的变
动混为一谈。一些司法解释也有这样的问题。如："土地使用者就同一土
地使用权分别与几方签订土地使用权转让合同，均未办理土地使用权变更
登记手续的，一般应当认定各合同无效……"在土地使用权抵押时，如果
未办理登记手续，则应当认定抵押合同无效。① 显然，这些做法的错误就
在于没有贯彻区分原则，将物权变动当成了债权变动的必要条件，结果导
致了损害合同当事人一方利益的结果。因为，在这种情况下如果认定合同
无效，则合同没有任何的约束力，一方当事人就可以毫无顾忌地违约，而
另一方当事人对此毫无救济的请求权。从实践的考察来看，由于物权的出
让人一方常常在物权变动中居于经济优势地位，而物权的受让人常常居于
劣势地位，物权出让人的违约可能性较高；物权的受让人，主要是不动产
交易中的物权受让人，包括大量的消费者，在对方当事人违约的情况下，
他们本来还可以依法得到合同法上的救济，但是由于法律以及司法解释上
未能坚持区分原则，结果使得他们无法获得合同法上的救济以保护自己的
利益。故不区分物权变动与债权变动的做法在法律政策上实在有失公正。
按照区分原则，债权法上的合同的效力只能按照债权法上规定的要件来判

---

① 1995 年 12 月 27 日最高人民法院印发《关于审理房地产管理法施行前房地产开发经营案
件若干问题的解答》，第 14—16 条。

断。在合同生效的情况下，当事人在另一方当事人违约的情况下，应当享有法律上的救济权，即要求违约者承担责任。

（二）在原因行为生效时，发挥确定物权变动的准确时间界限、保护第三人的正当利益的作用

按照区分原则，即使是当事人之间的合同已经生效，但是如果尚未发生不动产物权登记或者动产的占有交付，则不应认为物权已经发生变动。因此，不能按照合同生效则物权必然发生变动的思想规范现实的交易秩序。因为，合同的生效，只是产生了关于物权变动的请求权，而不是实际的物权变动。合同只有债权法上的约束力，而没有物权法上的约束力。

违背区分原则的这一要求，就必然会导致损害第三人的合法权益及正当交易秩序的结果。在作为原因行为的合同成立生效之后，有可能会发生合同所指向的标的物被第三人取得的情况。物权法上的第三人，指的是没有参与物权变动的法律关系，但是又与这一变动有利害关系的人。这包括两种情形：一种是与物权的出让一方有直接的法律关系的人，如"一物二卖"情况下的另一个买受人，为买受人的第三人；另一种是与物权的取得人一方有直接法律关系的人，如物权受让一方将物再次出让后的物权取得人，为物权出让人的第三人。第三人在法律上有极为重要的意义，因为，第三人正是社会整体的交易秩序的化身，保护第三人，就是保护社会整体的交易秩序。但是保护第三人利益有一个基本的前提条件，就是要判断当事人与第三人之间的物权变动是否已经发生和成就。这就需要把债权变动与物权变动区分开，不能认为合同一生效就发生了物权变动。

近年来随着合同法的制定，合同在交易秩序中的作用再次得到了强调，但是也屡屡发生单纯地依据合同来确定物权变动的问题。如某公司为取得一笔贷款，与银行订立了将自己公司的三部汽车抵押给银行的合同，但是并未进行抵押权的设立登记。此后不久，该公司又把抵押中的两部汽车卖给了第三人，第三人使用此汽车已经进行了业务活动。在银行追究贷款的诉讼中，公司所在地的区法院认为，该公司既然已经与银行订立了抵押合同，就应该保证不再处分作为抵押标的物的汽车，故公司出卖汽车的行为是无效的；既然出卖汽车的合同无效，则第三人应该

返还汽车。① 虽然该判决被当作一个正确适用法律的典型在媒体上得到宣传，但是它实际上有严重的错误。其错误就在于法官仅仅依据公司与银行之间订立的合同，就认定抵押标的物的抵押权已经有效设立；而且依据这个已经"生效"的抵押权，排斥第三人已经取得的所有权，从而妨害了第三人的交易安全，使得第三人在无过错且无法预防的情况下，不但正常的生产经营活动受到损害，而且其支付的价款实际上也无法取回。

笔者近日在社会调查中遇到的另一个案件，也是法官不懂得区分原则，从而危害第三人正当利益的典型。某人有一处铺面房并先将该房卖给了甲，在未登记时，又将该房卖给了乙，并办理了房屋的"过户登记"及所有权移转登记。甲为取得房屋，直接将乙告上了法庭。但是乙在此案中，是一个完全应该按照区分原则得到保护的第三人。然而一审法院依据合同生效即所有权移转的思想，判决乙返回房屋，出卖人返还价款。二审法院同样以此思想，认为甲根据合同已经取得了房屋的所有权，乙"占有"他人的房屋，理应支付租金。这样，乙在对出卖人与甲的合同丝毫不知情的情况下，承受了合同"排他性"的后果。这是严重违背法理的。因为，在本案中，甲与出卖人之间的合同虽然成立生效了，但是没有登记，没有发生所有权的移转；合同没有排他性，不能以这一合同否定出卖人将房屋再次出卖的行为，更不能认为合同可以具有取消不动产登记的效力；乙与出卖人之间的合同也是有效的合同；乙在订立合同后办理了不动产登记，即取得了标的物的所有权，该权利并无瑕疵，应该受到保护。据调查，这样的案件还有不少。如果坚持区分原则，第三人的合法利益就能够得到保护。

正是鉴于如上考虑，在我国物权法中确立区分原则有非常重要的现实意义。固然，在严格讲求法理的德国民法和我国台湾地区"民法"中没有规定区分原则，但是，因为该原则是一个具有基础性的、常识性的原则，法律对其的遵守属于不言自明。但在我国，由于现实做法有误，法理上的认识也不清楚，故必须以立法进行匡正，因此我国物权法采纳区分原则作为其基本原则之一是非常必要的。

---

① 《抵押物重复抵押，债务人难避债务》，《北京日报》1997 年 12 月 31 日。

制定中国物权法的若干问题[*]

梁慧星[**]

摘　要：分析自新中国成立以来调整民事关系的法律法规可以看出，现行有关物权的法律法规因经济体制、立法体制等原因而存在诸多缺陷。在我国正在进行的物权立法中，应坚持对合法财产一体保护原则，实行物权变动与原因行为相区分的原则，从中国实际出发构建用益物权体系并完善担保物权制度。

关键词：物权法　财产一体保护原则　用益物权体系　担保物权制度

一　导言

（一）中国在改革开放前对民事生活的调整

中华人民共和国成立至"文化大革命"开始（1949—1966）的 10 余年间，不重视法制，20 世纪 50 年代初和 60 年代初两次起草民法典的作业，均因政治运动而中断。这一期间，调整民事生活的法律，仅有《中华人民共和国婚姻法》（1950）一部。人民法院审理民事案件，主要是依据各项"民事政策"。所谓"民事政策"，是指"党和国家颁布的有关民事方面的规范性文件"[①]，例如，政务院于 1950 年 10 月 20 日发布的《新区农村债务纠纷处

---

　　* 本文原载于《法学研究》2000 年第 4 期。

　　** 梁慧星，中国社会科学院法学研究所研究员。

　　① 唐德华：《民法教程》，法律出版社，1987，第 14 页。

理办法》。为了使"民事政策"能够成为法院裁判的标准，由最高人民法院对一定时期的"民事政策"加以归纳、整理和解释，作成指导法院裁判工作的解释性文件。这样的文件，称为"意见"，例如最高人民法院《关于贯彻执行民事政策几个问题的意见（修正稿）》（1963 年 8 月 28 日）。

（二）改革开放以来的民事立法

中国从 1978 年开始实行改革开放，纠正"文化大革命"时期的极左错误，放弃"人治"，实行法治。相继制定了若干重要的民事法律，初步形成一个民事立法体系。这个民事立法体系，分为以下层次。第一个层次，是作为民事基本法的民法通则。第二个层次，是各民事特别法，包括属于债权法性质的经济合同法、涉外经济合同法、技术合同法，属于家庭法性质的婚姻法、收养法、继承法，属于物权法性质的担保法，属于商事法性质的公司法、票据法、海商法、保险法、证券法、专利法、商标法、著作权法。第三个层次，是民事法规，例如工矿产品购销合同条例、加工承揽合同条例、借款合同条例、国内航空旅客身体损害赔偿暂行条例等。第四个层次，是各行政性法律、法规中的民法规则，例如土地管理法中关于土地所有权和使用权的规定、民用航空法中关于民用飞行器权利的规定、城市房地产管理法中关于房地产抵押的规定等。

（三）现行民事立法体系中属于物权法性质的法律法规

按照大陆法系民法理论，规范财产关系的法律，为财产法。财产法分为物权法和债权法两大部分。物权法是规范财产归属关系的法律，债权法是规范财产流转关系（主要是市场交易关系）的法律。中国进行经济体制改革是从发展市场交易开始的，[①] 因此比较重视规范财产流转关系的法律。现行民事立法体系中，规范市场交易关系的法律法规，相对而言要完善一些。[②] 规范财产归属关系的法律未受到应有的重视。物权法立法明显薄弱和滞后。

属于物权法性质的现行法律法规如下。

---

① 中国实行改革开放的第一个措施是"搞活流通"。
② 1993 年 10 月，立法机关委托民法学者提出统一合同法立法方案。从 1994 年 1 月正式开始起草统一合同法（草案）。1998 年 8 月八届全国人大常委会第一次审议统一合同法（草案），九届全国人大一次会议于 1999 年 3 月 15 日通过统一合同法。

1. 民法通则

在中国现行法体系中，居于民事基本法地位的法律，是 1986 年 4 月 12 日主席令第 37 号公布的《中华人民共和国民法通则》（1987 年 1 月 1 日起施行）。民法通则既不是民法典，也不同于民法典的总则编。它包括九章 156 条。即第一章基本原则；第二章公民（自然人）；第三章法人；第四章民事法律行为和代理；第五章民事权利；第六章民事责任；第七章诉讼时效；第八章涉外民事关系的法律适用；第九章附则。其中第一、二、三、四、七章的内容相当于民法典总则编的规定。值得注意的是，第五章对民事权利作了列举性规定，其中第一节"财产所有权和与财产所有权有关的财产权"，属于物权法性质的法律规则，包括财产所有权的定义（第 71 条）、财产所有权的转移（第 72 条）、关于财产共有的规定（第 78 条）、关于埋藏物和拾得物等的规定（第 79 条）、关于不动产相邻关系的规定（第 83 条）。

2. 民事特别法

有关物权的特别法有：①1995 年 6 月 30 日主席令第 50 号公布的《中华人民共和国担保法》（同年 10 月 1 日起施行）。主要是其中第三章关于抵押权的规定、第四章关于质押权的规定和第五章关于留置权的规定。另在第七章有关于不动产和动产的定义性规定（第 92 条）。②1992 年 11 月 7 日主席令第 64 号公布的《中华人民共和国海商法》（1993 年 7 月 1 日起施行）。主要是其中第二章关于船舶所有权、船舶抵押权、船舶优先权的规定。③1995 年 10 月 30 日主席令第 56 号公布的《中华人民共和国民用航空法》（1996 年 3 月 1 日起施行）。主要是其中第三章关于民用航空器所有权、抵押权和优先权的规定。

3. 财产管理法

现行的若干财产管理法，属于行政法律性质，但其中往往有关于物权的规则。①1986 年 6 月 25 日通过（1987 年 1 月 1 日起施行）、1998 年 8 月 29 日修订的《中华人民共和国土地管理法》。主要是其中第二章关于土地所有权和使用权的规定。②1994 年 7 月 5 日主席令第 29 号公布的《中华人民共和国城市房地产管理法》（1995 年 1 月 1 日起施行）。主要是其中第二章关于土地使用权出让、土地使用权划拨的规定；第四章关于房地产转让、房地产抵押的规定；第五章关于房地产权属登记管理的规定。

4. 行政法规

按照中国的立法体制，国务院有行政立法权。由国务院制定的法律文件，统称行政法规。有关物权的行政法规主要有：①1983 年 12 月 17 日国务院发布的《城市私有房屋管理条例》，主要是其中第二章关于房屋所有权登记的规定。②1990 年 5 月 19 日国务院发布的《城镇国有土地使用权出让和转让暂行条例》，包括八章：第一章总则；第二章土地使用权出让；第三章土地使用权转让；第四章土地使用权出租；第五章土地使用权抵押；第六章土地使用权终止；第七章划拨土地使用权；第八章附则。③1991 年 1 月 4 日发布的《中华人民共和国土地管理法实施条例》，主要是其中第二章关于土地所有权和使用权的规定。

5. 行政规章

国务院所属部委发布的规范性文件，称为行政规章，不具有立法的性质。但在现行法律体制下，行政规章在不与法律和行政法规抵触的前提下，有相当于行政法规的效力。有关物权的行政规章有：1983 年 6 月 4 日城乡建设环境保护部发布的《城镇个人建造住宅管理办法》；1987 年 4 月 21 日城乡建设环境保护部发布的《城镇房屋所有权登记暂行办法》；1989 年 11 月 21 日建设部发布的《城市异产毗连房屋管理规定》；1990 年 12 月 31 日建设部发布的《城市房屋产权产籍管理暂行办法》；1992 年 3 月 8 日国家土地管理局发布的《划拨土地使用权管理暂行办法》。

（四）现行有关物权的法律法规的缺点

1. 因经济体制发生的缺点

上述法律法规大多是改革开放初期制定的，因旧的经济体制刚开始改革，而新的经济体制尚未确立，难免在法律精神和制度上反映和体现了计划经济体制的特征和要求。例如，按照生产资料所有制对财产所有权进行分类，并强调所谓社会主义公有制财产神圣不可侵犯，而对自然人和法人的财产保护不力。此外，动产和不动产物权，属于基本的民事权利，由行政管理法加以规定，也未必合适。

2. 因立法体制发生的缺点

中国现行立法体制受行政体制的制约，除宪法、民法通则等由全国人大常委会法工委组织起草外，多数法律法规由国务院所属部委负责起草。负责起草的部委往往不可能从全局考虑，而是较多地考虑本部门、本系统的利益。这就难免导致现行法律法规的互不协调、重复规定、相互抵触，缺乏基本制度的规定。迄今未能建立一个统一的不动产登记制度，其原因也在此。

3. 因民法理论发生的缺点

中国原有的民法理论是在 20 世纪 50 年代继受苏联民法理论的基础上形成的，大体符合改革开放前单一的所有制形式和计划经济体制，而不符合市场经济的要求。例如原有民法理论片面强调对公有财产的保护，1986 年的民法通则仍规定"国家财产神圣不可侵犯"，至少给人以其他财产可以任意侵犯的印象。民法通则之未采用物权概念，未规定取得时效制度和善意取得制度等，均源于原有的民法理论。

4. 因立法指导思想发生的缺点

中国向来的立法指导思想强调所谓"立法宜粗不宜细"、"成熟一个制定一个"，不着重于法律的科学性和体系性，造成现行法律法规的分散零乱，缺乏最根本的和基本的概念、原则和制度。例如，缺乏物权、动产、不动产、主物、从物、原物、孳息等概念，缺乏关于动产和不动产物权发生、取得、变更和消灭的基本规则，缺乏关于用益物权的基本规则、物权保护的原则和制度等。有必要指出的一点是，20 世纪 90 年代以来中国经济学界一再讨论的所谓"企业产权界限不清"、"国有资产流失"等严重社会问题，均与未及时制定完善的物权法，致社会生活中缺乏规范财产归属关系的基本规则有关。说明现行有关物权的法律法规，已经不能满足市场经济进一步的发展对法律调整的要求。

按照国家确定的建设法治国家的目标，要在 2010 年前建成一个与发展市场经济和建设法治国家相适应的完善的法律体系。按照立法机关的构想，该法律体系犹如一个金字塔，最上层是宪法，其次是各基本法，再次是各特别法，下层是各行政法规。宪法和各基本法均应制定成文的法典。现今宪法和刑法、刑诉法、民诉法均已制定了较完善的法典并经过修订，唯有民法仅有一个民法通则，尚未制定民法典。因此，1998 年 3 月，立法机关委托 9 位民法学专家，成立民法起草工作小组，[①] 负责中

[①]　民法起草工作小组的 9 位成员是：中国政法大学民法教授江平，中国社会科学院法学研究所民法研究员王家福、梁慧星，北京大学民法教授魏振瀛，清华大学商法教授王保树，中国人民大学民法教授王利明，最高人民法院原经济审判庭副庭长、退休法官费宗祎，全国人大常委会法制工作委员会原民法室副主任、退休干部肖峋，原经济法室主任、退休干部魏耀荣。

国民法典编纂和草案准备工作。民法起草工作小组议定的计划是：1999 年 3 月通过统一合同法；4—5 年内通过物权法；2010 年前完成中国民法典编纂。

民法起草工作小组 1998 年 3 月 25—26 日召开会议，讨论物权法的起草，讨论了由梁慧星研究员提出的物权法立法方案（草案）。最后作出决议：委托梁慧星按照所提出的立法方案起草物权法草案。① 会后，梁慧星研究员所领导的物权法起草小组按照立法方案进行起草，至 1999 年 10 月，完成中国物权法草案。中国物权法草案，由十二章构成，共 435 条。第一章总则，分为四节：第一节基本原则；第二节物；第三节物权变动；第四节物权保护。第二章所有权，分为六节：第一节一般规定；第二节土地所有权；第三节建筑物区分所有权；第四节不动产相邻关系；第五节动产所有权；第六节共有。第三章基地使用权。第四章农地使用权。第五章邻地利用权。第六章典权。第七章抵押权，分为四节：第一节一般规定；第二节最高额抵押；第三节企业财产集合抵押；第四节企业担保。第八章质权，分为四节：第一节一般规定；第二节动产质权；第三节权利质权；第四节营业质。第九章留置权。第十章让与担保。第十一章占有。第十二章附则。以下对物权法草案作简要介绍。

二 坚持对合法财产的一体保护原则

（一）放弃对某类所有制的财产特殊保护的提法

关于财产权保护的基本原则，在社会主义的传统民法理论中是所谓"社会主义公有财产神圣不可侵犯"。民法通则将社会主义公有财产区分为国家财产与劳动群众集体财产，仅规定"国家财产神圣不可侵犯"（第 73 条）。现今民法学界一致认为，所谓"社会主义公有财产神圣不可侵犯"，或者"国家财产神圣不可侵犯"原则，不过是计划经济体制的本质特征在法律上的反映，不能适应社会主义市场经济的要求。是否可将财产权保护

---

① 鉴于王利明教授关于立法方案中的用益物权、共有、不动产相邻关系和建筑物区分所有权部分有不同意见，因此委托王利明教授按照自己的意见就这几部分提出草案。

的基本原则改为"私有财产神圣不可侵犯"？我们认为不可。无论"公有财产神圣不可侵犯"，还是"私有财产神圣不可侵犯"，均不能反映社会主义市场经济的本质和要求。按照中共十五大报告的提法，现在是多种所有制经济形式并存，各种所有制经济形式并无高低贵贱之分，要求法律给予平等的保护。因此，制定物权法应贯彻的基本原则只能是：凡合法取得的财产不分公有私有，均予平等对待、一体保护。依此原则，当然应放弃传统理论和立法以生产资料所有制性质划分所有权类别，仅对公有物和公用物作特别规定的做法。

（二）规定公有物和公用物制度，不规定国有企业财产权

鉴于国有企业实行公司改组后，国家与企业之间的财产关系属于公司法调整的范围，依公司法原理，国家享有股东权，而企业享有法人财产权。且企业财产权中包括各种不同性质的权利，如对土地的基地使用权属于用益物权，对厂房及其他建筑物的权利属于不动产所有权，对机器、设备、车辆等的权利属于动产所有权，对企业名称的权利属于人格权，对专利、商标的权利属于知识产权，等等，应分别适用各有关法律规定，因此不宜在物权法上概括规定企业财产的归属问题。[①]

按照生产资料所有制划分属于国家所有的财产（所谓全民所有制财产），可以分为经营性财产和非经营性财产两大类。其中，经营性财产主要是国有企业财产，前已述及，无须在物权法上专门规定。至于非经营性财产，主要是属于自然资源的山脉、河流、湖泊、森林、草原和矿藏，国家机关专用的建筑物、军事设施、装备等公有物，以及社会公用的道路、桥梁、港口、公共图书馆、博物馆、公园等公用物。其中，自然资源一类，物权法仅规定矿藏专属国家所有，其他自然资源不在物权法上规定，

[①] 改革开放初期，民法学界关于国有企业财产权性质曾进行了长期论争，提出过各种主张，如经营管理权、占有权、用益物权、双重所有权、商品所有权、委托经营权和企业法人所有权等。随着时间的推移，企业法人所有权主张逐渐占据通说地位。现在看来，企业法人所有权主张也有不周延之处。因为，现在属于企业财产范围的，除厂房、设备、制成品和现金之外，还有专利、商标、非专利技术、企业信誉等无体物，以及基地使用权、债权、担保权益等权利，岂是所有权概念所能够涵盖？但20世纪80年代初期的所谓企业财产，是指生产资料和流动资金，基本上相当于民法所谓动产和不动产。无论如何，当时关于国有企业财产性质的争论，是有重大意义的。

而由各自然资源法规定。物权法应对公有物和公用物作出规定。

物权法草案，在第二章"所有权"的第一节"一般规定"中，专设第62条规定："矿产资源，属于国家所有。矿产资源的开发和经营，依照法律特别规定。"按照这一规定，矿藏属于国家专有，农民集体虽然可以享有农村土地的所有权，但对土地中的矿藏没有所有权。享有土地使用权的自然人或法人，对土地中的矿藏不享有所有权。对矿藏的开发和经营，应由特别法（矿藏法）规定。自然人或法人可以依据矿藏法的规定，取得开发经营矿藏的权利（采矿权）。

在第二章第一节，另设第63条规定公有物和公用物："公有物和公用物属于国家所有，不得转让，不得作为取得时效的客体。但已不再作为公有物和公用物的除外。"所谓公有物，指为社会公众服务的目的而由国家机关使用的财产，包括国家机关的建筑物、军事设施、军用武器装备。不包括国家机关所有的办公用具及有价证券等动产。后者与一般财产相同，属于可交易财产，应许可转让，并适用取得时效。所谓公用物，指为社会公众共同使用的财产，例如公共道路、街道、桥梁、水库、公共图书馆、公共博物馆、公园，可以航行的水道、海岸、海滩、港口、海港等。公有物与公用物的区分，在于公有物是由国家机关出于为社会公众服务的目的而使用，公用物是由社会公众直接使用。

另一类有必要在物权法上明文规定的财产，是宗教财产。而在现行法制之下，宗教财产的性质不明确。按照现行的有关政策，天主教、基督教和东正教教会的建筑物，归中国教会所有；佛教、道教寺庙宫观的建筑物和法器等，为社会所有；伊斯兰教清真寺的建筑物，为信教群众集体所有。但在不动产登记实务中，无论何种寺庙、宫观、教堂的房产，均将宗教协会登记为所有权人，显然违背宗教财产的性质。考虑到宗教财产的特殊性（出于信徒捐赠并用于特殊的宗教目的），物权法草案专设了第64条规定："宗教财产，属于宗教法人所有。"

（三）严格限定公益目的，重构国家征收制度

坚持对合法财产权的一体保护，必然要涉及国家征收制度。合法财产的一体保护，作为一项基本原则，当然包含合法财产不受侵犯、任何人不得被强制转让其财产权。但国家出于社会公益目的并经法定程序的征收应属例外。^① 中国现在的问题是，国家征收制度被滥用，被广泛应用于商业目的。改革开放以来，各地和各级政府频繁地、大量地为商业目的用地而征收农村集体土地所有权及农户、城镇居民的土地使用权，且往往不能给予公正补偿。如果政府将以极低的代价（补偿）征收的土地以市场价出让给用地的企业（中国企业、外资企业及中外合资企业），则政府获得市场价与补偿价之间的差额；如果以优惠价出让给用地的企业，则企业获得此差额。无论如何，均导致严重的不公正。因此，物权法立法方案，提出重构国家征收制度的建议。采用征收方式强制剥夺自然人和法人财产，应仅限于真正的社会公益目的，并严格依照法律程序给予公正的补偿。非真正出于公益目的，如商业目的用地，不得适用征收，建议改为由国家批给用地指标，再由用地人与土地所有权人、使用权人谈判签约。

物权法草案在第一章第三节第 48 条规定："基于社会公共利益的目的，并依照法律规定的程序，国家可以征收自然人和法人的财产。所谓社会公共利益，指公共道路交通、公共卫生、灾害防治、科学文化教育事业、环境保护、文物古迹及风景名胜区的保护、公共水源及引水排水用地区域的保护、森林保护事业，以及国家法律规定的其他公共利益。"（第 1 款）"征收执行人，对自然人和法人因财产被征收所受的全部损失，应当予以公平补偿。"（第 2 款）"征收不得适用于商业目的。国家基于发展商业的目的而需取得自然人、法人财产的，只能通过订立合同的方式。"（第 3 款）

现行法制混淆"征收"与"征用"两个不同概念。^② 所谓征用，是国家不经同意而强制使用自然人、法人的财产。征用的对象，包括动产和不动产。征用与征收的相同点，在于其强行性。不同点在于，征用只是暂时的使用，使用后将予以返还，征收是强行收买，不存在返还问题。另外，征用的对象包括动产和不动产，而征收的对象只是不动产，主要是土地。因此物权法草案严格区分征收与征用，在规定了征收之后，另设第 49 条规

---

① 例如，法国民法典第 545 条规定：任何人不得被强制转让其所有权，但因公用并在事前受公正补偿时，不在此限。德国基本法第 14 条第 3 款规定：剥夺所有权只有为公共福利的目的才能被允许。

② 例如土地管理法第 46 条规定：国家征用土地的，依照法定程序批准后，由县级以上地方人民政府予以公告并组织实施。这里所规定的制度，应是征收而非征用。

定征用："因处于紧急状态，国家可以征用自然人和法人的财产。关于被征用财产的返还及损害赔偿，由法律另行规定。"

（四）区分委托物与脱离物，建立善意取得制度

现代民法为保护交易的安全，有所谓善意取得制度。指没有处分权的人处分他人的动产，在交付该动产于买受人后，如果该买受人属于善意，即可取得该动产所有权；原所有人仅可向无权处分人请求赔偿，而不得向该买受人请求返还。因善意取得制度之贯彻，使买受人免于因出卖人无处分权而承担购买的动产被剥夺之风险，可以保护市场交易的正常进行。中国现行法制关于善意取得未有明文规定，买受人即使对出卖人之无处分权全然不知且其购买行为发生在合法交易场所，也有可能被剥夺所购买的动产，尤其该动产属于遗失物、盗窃物的情形，更是如此。这显然不利于交易安全之保障和买受人正当利益之保护。于是，立法方案建议参考各国立法经验，规定善意取得制度。

物权法草案第二章第五节是"动产所有权"，其中第145条规定了善意取得的一般规则："基于法律行为有偿受让动产，已占有该动产的善意受让人，即使让与人无处分权，受让人仍取得该动产的所有权。""受让人在受让动产时不知让与人无处分权，且无重大过失，为善意。"按照这一规定，发生善意取得的要件是：标的物为动产；让与人无处分权；受让人基于有偿法律行为受让该动产；受让人已占有该动产；受让人为善意。

在民法理论上，适用善意取得制度的动产，区分为委托物和脱离物两类。委托物指基于所有人的意思而丧失占有的物，如借用物、租赁物、保管物。脱离物指非基于所有人的意思而丧失占有之物，包括遗失物、遗忘物、盗窃物。对于委托物，在符合善意取得各项要件时，立即发生善意取得的效果，即善意受让人立即取得所有权，原所有人不得向该受让人请求返还。对于脱离物，在符合善意取得各项要件时，并不立即产生善意取得的效果，所有人在一年内有取回权，仅在此一年期满所有人未行使取回权时，产生善意受让人取得所有权的效果。另外，考虑到对公共市场交易的信赖，应特别规定，即使属于脱离物，如果是善意受让人拍卖或于公共市场购买，所有人取回时必须偿还受让人支付的价金。

因此，物权法草案在规定善意取得一般规则之后，另设第146条特别

规定："受让的动产若系被窃、遗失或其他违反本意而丧失占有者，所有人、遗失人或其他有受领权之人有权在丧失占有之日起一年内向受让动产的人请求返还。"（第1款）"但前款动产若系由拍卖、公共市场或经营同类物品的商人处购得，非偿还受让人支付的价金，不得请求返还。"（第2款）"第一款所称动产若系货币或无记名有价证券时，不得请求返还。"（第3款）之所以对盗窃和遗失物规定有偿返还制度，及货币和无记名有价证券不能请求返还，是为了保护信赖公共市场交易的善意买受人的利益，维护市场交易的完全。

（五）借鉴各国经验，建立取得时效制度

中国现行法制不承认取得时效制度，是因为原有民法理论认为取得时效有悖于道德。且在计划经济体制之下，实行单一的公有制，否认取得时效制度，符合公有制的要求。1986年的民法通则仅规定诉讼时效（消灭时效）制度，而未规定取得时效制度。现在看来，取得时效制度在市场经济条件下有其必要性，学术界和实务界对此已经达成共识。物权法草案在第二章第一节关于所有权的一般规定中，设第65条至第86条专门规定了取得时效制度。按照该规定，仅对于可以交易的物，适用取得时效。不能在市场上交易的物，不适用取得时效。关于动产取得时效的规定为："以所有的意思，十年间和平、公然、连续占有他人之动产者，取得其所有权。但其占有之始为善意并无过失者，为五年。"（第66条）关于不动产取得时效的规定："现时登记为不动产所有人，虽未实际取得该项权利，但占有该不动产并依所有人身份行使其权利的，自其权利登记之日起满二十年而未被涂销登记者，实际取得该不动产所有权。"（第67条）"以自主占有的意思，和平、公开、连续占有他人未经登记的不动产满二十年者，可以请求登记为该项不动产的所有权人。"（第68条）

三　实行物权变动与原因行为的区分原则

（一）关于物权行为的争论

物权行为独立性和无因性理论是德国民法所采的立法理论，认为债权

合同与物权合同是两个不同的法律行为。债权合同的效力在于使双方当事人享有债权和负担债务，并不能发生物权变动。要发生物权变动，须有独立于债权合同之外，以直接发生物权变动为目的之物权合同。债权行为与物权行为截然分开，各自独立。此即物权行为之成立和有效不受债权行为的影响。例如，买卖合同在交付标的物后，该买卖合同因意思表示有瑕疵或内容违反公序良俗而致无效或被撤销，而物权行为的效力却不受影响，买受人对所接受的标的物仍保有所有权。丧失所有权的出卖人只能依据不当得利的规定请求返还。德国民法明文规定物权行为的独立性和无因性；我国台湾地区"民法"虽无明文规定，但理论和实务承认此理论；其他国家如法国、日本等不采此理论，即不承认有独立于债权行为的物权行为，承认物权变动为债权行为（如买卖合同）履行的后果，债权行为不成立、无效或被撤销，当然影响物权变动（买受人不能取得所有权）。

中国民法学界自20世纪80年代后期开始就是否采纳此立法理论进行争论。主张中国物权法不采物权行为独立性和无因性理论的学者所持的理由是：该理论违背交易之实态和人民的认识，使法律关系复杂化；对出卖人显失公平；其保护交易安全的制度已经被善意取得制度所取代。主张采此理论的学者所持的理由是：该理论可以使法律制度更科学、更精确；可以确保交易安全；中国司法实务已承认此理论①。从近年讨论的情况看，多数学者不赞成采纳此立法理论。另一部分学者虽主张承认物权行为概念，却也对物权行为无因性持否定或者怀疑的态度。主张物权行为理论最力的学者，也认为物权行为理论的重点在于物权变动与原因行为的区分，以及物权变动以登记和交付为生效要件，而不在于"物权行为"及其"无因性"。因此，物权法草案不采物权行为无因性理论，而明文规定物权变动与原因行为的区分原则和公示原则。

（二）确立物权变动与原因行为的区分原则

物权法草案第一章"总则"第一节"基本原则"，其中第7条明文规定物权变动与其原因行为的区分原则："以发生物权变动为目的的原因行

---

① 此系误解。实际上，现行立法和实务关于物权变动并不要求有所谓物权行为。例如《城市私有房屋管理条例》第7条规定，购买的房屋，须提交原房屋所有权证、买卖合同和契证。

为，自合法成立之时生效。在不能发生物权变动的结果时，有过错的当事人应当承担违约责任。"此项原则应贯彻于各种物权的设定。例如，关于基地使用权的设立，草案规定："基地使用权设立合同，自合同成立之日生效"（第 199 条第 1 款）；"基地使用权，自登记之日设定"（第 200 条）。关于抵押权的设立，草案规定："抵押合同自成立之日生效"（第 310 条第 3 款）；"抵押权自登记之日设定"（第 312 条第 2 款）。

迄今立法和裁判实务的错误做法是，将原因行为与物权变动混为一谈。例如房屋买卖合同履行后，未向房产管理机关办理产权过户手续的，法院往往判决房屋买卖合同无效，而不是判决强制出卖人补办产权过户手续或判决出卖人承担违约责任。订立抵押权设立合同后，未向登记机关办理抵押权登记的，法院往往判决抵押权设立合同无效，而不是判决抵押人补办抵押权登记或判决抵押人承担违约责任。[①] 其结果，往往使无辜的买受人、债权人遭受损害而得不到救济。按照物权法草案所规定的物权变动与其原因行为的区分原则，未办理登记手续的，只是不发生物权变动，原因行为的效力将不受影响。因此，房屋买卖合同履行后未办理登记过户手续的，只是买受人未得到房屋的所有权，但该买卖合同并不无效，买受人可请求法院判决强制出卖人办理登记过户手续，或者判决出卖人依买卖合同承担违约责任。抵押权设定合同成立后，未办理抵押权登记手续的，只是抵押权不成立，抵押权设定合同并不无效，债权人可请求法院判决强制债务人办理抵押登记手续，或者判决抵押人依抵押合同承担违约责任。

（三）关于物权变动的公示原则

关于物权之变动，各国立法上有四种模式。其一，意思主义。为法国立法模式。指买卖合同有效成立，标的物之所有权即行移转，无须登记或交付。其二，登记对抗主义。为日本立法模式。买卖合同一经有效成立，标的物所有权即行移转，但非经登记或交付不得对抗第三人。其三，登记要件主义。为奥地利、俄罗斯、匈牙利立法模式，我国民法通则亦采此模

---

① 例如担保法第 41 条规定："当事人以本法第四十二条规定的财产抵押的，应当办理抵押物登记，抵押合同自登记之日起生效。"该规定将抵押权的设定与抵押权设立合同的生效混为一谈。

式。买卖合同虽有效成立，但标的物所有权并不当然移转，其所有权的移转必须以登记或交付为要件。其四，形式主义。为德国立法模式，我国台湾地区"民法"亦采此模式。买卖合同有效成立，在登记或交付之外，还须由当事人就标的物所有权之移转作成一个独立于买卖合同的合意，此项合意系以物权之变动为内容，称为物权行为。其中，第一、第二和第四种模式，均有其弊。唯第三种登记要件主义，既便于实行，又能保障交易安全，且为现行法制所采①，因此无必要变更，应在物权法中明文规定。

同时，现行海商法、民用航空法已经规定船舶、飞行器物权变动为登记对抗主义②，符合国际惯例，应维持不变。海商法、民用航空法属于特别法，其关于船舶、飞行器物权实行登记对抗主义，为中国物权法登记要件主义之例外。考虑到海商法规定的船舶为 20 总吨以上的船舶③，20总吨以下的船舶应由物权法规定，既然 20 总吨以上的大船未采登记对抗主义，则 20 总吨以下的船舶若采登记要件主义将不合逻辑，因此决定对船舶一律采登记对抗主义。既然价值相对巨大的船舶、飞行器均已采登记对抗主义，则价值相对较小的汽车，其数量多、转手频繁，若规定采登记要件主义，将显得轻重倒置、不合逻辑，因此决定对汽车采登记对抗主义。

现实生活中存在汽车多次转手，均未办理登记过户手续的情形，汽车实际上的所有人与登记上的所有人不一致，一旦该汽车发生交通事故时，法院往往判决登记上的所有人对受害人承担赔偿责任，而实际上的所有人

---

① 《城市房地产管理法》第 60 条规定："房地产转让或者变更时，应当向县级以上地方人民政府房产管理部门申请房产变更登记。"第 61 条规定："房地产抵押时，应当向县级以上地方人民政府规定的部门办理抵押登记。"《城市房屋产权产籍管理暂行办法》第 18 条规定："凡未按照本办法申请并办理房屋产权登记的，其房屋产权的取得、转移、变更和他项权利的设定，均为无效。"

② 海商法第 9 条规定："船舶所有权的取得、转让和消灭，应当向船舶登记机关登记；未经登记的，不得对抗第三人。"第 13 条规定："设定船舶抵押权，由抵押权人和抵押人共同向船舶登记机关办理抵押权登记；未经登记的，不得对抗第三人。"民用航空法第 16 条规定："设定民用飞行器抵押权，由抵押权人和抵押人共同向国务院民用航空主管部门办理抵押权登记；未经登记的，不得对抗第三人。"

③ 海商法第 3 条规定："本法所称船舶，是指海船和其他海上移动式装置，但是用于军事的、政府公务的船舶和 20 总吨以下的小型船艇除外。"

不承担责任。① 这样的判决既不公正也不合理。按照物权法草案的规定，对于汽车采登记对抗主义，针对汽车转手未办理登记过户手续的情形，登记上的所有人如果举证该汽车已经转让他人，即可免于承担赔偿责任。

因此，物权法草案第 6 条明文规定物权公示原则："依法律行为设立、移转、变更和废止不动产物权，不经登记者无效。依法律行为设立、移转、变更和废止船舶、飞行器和汽车的物权，未经登记的，不得对抗第三人。"（第 1 款）"依法律行为设立、移转、变更和废止其他动产物权，经交付生效。"（第 2 款）

（四）建立统一的、与行政管理脱钩的不动产登记制度

不动产登记制度为物权法的制度基础。中国现在的问题是多个登记机关、多头登记。② 甚至有的登记机关，借登记以牟取不当利益。③ 不动产登记虽然由国家设立的登记机关办理，但本质上属于"服务行政"，与行政管理权之行使无关，更不应容许异化为一种"权限"并用来牟利。因此，中国物权法所设想的不动产登记机关，应当同时解决登记的统一问题和与行政管理权脱钩的问题，建立一个统一的、与行政管理脱钩的不动产登记制度，实现法律根据、法律效力、登记机关、登记程序、权属文书的统一，并使登记机关不享有行政管理权。参考发达国家的经验，关于登记机关的设置，日本在法务局、地方法务局、支局及其法出所，瑞士在各州的地方法院，德国在地方法院的土地登记局，英国在政府土地登记局。因此，建议在县级人民法院设立统一的、与行政管理脱钩的不动产登记机关。

物权法草案第一章第三节专设第 20 条，规定不动产登记机关："不动

---

① 《道路交通事故处理办法》（1991 年 9 月 22 日国务院发布）第 13 条规定："交通事故造成人身伤害需要抢救治疗的，交通事故的当事人及其所在单位或者机动车的所有人应当预付医疗费……"第 14 条规定："……发生机动车交通事故逃逸案件的，由当地中国人民保险公司预付伤者抢救期间的医疗费、死者的丧葬费。中国人民保险公司有权向抓获的逃逸者及其所在单位或者机动车的所有人，追偿其预付的所有款项。"其中规定的"机动车的所有人"，法院在审理交通事故案件时，往往解释为登记上的所有人。
② 根据中国现行法制，由国土管理机关、房产管理机关、矿产管理机关、水行政机关、渔政管理机关及林业管理机关等，分别负责不动产物权或准物权的登记。
③ 有的地方规定，办理抵押权登记，依据抵押物评估的价值收取登记费。甚至规定每办理一次抵押权登记，有效期 1 年，期满应当续登记，当然须再收费。

产登记，由不动产所在地的县级人民法院统一管辖。关于不动产登记机关的组成、登记官员的资格，以及登记程序等，由不动产登记法规定。"第21条规定不动产登记簿的效力："不动产登记簿为证明不动产物权的根据，由县级人民法院设立的登记机关统一掌管并保存。登记簿的形式，依照不动产登记法的规定。"（第1款）"不动产登记簿对不动产物权的当事人及利害关系人公开，利害关系人不得以不知登记为由提起对登记权利的异议。"（第2款）

物权法草案第一章第三节还专设第22条规定不动产权属文书："登记机关颁发给权利人的不动产权属证书，是享有不动产物权的证据。国家建立统一的不动产物权权属证书制度。"（第1款）"权属证书的移转占有不能作为不动产物权变动的生效要件，但法律另有规定的除外。"（第2款）"不动产权属文书的内容与不动产登记簿不一致的，以不动产登记簿的记载为准。"（第3款）专设第28条规定不动产登记簿作为证据的权利推定效力："在不动产登记簿上记载某人享有某项物权时，推定该人享有该项权利。在不动产登记簿上涂销某项物权时，推定该项权利消灭。"第29条规定了不动产登记的公信力："以不动产登记簿为根据取得的不动产物权，不受任何人追夺。但取得人于取得权利时知悉权利瑕疵或者登记有异议抗辩的除外。"物权法草案第35条，参考外国的立法经验，设立预告登记制度："为保全一项目的在于移转、变更和废止不动产物权的请求权，可将该请求权纳入预告登记。预告登记自纳入登记时生效。不动产物权处分与预告登记的请求权内容相同时，该不动产物权处分无效。"由于登记机关的原因造成的登记错误，第40条规定由国家承担赔偿责任："因登记机关的过错，致不动产登记发生错误，且因该错误登记致当事人或者利害关系人遭受损害的，登记机关应依照国家赔偿法的相应规定承担赔偿责任。"

四 从中国实际出发建构用益物权关系

（一）关于用益物权的争论

各国关于用益物权的规定不同。德国民法典规定的用益物权，包括地上权、先买权、土地负担；日本民法典规定的用益物权，包括地上权、永佃权、地役权；我国台湾地区"民法"规定的用益物权，包括地上权、永佃权、地役权和典权①。中国民法学界针对物权法应当规定的物权种类曾进行争论。分歧在于，是沿用地上权、永佃权和地役权概念，还是采用基地使用权、农地使用权和邻地利用权概念。再就是关于废除典权与保留典权之争。

鉴于土地使用权这一概念，已经为现行立法和实务所接受，② 以土地使用权概念作为基础概念，再依不同目的③，分为基地使用权与农地使用权。基地使用权相当于传统民法的地上权概念，农地使用权类似于传统民法的永佃权概念。再以邻地利用权取代传统民法的地役权。加上中国习惯法上的典权，构成用益物权体系。

（二）总结国有土地出让的经验，建立基地使用权制度

现行法律和实务上的土地使用权概念，是一个笼统的概念。其中，用于建筑房屋或其他建筑物、构筑物的，有的称为建设用地使用权，有的称为场地使用权，有的称为宅基地使用权，大致相当于传统民法上的地上权概念。物权法草案采用"基地使用权"一语，并在总结现行法律法规和实务经验的基础上，建立基地使用权制度。所谓"基地"，指用于承载房屋等建筑物、构筑物和其他附着物，作为其地基的土地。物权法草案第三章规定了基地使用权。

物权法草案第 196 条规定了基地使用权概念："基地使用权，是指为在他人所有的土地上建造并所有建筑物或其他附着物而使用他人土地的权利。"为贯彻土地用途管制的政策，草案第 197 条规定："基地使用权只能在法律许可为基地用途的土地上设立。基地使用权的范围由当事人在基地使用权设立时确定，并以不动产登记明确表示。基地使用权的纵向范围如未约定，以土地所有权的纵向范围为限。"草案第 199 条规定："设立基地使用权的合同，应当采取书面形式。"第 200 条规定："当事人双方应向不

---

① 1998 年的物权编修正草案删除永佃权，增设农用权。
② 现行法律法规中，土地管理法、房地产管理法和城镇国有土地使用权出让和转让暂行条例，均采用土地使用权概念。
③ 土地管理法第 4 条规定，国家实行土地用途管制制度。国家编制土地利用总体规划，规定土地用途，将土地分为农用地、建设用地和未利用地。

动产登记机关进行设立登记。"鉴于现实中行政划拨设立基地使用权方式仍在一定范围内沿用,因此物权法草案第 202 条规定,"在国有土地上,县级以上人民政府可以划拨方式设立基地使用权"。以划拨方式设立基地使用权的"条件、程序等,由特别法规定"。

关于基地使用权的转让,物权法草案第 214 条规定:"基地使用权可以让与、交换、赠与等方式转让,但农村集体所有土地上以无偿方式取得的农户住宅基地使用权除外。行政划拨设立的基地使用权转让时,应事先向原划拨设立基地使用权的县级以上人民政府申请批准。经批准转让的,土地所有人与基地使用权受让人可另行约定基地使用权的期限、租金。基地使用权转让时,不得变更土地的登记用途和约定用途。"

关于基地使用权期满时其建筑物和其他附着物如何处置,现行规定和实务做法是无偿归土地所有人。[①] 这种做法有悖于民法的公平原则。因此,物权法草案第 223 条规定基地使用权人有取回权,土地所有人有买取请求权:"基地使用权期限届满未续期的,基地使用权人可以取回其建筑物及其他附着物,并应恢复土地原状。但土地所有人提出以时价购买基地使用权人的建筑物及其他附着物时,基地使用权人无正当理由,不得拒绝。"为协调双方利益,第 224 条进一步规定了基地使用权人有补偿请求权,土地所有人有延期请求权:"基地使用权期限届满,基地使用权人不取回其建筑物及其他附着物时,可请求土地所有人补偿。土地所有人可请求基地使用权人在其建筑物及其他附着物可使用期限内,延长基地使用权的期限。基地使用权人拒绝延长的,不得请求土地所有人补偿。"

(三) 总结农村改革的经验,实现农地使用关系的物权化

总结中国农村经济体制改革的基本经验,可以归结于一点,即土地所有权与土地使用权的区分,由原来人民公社体制之下土地的集体所有、集体使用,改为土地的集体所有与私人(农户)使用。迄今所采取的法律形式是家庭联产承包责任制,即由农村集体组织作为土地所有人与农民(农户)签订家庭联产承包合同。依据承包合同,农民(农户)取得承包农地

---

① 《城镇国有土地使用权出让和转让暂行条例》第 40 条规定:"土地使用权期满,土地使用权及其地上建筑物、其他附着物所有权由国家无偿取得。"

的使用权，并承担向土地所有人缴纳一定金额的义务。这是以合同形式实现土地所有权与土地使用权区分，农民（农户）所获得的土地使用权[1]，是依据承包合同产生的权利，性质上属于债权。因此，这种方式在极大地调动农民生产积极性、发展农村生产力的同时，也产生了若干缺点。其一，农民所享有的土地使用权性质上属于债权，债权在法律上的效力较所有权低，不具有排他性，由此不能抗拒来自发包人（土地所有人）和乡村行政组织的各种干涉、侵害。这正是中国广大农村经常发生各种侵害农民利益的行为，[2] 而一直不能得到彻底解决的原因。其二，农民所享有的土地使用权性质上属于债权，并以承包合同的期限为期限（债权有期限性），这是导致农户采取短期行为，不愿作长期的投入以及合同期限将满时进行破坏性经营的根源，严重不利于农村经济的稳定发展。其三，土地使用权转让或出租须经发包方同意，不利于土地资源的优化配置。其四，农户所享有的权利和负担的义务，取决于承包合同的规定，而分别签订承包合同不能做到权利义务的明确和公平合理，现实中经常发生发包方单方面修改承包合同，加重农户负担、损害农户利益的情形。其五，遇国家征收土地时，仅作为发包人（土地所有人）的集体组织成为被征收的当事人和受补偿人，作为承包人的农户利益得不到妥当的保障。这些缺点之所以发生，都是因为土地所有权与土地使用权的区分采用的是债权（合同）方式。

因此，物权法立法方案提出的对策建议是：通过物权法的规定和不动产登记，使农户对承包土地的使用权转变成物权性的农地使用权，实现农地使用关系的物权化，使土地所有权与土地使用权的区分方式由签订承包合同形式转变为设定用益物权形式，使改革开放以来实行的家庭联产承包责任制度平稳过渡到用益物权制度。物权法草案第四章规定农地使用权，主要条文如下。第 230 条规定农地使用权的概念："农地使用权，是指以种植、养殖、畜牧等农业目的，对国家或集体所有的农用土地占有、使用、收益的权利。"第 231 条规定农地使用权的标的，包括一切适于为农业目的而使用的土地。第 233 条规定："农地使用权设立合同，应采取书面形式，当事人双方应到不动产登记机关进行设立登记。农地使用权设立

---

① 现在的政策文件中称为"土地承包经营权"。

② 其典型表现是，作为发包人的集体组织擅自撕毁承包合同，收回农户承包的土地，以及乡村干部任意向农户摊派、增加农户负担、损害农户利益。

合同，自合同成立之日生效。农地使用权自登记之日设定。"第 236 条规定 "农地使用权的期限为五十年。既存的农地使用权，其期限短于五十年的，延长为五十年"。第 242 条规定农地使用权人可以出租土地，但不得超过农地使用权期限，不得超过 20 年。第 244 条规定农地使用权人可以将土地发包给他人经营。第 245 条和第 246 条规定，禁止农地使用权转让、抵押，但国有或集体所有的荒山、荒地等以拍卖方式设立的农地使用权除外。第 247 条规定农地使用权可以继承，但限于从事农业的继承人实际分得农地的使用权，农地使用权继承不得进行登记上的分割。第 252 条规定 "农地使用权期限届满时"，除法定情形之外，"按原设立条件，期限自动延长。延长的期限为五十年"。但国有或集体所有的荒山、荒地等以拍卖方式设立的农地使用权，不适用期限自动延长的规定。

物权法草案规定农地使用权期限为 50 年，期满自动延长，以及规定转让限制（可继承、出租，禁止抵押、出卖、赠与），是为了保障广大农村人口有地可耕，避免出现农村两极分化，出现无地、少地的贫农、雇农，以此保障农村经济的长期稳定发展。

（四）借鉴传统地役权概念，建立邻地利用权制度

在传统物权法上，两个不动产所有人的不动产相邻，一方为自己土地的利用方便，须使用他方土地时，有两项制度可供利用。一项是不动产相邻关系制度，在民法通则中已有规定，[①] 另一项是地役权制度。相邻关系上双方的权利义务，出于法律强制性规定，但利用的程度有限。如果须超出此程度的利用，则应当采取协商设立地役权的方式。考虑到现代社会中，地役权制度仍有广泛利用的余地，例如在他人土地上下敷设管线等，物权法应当规定地役权制度。又考虑到与基地使用权和农地使用权的协调匹配，改称邻地利用权。物权法草案第五章规定邻地利用权。

（五）整理传统习惯，规定典权制度

关于如何对待中国习惯法上的典权，学者间有典权保留论与典权废止

---

① 民法通则第 83 条规定："不动产的相邻各方，应当按照有利生产、方便生活、团结互助、公平合理的精神，正确处理截水、排水、通行、通风、采光等方面的相邻关系。给相邻方造成妨碍或者损失的，应当停止侵害，排除妨碍，赔偿损失。"

论之争。典权保留论的主要理由是：其一，典权为中国独特的不动产物权制度，充分体现中华民族济贫扶弱的道德观念，最具中国特色，保留典权有利于维持民族文化，保持民族自尊；其二，典权可以同时满足用益需要和资金需要，典权人可取得不动产之使用收益及典价之担保，出典人可保有典物所有权而获得相当于卖价之资金动用，以发挥典物之双重经济效用，抵押权制度难以完全将其取代；其三，随着住房商品化政策之推行，人民私有房屋增加，部分房屋因种种原因长期不使用而又不愿出卖者，设定典权可以避免出租或委托他人代管的麻烦，因此应保留典权。① 典权废止论的主要理由是：其一，典权之所以产生，在于中国传统观念认为变卖祖产属于败家，受人耻笑，而现今市场经济发达，人民观念改变，于急需资金时出卖不动产或设定抵押，为正常的经济行为，因此典权无保留必要；其二，随着国际贸易的发展，国内市场与国际市场接轨，导致民法物权制度越发国际化，典权为中国特有制度，现代各国几乎无与之相同者，② 为适应物权法国际化趋势，宜予废止；其三，中国实行土地国家所有和集体所有制度，就土地设定典权已不可能，就房屋设定典权虽无统计数字，但依法院受理案件的情形推论，出典房屋的实例也极少，保留典权的价值不大。③

　　以上保留论与废止论双方所持理由，均有其一定合理性，如何取舍，颇为困难。考虑到中国地域辽阔，各地经济发展不平衡，传统观念与习惯之转变不可能整齐划一，纵然少数人拘于传统习惯设定典权，物权法上也不能没有相应规则予以规范。曾设想废止典权，而对于少数人拘于习惯设立的典权关系准用关于附买回权的买卖规则，但附买回权的买卖为债法制度，其效力较物权弱，一旦受买人将标的物转让给他人，买回权势必落空，致出典人利益遭受损害。而依典权制度，典物所有权仍归出典人，其回赎权不致因典物的转让而落空，如其放弃回赎权，则典权人可取得典物所有权。可见，典权制度确有利于当事人利益之保护，并且较为灵活方

---

① 参见李婉丽《中国典权法律制度研究》，载梁慧星主编《民商法论丛》第 1 卷，法律出版社，1994，第 446 页以下。

② 仅韩国民法典规定有典权制度。

③ 参见中国社会科学院法学研究所中国物权法研究课题组《关于制定中国物权法的基本思路》，《法学研究》1995 年第 2 期。

便。尤其对于因种种原因长期不使用房屋而又不愿出让房屋所有权的人而言，将该房屋设定典权可以避免出租或委托他人代管的种种不便和麻烦，使典权在现代社会具有生命力。随着住房商品化政策之推行，人民所有的不动产将大量增加，物权法规定典权，增加一种交易、融资途径，供人民选择采用，于促进经济发展和维护法律秩序有益而无害。因此决定保留典权。

物权法草案第六章规定典权，其中第 288 条为典权的定义："典权，是指支付典价，占有他人不动产而为使用、收益的权利。"此所称"不动产"，"仅指建筑物及其所占用基地的基地使用权。关于典权性质，学者间有用益物权说、担保物权说之分，本法采用益物权说。"第 289 条规定："设定典权，应当由双方当事人订立书面合同并向不动产登记机关办理登记。典权设立合同，自合同成立之日生效；典权自登记之日设定。"第 291 条规定："典权之约定期限不得超过二十年。当事人约定期限超过二十年的，缩短为二十年。"① 第 300 条规定："约定期限的典权，于期限届满后，出典人可以向典权人返还原典价而赎回典物。出典人于期限届满后经过二年而未行使回赎权的，回赎权消灭，典权人即取得典物所有权。"第 301 条规定："未约定期限的典权，出典人得随时向典权人返还典价而赎回典物。但自典权设定之日起经过二十年未行使回赎权的，回赎权消灭，典权人即取得典物所有权。"

五　适应市场经济的要求，完善担保物权体系

（一）关于担保物权的争论

有学者主张物权法不规定担保物权，保留现行担保法，使物权法与担保法并存，待编纂民法典时再作处理。多数学者主张物权法当然要规定担保物权，物权法生效，担保法关于担保物权的规定同时废止。关于担保物权的种类，有学者主张增加优先权，适用于诉讼费用、劳动工资、税金、医疗费、丧葬费等。有的学者建议规定不动产质权。

① 典权的最长期限，我国台湾地区"民法典"规定为 30 年，韩国民法典规定为 10 年。

另一个问题是，如何对待近年来实务中所实行的"按揭"担保？"按揭"担保，来自我国香港地区，而香港地区来自英美法的 mortgage 制度。物权法草案采取的立场是，以现行担保法的规定为基础，予以适当补充修正，并借鉴英美法 mortgage 制度，规定让与担保制度。物权法不规定优先权，而使海商法上的船舶优先权①和民用航空法上的民用飞行器优先权②，仍作为特别法物权。考虑到中国传统无不动产质权，且已规定典权，因此未采纳规定不动产质权的建议。

（二）完善抵押权制度，增设企业担保

物权法草案以现行担保法第三章关于抵押权的规定为基础，加以修订完善，规定为第七章"抵押权"。第305条规定抵押物的范围，包括："抵押人所有或者依法有权处分的房屋和其他定着物；抵押人所有或者依法有权处分的尚未与土地分离的林木等农作物；抵押人依法有权处分的基地使用权、农地使用权；抵押人所有或者依法有权处分的机器设备、机动运输工具；抵押人所有或者依法有权处分的财产结合体；法律规定可以抵押的其他财产"。第307条规定土地所有权、法律禁止抵押的基地使用权和农地使用权、公益法人的财产，不得抵押。关于抵押登记的效力，草案作分别规定：不动产抵押，采登记要件主义，即不经登记，抵押权不发生；船舶、民用飞行器、铁路机车、汽车及其他动产抵押，采登记对抗主义，即未经登记，不得对抗第三人。

值得指出的是，物权法草案在一般规定（第一节）和最高额抵押（第二节）之外，增加规定了企业财产集合抵押（第三节）和企业担保（第四节）。所谓企业财产集合抵押，是将属于企业的动产、不动产、基地使用权及知识产权等财产，作为一个财产结合体设定抵押权。设定企业财产集合抵押，应制作抵押财产目录表并予以登记。企业财产集合抵押设定后，抵押财产目录表所列财产，不得单独处分。所谓企业担保，是将企业现在所有

---

① 海商法第二章第三节，第21条："船舶优先权，是指海事请求人依照本法第二十二条的规定，向船舶所有人、光船承租人、船舶经营人提出海事请求，对产生该海事请求的船舶具有优先受偿的权利。"

② 民用航空法第三章第三节，第18条："民用航空器优先权，是指债权人依照本法第十九条规定，向民用飞行器所有人、承租人提出赔偿请求，对产生该赔偿请求的民用航空器具有优先受偿的权利。"

和将来所有的全体财产，设定抵押。系参考英美法上的浮动担保（floating charge）制度。物权法草案第 352 条规定："公司法人向银行借款或发行公司债，可以设定企业担保。"将企业担保所担保的债权范围，限定于公司法人向银行的借款和依公司法发行的公司债。第 353 条规定："设定企业担保权的合同，应作成公证证书，并登记于公司总部所在地的不动产登记机关的登记簿。企业担保物，非经登记，不生设定的效力。"第 354 条规定："企业担保权的效力及于企业担保权设定后属于公司的全体财产，但对企业担保权设定后公司经营过程中被处分的财产无追及效力。"第 355 条规定："企业担保因企业担保权的实行或设定公司的破产而转化为特定担保。企业担保权人就企业担保权实行、企业合并或人民法院受理破产案件时公司所有的全体财产，享有优先于其他债权人受偿的权利。"

（三）完善质权制度，增设营业质权

物权法草案第八章"质权"，系以现行担保法第四章关于质权的规定为基础，适当修订完善，规定了动产质权、权利质权、最高额质权和转质。特别需要指出的是，考虑到改革开放以来，各地有所谓"当铺"或"典当行"，从事以动产质押为条件的小额借款业务，而担保法对之未作规定，致发生纠纷难以解决，因此，物权法草案在第八章"质权"中增加规定了"营业质"。草案第 384 条规定，营业质之质权人以经主管机关许可的经营者（当铺营业人）为限。基于营业质的特性，质权人不得请求债务人清偿债务，仅得就质物行使其权利。即取赎期届满而债务人未取赎质物时，质权人即取得质物所有权，其所担保的质权同时消灭。同时规定，本章关于最高额质权、转质、质权实行方法及流质禁止的规定，不适用于营业质。

（四）借"按揭担保"，增设让与担保

近年来，我国许多地方在房屋分期付款买卖中推行所谓"按揭担保"（mortgage）。这种担保方式相当于大陆法系中的让与担保。而一些大陆法系国家迄今并未在立法上规定让与担保，而是作为判例法上的制度认可其效力，学说上称为"非典型担保"。因此，我国物权法上是否规定让与担保，颇费斟酌。考虑到许多地方已在房屋分期付款买卖中采用所谓"按

揭"担保，如果物权法草案不作规定，将造成法律与实践脱节，且实践得不到法律的规范引导，也于维护经济秩序和法律秩序不利。因此，决定增加关于让与担保的规定。

物权法草案第十章规定让与担保。第408条有让与担保权的定义："让与担保，是指债务人或第三人为担保债务人的债务，将担保标的物的权利移转于债权人，于债务清偿后，标的物应返还于债务人或第三人，于债务不履行时，担保权人可就该标的物优先受偿的权利。"第409条规定："凡依法可转让的财产或财产权利，均可以设定让与担保。"按照第410条的规定，设立让与担保权，应当由债权人与债务人或第三人以书面形式订立让与担保合同。以动产设定让与担保权，应当采用占有改定方式移转财产所有权；以不动产设定让与担保物，应当就标的物所有权移转进行登记；以权利设定让与担保权，应当依各种权利的转让方式完成权利的移转，有权利凭证的，应当将权利凭证交付让与担保权人占有。让与担保权的设定应当登记，让与担保权自登记之日起设定。第411条规定，登记包括通知登记和设定合同登记两种形式，由当事人选择。第416条规定，债务人于受担保债权清偿期届满而未履行债务时，让与担保权人可以实行让与担保权；无论以何种方式实行让与担保权，让与担保权人均应履行清算义务。

六　结语

物权法草案完成后将提交民法起草工作小组讨论，经过修改定稿后正式提交全国人大常委会法制工作委员会进入立法程序。考虑到中国在一个相当长的时期内不承认物权概念和各项物权制度，人民对于物权法缺乏了解，且物权法涉及若干现行政策和法律法规的修改、变更。因此，可以预见物权法草案要最后通过成为法律，还须立法、实务和学术界付出巨大的努力。

论人格权的本质[*]

——兼评我国民法草案关于人格权的规定

尹　田[**]

　　摘　要：自然人人格是由宪法赋予自然人的一般法律地位，不同于作为民事法律关系主体资格的权利能力。人格权是自然人获得法律强制力保障的一般法律地位从权利角度进行的表达，自然人直接依据宪法生而有之，并非由民法赋予。人格权在理论和实践中的私权化，系由民法形式逻辑结构需要以及团体人格的塑造等原因引起的，反映了一种狭隘的民法实证主义观念。人格权在现代社会的发展及一般人格权的创制，导致私权化的人格权向宪法权利的回归。团体人格是对自然人人格在民事主体资格意义上的模仿，法人不享有人格权。

　　关键词：人格　人格权　权利能力

　　全国人大常委会法工委日前提交全国人大常委会审议的《中华人民共和国民法（草案）》（以下简称"我国民法草案"）将"人格权"在分则中单列一编（第四编），作出了规定。支持者认为这一做法为极富中国特色的创新，[①] 反对者则认为其混淆了人格权与其他民事权利，破坏了民法典内部的逻辑关系。[②] 争议不可谓不大。但现有争议多集中于法典内容体系

---

　　* 本文原载于《法学研究》2003 年第 4 期。
　　** 尹田，北京大学法学院教授。
　　① 王利明：《试论我国民法典体系》，《政法论坛》2003 年第 1 期。
　　② 梁慧星：《松散式、汇编式的民法典不适合中国国情》，《政法论坛》2003 年第 1 期。

安排之逻辑性方面。笔者认为，人格权应否在我国民法典中独立成编，表面看来仅仅是一个立法体系安排问题，但其实质上首先涉及人格权的性质认定，而恰恰在这一问题上，既有观念和理论存在诸多谬误。为求我国未来民法典之科学性，本文特对此发表意见，以资参考。

一　人格：私法上的概念，抑或公法上的概念？

人格权与人格的联系如何，此为有关人格权问题论争的第一个焦点。反对在民法典中将人格权独立成编的观点强调二者的联系，指出"人格权是自然人作为民事主体资格的题中应有之意"，① 故无须单独规定；相反的观点则试图疏远二者的关系，指出主体意义上的人格与人格权所谓之人格非属同一范畴，② 并由此而将人格权视为一种与物权、债权以及亲属权相提并论的民事权利，这成为其支持人格权独立成编的基本理由。

事实上，尽管财产与人格的关系并非一般人想象的那么遥远，③ 但人格权与人格之更为紧密的联系却不容置疑。为此，论证人格权的本质，须从论证人格的本质开始。

依通说，"人格"理论肇始于罗马法。过去的理论，多将罗马法上的"人格"依现代观念理解为纯指自然人的民事主体资格（即私法上的主体资格）。但新近有学者指出，罗马法上的"人格"，首先是一个公法上的概念：在罗马法有关人的三个用语中，"homo"指生物意义上的人，"caput"指权利义务主体；"persona"指权利义务主体的各种身份。④ 一个人必须同时具备自由人、家父和市民三种身份，才能拥有 caput，即在市民名册中拥有一章的资格，才是罗马共同体的正式成员。否则，就是奴隶，或是从属

---

① 梁慧星：《当前关于民法典编纂的三条思路》，《中外法学》2001 年第 1 期。
② 王利明：《中国民法典的体系》，《现代法学》2001 年第 4 期。
③ 根据法国早期民法理论，人所拥有的全部财产（包括积极财产和消极财产，称为"广义财产"）是人格的表现，体现了人格与外部事物的联系，与人格共生共灭。由此，"无财产即无自由"，"无财产即无人格"。参见尹田《法国物权法》第一章第一节，法律出版社，1998。
④ 周枏：《罗马法原论》上册，商务印书馆，1994，第 97 页。

者，或是外邦人。① 由此，caput 被解释为罗马市民社会的主体资格，即法律人格。所谓罗马法上的"人法"，首先要解决的是自由人的身份、市民的身份和家父的身份所构成的城邦正式成员的身份问题，亦即人格的拥有问题（公法领域），然后解决"作为一个私的团体"（即家庭）首脑的家父身份，即家父权的展开，亦即家庭内部关系问题（私法领域）。而由于此种"人格"实质上是关于社会阶层或者阶级的划分，是作为组织社会身份制度的一种工具，所以，在罗马法上，"人格"具有公法性质。② 当然，考虑到"人格"在罗马市民内部（私法领域）确定交易主体资格所具有的意义，将之认定为"公私法兼容、人格与身份并列、财产关系和人身关系合为一体"的概念，③ 也是基本正确的。

　　罗马法上与人格有关的 persona 一词，后来成为现代法理论上"人格"（personality，personalité）的词源。④

　　开近代民法先河的法国民法典中没有关于"人格"的直接表达。但该法典第 8 条之规定（"一切法国人均享有民事权利"）后来被认为确定了自然人之平等抽象的人格。但已有学者指出，法国民法的此条规定虽然确定了法国人之平等的民法地位，但其另外的目的，却在于排除非法国人（外国人及无国籍人）对于私权的当然享有（一个非常重要的事实是，奴隶制度存在于法国殖民地，直至 1848 年方废止）。而在法国的论著中，"人格"（personalité）之有无被用来描述自然人是否适用法国民法，甚至用来直接代替民法典上对此采用的有无法国国籍之区分的标准。⑤ 由此可见，至少

① 徐国栋：《"人身关系"流变考》，载《中国民法百年回顾与前瞻学术研讨会文集》，法律出版社，2003。
② 徐国栋：《"人身关系"流变考》，载《中国民法百年回顾与前瞻学术研讨会文集》，法律出版社，2003。
③ 姚辉：《人格权的研究》，载杨与龄主编《民法总则争议问题研究》，台湾五南图书出版公司，1998。
④ 拉丁文 persona（人）的词源是 personare（声音）。persona 表示演员演出时为掩饰声音而戴在脸上的面具。对于罗马法来说，面具只能赐予某些人，不赐予奴隶，奴隶被剥夺了人格（参见〔葡〕Carlos Alerrto da Mota Pinto《民法总论》，林炳辉等译，澳门法律翻译办公室、澳门大学法学院，1999，第41页）。而据科恩的考察，拉丁语中 personalitas（人格）一词产生于中世纪早期，是 persona 的派生词（参见姚辉《人格权的研究》，载杨与龄主编《民法总则争议问题研究》，台湾五南图书出版公司，1998）。
⑤ Weill-Teeré, deoit civil, les personnes-la famille, les incapacité, éd, 1983, p. 4 et s. 转引自曾世雄《民法总则之现在与未来》，中国政法大学出版社，2001，第75页。

在法国民法典颁布时期，如果说该法典对于"平等人格"作了某种宣称的话，那么其仍然具有某种社会身份的认定作用，此种"人格"，仍然直接具有宪法上的意义。

常令人迷惑的是，在德国民法典上，不仅没有关于自然人"人格平等"的直接或者间接的宣称，而且该法典采用极端技术化的"权利能力"（Rechtsfaehigkeit）概念取代了"人格"。而此后的瑞士、日本、旧中国民法以及我国民法通则等纷纷跟进，"人格"的概念不仅在立法上隐而不见，且在理论学说中几近被"权利能力"所替代。由此引起的论争是："权利能力"是"人格"的替代品吗？对此，尽管众多的回答持肯定或者基本肯定的态度，[①]但答者均无法回避内心深处的犹豫，因为他们根本无法回答接踵而来的另一个问题：为什么必须用含义并不清晰的"权利能力"去替代"人格"？

现有资料表明，"权利能力"之概念，为学者弗兰兹·冯·齐勒（Franz von Zeiller, 1753—1828）在所起草的奥地利民法典中第一次在立法上使用。[②] 对于权利能力的本质，德国学者间有完全不同的看法：Gierke 认为权利能力为人格权（一种权利）；Hölder 认为权利能力为享有权利之资格；[③] 而 Fabriciushe 和 Gitter 则认为权利能力由行为能力所派生，为从事法律上有效行为的能力；Larenz 和 Medicus 则坚持权利能力的传统定义，即权利能力指"成为权利和义务载体的能力"。[④] 很显然，在德国民法理论上，无论对权利能力作何理解，权利能力都没有被直接解释为"人格"的同义语，此为一重要事实。

至于德国民法为什么创制权利能力制度，以及为什么这一制度后来被各国的立法所承继，如果不从德国民法独特的形式理性思维方式去理解，那将是很难理喻的。众所周知，以德国民法典为蓝本制定的民法典以及受潘德克顿法学影响而建立的民法理论及立法体系，都是以法律关系这一概

---

① 我国台湾学者梅仲协认为"权利能力为人格之别称"（梅仲协：《民法要义》，中国政法大学出版社，1998，第53页）；施启扬认为"权利主体、权利能力或人格三者的含义相同"（施启扬：《民法总则》，大地印刷厂，1993，第65页）；日本学者四宫和夫也认为"法律人格即权利能力"（〔日〕四宫和夫：《日本民法总则》，唐晖、钱孟姗译，五南图书出版公司，1995，第45页）。

② 梁慧星：《民法总论》，法律出版社，1996，第57页。

③ 胡长清：《中国民法总论》上册，商务印书馆，1946，第58页。

④ 〔德〕迪特尔·梅迪库斯：《德国民法总论》，邵建东译，法律出版社，2000，第781页。

念作为基础而编排的：民法典之总则讲法律关系的共同要素（主体、客体、法律事实以及权利义务的共同准则），分则则是对四类法律关系的具体规定（债权、物权、亲属、继承）。在这种系统编排法中，由于法律关系的概念在表现法律体系所适用的社会现实上被认为是合适的框架，因而其被用作整理法律及展示法律的技术工具。法律产生的先决条件是它必须将生活在群体中的人作为其规范的对象，而民法之作用于一定的人际关系，必须展示其表现方式，这种表现方式被称为"法律关系"。法律关系之所以不同于原本意义上的人际关系（财产关系及伦理关系），便在于在此种关系中，人的行为被予以强制性评价，因而与权利义务直接相联系。"一切权利均因人而设立"（hominum causa omne ius constitutum est）。① 因此，权利义务得以成为法律关系的核心。而民法在确认权利义务（亦即"生产"法律关系）时，便合乎逻辑地必须确认权利义务承受人（法律关系的参加者）的资格，即权利能力或者主体资格。在此意义上，权利能力担负着完成法律关系形式结构的任务，并不当然具有表彰或者替代"人格"的功能。为此，德国民法典在采用权利能力的概念时，并未对之加以定义。而其后瑞士民法典对权利能力作了进一步解释，规定"自然人享有权利能力"（第11条第1款），"在法律之范围内，人人均有同等之能力，有其权利与义务"（第2款），强调主体资格之平等性。据此，权利能力所隐含的"人格"价值便得以彰显，以至于为理论上进一步扩张权利能力的功能，使之与"人格"几近等同提供了依据。但是，尽管权利能力毫无疑问是人格的表现，但较之权利能力，人格具有更高的抽象性和更为丰富的内涵，其描述的是人的一般法律地位（不限于私法）、一般意义的权利主体资格（不限于私权）。在此，即使将权利能力阐释为"享有总和之权利的资格"，但与直接表达和体现人之尊严、平等及自由的"人格"，仍有角度、范围和价值理念上的根本不同。

结论就是，"人格"作为一个历史范畴，表现的是人的一般法律地位（用现代观念来讲，应称为"人的宪法地位"）。在罗马法上，"人格"被直接用于不平等之阶级的区分。而近代以来，由于普遍平等之自然人人格的确立，罗马法上"人格"的阶级区分功能逐渐丧失。在法国法上，人的法律地

---

① 〔意〕彼德罗·彭梵得：《罗马法教科书》，黄风译，中国政法大学出版社，1992，第29页。

位由 1789 年法国《人权宣言》直接加以规定（"在权利方面，人们生来是而且始终是自由平等的。"自由、财产、安全和反抗压迫是"人的自然的不可动摇的权利"）。法国民法典第 8 条之"一切法国人均享有民事权利"的宣称，不过是前述规定在私权领域内必要的具体重申。而在此后的学说对法国民法所确立之"平等抽象之人格"（实际上仅限于法国人之间）的评述中，"人格"的含义被渐渐抽换为"民事主体资格"。至德国民法典编纂时期，公、私法划分日显清晰，德国人无意再用民法去代替宪法宣称"人格平等"。为此，该法典彻底实行了"私法从公法的逃离"，基于法律形式逻辑结构的需要，创制了权利能力，即民事主体资格制度，并由此实现了宪法意义上的"人格"与私法意义上的"人格"（法律关系主体资格）的分离。

由此可见，近代以来，作为自然人一般法律地位的法律人格是由宪法加以确认的。而现代民法上的权利能力，是承受民事权利义务的主体资格，就自然人而言，是其法律人格在私法领域的具体表现，甚至可以说是自然人在私法上的一种"人格"。但此"人格"非彼"人格"，权利能力作为私法主体资格的"人格"，描述的仅仅是人作为民事法律关系主体的法律能力和地位（故不仅自然人有此"人格"，团体亦得有此"人格"），但其根本无法全面表达和彰显人的一般法律地位，即法律人格所记载的"人之成其为人"所包含的人类尊严和社会进步等宏大而深刻的人权思想。

既然如此，如果将人格权理解为"人之成其为人"所获得的法律基本保障，则人格权之"人格"，当然指的是人的一般法律地位而非"权利能力"（即民事法律关系主体资格或者私法上之主体资格）。而由于自然人由宪法所赋予的法律人格本身即具有法律强制力，故整体意义上的人格权不过是从权利角度对"人格"的另一表达。有人格，即有人格权，无人格，即无人格权。在此，有关"人格权为人格题中应有之意"的观察，一定程度上正确地揭示了人格权与人格的内在联系。而认为"人格权所指之人格与作为法律地位的人格非属同类"的观点，甚至进而认为"人格权的标的为一种'事实人格'"[①] 的观点，毫无根据地杜撰出另一种并不存在的等待人格权去保护的"人格"，均缺乏对"人格"来源及其本质的正确了解，

---

① 姚辉：《人格权的研究》，载杨与龄主编《民法总则争议问题研究》，五南图书出版公司，1998。

而不得谓之正确。

二 人格权：民事权利，抑或宪法上的权利

作为自然人一般法律地位的人格，具有极其丰富的内涵，其蕴含的基本价值（平等、自由、安全与人的尊严）成为近现代人权观念的核心内容。[①] 人格由"被认识的人之为人的那些属性或性质，例如生命、健康、身体、名誉等"构成。[②] 当法律确认或者赋予自然人的人格时，此种地位以及构成此种地位的全部要素即获得法律保障力，人格权即由此产生。"术语意义上的人格权，换言之，被理解成人作为人的自由实现的人格权，是 19 世纪的成果，最早产生于德国。"[③]

法国民法典和德国民法典遭到抨击的一个共同要害，在其缺乏对"人"的关怀，而人格权或者具体人格权确认规则（而非保护规则）的阙如，则是其重要标志。同样的抨击也完全适用于瑞士民法典。虽然这部法典被誉为"20 世纪大陆法里程碑"，对人格权的保护是最完备的，但其仍仿照法国民法，未对人格权作出分解式的、具体的，或者说是正面的规定。由此，忽略对人格权的规定，被很多人认为是传统民法的共同特征。

但上述具有代表性的民法典，尤其是着力弘扬人文主义精神的法国民法典，为什么在人格权问题上态度会如此暧昧和保守？

对此，有学者依据充分的资料进行了有力的辩解，指出法国民法典并非忽略对自然人的人格保护，而只是否定从法定权利的角度规定人格权而已。在个人主义盛行的 19 世纪的法国，人们认为人格与生俱来，先于法律，不能作为法律或然规定的权利而存在，而是作为法律中当然的权利而存在。因此，人格权是为法国《人权宣言》明确彰示的一种自然权利，无

---

① 夏勇在其《人权与人类和谐》一书（中国政法大学出版社，1992）中指出："人权强调'人之作为人所应有'，强调维护人的尊严和价值。在这种意义上，我们可以说，人权是一个以人道作为社会进步目标的目的性概念。"（第 170 页）

② Savatier, Métamorphoses Economique et Socials du Droit Privé d'aujourdui, Ⅲ, n. 335. 转引自〔日〕星野英一《司法中的人——以民法财产法为中心》，王闯译，载梁慧星主编《民商法论丛》第 8 卷，法律出版社，1997，第 176 页。

③ 转引自徐国栋《"人身关系"流变考》，载《中国民法百年回顾与前瞻学术研讨会文集》，法律出版社，2003。

须在民法典中规定。而法国民法典在规定"一切法国人均享有民事权利"的同时，也规定"任何行为使他人受损害时，因自己的过失而致损害发生之人，对该他人负赔偿的责任"（第 1382 条），将法定权利以及法定权利以外受法律保护的一切利益（包括人格利益）囊括于受侵权损害将获赔偿的范围。这表明，法国民法虽非以权利的观念看待人格，但从更高的自然地位看待人格，其虽不在法定权利意义上规定人格权，但比保护法定权利更加维护人格。①

上述分析说明，至少在法国民法典编纂时代，人格权是被作为一种"天赋权利"（自然权利）而非一种法定权利，更非一种法定私权（民事权利）而存在。这一结论，同样是该部法典中不曾出现"人格"以及"人格权"用语的根本原因。

德国民法典承继了罗马法的传统，②奉行权利法定主义，成为人格权法定和具体化体例的典型代表。如前所述，"人格权"（Personelichkeitsrechte）概念由德国民法创造并使用。③德国民法虽然"从法律技术上将人格分割成一个个要素，择其主要者予以维护"，④却并没有正面采取列举方式规定具体人格权之类型，而是"倒过来"在损害赔偿制度中具体规定得受救济的受侵害的某些人格要素，即所谓具体人格权类型（生命、身体、健康、自由、信用、妇女贞操等）。上述现象表明，德国民法典编纂者并未将"人格权"真正视为民事权利类型之一种，否则，在存在充分的抽象材料（人格要素的具体分解）的条件下，具有"抽象化偏好"的德国人没有理由不去建构内容如此丰富的"人格权"的权利体系。依笔者所见，德国民法之所以回避对人格权作出赋权性规范而仅作出保护性规范，原因便在于人格权是一种应当由基本法（宪法）直接规定的权利，民法可以"分解"这种权利并加以具体保护，但民法不是"创设"这种权利的上帝。

前述结论同样适用于瑞士民法典。尽管该法典因第 28 条第 1 项规定

---

① 龙卫球：《论自然人人格权及其当代进路——兼论宪法秩序与民法实证主义》，《清华法学》2002 年第 2 期。
② 罗马法通过诉权制度，确立了身体、生命、名誉、贞操等法定人格权利。
③ 参见〔意〕彼德罗·彭梵得《罗马法教科书》，黄风译，中国政法大学出版社，1992，第 29 页。
④ 龙卫球：《论自然人人格权及其当代进路——兼论宪法秩序与民法实证主义》，《清华法学》2002 年第 2 期。

"任何人在其人格受到不法侵害时，可诉请排除侵害"而备受赞赏，但与法国民法一样，瑞士民法将人格视为统一不可分，并且，以损害赔偿加以法律保护的"人格"不仅包括权利能力，还包括行为能力和自由。①

总之，早期各国民法典未对人格及人格权作出正面的赋权性规定，而仅仅作出概括的或者具体的保护性规定，并非缘于其对人格保护的"忽略"，故对它们"重物轻人"的指控②是不能成立的。恰恰相反，在这些民法典的编纂者看来，自然人人格的普遍确认，是整个近代法律制度的基础和起点，而人格权，或者为一种自然权利，或者为一种法定权利，根本不是源于民法的授予，人格权的地位高于民事权利，民法的任务仅在于用产生损害赔偿之债的方式对之予以在私法领域的法律保护。人格权的此种性质和地位，也为人格权在现代社会的发展所证明。

应当指出，早期民法对人格权采取"敬而远之"的态度，固然与立法者所持的限制私法规范向宪法领域扩张以免弱化人的根本权利的谨慎有关，但也是由人格权在私法领域受保护不足所致（众所周知，世界范围内"人权运动"所引发的人的"人格地位"的强力提升，发生于二战以后）。在当代社会，人格权优先地位逐步确立，③ 人格权及其保护范围急剧扩张，以至于发生了"人格性正在向财产夺回桂冠"的趋势。④ 人格权在现代发展的主要标志是：①人格权保护在私法领域的扩张，具体表现为各国在其民法典中大量增加人格保护条款⑤。②一般人格权的创制。但我们看到，

---

① 瑞士民法典旧法例第 27 条规定："1. 任何人不得全部或部分地放弃权利能力及行为能力。2. 任何人不得让与其自由，对其自由的限制不得损害法律及善良习俗。"

② 很多学者认为，法国民法典和德国民法典均注重财产保护而轻视对人的保护。

③ 美国于沃伦法院时期采纳了"人身权优先地位说"，扩大了具体人格权的实体内容，并将人权法案保障的权利约束力扩及至各州。参见〔美〕伯纳德·施瓦茨《美国法律史》，王军等译，法律出版社，1989，第 245 页。

④ 〔日〕星野英一：《司法中的人——以民法财产法为中心》，王闯译，载梁慧星主编《民商法论丛》第 8 卷，法律出版社，1997，第 176 页。

⑤ 法国民法典于 1970 年修订第 9 条，增设了"私生活保护"条款。1993 年增设第 9—1 条，规定"任何人均享有对其无罪推定的权利"。于 1994 年对第一卷第一编进行了大规模的修订，对"尊重人之身体"及"对人之特征的遗传学研究以及通过遗传特征对人进行鉴别"设专章规定（第二章及第三章）。瑞士民法典经过修订，在第 28 条以后增设了 7 个条文，极其详尽地在实体和程序两方面加强对人格权的法律保护。我国台湾地区"民法典"债编在 20 世纪 80 年代经立法院修正，扩大了非财产上损害赔偿的范围，"法律特别规定的人格权"之种类，在原定的六种基础上又增加了信用、隐私、贞操三种（第 195 条）。

人格权民法保护的加强，不仅没有导致人格权根本属性的改变，反而强化了人格权的宪法权利性质。在将人格权视为自然权利的法国，受德国法定人格学说的影响，学术界曾提出民法典修正草案试图将人格权作为不可分的法定权利加以规定，但未获成功，原有的人格权体系仍被维护。① 更重要的是，在德国，人格权直接由二战以后颁布的基本法（宪法）明文规定，② 而德国联邦法院则直接根据这些规定，以裁判方式发展出"一般人格权"（das allgemeine Persoenlichkeitsrecht）概念。对于抚慰金的请求，法院也不再受德国民法典第 253 条规定约束，普遍判令给付。③ 而德国联邦法院在援引基本法的有关规定时，明确将一般人格权阐述为"由宪法保障的基本权利"。④ 对此，有学者认为其表现了"人格权观念的根本性革命"，即人格权类型及其内容不再是狭隘的以民法典规范为基础，而是可以直接援引宪法规范为支持，由此，人格权由以前的"民法典权利"一跃而为"宪法权利"。⑤ 但事实恰恰相反，人格权从来就不是一种由民法典创制的权利：当构成人格的各具体要素（自由、安全、人格尊严，以及更为具体的生命、健康、名誉、隐私等）被部分及分别地纳入民法的保护领域时，依据一种狭隘的民法实证主义观念（凡为民法所保护的权利或者利益，即为民事权利），人格权的性质有可能变得模糊。但当具体人格要素（生命、名誉、隐私等）向较为概括的人格要素（安全、自由、人格尊严）"归位"时，人格权的宪法性质即表露无遗。人格权在当代社会的发展，尤其是一般人格权的确立，是人格权之基本权利属性的最好证明。当德国联邦法院判定"否认屠杀犹太人历史，便是侵害了犹太人的一般人格权"，"因性别而拒绝向应聘者提供工作岗位，便是侵害了应聘者的一般人格权"，并责令侵权人依德国民法典第 823 条第 1 项之规定向受害人

---

① 〔日〕星野英一：《私法中的人——以民法财产法为中心》，王闯译，载梁慧星主编《民商法论丛》第 8 卷，法律出版社，1997，第 182 页。

② "人类尊严不得侵犯。尊重并保护人类尊严，系所有国家权力（机关）的义务"（第 1 条）；"在不侵害他人权利及违反宪法秩序或公序良俗规定的范围内，任何人均有自由发展其人格的权利"（第 2 条）。

③ 施启扬：《民法总则》，三民书局，2000，第 101 页。

④ 〔德〕迪特尔·梅迪库斯：《德国民法总论》，邵建东译，法律出版社，2000，第 781 页。

⑤ 龙卫球：《论自然人人格权及其当代进路——兼论宪法秩序与民法实证主义》，《清华法学》2002 年第 2 期。

支付损害赔偿时，[①] 我们还能说德国法上的人格权是一种纯粹的民法权利吗？

然而长期以来，无论在观念上还是在立法、司法实践中，人格权都被视为一种基本的、典型的民事权利，这是一个必须承认的历史事实。

三 人格权的私权化与人格权向宪法权利的回归

自德国学者创制人格权概念之后，尽管也存在"人格权否定"之学说（认为以作为民事主体的人格为权利客体而成立人格权，理论上是一谬误，实务上不利于维护人的主体资格），[②] 但主流理论仍逐渐将生命、健康、名誉等具体人格权视为私权（即民事权利），进而从整体上将人格权视为私权之一种，并在此基础上，形成了有关人格权的一整套民法理论。不论民法调整对象及法律关系的理论，还是对民事权利体系结构的分析等，均受此影响。而我国民法草案对人格权独立成编加以规定，则意味着在世界民法发展史上首次对人格权的私权性质作出法典意义上的"盖棺定论"。

人格权分明是宪法赋予一切人的基本权利，怎么不容分说地变成了由民法确认的私权之一种？这是一个谜。而众多民法学者在大谈"人格权是因民法调整人格关系而产生"之时，怎么也不稍微想一想：咱们中国老百姓的"生命权"，难道是因为1986年民法通则的确认才开始享有的？这是另一个谜。诚然，在关于人格权应否在我国民法典中独立成编的论战中，一些学者已经敏锐地发现了人格权具有而其他任何一种民事权利均不具有的那些重要属性，指出作为人格权客体的人的生命、健康、自由等，是人格的载体。人格权与人格相始终，不可须臾分离，人格不消灭，人格权不消灭（而其他任何民事权利之得失变动，均不影响人格的存在）；人格权是存在于主体自身的权利，不是存在于人与人之间关系上的权利（人格权非因民法调整所谓"人格关系"而产生）；人格权仅因出生而当然发生，

---

① 《联邦最高法院民事裁判集》第75卷，第160页；《联邦劳动法院，新法学周报》1990年，第67页。转引自〔德〕迪特尔·梅迪库斯《德国民法总论》，邵建东译，法律出版社，2000，第811页。

② 陈民：《论人格权》，台湾《法律评论》第2卷第9期。转引自姚辉《人格权的研究》，载杨与龄主编《民法总则争议问题研究》，五南图书出版公司，1998。

仅因死亡而当然消灭（其他任何民事权利均得根据权利人自己的意思，依法律行为而取得，原则上亦均得根据自己的意思，依法律行为而处分）；等等。并据此反对人格权在民法典中独立成编。① 但是，此种论证仍立足于人格权为民事权利之观念基础，故其尚不足以强大到置相反观点于死地的程度。

现在看来，人格权在观念上之私权化，有其深刻而复杂的原因。

其一，人格权之私权化首先缘于一种狭隘的法律实证主义观念。依此种观念，作为根本法的宪法仅为民法等部门法的立法基础和原则规定，宪法所规定的公民的基本权利仅是一种原则宣示，不得被直接引用来裁判具体的民事案件。② 亦即唯有民法将宪法规定的原则宣示"转化"为具体的民事权利加以确认之后，权利方可实际产生并获得切实保护。而经民法确认的权利，当属民事权利。为此，有关理论将各国民法典中有关生命、健康、名誉等人格保护条款视为"赋权条款"，自是顺理成章。

其二，人格要素的可分解性，从技术上支持了某些具体人格权的私权化。人格权作为一个整体性的权利概念，其保护的是整体意义上的人格。但人格的要素（指决定"人之称其为人"的各个具体属性）却是可以分解的，因此，人格权也可以被分解成各个具体的人格权。在这些人格要素中，某些要素直接涉及民事生活领域（如姓名、生命、健康、名誉等），对由这些要素所生成的具体人格权的侵犯，将直接导致民事后果（损害赔偿）的发生。为此，自德国民法典始，各国民法中开始出现有关侵害生命、身体、健康以及自由等损害赔偿的具体规定。这些直接受到民法救济的具体权利，自然被认为是私法上的权利。

其三，宪法规定的概括性，必然产生民法"创设"某些具体人格权的必要性。作为基本法，宪法只能就自然人的基本人格权（生命、自由、人格尊严等）作出规定，即在确认自然人一般法律地位（人格）的同时，具体赋予某些概括性的人格权利。伴随社会文明的进步，人格之构成要素不断发生变化，尤其是民事生活中的某些人格利益（如隐私等），必然随经济生活的发展和人权意识的高涨而日显其获得民法保护之必要。为此，各

① 梁慧星：《松散式、汇编式的民法典不适合中国国情》，《政法论坛》2003 年第 1 期。
② 龙卫球：《论自然人人格权及其当代进路——兼论宪法秩序与民法实证主义》，《清华法学》2002 年第 2 期。

国民法典顺应潮流，不断增加受民法保护之人格利益的种类。这些"新生"的具体人格权（如肖像权、隐私权）的彰显和确认系由民法完成的，民法不予确认，即难以获得保护。如此，人格权之私权化自然得到进一步巩固。

其四，人格的私法化提供了人格权之私权化的理论基础。如前所述，德国民法所创设之"权利能力"（即法律关系主体资格），后来被解释为主体在私法上的"人格"，由此，宪法上的人格被置换为一种私法上的人格，人格在观念上遂被私法化。既然"人格"为私法上的概念，则人格权当然亦为私法上的权利，据此，人格权的私权化之理论基础得以奠定。随之照例一拥而上、不断深入和重申的民法学说注释（人格权是支配权、绝对权、专属权等）①，则使人格权的私权化在理论上得以全面完成。

对于人格权私权化的上述成因，尚需深入揭示和检讨。但无论如何，前述狭隘的法律实证主义观念显然忽略了一个重要的事实，即宪法所规定的公民的基本权利中，某些规定的确属"宣示性"规范。如关于公民之财产权及身份权之规定，倘无自然人依民法的具体规定实施一定的行为，即参加一定的民事法律关系，有关财产权（物权、债权等）或者身份权（亲属权等）自是无从实际产生，但宪法关于公民的生命、自由、人的尊严等基本权利的规定，却为直接的"赋权性"规范。此等基本权利，自然人依宪法生而有之，无须借助任何民事活动的参与。为此，人格权非依民法而产生，实难否认。而宪法赋予自然人的人格权整体上为同一性质，虽然人格权得以被分解（如根据我国宪法第 35、36、37、39、40、47 条之规定，我国公民享有的"自由权"被分解为"人身自由权"、"住宅自由权"、"通信自由权"、"文化活动自由权"、"宗教信仰自由权"以及"言论、出版、集会、结社、游行、示威自由权"等），其中，有些具体人格权（如人身自由权、住宅及通信自由权等）为民法所保护救济，有些具体人格权（如宗教自由权、言论自由权）为其他法律（公法）所保护救济，但救济方式显然不能决定权利性质。此外，即使是由民法直接"创设"的肖像权、隐私权等具体人格权，其究竟是民法根据宪法的原则而"创设"，还

① 王利明等编著《人格权法》，法律出版社，1997，第 7 页；杨立新：《人格权法论》，中国检察出版社，1996，第 21 页。

是宪法所赋予自然人的自由和人格尊严权利在民法上的一种"延伸"或者"解释"，实在值得斟酌。至于通过对"权利能力"的解释而形成的所谓"私法上的人格"，根本不能替代宪法赋予自然人的人格问题，前文已有分析。这些分析表明，人格权私权化的理论基础根本不存在。

但无论如何，人格权的私权化过程在理论上确实已经完成。然而异常重要的是，人格权在理论上的私权化却并没有导致人格权在各国民法典中获得与物权、债权以及亲属权之相同的独立地位（即在民法典分则中独立成编）。对此现象无论以"立法者不重视对人格的保护"，还是以"人格权与主体密不可分，故在主体制度中予以规定更为科学"来加以解释，都是很难有说服力的。因为在德国民法典及受其影响的民法典中，权利的类型划分是法典编纂的技术基础。既然德国民法已创制了"人格权"概念且确认了多种具体人格权，立法者就没有理由不将之抽象归纳为一种与物权、债权等并列的权利类型予以规定，而被认为"人格保护最完备"并提出了"一般人格权"观念的瑞士民法典则更没有理由犯此等逻辑错误。事实上，在奉行权利法定主义的国家，就人格权在民法典中的安排问题，立法者不得不面临两个无法逾越的障碍。一个是技术上的障碍，即整体意义的人格权在性质上等同于自然人的法律人格本身，而人格的享有是自然人取得民法上之财产权和身份权的前提，作为前提性的权利与作为结果性的权利显然非属同类，岂可并列？另一个是常识性观念上的障碍，即生命权、自由权等人格权利，涉及自然人全部社会生存之根本，岂可由仅仅规范私人生活关系的民法赋予？归根结底，可以断言，正是人格权固有的宪法性质，阻却了各国民法典编纂者对人格权作出正面的赋权性规定并将之独立成编的任何企图。

而如前所述，现代社会的人权运动所导致的人格权之民法保护浪潮，不仅没有继续强化人格权的私权性质，反而引发了私权化的人格权从观念上向宪法性权利的回归。这一回归，是由"一般人格权"的创制所引起的。

前已述及，一般人格权是由德国联邦法院为满足人格权保护需要，通过一系列判例而创制的。至关重要的是，这一创制过程不是以民法典规范为基础，即不是通过运用民法的基本原则对有关规定进行扩张解释而完成，而是通过直接援引宪法规范而完成。在 1954 年 BGHZ13，334，337f

案件、1958 年"骑士案"以及 1961 年"人参案"等判决中，① 在无法从民法典寻找相应规范的情况下，德国联邦法院直接引用联邦德国基本法第 1 条 ［"人类尊严不得侵犯。尊重及保护人类尊严，系所有国家权力（机关）的义务"］ 及第 2 条（"在不侵害他人权利及违反宪法秩序或公共秩序范围内，任何人均有自由发展其人格的权利"）之规定，推导出一般人格权，并将之称为"由宪法保障的权利"，据此对案件作出损害赔偿之判决。尽管这一做法受到包括拉伦茨在内的一些学者的批评——认为基本法第 1 条和第 2 条的规定是公法的规定，不具有私法性质，不能直接创设权利义务关系②——前述判例不可避免地引起了宪法控告，但其最终仍得到德国宪法法院的支持。③

上述资料表明，一般人格权的"创制"（毋宁说是"寻找"），非由对民法典规定的具体人格权的抽象归纳而成，甚至根本不是以民法典规范作为基础，而是直接依据宪法之规定，这就使原本被私权化的人格权的本质不得不在人们原有的观念上发生根本性的转变。如果人格权是一种根据民法规范而产生的权利，那么，在存在生命权等各种具体人格权的情况下，作为各种具体人格权上位概念的所谓"一般人格权"，就应当而且能够在其基础上抽象而成，同时，民法的基本原则应当能够为一般人格权的创制提供全部基础。而当一般人格权竟不得不根据宪法创制而成为"受宪法保障的权利"时，作为其下位概念的各种具体人格权，还能被称为"民事权利"吗？

更为重要的是，伴随人格权向宪法权利的回归，现代法律思想也将因之而引发一场根本性的革命。"德国实务对此做出的精彩解释是，司法虽然应受法律（Gesetz）和权利（Recht）的拘束，但是应排除狭隘的法律实证主义，不能将宪法与具体实体法规范截然分离，法的存在系以宪法秩序为内容，具有补充实体法不备的功能。司法的任务在于从完整的法律体

---

① 具体案情及判决参见〔德〕迪特尔·梅迪库斯《德国民法总论》，邵建东译，法律出版社，2000，第 805 页。

② Larenz, Das allgemeine Peroenlichkeitsrecht im Recht der unerlaubten Handlungen, NJW 1955, 521. 转引自王泽鉴《人格权之保护与非财产损害赔偿》，载《民法学说与判例研究》第 1 辑，中国政法大学出版社，1998，第 46 页。

③ 〔德〕迪特尔·梅迪库斯：《德国民法总论》，邵建东译，法律出版社，2000，第 806 页。

系，而不是只从被称为民法的形式渊源中发现司法规范。"① 而当人格权的民法保护不再囿于民法规范本身时，当人格权不再被错误地视为一种由民法调整所谓"平等主体之间的人格关系"而产生的权利时，② 人权保障将出现何等广阔辉煌之前景！

遗憾的是，我国民法草案逆历史潮流而动，作出了将人格权在民法典中独立成编予以规定的错误决策。该草案将人格权与物权、债权、亲属权加以并列，表面上突出了对人格权的保护，实质上使人格权降格减等，使其从宪法权利彻底沦落为由民法创设的民事权利。这种做法，完全截断了在自然人基本权利的保护领域，民事司法直接从宪法中寻找裁判规范之依据的进路，完全取消了被我国宪法直接赋予自然人的许多被视为"公法权利"的人格权（如宗教信仰自由权、劳动权和劳动者休息权、受教育权等）获得民法保护的可能。此等胆大"创新"，实为历史倒退。

笔者认为，正确的做法应当是在民法典"自然人"一章中专设"自然人人格保护"一节，从"保护"之角度出发而非从"设权"之角度出发，对一般人格权与各具体人格权作出规定。

---

① 龙卫球：《论自然人人格权及其当代进路——兼论宪法秩序与民法实证主义》，《清华法学》2002 年第 2 期。

② 前述人格权私权化的结果，还导致我国民法关于调整对象的理论进入误区。既有理论认为，民法调整对象为"平等主体之间的财产关系和人身关系"，而人身关系中包括人格关系和身份关系，人格关系被民法调整的结果，即产生人格权。但就"人身关系"一词的来源，近有学者作了深入考证，指出罗马法上并不存在人格与身份的分离，"人格"由自由人身份、市民身份以及家长身份共同构成，前两种身份属于公法，后一种身份属于私法。直至 1811 年奥地利民法典，私法性的身份（家族身份以及性别、胎儿、未成年人等家庭法外的身份）才得以凸显并完全私法化，而"罗马法中的公法性身份则被驱逐于民法之外"。奥地利民法典第一编第一章标题为"关于人的身份（persönliche Eigenschaft）和人的关系（persönliche Verhöltniss）的法"，而"persönliche Eigenschaft"可以简译为"人身"，且所谓"人的关系"在该法典中系指因失踪产生的关系（第 24—25 条）、因公民权产生的关系（第 28 条）及家庭关系、亲属与血亲和姻亲（第 40—42 条），实为"人的身份"的延伸。据此，该学者断言，我国民法理论中"人身关系"术语的西文来源，为"一位俄国的或中国的不知名的前辈，在一个我们不知的时间，把奥地利民法典式的'关于人的身份和人的关系的法'概括成民法调整的'人身关系'"（参见徐国栋《"人身关系"流变考》，载《中国民法百年回顾与前瞻学术研讨会文集》，法律出版社，2003）。前述考证如果属实，则我国民法理论所言之"人身关系"，原本仅指"身份关系"，后来的人将之理解为包含所谓"人格关系"，实为误读。事实上，根本不存在所谓"平等主体之间的人格关系"：当自然人被赋予法律人格之后，人格权即已产生，自然人相互间根本就不可能存在需要民法去规范的所谓"人格关系"。

四 法人有无"人格权"

依通说，法人是具有"法律人格"的团体。法人既有"人格"，当然就有人格权。但我们已经看到，这是一种极其错误的理论。

团体之所谓"法律人格"的赋予，是德国民法理论研究和制度设计中最富想象力和技术性的创造。但众所周知，团体之"人格"的赋予，完全是经济发展的需求导致法律技术运用的产物，其目的不过在于使具备一定条件的团体成为民事权利义务的承受者（亦即交易主体），以便限制投资人风险，鼓励投资积极性。"正是这种通过使财产独立化而产生的限制责任效果，构成了设立法人的本质动机。"①

为使团体能够"像自然人一样"成为民事权利义务的承受者，德国人借助罗马法上的人格理论，亦即罗马法上人与人格的分离，为团体人格的塑造提供了逻辑技术支持（既然自然人不一定具有人格，则具有人格的就不限于自然人）。但是，团体并非自然人，团体人格不需要也不可能包含自然人人格所包含的自由、安全、人类尊严等基本价值，团体人格所需要确定的，仅仅是团体的民事法律关系主体之地位。为此，在创设团体人格时，德国人必须抛开自然人法律人格的实质，仅攫取其"私法上的主体资格"之部分内涵，以使团体能够像自然人一样成为私法上的"人"，并进而使法人和自然人能够在德国式民法典总则中"权利主体"之框架下并列和并存。于是我们看到，德国人创设了"权利能力"（即私法上的"主体资格"）之概念。

原来，德国民法通过"权利能力"的设计而实现私法上的"人格"从宪法上的人格的逃离，其根本目的还在于为团体准备一顶"民事主体"的桂冠！如此一来，主体化（亦即私法上的人格化）的团体与自然人便在"权利能力"（即"民事主体资格"）的屋檐下找到了共同栖身、和谐相处的家园，德国式民法典总则的主体制度以及民事法律关系的理论也因此得以完满架构。

由此观之，团体人格不过是对自然人人格在私法主体资格意义上的模

① 〔德〕迪特尔·梅迪库斯：《德国民法总论》，邵建东译，法律出版社，2000，第815页。

仿，是一种纯粹法律抽象技术的产物。团体人格与体现人类自由、尊严和社会平等的自然人人格之间，在性质上毫无共通之处。所谓法人，不过是私法上之人格化的资本。法人人格离开民事财产活动领域，即毫无意义。为此，法人根本不可能享有与自然人人格权性质相同的所谓"人格权"。基于法人之主体资格而产生的名称权、名誉权等，本质上只能是财产权：法人的名称权应为无形财产权，此为有关工业产权保护之国际公约所明定；法人的名誉权应为法人的商业信用权，同样应置于无形财产权范围。

而我国民法草案将人格权独立成编的必然逻辑结果，便是不得不承认法人享有人格权，不得不完全模糊法人人格权与自然人人格权的本质区别而将两者并列规定。更有甚者，该草案第 2 条还令人遗憾地明文规定："法人的人格尊严和人身自由不受侵犯！"此等规定，虽无历史可以倒退，但其"创新"，却是非理性的。

人格权的理论基础及其立法体例[*]

马俊驹　张　翔[**]

　　摘　要：权利是人与外在于人的事物在法律上的连接。罗马法及近代民法，始终受到人的伦理价值内在化观念的支配。人格权概念乃是现代社会人的伦理价值范围扩张以及支配需要的结果。我国民法通则中的人格权规定及其人格权理论，并未将人格权当成一种权利看待。我国民法典制定中的人格权立法体例，必须摆脱人的伦理价值内在化观念及其保护之诉权与实体权利分离的模式。

　　关键词：人格权　人格保护　人格立法

　　人不仅是自然的存在，也是伦理价值的存在。随着对人的价值之尊重成为世所公认的准则，法律通过各种各样的技术手段对人的伦理价值予以保护，也已成为世界各国民事立法的通例。以此为背景的中国民法典的制定，为顺应时代之潮流，也为延续民法通则的立法特点，选择了以"人格权"作为中国民法上人的伦理属性的保护手段这一法律技术。这意味着通过立法将人在伦理上所应享有的价值要素规定为权利的客体，进而纳入民法"权利"的轨道。基于此，一个重要的课题便摆在了法学面前，这就是人的伦理价值的"权利化塑造"。而如何将人的伦理价值塑造为权利的客体，涉及权利的定义、权利与法律保护的关系、人的伦理价值与人的关系

---

　　*　本文原载于《法学研究》2004 年第 6 期。

　　**　马俊驹，清华大学法学院教授，现已退休；张翔，原文发表时为清华大学法学院博士研究生、西北政法学院副教授，现为西北政法大学教授。

以及如何理解近代民法人格保护的立法模式等一系列理论问题。

一 权利：人与外部事物法律上的连接

欲明确人的伦理价值如何才能成为真正的权利，先要明确什么是"权利"。正如我们所知道的，"权利"一词，几乎可以折射出民法学乃至法学的整个内容。本文仅从"权利与人的关系"角度来论证"权利的标准"。

黑格尔的先验哲学认为，人的本质就是人的意志，"自为地存在的意志即抽象的意志就是人"。① 人的这种意志属性首先表现在人具有自我认识的能力，即人可以认识到"我"的存在，这是人区别于其他生物的根本规定性。"人实质上不同于主体，因为主体只是人格的可能性，所有的生物一般来说都是主体。所以人是意识到这种主体性的主体。"②

人的意志存在的领域，并不仅仅局限于人的内部。换言之，不仅"人的本身"可以成为意志的对象，"外在于人的事物"也同样可以成为意志的对象。"人为了作为理念而存在，必须给他的自由以外部的领域。"③ 由于这种外部领域当中的事物是作为意志的对立面而存在的，较之自由的意志而言，"无意志"与"不自由"成为外部领域中事物的根本特性。因此，人基于其优越于外部事物的意志，就"有权把他的意志体现在任何物中，因而使该物成为我的东西"。④ 于是，在这个意志外化的过程中，人与外部事物由主观与客观的对立，走向了主体与客体意义上的统一。进而，人的"主体性"特征，遂在作为"客体"的外部事物的参照下表现出来并且得以实现。显然，存在于人本身并作用于外部事物的意志，在此承担了连接人与外部事物的桥梁的作用。

马克思主义哲学从唯物主义立场出发，主张"人直接地是自然存在物。……人作为自然的、肉体的、感性的、对象性的存在物，和动植物一样，是受动的、受制约和受限制的存在物"，⑤ 反对黑格尔将人的本质视为

---

① 〔德〕黑格尔：《法哲学原理》，范扬、张企泰译，商务印书馆，1961，第46页。
② 〔德〕黑格尔：《法哲学原理》，范扬、张企泰译，商务印书馆，1961，第46页。
③ 〔德〕黑格尔：《法哲学原理》，范扬、张企泰译，商务印书馆，1961，第50页以下。
④ 〔德〕黑格尔：《法哲学原理》，范扬、张企泰译，商务印书馆，1961，第50页以下。
⑤ 《马克思恩格斯全集》第42卷，人民出版社，1979，第167页。

"纯粹的主观意志"的唯心主义观念。但是与此同时，马克思主义哲学丝毫不否认黑格尔所强调的人的意志对外部事物的作用，虽然这种作用从唯物主义立场看来是第二位的"反作用"。换言之，马克思主义哲学认为，人并不仅仅是受动的、受制约和受限制的存在物，"这些个人使自己同动物区别开来的第一个历史行动并不是在于他们有思想，而是在于他们开始生产自己所必需的生活资料"。① 可以看出，黑格尔所主张的"人的存在"必须通过"意志外化"，在与意志对象的"主体—客体"的对比中才能体现出来的思想，在被马克思主义哲学吸收的同时，还被赋予了"社会实践"的内涵。由于人的社会实践是在人的意志支配下，"真正依照人的方式，根据自己本性的要求，来安排世界"② 的活动，所以这个过程使得人在本质上区别于动物的"自由的自觉的活动"的"类特性"③ 凸显了出来。这就是恩格斯所讲的"劳动创造了人"。

人的意志以社会实践为依托。在反作用于外部世界的过程中，对于作为个体的人来讲，基于其"优越于外部事物的意志"，人具有"对一切物据为己有的绝对权利"。④ 然而，对于作为群体的人来讲，由于各个人的这种"绝对权利"，便产生了彼此的疆界划分问题。这种"绝对权利"其实就是人的意志在外部空间的范围，所以这里的疆界划分本质就是"意志的自由空间"的界限。然而，由于意志是一个主观的东西，外化的意志要在外部领域当中获得定在，"单是某物应属于我的这种我的内部表象或意志是不够的……下一步骤才是这一概念的实在化"。⑤ 换言之，由于纯粹主观的意志在外界是没有意义的，因此人的外在化的意志要真正成为人与外部事物的中介，它必须有自己实在化的载体。这种载体的意义在于克服意志的纯粹的主观性，从而使他人知晓，便于他人承认。这一意志的载体，在事实层面上，通常表现为人支配意志对象的"行为"；而在法律技术层面上，外部事物上的人的意志，则是通过"法律"本身的实在性与公开性来体现的。确切地讲，在法律上用以表彰外部事物上人的意志存在的载体，

---

① 《马克思恩格斯全集》第 1 卷，人民出版社，1956，第 24 页。
② 《马克思恩格斯全集》第 1 卷，人民出版社，1956，第 651 页。
③ 《马克思恩格斯全集》第 42 卷，人民出版社，1979，第 96 页。
④ 〔德〕黑格尔：《法哲学原理》，范扬、张企泰译，商务印书馆，1961，第 52 页。
⑤ 〔德〕黑格尔：《法哲学原理》，范扬、张企泰译，商务印书馆，1961，第 51 页。

就是"权利"。

由此可以看出，作为人反作用于外部事物的意志在法律上的表述，权利是连接权利主体与权利客体，或者说"人"与"人所拥有的东西"的法律上的纽带。由于这种外部事物本来是"外在于人"的，所以以"我"本身为出发点，并不能得出该项事物就是"我所拥有的东西"这样的结论——它还可能是无主的，或者是归属于他人的。要使该事物成为"特定的人"所拥有的东西，就必须通过"权利"将其与人连接起来，使之成为权利的客体。因而，当某一事物被认为是"权利的客体"时，这不仅意味着人将该事物当成是"我所拥有的东西"的意志已经得到了法律的肯定，而且还意味着，"这个东西"作为人的权利这条"纽带"的另外一端，应当是属于人（意志）的"外部领域"范畴的事物。只有当"受法律保护"的事物来自人的"外部"的时候，该事物上的法律之保护，才具有连接主体与客体——即使得该事物成为"我的"——的意义，进而才可以被称为"权利"。

如果将这一结论放在法律概念的逻辑框架之内来考察，我们就可以清晰地看出，"法律之保护"其实存在两种根本模式。首先，如果该项事物是"外在于人"的，那么如前文所述，由于从"人之存在"不能推知"人对该项事物的拥有"，所以法律必定是以沟通主、客体的"权利"为保护的手段。这种保护模式，可以称为"权利的保护"模式。其次，我们知道，权利主体是权利的享有者，权利客体是权利指向的对象，如果权利的客体是"内在于人"的，那么这就意味着权利将"反指"向主体本身。这种情况下，由于主体与客体发生了混同，权利便丧失了存在的意义。换言之，对于"内在于人"的事物而言，由于"人之存在"，就意味着"人所拥有的该项事物"存在，所以法律对该项事物的保护，不能以"权利"作为手段，而只能通过"人之保护"来实现。这种保护模式，可以被称为"人之本体的保护"。

虽然"人之本体的保护"与"权利的保护"归根结底都是法律对人的保护，但是两者具有明显的法律保护的目的与路径上的差异：前者是一种"内敛"性的法律保护，旨在维护人之本体的"内在完整性"；后者则是一种"外扩"性的保护，其目的在于界定人的自由的"外部空间"以及与他人自由之间的界限。因此，只有在后一种情况下，才会有"权利"的存在。

二 权利与救济的分离：大陆法系人的伦理
价值法律保护传统的形成

在罗马法时，人的伦理价值保护的规则就已经存在。罗马法中有"对人私犯"（injuria）的概念，"原指一切不法行为而言，以后罗马法对此作狭义解释，专指对身份和人格的侵害"。① 在《法学阶梯》中，针对人格的不法侵害被清晰地罗列："不仅在某人被用拳头、棍棒殴打……的情况下，不法侵害被实施了，而且在某人被谩骂……或如果某人为了毁坏他人名誉，写作、编辑、出版讽刺文章或诗歌……或被主张侵害他人贞操的情况下，不法侵害也被实施了……"② 因上述不法行为而遭受损害的人，有权向致害人提起诉讼。而后者所应承担的责任形式，则在罗马法上历经了由身体刑到罚金的演变。③

但是，这一事实并不意味着在罗马法上已经存在"人格权"的概念。恰恰相反，罗马法从不认为人对其人格价值可以享有"权利"。在古罗马人看来，今日我们所称之"权利"，乃是一种"物"。根据盖尤斯"有体物"与"无体物"的划分，除了等值于有体物的所有权之外，其他的权利，如债权、役权等，均属于无体物。就"物"的概念而言，起初"人们所称的物，是指除自由人外而存在于自然界的一切东西，不管是对人有用的，无用的，甚至是有害的，均属于广义的物"。④ 换言之，罗马法上的"物"，是与"人"相对立的概念，即"外在"于人的范畴。"后来，法律和法学思想不断发展，罗马法逐渐把物限定为一切人力可以支配、对人有用，并能够成为人们财产组成部分的事物。"⑤ 即在罗马法观念上，"物"事实上是与"财产"概念等价的。这样，"是否具有财产价值"，成为罗马法判断某一事物是否为外在于人的"物"的关键性标志。根据这一标准，被认为不能用金钱衡量的人的伦理价值被排除于"物"的范围之外，进而

---

① 周枏：《罗马法原论》，商务印书馆，2001，第298页。
② 〔古罗马〕优士丁尼：《法学阶梯》，徐国栋译，中国政法大学出版社，1999，第445页。
③ 周枏：《罗马法原论》，商务印书馆，2001，第864页。
④ 周枏：《罗马法原论》，商务印书馆，2001，第298页。
⑤ 周枏：《罗马法原论》，商务印书馆，2001，第298页。

被排除于"权利"的客体之外。由于在罗马法上人格并不是一种可像财产一样为人所享有的东西，所以在"私犯"制度的人格保护中，"法律将人所遭受的损害，看成是施加给个人与社会的危险"，这一制度所产生的罚金责任，"也被当成是惩罚性与威慑性的，而不是补偿性的。因为这里所涉及的利益，与金钱问题无关"。①

综上，在罗马法上，外在于人的事物，被标识以财产价值的属性，并与"物"（权利）联系起来。在这种观念之下，伦理上的人格利益虽然没有被罗马法看作是内在于人的固有要素——在罗马法上，"人格"之取得，依据在于身份，而不在于伦理——但是罗马法系将其排除于"物"的范围之外，却是确定无疑的。因此，罗马法上的人格保护，并不是基于"物"，或者说应受保护的外在于人的东西，而是基于社会价值观念甚至社会利益。这样，在人格的保护模式上，便产生了人格利益的"可诉性"与"权利化"的分离。这种救济与权利相分离的人格保护模式，对后世大陆法系民法有着深远的影响。

欧洲中世纪教会法拒绝将人格价值看成是权利的客体。"中世纪的法学家沿袭罗马的分类方法，在'对人私犯'的名目之下对待人格之侵犯，并区别于财产法。"② 教会法基于基督教的道德观念所给予人格的法律保护，仍然秉承着罗马法诉权与实体权利的分立模式。只不过"在基督教义之下的人格分析中，（人格的侵害）中的'过错'变成了'罪恶'，因而成为教会律师与学者的领地"。③

及至近代，在人文主义与近代自然法的影响下，法国民法典开始将自然法的思想看成是实定法的直接渊源。这种立法思想，正如法国民法典最终草案的序编表述的那样，"存在着一种普遍的永恒的法，它是一切实在法的渊源：它不过是统治着全人类的自然理性"。④ 基于此，在人格制度

---

① Eric H. Reiter, "Personality and Patrimony：Comparative Perspectives on The Right to One's Image", *Tulane Law Review*, February 2002.

② Eric H. Reiter, "Personality and Patrimony：Comparative Perspectives on The Right to One's Image", *Tulane Law Review*, February 2002.

③ Eric H. Reiter, "Personality and Patrimony：Comparative Perspectives on The Right to One's Image", *Tulane Law Review*, February 2002.

④ 转引自〔法〕阿·布瓦斯泰尔《法国民法典与法哲学》，钟继军译，载徐国栋主编《罗马法与现代民法》第 2 卷，中国法制出版社，2001，第 290 页。

上，法国民法典将自然法所倡导的无差别的"人类理性"作为实定法上人格的取得依据，从而使得"生而平等"的伦理价值观念在法典上得以落实。法国民法典将"人类理性"认作实定法上人格的依据，意味着基于理性而派生的人的自由与尊严等范畴，只能是人获得法律人格的前提，即人的"内在"属性，而不能是取得法律人格之后的结果，即"外在于人"的人可得拥有的东西。因此，在法国人看来，人的自由与尊严的依据，只能在自然法中去寻找，即在"天赋的"人的属性当中去寻找，实定法无权对其加以规定。由此就导致了在法国民法典中不可能存在人的伦理价值权利化，即实定法上的"人格权"的概念。

法国民法的这一立法模式，丝毫不影响来自"自然法"的人的价值到"实定法"那里去寻求保护。法国民法典第1382条"任何行为致他人受到损害时，因其过错致行为发生之人，应对该他人负赔偿之责任"的开放式规定，成为法律为财产权利也为人的伦理价值提供法律救济的基本依据。

较之于法国民法典以自然法观念作为法律人格依据的立法思想，德国民法典上的法律人格依据则是实定法中的"权利能力"概念。然而，这个以"权利义务载体"为内容的概念的引入，事实上也没有使人的伦理价值就此成为这个载体"所承载的东西"，即"权利"。恰恰相反，德国民法在这一点上与法国民法相同，人的伦理价值仍然是取得法律人格的条件，它构成了权利能力的基础。对此，萨维尼曾经指出："人格、法主体这种根源性概念必须与人的概念相契合。并且，两个概念的根源的同一性以如下的定式表现出来：每个人……皆是权利能力者。"① 而在德国民法典第一草案说明书中，上述认识被进一步明确："不论现实中的人的个体性和其意志，承认其权利能力是理性和伦理的一个戒律。"② 由此可以看出，德国民法典延续了法国民法典的观念，仍然是将人的自由、尊严等范畴视为人的要素——人本身"内在的东西"，进而使之成为法律人格的伦理基础。这种认识导致了德国民法典仍旧不可能将生命、身体、健康和自由等人格价值视为一种权利，正如民法典的立法者所指出的，"不可能承认一项'对自身的原

---

① 转引自〔日〕星野英一《私法中的人——以民法财产法为中心》，王闯译，载梁慧星主编《民商法论丛》第8卷，法律出版社，1998，第163页。

② 〔德〕罗尔夫·克尼佩尔：《法律与历史——论〈德国民法典〉的形成与变迁》，朱岩译，法律出版社，2003，第58页。

始权利'"①。值得一提的是德国民法中的"姓名权"。德国民法典在其"自然人"一节规定了姓名权，这是德国民法典中唯一被明确承认了的人格权。由此形成了德国民法上"姓名"的权利化与"生命、身体、健康和自由"的非权利化这一饶有趣味的法律面貌。其实，这种法律处理技术的差别，恰恰反映出在两者与人的关系问题上法律判断的差异。如前文所述，如果说德国民法拒绝承认人对于自己的"生命、身体、健康和自由"享有权利是由于这些伦理价值被看成是人的内在要素的话，那么法律赋予人在其姓名上有权利存在的原因，正是由于在立法者看来，姓名与人的本体的距离要远于生命、身体、健康和自由与人的本体的距离，因而可以被看成是外在于人的事物。

与法国民法相同，在德国民法中上述人格价值虽然没有被视为权利，但是同样不影响侵权法对它的保护。德国民法典的"侵权行为"一节，规定了对于故意或过失侵害生命、身体、健康和自由等人格价值（第 823 条第 1 款），故意或过失侵害民法典以外其他法律所保护的包括人格在内的其他利益（第 823 条第 2 款），以违反善良风俗的方式故意侵害应受法律保护的包括人格在内的其他利益（第 826 条），以及侵害妇女贞操（第 825 条）的损害赔偿义务。其中，就后面三项而言，其在立法体例上与第 823 条第 1 款的"权利侵权"呈并列关系，因此从逻辑上可以看出，德国民法并没有赋予此类应受民法或其他法律保护的利益以"权利"的性质。再就第一项"权利侵权"（第 823 条第 1 款）而言，"生命、身体、健康和自由"等人格价值，虽然与"所有权或其他权利"共同规定于该条款当中，但是，这仅仅意味着上述人格价值在侵权法的保护上，与权利适用同样的规则。"第 823 条第 1 款还列举了四种在受到侵犯时就同权利立于同等地位的'生活权利'……这样并不是说，有一种生命、身体、健康和自由的不可侵犯的权利……"②

以德国民法典为蓝本的瑞士民法典，在其总则"自然人"一章规定了"人格的保护"，其核心条款是："人格受到不法侵害时，为了寻求保护，可以向法官起诉任何加害人。"（第 28 条第 1 款）瑞士民法典在形式上突破了德国民法典将人格之保护问题规定于侵权之债当中的模式，从而将法

---

① 〔德〕霍尔斯特·埃曼:《德国民法中的一般人格权制度——论从非道德行为到侵权行为的转变》，邵建东等译，载梁慧星主编《民商法论丛》第 23 卷，金桥文化出版（香港）有限公司，2002，第 413 页。

② 〔德〕卡尔·拉伦茨:《德国民法通论》，王晓晔等译，法律出版社，2003，第 170 页。

国民法典与德国民法典关于人的伦理价值"内在性"的隐晦的价值逻辑判断通过立法的形式直接表述了出来——规定于"自然人"的"人格的保护"一节,清晰地表明了法律对人的伦理价值的保护乃是通过"人之本体的保护"模式来实现的。与此同时,我们还可以看出,在人的伦理价值之于人的关系问题上,瑞士民法所遵循的仍是德国民法的"伦理价值内在化"的观念。即使在"姓名"这一具体问题上,也与德国民法相同,"姓名权"被规定为"人格的保护"一节中唯一的人格权。

然而,瑞士民法典第 28 条毕竟规定了专用于人格之保护的"一般条款"。虽然该项条款并不如同我们以往所认为的那样,开"一般人格权"的先河——因为在"人之本体的保护"的模式之下,没有"权利"之存在——但是该项条款的产生,却无疑折射出人的伦理价值在民法中的比重正在上升的趋势。

综上,以法、德民法为代表的近代大陆法系民法,沿袭了罗马法所开创的人的伦理价值保护之救济与权利相分离的模式。这种模式在近代民法上的延续,一方面是受到自罗马法以降,法律将外在于人的事物与金钱价值相联系并与人的伦理价值相对立的观念的影响;另一方面,在近代人文主义思想影响下,人的伦理价值在法律中被看成是内在于人的事物,从而使得法律在"人格的保护"上必然采取"人之本体的保护"模式。在这两个要素的作用下,"人格权"的概念在近代民法之中无从产生。

三 人的伦理价值外在化:现代社会人格权概念兴起的原因

几乎在近代民法从"人之本体"的角度确立起法典上的人格保护模式的同时,同期理论学说上已经开始显现出人的伦理价值扩张的倾向。1890年,美国法学家布兰蒂丝和华伦在哈佛大学的《法学评论》上发表了一篇著名的论文,第一次提到"隐私权"概念。1896 年,德国学者克思奈出版《肖像权论》,提出了完整的肖像权保护法。[1] 及至"二战"以后,随着

---

[1] 吕光:《大众传播与法律》,台湾商务印书馆,1981,第 63 页,转引自杨立新、孙博《国外人格权的历史发展》,《河北法学》1995 年第 4 期。

"人权运动"的高涨，人的伦理价值所欲涵盖的范围更是急剧扩展，远远超越了近代民法的伦理哲学所固有的生命、身体、健康和自由等领域，而扩展到诸如知情、信用、生活安宁乃至居住环境等方方面面。

相比较而言，如果说传统的人的伦理价值作为人的不可或缺的属性，可以被视为"人之所以为人"的"底线"的话，那么现代社会中这些扩展了的人的价值，事实上已经与人的本体渐行渐远了。由于人是否能够在法律上享有肖像、名誉、隐私、知情、生活安宁以及居住环境等方面的价值利益，与其能否成为一个法律上的人事实上已无多大关联，所以从"人的存在"出发，也就难以推导出这些"扩展价值"之存在。由于这些价值无法被包容于"人所固有的东西"的范畴之内，近代民法典针对人的伦理价值所采取的"人之本体的保护"模式受到强烈冲击。如何将现代社会中这些扩张的人的价值纳入民法保护的体系之中，成了现代民法所面临的重大课题。德国民法中的"一般人格权"，就是在德国民法典的既有框架之下，解决这一课题的一个著例。

在德国民法典的侵权制度结构中，对于民法典"权利侵权"（第823条第1款）中未予列举的人的伦理价值，本可以通过"违反保护他人法律之侵权"（第823条第2款）以及"法益侵权"（第826条）来予以救济，但是，由于德国民法典将人的伦理价值看成是人的组成部分，所以第823条第1款所列举的生命、身体、健康、自由等要素，基本上已经涵盖了当时立法者所能预见的人之所以为人的最根本的伦理要求。因此，上述"违反保护他人法律之侵权"与"法益侵权"虽然可以用于保护法定类型化之外的伦理价值，但是其侵权制度本身却并非专门为了人的伦理价值保护而设计的。当不断涌现的新型的人格价值需要法律之保护时，这一法律构架就开始显得捉襟见肘：由于这些价值往往是民法以及其他法律所未曾预见的，因此"违反保护他人法律之侵权"难以适用。同时，"法益侵权"却又要求具备"故意"和"违背公序良俗"的要件，难以满足保护之需求。可见，德国民法典缺乏一个专门用于人格保护的"一般条款"。而"一般人格权"概念的确立，本质上就是德国法院在上述民法典的技术构架之下寻求这种"一般条款"的努力。德国联邦法院创设"一般人格权"的基本思路就是，从德国基本法"人的尊严和自由发展其人格"的规定出发，将基于这一规定所派生出的应受民法保护的人的价值，视为民法典第823条

第 1 款所称的"其他权利"项下的内容，进而适用该款"故意或过失"的
责任构成要件。

德国民法典制定之初之所以未能创设一个保护人格的一般权利规则，
是由于对"人格权的内容和范围无法予以充分明确的确定"①。在当时的立
法者看来，倘若将人的伦理价值视为人在外部领域的自由空间，那么在这
个空间之内，人与人之间自由的界限将是无法界定的。在后来的"一般人
格权"的塑造中，为了克服上述障碍，德国联邦法院借鉴了帝国法院在
"尤特－普吕施案"判决中所采用的方法②，在"读者来信案"、"骑士
案"、"录音案"以及"索拉雅案"的判决中，通过三个步骤确立了"一
般人格权"的概念。"第一阶段，联邦最高法院将一般人格权理解为自决
权；第二阶段，将这项自决权限制在一个特定的领域内（认定客观载体）；
第三阶段，在上述特定领域内，在中等程度的抽象高度上，根据人民大众
中行之有效的生活准则与礼仪规则，进行法益权利与利益权衡。"③ 从这个
"一般人格权"的塑造过程我们可以清晰地看出：上述的第一阶段，本质
为将基本法中应予保护的概括的人的伦理价值，认定为意志在外部领域的
自由空间（即所谓的"自决权"），从而赋予其"外在于人"的性质；在
第二阶段，再对上述概括的人的伦理价值依照个案案情，确定其在人的外
部领域具体的存在范围，从而使得从"一般人格权"向"特别人格权"的
派生转化成为可能；最后，当人的伦理价值被视为意志在外部的自由空间
之后，就会产生"人我"之间的自由界限问题，因此在第三阶段，依照一
般社会观念所进行的"利益权衡"则成为确定外在化的人的伦理价值存在

---

① 〔德〕霍尔斯特·埃曼：《德国民法中的一般人格权制度——论从非道德行为到侵权行为
的转变》，邵建东等译，载梁慧星主编《民商法论丛》第 23 卷，金桥文化出版（香港）
有限公司，2002，第 413 页。

② 在这个案件中，帝国法院为了说明"已经设立和经营的营业权"是一种绝对权，给出的
理由是："由于独立存在的营业并非仅仅与营业者的自由意思相关，而是该意思业已客观
体现在该营业之中，因此存在坚实的基础认为，于该营业之上存在一项权利。"即"帝国
法院将第 823 条第 1 款中的自由概念所包含的自我决定的权能尽可能地局限在一个'存
在客观载体的领域'，亦即局限在一个概念上能够把握清楚的领域……"〔〔德〕霍尔
斯特·埃曼：《德国民法中的一般人格权制度——论从非道德行为到侵权行为的转变》，
邵建东等译，载梁慧星主编《民商法论丛》第 23 卷，金桥文化出版（香港）有限公司，
2002，第 417 页。〕

③ 周晨、张惠虹：《中德民法中一般人格权制度之比较》，《德国研究》2003 年第 2 期。

范围的重要手段。正是基于这一法律思想与技术，德国联邦法院"在 1954 年 5 月 25 日'读者来信案'的裁判中，第一次承认一般人格权是类似于财产所有权的其他绝对权利"。[①]

由此可以看出，"一般人格权"之所以被称为"权利"，其原因并不在于"一般人格权"的创设是为了保护人的伦理价值，而是在于"一般人格权"在创设过程中所采用的法律技术。这种技术使得基于基本法所引申出来的人的伦理价值具有了"外在化"的特性，因而可以被视为"权利的客体"，并且与"生命、身体、健康、自由"等内在化的人的伦理价值相区别。

与此同时，随着商品经济关系在整个社会领域的蔓延，越来越多的人的伦理属性开始具有了可以用金钱价值衡量的财产属性。一方面，人开始对自身的部分人格价值进行支配，犹如他们当初支配财产那样。另一方面，未经本人同意而支配他人人格要素的现象也出现了。从法律上看，这种现象与未经主人同意而对其物的擅自使用具有相当的同质性。这样，传统民法中人格价值与财产的鲜明对立开始模糊，人像拥有财产那样拥有人格价值已经不再是不可想象的事。法国民法理论关于人格中财产要素的讨论即清晰地反映出这一点。

法国民法典是将人的伦理价值认作人的内在要素的。虽然在 1994 年通过第 94 - 653 号法令（修改民法典）明确表示了对于人的身体之支配的否定态度："人体、人体各组成部分及人体所生之物，不得作为财产权利之标的"（第 16 - 1 条第 3 款），但是面对社会日益频繁出现的人格之支配的现象，生命、身体之外的其他人格价值中的财产要素的存在，受到法国民法理论的正视。由于法国民法典观念的影响，法国学者对这一问题的认识，经历了一个递进式深化的过程。最初，学者 Pierre Kayser 在关于肖像性质的论述中，将具有财产要素的人格视为一个综合体，"它由基于私人生活所生之非财产性的核心，与在特定情形下所表现出的财产性的面貌所组成。其中后者是第二位的，它不能脱离前者而独立存在"。[②] 进而，学者

---

① Karl Larenz, Lehrbuchdes Schuldrechts, Band Ⅱ, Besonderer Teil, 12 Auflage, s. 623. 转引自周晨、张惠虹《中德民法中一般人格权制度之比较》，《德国研究》2003 年第 2 期。

② Eric H. Reiter, "Personality and Patrimony: Comparative Perspectives on The Right to One's Image", *Tulane Law Review*, February 2002.

Emmanuel Gaillard 进一步阐明了"在人的肖像上'独立的'财产权利的存在，这种独立性理论旨在保护那些仅仅造成财产性损害的肖像侵权案件"。① 在上述理论的基础之上，学者 Acquarone 开始明确地区分将肖像"视为人的固有的组成部分"与"视为可得利用的财产"在法律意义上的不同，指出"前者主要是普通人的领域，旨在阻却他人的擅自利用；而后者则主要是'名人'的领域，旨在赋予该名人利用（或不利用）他或她的肖像以取得商业利益的自由"。②

人的伦理价值可支配性的出现，是对近代民法"内在化的伦理价值观念"的又一个冲击。在这种情况下，由罗马法所确立的人的伦理价值与物的对立，以及由近代民法所确立的人的伦理价值的内在化观念发生了动摇。随着人在其伦理价值上应当享有如同在自己的财产上所享有的权利的观念的出现，"人格权"概念真正走进了民法的视野。也正是在这样的背景之下，中国民法典的制定工作开始启动。

四　摆脱内在化的人的伦理价值观念：我国民法典的制度选择

我国民法典的制定是在既有的以民法通则为核心、若干单行法并存的"实质民法"体系基础上进行的。其对人格权立法的体例安排，受到了民法通则中人格权制度的影响。

与大陆法系国家对人格权由排斥到有限地承认的曲折历程形成鲜明对比，我国民法通则一开始就确立了统一的人格权的概念。这种立法举措，曾被认为是我国民事立法上的一大创新，并体现了现代民法人格权概念发展的趋势。但是，进一步分析可以发现，在民法通则所确立的诸种人格权中，除了正面规定"姓名权"的"可得支配"的属性之外，其他人格权，如生命健康权、肖像权与名誉权，法律的条文均是立足于"不得侵犯"，并通过"侵权责任"的规定来加以保护。因此，民法通则中人格

---

① Eric H. Reiter, "Personality and Patrimony: Comparative Perspectives on The Right to One's Image", *Tulane Law Review*, February 2002.

② Eric H. Reiter, "Personality and Patrimony: Comparative Perspectives on The Right to One's Image", *Tulane Law Review*, February 2002.

权的概念，其实仅仅是"受到法律保护的人格利益"。这种人格权概念的不周之处，就在于其忽略了"法律之保护"其实有"权利的保护"与"人之本体的保护"两种模式。无论一个事物对人而言是"内在的"还是"外在的"，都可以因具有"不可侵犯性"而成为法律保护的对象，但是"权利"所指向的，却必须是"外在于人"的事物。由此可见，民法通则中人格权概念的确立，仅仅在形式上突破了传统大陆法系民法中"人格的保护"的立法体例。至于人格权的客体应当是怎样的人的伦理价值，或者说，采取"内在化"还是"外在化"的伦理价值观念，对于人格权的概念之成立会有怎样不同的影响等问题，并没有在理论上有清晰的认识。

　　上述理论认识的不充分可以从"人格权的客体"问题上得到验证。在我国民法理论中，人格权的客体被普遍看成是"人格上的利益"，这种观念业已成为通说。① 显然，这种认识是受到德国法学家耶林的"权利利益说"的影响。然而，就"权利"与"利益"的关系而言，耶林所讲的"权利是受到法律保护的利益"，是从"权利的目的"出发的，是与耶林的"目的法学"思想相联系的。耶林认为，"目的是全部法律的创造者。每条法律规则的产生都源于一种目的，即一种实际的动机。"② 由于在耶林看来，法律是实现立法者的目的的手段，故而权利的全部意义就当然在于立法者赋予人以权利所欲达到的目的。无疑，这个目的就是使人获得利益。换言之，从"目的法学"出发来看待权利，结果当然就是耶林所认为的，"授予权力（利）是为了满足特定的利益"。③ 就此以观，既然利益是权利的"目的"所在，那么就是权利作用于它的对象（即客体）后所收到的效果，而不是权利的客体本身。例如债权，其客体是债务人之给付行为，而因给付的实施，债权人所受领的结果，才是债权的利益；再如物权，其客体是物，而不是物之支配所得之利益。由此我们可以认识到，利益本身并不能作为权利的客体。就人格权而言，其实质是支配权。作为一种支配权，它的客体应当就是权利支配的对象，即基于伦理观念所生的人的价

---

① 参见刘心稳主编《中国民法学研究述评》，中国政法大学出版社，1996，第111页。

② *In The English Philosophers from Bacon to Mill*, ed. E. A. Burtt（New York, 1939），p. liv. 转引自〔美〕E. 博登海默《法理学：法律哲学与法律方法》，邓正来译，中国政法大学出版社，1999，第109页。

③ 〔德〕迪特尔·梅迪库斯：《德国民法总论》，邵建东译，法律出版社，2000，第63页。

值——这种价值附着在生命、健康、身体、自由、姓名、肖像、名誉以及隐私等要素之中。"人格利益"只能是人格权支配这些伦理价值（即人格权的客体）的结果，而不能成为客体本身。

由此就产生了一个问题。我国民法理论将人格权视为一种"支配权",① 但是与同为支配权的物权相比较，为什么在"物权的客体是物（而不是物之支配利益）"的判断已早为定论的情况下，理论上却在"人格权的客体应该是人的伦理价值"的判断上闪烁其词，并通过似是而非的"人格利益"的概念予以回避呢？其实，我国民法理论刻意回避人格权的客体就是人的伦理价值，与近代民法刻意回避"人格权"的概念具有相同的原因，即都不愿意承认"人对于自身的权利"。换言之，我国民法理论沿袭了近代大陆法系民法对于人的伦理价值与人的关系的认识，将后者看成是前者的内在要素，或者称之为"主体性要素"。此种观念之下，如前文所述，由于这些要素属于"主体"的范畴，其作为权利的起点，不可能再成为权利的客体，这样，便只能以"人格利益"的概念来填补逻辑上人格权客体的缺位。

民法通则虽然提出了形式上有别于传统大陆法系民法的人格权概念，但是这个概念却与传统大陆法系民法保持着相同的理论基础：它们都植根于"内在化"伦理价值的观念。因而，民法通则在立法与理论之间存在的隐蔽而尖锐的矛盾也就此暴露出来——"内在的伦理价值"观念的结果，只能是对"人格权"概念的否定，其两者是不能并立的——正如近代大陆法系民法早已示范的那样。

上述视人的伦理价值为"内在于人的要素"或者"主体性要素"的观念，也延续到了我国民法典的制定过程之中。从这一观念出发，就会得出"人格权应当规定于民事主体制度当中"的结论。对这个结论的反思，首先在于逻辑，如前文所述，由于作为权利主体的组成部分的事物是不能同时成为权利客体的，因此在这种立法体例之下，已经不再是"如何规定人

---

① 例如，"人身权的作用，在于对本身人格和身份的支配，因而属于支配权。同时，也属于绝对权"（张俊浩主编《民法学原理》，中国政法大学出版社，1997，第131页）。"人身权具有非财产性、不可转让性、不可放弃性、法定性、绝对性和支配性等特征。"（王利明主编《民法》，中国人民大学出版社，2002，第507页）"人格权是自然人依法享有的，以其人格作为客体的专属性支配权。"（刘心稳主编《中国民法学研究述评》，中国政法大学出版社，1996，第111页）

格权"的问题，而是"要不要人格权"的问题了。其次，这种立法体例的理论基础，即内在化的伦理价值观念，虽与传统民法理论相符，却不应作为当代中国民法典的立法基础。其理由在于：

第一，现代社会民法理论与实践中的"人格权"概念，是在人的伦理价值的范围急剧扩展，与人之本体的距离愈来愈远的人的价值不断涌现，以及人对其自身价值予以支配的社会需求日益扩大的背景下，为了突破近代民法关于人的伦理价值内在化观念的局限和困顿，以适应社会生活需要而产生的。以当代社会生活为实践背景的中国民法，倘若再以近代民法作为起点，自缚于近代民法的内在化的伦理价值观念，那么必将在法典诞生之日起，便背离当今社会生活的要求，重蹈西方国家在民法典之外不得不通过判例、学说以弥补法典与社会生活之间断裂之覆辙。

第二，在中国民法典中，不存在人的伦理价值内在化的历史文化基础。由法国民法典开创的将人的伦理价值视为人的内在要素，并且作为生物人取得法律人格所依据的近代民法人格技术，乃是建立于自然法观念之上的，而自然法观念在西方社会有着悠久的历史文化传统，并且与宗教信仰密切相关。根据美国昂格尔（Unger）教授的见解，"对自然法观念的另一支持来自超验性的宗教……其核心就是：相信世界是由人格化的上帝依据自己的设计而创造的。因而，超验性宗教的特殊二元性就是上帝和现实世界。"[①] 据此，必然会产生在现实世界之上还存在"上帝之法"，即自然法的观念。比较而言，在中国传统文化中，"谈到最高的神的形象，最重要的倾向就是日益强调'天'的神圣特性而不是'上帝'。结果，神的观念渐渐地非人格化、自然化了。"[②] 中国传统中非人格化的"神"的观念，一方面使得宗教对法律的约束效应几近于无，即"在我们祖先的意识形态中，根本没有像希腊人那样以为每一法律皆为神所拟定的观念。同时我们的法律也不曾依赖巫术宗教的力量来维持。"[③] 另一方面，世俗因素则因此成为法律的主宰。决定着法律制度的世俗思想，其所追求的，不会是宗教理想在世俗社会的实现，而只能是对纯粹的社会秩序的维持或者控制。西

---

① 〔美〕R. M. 昂格尔：《现代社会中的法律》，吴玉章等译，译林出版社，2001，第 73、94 页。
② 〔美〕R. M. 昂格尔：《现代社会中的法律》，吴玉章等译，译林出版社，2001，第 73、94 页。
③ 瞿同祖：《中国法律与中国社会》，载《瞿同祖法学论著集》，中国政法大学出版社，1998，第 273 页。

方社会近代所历经的自然法观念对实定法制度的洗礼，在中国社会始终未能发生。由此所引起的结果就是，在西方法律文化中，人的伦理价值自然而然地被视为人的固有属性或者说组成部分，但是在中国传统思想上，人的那些固有的伦理价值，并不见得会因"人之存在"而自然地存在。

第三，新中国经由苏联引入了德国民法的"权利能力"概念。由于权利能力概念背后的伦理文化不可能随着法律概念的"无机移植"而当然地被引入，故而西方法律概念的引进与原本附着在该概念之上的伦理思想的断裂，是我国民法主体制度之移植的重要特征。由此决定了大陆法系民法将人的伦理价值作为法律人格的基础的技术，将无法妥当地适用于我国民事主体制度的制定。为了弥补上述法律概念与其伦理基础之间的裂痕，在法律技术上只能建立统一的、独立的"人格权"制度，将那些在西方社会看来是不言自明的"人固有的东西"，如生命、身体、健康、自由与尊严规定为外在的、"人可得享有的东西"，然后通过"权利"将这些价值与人连接起来，即以实定法的权利宣示方式告诉社会，人到底有哪些依法能够享有、能够支配、能够受到法律保护的人格价值。

第四，从理论层面来看，如果我们历史地考察西方近代民法中内在化的伦理价值观念的由来，会发现，这个观念的成立事实上并不是没有条件的。近代民法中内在化的伦理观念的形成，根源于近代以自然法为代表的理性主义哲学思想。人在被赋予理性的属性后，进而又根据这一属性的要求，判断出人的价值的"应然状态"。从这个意义上讲，与其说人的伦理价值来自人之本身，不如说其为理性观念赋予。换言之，当以近代的理性主义哲学作为参照系的时候，人的伦理价值就是由一个"权威"所赋予的"人可得享有的东西"，即外在于人的事物。在实在法看来，一个先于实在法而被赋予了伦理价值的人，其伦理价值当然是人所固有的，实定法只需加以保护而无须再加以确认其为人的属性。由此可见，所谓的内在化的伦理观念，其条件就是人对其伦理价值的享有，这在实在法之外的关于人的伦理哲学中已经得到了确认。随着人对自身价值认识的发展，传统的理性主义思想在现代社会受到了反理性主义哲学的质疑和批判。反理性主义哲学代表人物尼采明确指出，"没有谁能把人的特性给予人……（人）不是一个特别意图、一个意志、一个目的的产物，不能用他去试验实现一种'人的理想'，或一种'幸福的理想'，或一种'道德的理想'——想要按照某一目的铸造他的天性是荒谬的"。① 以此为出发点，反理性主义哲学的另一代表人物萨特进而提出了"存在先于本质"的著名论断。② 现代西方社会反理性主义思想的兴起向我们揭示出这样一个事实：内在化的伦理价值观念，并不是人的主体性哲学当中的"铁律"。人的价值与人的可分性论断，不仅可以存在于西方现代社会反理性主义思潮中，而且同样可以存在于中国社会。如果说现代反理性主义哲学对人的价值预设的否认，其立论的基础在于"上帝死了"③ 的话，那么中国社会本来就"没有上帝"——实在法之外人的价值预设，在中国社会未曾发生、未曾存在过。因此，在中国，站在实在法面前的人，不能与西方近代社会实在法面前的人相类比。在近代西方社会由自然法等理性主义哲学所完成的人的价值确认的使命，在我国则注定要由实在法来完成。因此在我国民法中，人的伦理价值只能是外在于人的、因实在法的授权而由人所享有的东西。由此可见，人的伦理价值外在化，并不会导致对人的伦理性的否认，恰恰相反，这是我国民法所肩负的社会启蒙使命的必然要求。

第五，从法律结构层面来看，将人的伦理价值外在化，并未突破传统民法的人格构造。近代民法秉承罗马法上"生物人与法律人相互分离"的传统，从其人格技术来看，法律人格是"有因的"，其始终是以"具备某种条件"为前提的。这种技术在现行民法体系中不仅是自然人格的根本性构架，而且也是法人格的根本性构架。在自然人格的场合，以德国民法典为例，这种构架中的逻辑关系，就是"生物人—伦理价值—权利能力—自然人格"。其中，"自然人格"是以"伦理价值"为依据的。而当我们将人的"伦理价值"从人的范畴之中抽去之后，即在"生物人—权利能力—自然人格"的关系中，民法上的自然人格，就将通过权利能力，与"生物人"的本体直接连接。于是，作为人之存在标志的"出生"事实，将直接成为"权利能力"的标志，进而成为法律人格的标志。这样一来，一方面，由于"权利能力"在形式上扮演了"法律人格依据"的角色，所以生物人与法律人相互分离的民事主体制度模式因而得以维持，法人制度也就不会因此受到冲击。另一方面，由于这事实上并没有超出"权利能力始于

---

① 〔德〕尼采：《偶像的黄昏》，周国平译，光明日报出版社，2001，第42页。
② 〔法〕让－保尔·萨特：《存在与虚无》，陈宣良等译，三联书店，1987，第726页。
③ 〔德〕尼采：《查拉斯图拉如是说》，尹溟译，文化艺术出版社，1991，第6页。

出生，人因权利能力的具备而成为法律主体”的传统民法的形式逻辑，所以也不会造成对民法基本体系的破坏。

当人的伦理价值在法律观念上由“主体性要素”成为“权利的客体”之后，作为真正意义上的“支配权”的人格权，就将与物权、继承权等支配权利并列，而成为民法分则中独立的一编。接下来，便是对人格权“支配性”的认识问题。一方面，作为民法分则的一个组成部分，“人格权编”必须满足德国民法典以来民法“总则—分则”结构中以“法律行为”贯穿始终的体系要求。另一方面，人的伦理价值就成为人的意志在外部领域作用的对象，被意志看成是“我的”，“它归属于我，故我可得支配之”，即在“归属”的概念之下，“支配”成为可能。事实上，德国民法典当初拒绝承认人格权的一个重要的原因，就在于回避由此而来的人格支配问题——“否则就会得出存在一项‘自杀权’的结论”。① 形成鲜明对照的是，德国民法典第 12 条关于姓名权的规定中，却清晰地显示出“姓名的可利用性”。

但是，不可否认的是，现代社会中人的伦理价值的交易要求，表现在“部分的”人的伦理价值之上，如肖像、名誉、隐私等，而人的其他价值如生命，则无论如何也不可能产生交易的问题。然而，当统一的人格权的概念建立之后，所有的人的伦理价值，将均被视为外在于人的事物，进而都在逻辑上引申出“可支配性”。由此所产生的问题就是，在那些不可能成为交易对象的人的伦理价值上，有没有人的支配存在。

回答是肯定的。支配可以分为“事实支配”与“法律支配”，前者通过事实行为来实现，后者则是由法律行为来完成的。就事实支配而言，无论法律是否承认人在这里的支配权，在法律保护的范围之内，人对包括生命在内的所有人格价值的事实支配，都是存在的。我们通常所讲的“人格利益的享有”，就是一种支配。就其中最敏感的问题——生命的放弃（即自杀）而言，德国民法上不愿意承认人的“自杀权”，固然有其传统宗教上的原因和伦理上的合理性，但是只要人的意志能够将生命、身体作为对象，意志的自由就必然会包含对其对象的处分。在此需要特别强调的是，

---

① 〔德〕霍尔斯特·埃曼：《德国民法中的一般人格权制度——论从非道德行为到侵权行为的转变》，邵建东等译，载梁慧星主编《民商法论丛》第 23 卷，金桥文化出版（香港）有限公司，2002，第 413 页。

法律对于人对生命、身体的支配权的承认，绝对不能等同于对自杀的鼓励。这种支配权的伦理意义在于，一个有尊严的、自由的人的起点，是首先成为自己生命和身体的主人。再就法律支配而言，理论上应当厘清的是"能否支配"与"能否实现支配之目的"这两个层面的区别，而这两个层面所对应的，就是意思表示行为"成立"与"生效"的区别。就前者而言，其意义在于人拥有利用一切资源为自己争取利益的自由，这是意思自治原则的表现；就后者而言，其意义则在于上述的预期利益应当在法律的框架之内来实现，这是意思自治原则范围的表现。基于此，人格价值的可支配性，无疑是属于前一个层面的。由于人的伦理价值上的法律支配具有道德上的敏感性，所以对其正当与否的评价，就面临十分复杂的局面。对生命的法律支配，如"安乐死契约"，是目前社会道德所不能接受的，而对身体的法律支配，是否违背道德观念，则需要视具体的情况作个案分析。故而，在人格价值的法律支配的场合，在承认其可支配的前提下，将支配能否实现的问题交给行为的生效要件如公序良俗原则加以考察，是符合民法的技术规律的。因此，我们不能基于在某些场合下人的伦理价值的法律支配有悖于公序良俗原则，就否认人格权的支配性，如同我们不能基于在某些场合下权利的行使会构成滥用，就否定权利的存在一样。

需要说明的是，人格权基于其"支配性"而"同质"化其他的支配权，比如物权，但人格权的支配性仍然具有自身的特性。首先，那些可得由人格权支配的对象不同于物权所支配的物。人的伦理价值并不是一种客观的存在，而是在关于人的价值的社会伦理观念之下的产物。其次，正是基于物的纯粹客观性，人与物之间主体与客体的联系，完全依赖于作为人的意志载体的权利的连接。当人的意志不再将物看作是"我的"之时，人与物之间的这种权利连接将会中断。比较而言，作为人格权支配的对象，"人的伦理价值"则必然是相对于特定的人而言的，它不可能脱离该特定的人而独立地存在或为另一个人所享有，否则，附着于其上的财产价值将丧失意义。因此，人格权的支配只能是一种负担性的、不改变支配对象"归属"的"使用许可"或者"暂时限制"意义上的支配，其支配对象与人之间伦理的纽带并不会由于支配的实施而中断。可见，由于人格权的支配呈现出与物权之支配截然不同的特性，故而承认人格权的支配性，并不会导致对人格价值的伦理性的否定。恰恰相反，"人格权具有支配性"这一判断本身就意味着对该支配对象赖以存在的伦理观念的肯定。

附带一提的是，对我国民法典的人格价值保护的立法体例还存在一种见解，认为这个问题既不应规定于主体之中，也不应独立成编，而是应当在"侵权法"之中予以规定。这种观点的直接蓝本就是德国民法典的体例。这种观点的不足之处首先在于，其将人的伦理价值的法律意义仅仅局限于侵权法上的保护，忽略了社会生活对人的伦理价值的"可支配性"的要求。显然，侵权法上的保护，是无法为这种支配的社会需要提供法律上的根据的。其次，就法律保护层面而言，在人的伦理价值的范围今日业已超越人之本体而及于人的外部领域的情况下，侵权法对人的伦理价值的保护必须建立在界定"人我自由之界限"的基础之上。而这种自由的界限的划分，必须依赖于权利的规则，而侵权法自身是无法完成的。最后，对"法律保护"的强调并不能取代或者回避"法律之所以保护"的问题。事实上，在否认人格权独立成编的前提下，由于民法总则中民事主体制度的存在，侵权法逻辑上只能以民事主体制度作为法律保护的依据，即其在本质上仍然是"人之本体的保护"模式。其与主张将人格权规定于主体制度中的观点，具有相同的理论基础：都是将人的伦理价值视为内在于人的事物。

综上所述，我国民法典制定中人的伦理价值保护制度的构建问题，绝不是简单的"应该规定在哪里"的问题。如何在法律上看待人的伦理价值与人的关系，才是这个问题的核心。对此的认识直接决定着民法的制度选择。而这个认识既根源于历史的传统，也受制于社会的发展。在我国民法典的制定中，基于现代社会生活人格价值的扩张以及支配之需要，也基于我国人文主义传统之欠缺，以伦理价值内在化为理论基础的近代民法的人格保护体例并不可取。将人的伦理价值外在化，视其为权利的客体，建立独立、统一的人格权概念及其制度，应是我国民法典唯一的选择。

我国民法典：序编还是总则*

陈小君**

摘　要：民法典首编的立法例分序编、总则模式。序编模式源于法学阶梯式对逻辑工具在具体规范和制度上的不彻底运用，有松散混杂之弊。序编又可分为形式序编和实质序编。总则模式则是概念法学将概念抽象和逻辑演绎发挥到极致的产物。但二者在民法体系的建构上，都是运用数学原理和逻辑工具对民事实体规范进行"提取公因式"的必然产物或终极结果。我国在制定民法典时，有理由设立包含一般性条款和技术性规定的"小总则"编。传统总则中的法律行为、权利客体和诉讼时效等内容，在财产法中单独设总则予以规定。

关键词：民法典结构　序编　总则　小总则

随着民法理论研究的不断深入和我国社会条件的渐趋成熟，制定一部科学、完善的民法典的任务已现实地摆在我们面前。基于对中国民法典的品位和实效寄予的厚望，我们应该对事关民法典的诸问题作一番宏观而深刻的考察和冷静而细致的思索。在这些问题中，首要的是：在民法典模式上，对于在民法体系中统摄全局的、不可或缺的内容，究竟是采用序编形式还是总则形式，抑或折中式地加以整合并保证其外部形式和内在脉络与整个民法体系协调一致？解决这个问题，已经超越了问题本身而成为民法

---

*　本文原载于《法学研究》2004 年第 6 期，系国家社科基金项目"《民法典》的结构设计比较研究"（批准号：02BFX025）的研究成果之一。

**　陈小君，原文发表时为中南财经政法大学法学院教授，现为广东外语外贸大学教授。

体系化中不可回避的任务。

一　序编和总则问题之缘起

追溯法典体系化之渊源，就不能不回溯到罗马法。早在公元前 1 世纪，西塞罗就指出："……人们开始使用哲学家们自认为最擅长运用的从逻辑学原理中推导出来的技巧。正是使用了这一技巧，才得以使那些散失了的、混乱无序的材料合理地、有机地重新汇集编排在一起。"① 古罗马人在创设出一系列光辉灿烂的法律制度的同时，还对其丰富的法律资源进行了编纂和整合，从而创立了"人—物—诉讼"的基本格局。优士丁尼《法学阶梯》忠实地执行了该计划。尽管用今人的目光来检视，这种体例失于粗糙、流于繁杂，并且很难谓之现代意义上的法典体系，但它毕竟为后世法典编纂开了先河。

11—12 世纪，西欧的经院主义法学家秉承希腊辩证逻辑这一方法，结合经验和逻辑，将抽象发挥到了极致。然而，经院法学家并未能在法律体系化上突破优士丁尼的《法学阶梯》。文艺复兴伊始，以启蒙运动和理性法所确立的信念为基础的近代自然法法典编纂运动在资本主义世界蓬勃兴起。值得一提的是，自然科学的进化特别是数学和几何学对法学的入侵，使得自此以降的法典编纂被打上了鲜明的时代烙印。18 世纪末叶以来，所谓"自然法法典编纂"之后产生的各种法典，与此前那些将已有法律资源加以集成和改造形成的所谓"罗马法复兴"已经大异其趣了。理性自然法理论在摒弃了那种皓首穷经、食古不化的经院式方法的同时，借助传统逻辑，汲取最新数学成果，把法的系统化提升到了一个新的高度。它以科学为榜样，以一种蕴含公理的、完全合乎逻辑的手法自主地表达它的法律观。② 莱布尼茨曾经设想使普通罗马法与简练、系统的理性法珠联璧合，从

---

① 转引自〔意〕桑德罗·斯奇巴尼《法学研究方法以及对古罗马法学著作和近现代法典结构体系中若干问题的思考》，丁玫译，《比较法研究》1994 年第 2 期。

② 参见〔法〕勒内·达维德《当代主要法律体系》，漆竹生译，上海译文出版社，1984，第 44 页。

而实现完美的法典化。① 而后的理性法学派则更进一步，以类似数学的定理和共同的高级概念为中介将各法律命题结合起来，以精准的逻辑演绎为手段，试图使民法体系比肩自然科学的逻辑性体系。② 这一效法数学上"提取公因式"的法典编纂理论在欧洲大陆法系国家影响深远。长期以来普遍认为，法典编纂模式有两种取向——法学阶梯式和潘德克顿式。这种看法拘泥于两种编纂模式的外在结构区别，却忽视了二者在体系化之方法上的异曲同工之处。其实，它们只是运用具有辩证推理性质的逻辑方法在对法律体系进行构建时作出了不同的理解，且据以分析的材料有所不同，所以导致了不同结构的法律体系的出现。尽管理性法在法国的地位无法与在德国相提并论，但是法国民法典所代表的法学阶梯式编纂模式，在体系观念上仍然难以抗拒"欧几里得几何学"的诱惑，更遑论此后的民法典编纂了。其实，从词义上说，体系化就是将事物内部各要素之间的意义脉络以一种符合逻辑的结构表现出来，并使之组成一个有机整体，由此可见数理逻辑在体系建构中的工具性作用。

　　"提取公因式"的过程就是将蕴含于民法体系各具体制度中的共通性规律进行层层提炼和抽象，并赋予其各自符合逻辑的位阶。这个过程的直接结果就是那些统摄全局、贯穿始终的内容被剥离出来并在逻辑结构上居于最高位阶。至于在形式上采取总则还是序编，则因实体法内在联系和逻辑提炼程度的不同而不同：法学阶梯式未能彻底地运用逻辑工具在具体的规范和制度之间进行最大限度的提纯，而只能以笼统的弹性序编统率一个相对松散混杂的体系；概念法学派则醉心于其"理性法"的严密体系，甚至不惜伤及民法体系的内在脉络，将概念抽象和逻辑演绎发挥到极致，其显例即为民法总则。申言之，在民法体系的建构上，无论是采用序编形式还是总则形式，都是运用数学和逻辑工具对民事实体规范进行"提取公因式"的必然产物和终极结果。

　　序编又可分为形式序编和实质序编。所谓形式序编是指，在民法典的

---

① 参见〔日〕大木雅夫《比较法》，范愉译，法律出版社，1999，第36页。为此，莱布尼茨提出了几何学法学的概念，并建立了法条的语法结构理论，使从一种全新的角度对既有的法律体系进行整理成为可能。参见徐国栋《民法典草案的基本结构》之注释8，《法学研究》2000年第1期。

② 参见〔日〕大木雅夫《比较法》，范愉译，法律出版社，1999，第192页。

首编前独立另设序编，在各国立法表述中，通常冠以"引言"、"序题"、"一般规定"、"基本原则"等不同的称谓。实质序编是指，包含在首编之中（通常由首编开宗明义地规定），实际上起了序编的作用，但不具备独立的序编形式的若干技术性规定和一般性条款。总则则相对于分则而言，并且在逻辑上直接统率各分则，乃概念法学之结晶。作为后世立法楷模的法国民法典和德国民法典，在形式结构上的分歧，首先表现在对序编或总则的取舍态度上。法国民法典采取了序编形式，在第一编之前就法律效力、裁判规则和基本原则等问题进行了概括性的规定；而德国民法典极尽抽象之能事，弃序编而设总则，用七章分别规定了人、物、法律行为、期间、时效、权利的行使和提供担保等问题。

当然，总则和序编这两种体系化构造的分野尚有其历史的、法哲学立场方面的深层次原因。可以说，由海塞创设的并在 19 世纪被民法学和法典编纂奉为模式的潘德克顿体系，完全可以溯及沃尔夫的抽象的、封闭的体系。潘德克顿法学中的"概念金字塔"（普赫塔语）的形成，取决于沃尔夫的阐明性方法。这种概念体系是首先从公理到一般概念，然后再从一般概念到各种具体的概念和理论命题而构建起来的。[①] 这种源于沃尔夫的概念体系，其自身的效力基础当然来自终极命题的不证自明和体系本身的逻辑一致。潘德克顿法学正是通过这种方法，首先在对一国的历史和立法资料进行研究的基础上获得有关的原理与概念，然后通过这些原理解释并推导出具体的规范性后果。具体来说，潘德克顿法学认为，法律是一个金字塔式的封闭体系，即由一系列经过严密定义的分层次的概念组成的体系，人们借此可从简单的推理中得出逻辑上正确的法律规则，这些正确的从而也是公正的规则使整个体系臻于完善和严谨。并且，这一体系不会有任何漏洞，因为任何时候都可用科学的演绎法求得"隐藏在民族的法律意识"中的新规则。至于法律的适用，则使用三段论法寻找答案，以避免伦理的、政治的和经济方面的考虑带来的不确定性。显然，植根于法文化中的原理借助形式上的逻辑演绎，确保了法学家在提出这些原理时，并非按照其哲学、道德或政治观点武断地创造，而仅仅是中立地证明和描述这些原

---

① Franz Wieacker, Historia del Derecho Privado de la Edad Moderna, Traducción Espanda del alemán por Fernandez Jardon, Aguilar, Madrid, 1957, p. 342. （由徐涤宇博士提供翻译的资料，特此致谢。）

理。换言之，法学就是通过这种形式主义来确保其科学性，以避免在法律构建中超越对概念严谨性的关注，而置身于有关结果的实质公正的背景思考之中。因此，潘德克顿体系之集大成者温特夏德（Bernhard Windscheid）说："道德伦理、政治或经济性质的考虑不是法学家的事情。"①

在论证了抽象概念体系本身的正当性后，概念法学更是以形式逻辑来保证法学本身的科学性，从而为法律规范之体系化找到了存在论上的基础：法律概念的位阶关系。借此，概念法学之开创者普赫塔认为，为将所有的法律规定纳入体系，必须从个别的规定中舍弃其特征，将其抽象化，然后逐步归向一个基本的概念，以构成一个类似于金字塔的统一体，而其最高概念立于该金字塔的顶端。于是，在该体系中，将多数同阶之下位概念抽象化成共同的上位概念，一个上位概念，则经由附加不同的特征，演绎成不同的下位概念。② 这种体系表现在实证法上，就是多层次的总则—分则模式，而居于整个体系之最上端者，即为整个民法典的总则。

相反，在沿袭法学阶梯模式的国家，由于并未把抽象概念体系上升到保证法律体系本身的科学性和法律规范的价值中立性之高度，因而也未把基于形式逻辑的概念位阶关系完全贯彻于其民法体系的构建。于是，他们并不需要完全按照概念位阶关系构建一个抽象的概念体系，并就居于顶端的法律概念制定所谓的总则，而是按照《法学阶梯》之朴素的"人—物—取得方式"世界观，设定三个主题，然后把相关的制度分别纳入各主题中，而那些不能被相关主题容纳的法律规范则被置入松散的序编中。由此，尽管这些国家的民法典也遵循"提取公因式"的体系构造方法，但由于其体系构造的出发点不同，加之用以提炼抽象概念的素材不足，导致了一种截然不同的体系结构。

针对民法典体系的两种编排体例，后世民法典在权衡其各自得失利弊的基础上，或取序编，或取总则，或折中糅合二者，这种差异性造成了整个民法体系不同的结构编排。

---

① 参见〔葡〕叶士朋《欧洲法学史导论》，吕平义、苏健译，中国政法大学出版社，1998，第 197 页。
② 参见黄茂荣《法学方法与现代民法》，中国政法大学出版社，2001，第 423 页。

二 序编和总则问题之细考

根据笔者目前所掌握的资料，大多数国家和地区的民法典在首部采取了序编的形式，只有少数国家仍然追随德国民法典的范式。这是否昭示了设立序编乃大势所趋，而总则日渐式微呢？结论似乎言之尚早。虽然采纳总则立法体例的只有德国、日本、俄罗斯、乌克兰、越南、蒙古国以及我国台湾和澳门地区等屈指可数的"民法典"，但是"总—分"模式仍不失为一种建构和解读民法体系的理想工具，自有其可取之处。而采用序编体例、作为法学阶梯式代表作的法国民法典，即使是在其本土也面临学者们的微词。勒内·达维德甚至断言，如果法国民法典不是完成于 1804 年，而是在一个世纪后与德国民法典同时问世，它就完全可能与德国民法典相同。[①] 另外，一个似乎能够调和二者分歧的现象是，在一些设序编的民法典中并未抛弃"总—分"式的概念构造和位阶结构；同样的，一些采用总则的民法典在其总则中也不拒绝实质序编。

（一）形式序编体例：总则之阙如

1. 法国民法典

法国民法典堪称形式序编的典范。其序编形式简练，未分章节，而是用 6 条规定了法律效力、裁判规则、基本原则三个问题。前三条规定法律效力。第 1 条，生效时间：民法典自其为公众知悉时起生效，而公众知悉时间是根据其所在地距离王室所在地的远近，由法律推定的。这实际上体现了立法者追求法典之亲民特色的良苦用心。第 2 条，法律无溯及力。第 3 条，法律对人及不动产的效力。第 4、5 条规定裁判规则，即法官不得拒绝裁判（此为"司法最终解决"原则的题中应有之义），禁止法官在司法裁判中径行援引一般规则性条款（对法官自由裁量权的审慎由此可见一斑）。第 6 条属于基本原则问题：当事人不得以约定违背公序良俗。法国民法典对公序良俗原则进行双重规定：在序编中概括地规定了意思自治、

---

① 参见〔日〕大木雅夫《比较法》，范愉译，法律出版社，1999，第 117 页。

权利行使与公序良俗的关系，另外又在契约编中予以具体规定。①

法国民法典师承优士丁尼的《法学阶梯》而有所创新，在序编之后设计了闻名遐迩的三编制：人、财产和与财产有关的权利、取得财产的方法。作为法学阶梯体系之范式，法国民法典没有设总则。这与其说是当时的立法者尚未认识到总则在体系中所起的提纲挈领、统摄全局的作用，不如说是民法具体制度不够成熟，使得逻辑演绎缺乏基本素材所致。法国民法典制定前后，民事主体方面法人制度尚付阙如，因此还谈不上从"自然人"、"法人"抽象出"人"这一法律拟制概念；学理上逻辑工具尚待改进，加之运用得不彻底，甚至不能抽象出法律事实、法律行为等概念。②这就直接决定了法国民法典体系上的诸多缺陷。首先，在人编中，家庭法与主体法笼统地归于一起。其次，出于对概念逻辑体系的追求，法国民法典试图超越《法学阶梯》中将物权、债权均置于物编中的做法，但遗憾的是，在"提取公分母"时，没有找准真正的公分母——法律关系和权利的性质，以至于提炼出来的是"财产及对所有权的限制"和"取得财产的各种方法"两编。其结果是，不但未能成功地区分物权和债权，反而使第三编中充斥了各种毫不相干的制度，以致饱受后世诟病。

2. 瑞士民法典

瑞士民法典的"引言"即为序编。颇具特色的是，该序编分五个主题，下辖法条有十；主题统摄相应法条，并与法条同生效力。法典的正文部分沿用这一做法，每一节都依内容分成若干主题，每一主题涵盖若干条文。

第一主题，"法律的适用"，实际上是对法律渊源的规定。瑞士民法典第1条分3款："（1）凡依本法文字或释义有相应规定的任何法律问题，一律适用本法。（2）无法从本法得出相应规定时，法官应依据习惯法裁判；无习惯法时，依据自己如作为立法者应抽出的规则裁判。（3）在前一款的情况下，法官应依据公认的学理和惯例。"瑞士人吸取了概念法学派的教训，放弃了建立一个封闭自足的概念体系的幻想，勇敢地承认法律漏洞的

---

① 法国民法典第1133条规定了合同有效成立的原因，违法或违反公序良俗则为不法原因。事实上，法国民法典一方面将公序良俗作为对当事人意思自治的一般限定，使之成为民法的基本原则，另一方面又以之对契约的效力和正当性进行限制，兼具基本原则和具体制度的双重性质。我国台湾"民法典"与阿根廷民法典即取法于此。

② 参见徐涤宇《范式民法典体系之解析和中国民法典体系的建构》，载梁慧星主编《民商法论丛》第17卷，金桥文化出版（香港）有限公司，2000，第287页。

不可避免性，明智地以概括性和开放性为立法的指导思想，赋予法官自由裁量权以填补法律漏洞，其法律依据就是享誉法学界的瑞士民法典第 1 条。[①]

第二主题，"法律关系的适用"，即适用法律关系时所依据的基本原则和裁判规则，共有 3 条。第 2 条旗帜鲜明地规定了民法中的"帝王条款"——诚实信用原则，将之提升到前所未有的高度。在序编第 3 条中确立善意推定原则，此为瑞士民法典的又一亮点。这种规定倾向于对第三人的正当预期保护，无疑迎合了现代经济生活对降低交易成本和维护商业信誉的要求，意在促进市场流转。该条确立了当事人善意由法律推定，抗辩方得证明其恶意以推翻法律推定的基本举证责任分配规则，适用于善意取得、表见代理、取得时效（善意占有）、虚伪表示（不得对抗善意第三人）、债权表见让与等牵涉善意第三人的各种具体制度。善意推定原则在其他国家的民法典中也有规定。[②] 第 4 条是裁判规则，即法官在行使自由裁量权时要公平合理。

从第三到第五主题依次是：与各州法律的关系、债法的一般规定、证据规则。

3. 荷兰民法典

荷兰民法典因九编制而著称于世。该法典虽然于篇首设序编而没有最高位阶的总则，但一改法学阶梯之遗风，别具一格地创造了一种多层次、复合式的总分结构。这种兼采序编和总则之长并熔铸于一炉的体系，无疑为法典化提供了可堪借鉴的新典范。

荷兰人在吸取概念法学之精髓的同时，对概念体系的弊端有着深刻的了解。他们认识到法律行为制度和时效制度基本上只适用于财产法范畴，而物不论是仅作有体物理解，还是包括无体物，都只能作为财产权的客体，这些在逻辑上不能涵盖整个民法体系的内容被归入总则是不合理的。因此，荷兰民法典首先大刀阔斧地裁减了潘德克顿式总则中的法律行为、物和时效。如此一来，总则被完全抽空：不但锐减了血肉——物和时效，还缺失了灵魂——法律行为。面对一个徒有其名的空架子"总则"，最好

---

① 〔德〕K. 茨威格特、H. 克茨：《比较法总论》，潘汉典等译，法律出版社，2003，第 256 页。

② 参见俄罗斯民法典第 10 条第 1 款，乌克兰民法典第 13 条第 2 款，蒙古国民法典第 4 条第 2 款。

的办法莫过于将剩下的那些一般性条款和技术性规范用序编予以集中规定。此应为其序编之由来。

然而，荷兰民法典的经典之处还不在于序编，而是其财产法总则。上面已经提到，从总则中剥离出来的法律行为、物、时效，实际上均统摄于整个财产法，于是设立财产法总则以容纳、整合这些内容变得可行且成为必要。财产法总则限定了法律行为的一般适用范围，同时准用条款指示法官可在特定情况下将这些规定类推适用于相关案件。此中的法律技术使得法律行为的适用富有弹性而又有章可循。另外，从有体物和无体物中抽象出财产这一上位概念也足堪称道。该总则首先规定财产由所有物（即有体物）和财产权（即无体物）构成（第 1 条），然后在第 2 条和第 6 条分别界定了"物"和"财产权"的概念，接着在有体物和无体物中抽象出"财产"这一上位概念（这和德国民法典抽象出"权利客体"这一上位概念有异曲同工之妙）。这种逻辑提炼的结果是：以有体物和无体物为客体的对物权（right in rem）由总则加以规定，而只以有体物为客体的各种对物权（rights in rem），则在第 5 编"物权"（real rights）中规定。[①]

4. 意大利民法典

意大利民法典将其序编分为两章："法源"和"一般法律的适用"，涉及法律渊源、法律效力、法律解释等三个问题。其法律渊源承认并吸纳了条例和行业规则，并规定了"法律—条例—行业规则—习惯"这样的效力层级。另外，立法采类推作为法律解释之补充的做法，在各国立法例中颇为罕见。

5. 阿根廷民法典

阿根廷民法典也将序编分为两章。第一章包罗了法律效力、裁判规则、法律解释、法源、基本原则等林林总总的问题；第二章是计算期间的方法。在基本原则中，阿根廷民法典除明文规定公序良俗原则外，又规定："对权利的概括抛弃不具任何效力；但只要法律赋予的权利仅涉及私人利益并且其抛弃不被禁止，得予抛弃。"这一条实际上确立了禁止权利滥用原则。像这种将诚信原则和权利不得滥用原则同时规定的国家不

---

① 参见〔荷〕阿瑟·S. 哈特坎普《1947 年至 1992 年间荷兰民法典的修改》，姜宇、龚馨译，载梁慧星主编《民商法论丛》第 6 卷，法律出版社，1997，第 414、416 页。

在少数。①

（二）实质序编体例：总则之上嫁接序编

潘德克顿式民法典往往采用实质序编体例，在结构上将序编性条文置于总则的最前部，总则内容继而展开，代表性的国家和地区有俄罗斯、越南、乌克兰、蒙古国以及我国台湾和澳门地区等。它们在推崇概念体系的同时，看到了概念精准、逻辑严密的背后是体系的封闭和结构的龃龉，而要尽可能地克服此弊病，就必须采用一种更有弹性和张力的立法技术。实质序编可谓一个从法学阶梯式下载而来的"补丁"。潘德克顿式民法典中没有运用序编技术的，主要是德国、日本、埃塞俄比亚和加拿大的魁北克省的民法典。

1. 俄罗斯民法典

俄罗斯民法典的序编性内容和总则性内容都置于总则编。其序编在形式和内容上都颇有特色。法典首编总则中的第一分编"一般规定"即为实质序编，以下各分编依次为：人、民事权利的客体、法律行为代理、期间与诉讼时效。第一分编分为两章。第一章，"民事立法"。规定了立法原则，调整对象，立法权的划分与联邦、州的民法规范文件的协调，时间效力，习惯的效力，类推，国际法规范在国内的适用。第二章，"民事权利义务的产生，权利的实现及保护"。规定了权利的产生依据，权利的实现、实现的界限，权利的司法保护、保护的方式，权利的自我保护，民事赔偿与国家赔偿。对于调整对象，俄罗斯民法典采取了具体列举与抽象概括相结合的方式来界定，周详而不失明了。②

在总则性内容上，该法典有几处颇为引人注目。首先，仍旧沿用公民的旧称；其次，对俄联邦、联邦的各成员及地方自治组织这类公法人作独立规定；最后，第三分编被冠以"民事权利的客体"而非"物"的称谓，使之涵摄面更广，与其逻辑位阶也更相称，此堪称俄罗斯民法典的一个创

---

① 参见俄罗斯民法典第 10 条第 1 款，乌克兰民法典第 13 条第 2 款，蒙古国民法典第 4 条第 2 款。

② 俄罗斯民法典对该问题的界定是："民事立法规定民事流转参加者的法律地位，所有权和其他物权、智力活动成果的专属权（知识产权）产生的根据和实现的程序，调整合同债和其他债，以及调整基于其参加者平等、意思自治和财产自主而产生的其他财产关系和与之相联系的人身非财产关系。"

新。第三分编共分三章：一般规定、有价证券、非物质利益及其保护。"一般规定"中详尽界定了物的概念外延并对物进行了细致的分类；针对非物质利益，采取一般与具体相结合的方式详列了一系列人格权，甚至扩及死者。

2. 越南民法典

越南民法典总则的第一章为"基本原则"，即实质上的序编。规定了民法典的任务及调整范围，尊重国家、公众、他人的权益，遵守法律，尊重公德与良俗，尊重和保护人身权、财产权，自愿，平等，善意诚实，承担民事责任，和解，保护民事权利，适用习惯与类推诸原则，并规定了民事权利义务的根据及民法的效力。此间规定多为价值宣示而缺少实质内容。

第二章以后依次是：自然人、法人、家庭户合伙、民事交易、代理、期限、时效。在篇章结构上，越南民法典与日本民法典相同，分自然人、法人两章。在结构上不无新颖的是，人格权与身份权合为一节在"自然人"章中规定（这可能与越南民法典没有亲属编有直接关系），对人格权的规定内容也堪称进步。在"法人"章中，按机关、政治组织、经济组织、社会组织的分类方法进行编排；把家庭户与合伙单独作为一类民事主体，与自然人、法人并列。该法典未设权利客体章，物的规定见于所有权。另外，用"民事交易"的概念代替法律行为。

3. 蒙古国民法典

蒙古国民法典总则的第一章也是"基本原则"，其内容包括：民法的任务与调整范围，民法规范的构成与适用，权利义务的发生根据，权利行使，权利保护，法律类推，名誉、荣誉与商誉的保护。该民法典引人注目之处在于，将名誉、荣誉与商誉这些并非总揽全局的内容置于十分显著的位置。

4. 我国台湾和澳门地区的民法典

我国台湾地区"民法典"在其总则的第一章"法例"中以五条规定了序编内容：法源、适用习惯不得有违公序良俗及一些使用文字与数字的技术准则，其余部分仿效德国民法典。

我国澳门民法典的第一卷总则分两编。第一编，"法律、法律之解释及适用"，即为实质意义上的序编。第二编，"法律关系"，所有总则的内容都在这一编中。又分为四个分编：人、物、法律事实、权利之行使及保护。第一分编，"人"，分自然人、法人、无法律人格之社团及特别委员会三章。在"自然人"一章中有一般人格权、死者人格权保护、具体人格权等内容。第三分编,"法律事实",分为法律行为、法律上之行为、时间及其在法律关系上之效力三章。代理在"法律行为"章的"意思表示"一节中。第二章规定了适用于非属法律行为之法律上之行为。第三章,"时间及其在法律关系上之效力",规定了期间、诉讼时效、除斥期间。第四分编,"权利之行使及保护",分一般规定与证据两章,"一般规定"中包括了禁止权利滥用原则及自助、自卫,"证据"章则全是证据法规则。

(三) 总则体例:逻辑的彻底贯彻

1. 德国民法典

总则体例滥觞于德国民法典,是概念法学运用"提取公因式"的登峰造极之作。德国民法典的总则分七章,依次为:人,物、动物,法律行为,期间、期日,时效,权利的行使、自卫、自助,提供担保。

德国民法典吸收了当时法人研究的理论成果,又进一步在自然人与拟制人(即法人)的基础上抽象出"人"这一主体概念,创设了相当先进的权利主体制度。二者不分章处理,合并规定在"人"的标题之下。第一节"自然人";第二节"法人",分为社团、基金会、公法法人三小节。第二章以"物、动物"为标题,其他类型的权利客体规定在分则及特别法中。第三章"法律行为",包括行为能力,意思表示,合同(即双方法律行为),条件、期限,代理、全权,允许及追认六节。第四章"期间、期日"。第五章"时效",只规定了消灭时效。第六章"权利的行使、自卫、自助",规定了权利行使中的禁止滥用原则与权利的自力救济功能(此为我国台湾地区"民法典"所效仿。多数立法例没有这一章,禁止滥用权利原则多见于序编,自卫多见于侵权行为)。第七章"提供担保",此乃从保障权利的角度考虑,将其放在总则最后一章以体现民法对权利的保护。对此梅迪库斯认为:"第232条至第240条主要是法律技术性质的规定。它们对学习来说没有什么意义,在实践中的意义也微不足道。"[①] 总则是逻辑抽象的产物,然而德国民法典过于理想地追求形式的完美无缺,以至于过犹不及:法人无所谓婚姻继承;物只能说是物权的客体或债之标的物,作为

---

① 〔德〕梅迪库斯:《德国民法总论》,邵建东译,法律出版社,2000,第135页。

债权客体都显得穿凿附会了，遑论人身关系领域了，然而这些一旦置于总则，在逻辑上就意味着普适全局；作为总则灵魂的法律行为自当是整个民法体系的枢纽，然而在亲属和继承领域，法律行为几无用武之地，即使是在债法领域也不见得畅通无阻，法定之债就是明证。

在总则的基础上，德国民法典按照《学说汇纂》所阐发的五分法理论，建构了概念精准、逻辑严谨、体系精密的概念体系。然而，概念法学派似乎忽略了一个常识：滴水不漏同时意味着滴水难进，严密将导致自闭。因此，严密而封闭的"学说汇纂"式在接受礼赞的同时，还面临指责。

2. 日本民法典

日本民法典总则共分六章，依次为：人、法人、物、法律行为、期间、时效。可以说，基本秉承了"学说汇纂"式。

该民法典不容忽视之处在于二战后对第 1 条的修订。第 1 条原本效法德国民法典第 1 条，规定出生即享有私权。1947 年修律时在原第 1 条之前加了两款，位于第一章"人"之前，由总则开宗明义地加以宣示。第 1 条，基本原则："（1）私权应服从公共利益。（2）享有权利及履行义务时，应恪守信义，诚实实行。（3）不许滥用权利。"第 1 条之（2），"解释的基准是：对于本法，应以个人尊严及两性的实质平等为主旨予以解释"。接下来才是第一章"人"。第一节"私权的享有"，以第 1 条之（3）开头，即私权的享有始自出生。第 1 条的这两款，一款规定基本原则，一款规定法律解释，显然属于前述"实质序编"。这是一个意味深长的变化，它暗示着即使是采用总则体例的民法典，非但不排斥反而需要序编这种立法形式。

（四）小结

正如德国学者拉伦茨所言，民法体系可分为外部体系和内部体系，二者是表里关系。内部体系包括概念、类型和原则，甚至游离于体系之外的事物的本质，而类型、原则是无法依据概念抽象而得出的。[①] 法典编纂的任务在于建构一个逻辑清晰、结构科学的外部体系，以妥帖地反映内部体系的本质及意义脉络。法国民法典和德国民法典虽然源自不同的体系传

---

① 〔德〕拉伦茨：《法学方法论》，陈爱娥译，台湾五南图书出版公司，1992，第 355 页。

统——《法学阶梯》和《学说汇纂》，但同样继承了传统的辩证哲学逻辑的方法。为什么前者开序编之先河而总则却尚付阙如，后者却在概念构造和位阶结构的基础上建构了纯粹的概念体系呢？原因应该在于：在一般性原则和技术性规范面前，法国人只是有限地利用了手中的逻辑武器，而德国人则凭着对理性的信念将逻辑贯彻到底，于是整个民法体系处于概念和逻辑的经纬之下。简言之，在序编和总则取舍上的态度差异，缘于对民法内在体系"提取公因式"的程度深浅不同。从前述对立法体例源流的实证考察和原理分析中可以看出，序编和总则并非两种截然对立的立法体例，相反，二者的融合交织是可行的，也是必要的。承袭法学阶梯的荷兰民法典抽象出财产法总则，而概念法学的忠实拥趸——日本民法典也倾向于序编，这两个现象是发人深省的。

三 我国民法典之选择

笔者认为，我国民法典应主要以荷兰民法典为龟鉴，即设编时原则上应以"总则—分则"作为构造模式，以满足逻辑体系的要求，但同时应维护民法内在体系的意义脉络。详言之，以"提取公因式"的逻辑构造方法作为体系化的基本工具，对民法具体制度进行层层提炼，抽去传统总则中的法律行为、权利客体和诉讼时效等内容，在财产法中单独设总则予以规定，余留下来的内容设"小总则"规定；同时应有所创拓，在首尾之间依次设人法、亲属法、继承法，以实现由主体到客体不留痕迹的链式过渡。申言之，就是建构一个"小总则—人法—亲属法—继承法—财产法"的五编制体系。① 当然，这个体系有别于德国的五编制。

（一）关于总则

逻辑严密和结构紧凑的总则赋予私法以科学性和形式美感。民法典的首编选择何种形式，不但关乎首编自身成败，且影响到整个民法典体系的

---

① 国际私法不属于实体规范，而是调整民法国际冲突的规范。我国的法律部门划分并未将其归入民法，而且我国法学界主流意见是制定一部独立的国际私法典，因此民法典以不作规定为宜。

协调和谐。但这并不意味着非设总则不可，同时亦不能非此即彼地认为简单地冠之以序编就万事大吉。民法典应设总则自不待言，但这一总则，是集序编和总则之成、格二者之非的总则。名同而实异，因此称之为"小总则"或许更为妥帖。

各国民法典序编中一般规定以下内容：法律效力（包括时间效力、空间效力、对物的效力和对法律关系的效力）、法律渊源、法律解释、裁判规则、证据规则、基本原则和期间期日。这些法律原则和技术规范都不是逻辑演绎的结果，但在法理上它们统率整个民法体系。有鉴于此，笔者认为我国民法典应像荷兰民法典一样抽空总则，由"小总则"包含一般性条款和技术性规定。具体来说，应就民法的渊源、民法的解释及适用、基本原则、权利的行使、期日和期间等属于序编的问题设立总则性的规定。第一章"民法渊源"，包括正式渊源和非正式渊源，正式渊源有法律、法规及相关司法解释，非正式渊源主要是习惯、判例和学说。第二章"民法的解释及适用"，解释包括文义解释、目的解释、体系解释等。另外，应确定民法适用的时间、空间及对人的范围。第三章"基本原则"，规定诚实信用原则、公序良俗原则等，意思自治原则宜置于债法之中并受前二者的制约。第四章"权利的行使"，应确立权利不得滥用、自卫、自助等问题。第五章纯属技术性规定。裁判规则、证据规则属于诉讼法范畴，不宜越俎代庖。如此，既可以赋予序编以应有的位阶，又可以为分编的逻辑构造作好铺垫，最终达到整个法典体系的内在科学性和外在严谨性的统一。

（二）配套的体系安排

"小总则"实质上抽空了传统总则中的诸多内容，这些内容应按照各自的逻辑位阶分配到其他各编。依此，从第二编到第五编分别是：人法、亲属法、继承法、财产法。

人是民事活动的主体，是规范民事活动的前提性要素。尽管学者强调我国民法应建构在权利本位的基础上，必须承认在民事领域权利是核心，权利是目的，权利是动力，[①] 但权利总是与其主体分不开的。因此，民法

① 参见江平《罗马法精神在中国的复兴》，载杨振山、〔意〕桑德罗·斯奇巴尼主编《罗马法·中国法与民法法典化》，中国政法大学出版社，1995，第6页。

的整个制度最终都必须围绕人来设计。将人法置于第二编，体现了主体——客体的本质关系，同时从技术层面来看，人法在逻辑上基本能够统摄亲属制度、继承制度和财产制度。后三种制度乃以"人法"编为其基础和依归。当然，因为第三编"亲属法"和第四编"继承法"主要规范的是自然人之间的关系，与法人这种主体无涉，将自然人和法人统一规定于"人法"编，用于统摄亲属制度、继承制度，并非完美无缺的安排。但我们应当看到，"法人概念所包含的人格化，首先表现为通过团体主体化找到一种自然的一体的展示，法律在此不去寻找具体的个人主张，而是拟制一个统一主体，使之不可能通过还原的方式把它逐一还原成成员的主张，将维系特定目的的必要条件在名义和技术上皆归于它，以保证特定目的不致分裂。同时，在行为和责任方面，法学也做这方面的思量，把问题构思成一个关于法人行为和责任的情形，即，假定团体是一个行为人和责任人，有思想有道德，把关于自然人的行为和责任的原则对它摹拟处理"。① 可见，法人并非与自然人无涉。我们不能忽视法人与自然人之间的法律连接点。我国民法理论和民事立法均将法人与自然人并列为民事权利义务的承担者，因此，虽然法人在本体上与亲属法和继承法欠缺关联性，却与自然人具有密切的制度逻辑关系。如果鉴于其与亲属法和继承法在制度上的疏离而将其排除到"人法"编，即会造成法人制度在民法典中归属上的技术困境，也将导致人法被割裂的遗憾。故将法人紧随自然人而加以规定，也许是一种较少缺陷的制度选择。

另外，人格权作为和身份权、财产权平行的制度，独立设编似乎也在情理之中，但考虑到其条文畸少，可以尝试将其归入人法。在法国民法典中，亲属法附于人法，这体现了法国当时将人从团体中解放出来的政治诉求，同时也有法人制度缺失和逻辑提炼不纯等原因。将亲属法独立出来的做法符合时代潮流，而将其置于人法之后则又体现了人和家庭的紧密联系。继承具有人身和财产的双重属性，置于家庭法和财产法之间，更能体现从人身到财产、从主体到客体的意义脉络。

"财产法"编可借鉴荷兰"财产法总则"的范例，将法律行为、权利

---

① 江平、龙卫球：《法人本质及其基本构造研究——为拟制说辩护》，《中国法学》1998 年第 3 期。

客体（客体）、诉讼时效统统置于其间。在德国民法典中，总则编关于法律行为的规定之所以具有一般性，是因为法律行为存在于民法的所有分编中，包含了各类性质各异的行为，如订立债务合同、债权让与、物之所有权移转、订立婚约和缔结婚姻、成立遗嘱等。德国学者梅迪库斯认为："要使语言表述适用于所有此类性质迥异的法律行为的法律规则，不可避免地会面临一种两难的局面。要么制定一些非常一般的规则，这样，一般规则的数量势必就很少，总则编为以下诸编减轻负担的效果难以发挥出来。要么承认在一般规则之外，还存在个别的例外。例如，有关意思表示错误的规则，不适用于婚姻或遗嘱。"[①] 法国民法典中没有法律行为的概念，但在法国现代民法学中，法律行为却已成为一个被广泛运用的法律基本概念。不过，法国学者却认为，由于合同之外的法律行为相互间的差异是如此之大，以至于人们根本无法就这些行为自身的规则概括出一般的共同原理，因而建立法律行为理论的有关材料，几乎都是来源于合同法。[②] 在我国台湾地区，对于"民法"总则中有关法律行为的规定是否能够无条件地适用于身份行为亦不乏分歧。[③] 有学者指出，即使在法律行为发源地德国，债权契约也是法律行为中最重要的研究对象，"立法者于制定法律行为的规定时，设想到的个别法律行为，乃债权契约，特别是其中的买卖契约。从而债权契约，乃至于买卖契约，可谓法律行为规定的典范，在案型思考上，乃是一般案型，民法总则关于法律行为的规定，仿佛为其量身定做。其他类型的法律行为，内容上、功能上，既然有所不同，民法总则法律行为的规定，是否能够一体适用，应个别而论。"[④] 为买卖合同量身定做的法律行为规则如果适用于其他财产性行为都可能存在障碍，那么很难想象其能够普适于亲属法和继承法中的身份性行为。可见，作为对人的抽象思维能力有限性的一种承认，以及对整合财产性法律行为和身份性法律行为的无能为力的坦然接受，将法律行为制度的适用范围局限于财产法领域无疑是明智之举。

至于权利客体的范围，中外学者颇有争论，但认为其远较"物"广泛

---

① 〔德〕梅迪库斯：《德国民法总论》，邵建东译，法律出版社，2000，第135页。

② 参见尹田编著《法国现代合同法》，法律出版社，1995，第1页。

③ 参见戴炎辉、戴东雄《中国亲属法》，三文印书馆有限公司，1998，第7页。

④ 陈自强：《民法讲义Ⅰ——契约之成立与生效》，法律出版社，2002，第6页。

则是共识。鉴于权利客体种类繁多且性质各异，难以通过抽象作出概括性规定，故各国民法典中一般无抽象之客体规定。不过，由于权利客体中的物不仅为物权的客体，而且涉及一切财产关系，为突出其财产属性，将其规定于财产法总则顺理成章。此外，为了重构财产权客体制度，也应在财产法总则中就知识产权进行概括性规定，以避免荷兰民法典的缺憾。但基于知识产权的特殊性，有必要以单行立法进行详细规制。

关于诉讼时效的适用范围，学界众说纷纭，但一般认为其主要适用于财产性请求权，而不适用于人身性请求权。[①] 因此，借鉴荷兰民法典，将法律行为、权利客体（物）和诉讼时效这些尚未能涵盖整个民法体系的内容规定在财产法总则中，似乎更合逻辑。

[①] 参见王利明《民法总则研究》，中国人民大学出版社，2003，第717页；魏振瀛主编《民法》，北京大学出版社、高等教育出版社，2000，第195页。

中国民法典的品性[*]

申卫星[**]

　　摘　要：现代民法不仅是调整市场经济的基本法，更主要的是通过对市场经济的调整来促进社会进步、推动人的发展的法律，是一部维护人权、解放人性的法律，是建设民主政治与法治国家的法制基础。将民法定位于一部促进社会进步和人的发展的法律，是现代民法应有品性的回归。

　　关键词：现代民法　市场经济的基本法　财产法　基本人权
中国民法典

　　学者和立法机关都寄希望于继 19 世纪的法国民法典和 20 世纪的德国民法典之后，能够制定出一部代表 21 世纪潮流和发展趋势的中国民法典。如此宏伟目标的实现，当然离不开无数制度内容的具体构建，但更关键的，也许还在于我们对现代民法品性的正确认识和塑造。围绕中国民法典的制定，国人倾注了千年企盼的无限热情和创造力。学者之间先有模式上的二编、三编、五编和七编之争，又有主义上的"人文"与"物文"之论。对各分编中是制定物权法还是财产法，物权行为要不要采纳，各种民事制度何者入典、何者单行，更是聚讼纷纭。此中观点虽仁者见仁、智者见智，但其真正的合理解决，必然依赖于我们对未来中国民法典品性的定位。

---

　　[*]　本文原载于《法学研究》2006 年第 3 期。

　　[**]　申卫星，原文发表时为清华大学法学院副教授，现为清华大学法学院教授。

一 民法的固有品性

对于中国来说，现代法纯属舶来品。中国借助日本法从罗马、西方私法中沿用过来的"民法"概念，从词源学的角度看，应是"市民法"，其本质特征是私法，即私人领域的根本大法。市民社会之上的法律称为市民法，而调整政治国家的法律则称为宪法。市民社会是市民由于相互交往而建立的各种组织和各种设施的综合，市民社会是私人活动的舞台，私人活动领域的抽象，它的特征是自主、自治、自为、自我决定和自我负责。在市民社会中，市民以私人利益为本，以交往为纽带，以对财产的拥有为基础，以意志的自由为追求。① 这样一个领域皆由市民法来调整。由此，在西方国家，市民法被称为"权利的圣约柜"，② 成为私人活动领域的根本大法。

我国对民法的认识经历了一个非常曲折的过程。从新中国成立初期至改革开放前，民法及民法典，在观念上长期被国人认定为调整老百姓之间琐碎生活纠纷的法律。之所以会出现这种现象，乃是因为我国长久以来就缺乏民法传统，民法观念非常薄弱。考察我国法律发展史，可以知道我国法律有两个重要特征：一是诸法合体，民刑不分；二是在民刑不分的背景下，又重刑法而轻民法。民法的发展受到刑法文化的挤压，民法中所孕育的权利观念、平等观念，以及保护人、成就人（而不是惩罚人、制裁人）的精神，并没有被充分认识。

1986 年民法通则的颁布，奠定了今日民法在建设社会主义市场经济中的基础地位。一方面，民法是随商品经济的产生而产生，并随商品生产和商品交换的不断扩大而逐步发展起来的。没有商品经济，没有市场的交换，就没有民法，商品经济是现代民法得以确立和发展的原动力。另一方面，现代市场经济的发展也离不开民法，需要民法为商品经济的运转设定各项制度基础，提供基本的规则保障，推动商品经济不断发展。

民法由最初被误读为调整老百姓之间琐碎细事的法律，到成为调整市

① 参见江平、苏号朋《民法文化初探》，《天津社会科学》1996 年第 2 期。
② 参见〔德〕霍恩《百年民法典》，申卫星译，《中外法学》2001 年第 1 期。

场经济的基本法，应该说是民法地位的大跃升。然而现在，在我们要制定一部代表21世纪发展潮流的中国民法典之际，仅仅将民法定位为调整市场经济的基本法，仍是远远不够的，在一定程度上，甚至是有害的。回顾民法通则颁行20余年来的发展走向，我们看到，现代民法不仅是调整市场经济的基本法，更主要的是通过对市场经济的调整来促进社会的进步、推动人的发展的法律，是一部维护人权、解放人性的法律，是建设民主政治与法治国家的法制基础。① 简而言之，现代民法应是一部促进社会进步和人的发展的法律，这才是现代民法应有品性的回归。

民法的固有品性乃在于保障人权、维护人性，推动人的成长和发展。

针对未来中国民法典的设计，有学者提出民法中的财产法和人法的先后顺序以及各自所占比重的不同，直接决定了民法的物文与人文的属性。只有人法在前，物法在后，人法内容多于物法，才是体现人文主义精神的民法典。② 笔者认为，这是对民法品性的极大误解，民法中的财产法本身就是人法。正如获取财富并不是人们的目的，而是满足人们追求幸福这一人性要求的手段一样，民法对商品经济的调整也只是手段，而不是目的。其目的是通过对商品经济关系的调整，使人的才能得以充分发挥，使人们在自由与必然的统一中实现自我、发现自我、确认自我。

（一）民法中的物权法和债权法不能仅仅被视为财产法

首先，就物权法而言，物权法对所有权等权利的保护，并非仅仅是对财产的保护，而是要保护其中人的权利，所有权体现的是人权。黑格尔曾说过："人格权本质上是物权。"③ 反过来说，物权就是人格权。因为所有权等物权是实现人权的基础，诚所谓"仓廪实而知礼节"。王家福先生在谈到物权法时曾表示，"物权本身也是基本的人权"。人不可无物而存在，保障物权，就是保障人权，就是保障生活。④ 德国法学家赖泽尔（Raiser）在鲍尔（Baur）教授70周岁祝贺文集中曾专门撰写了《作为人权的所有

---

① 参见张文显《中国步入法治社会的必由之路》，《中国社会科学》1989年第2期。
② 参见徐国栋主编《中国民法典起草思路论战》，中国政法大学出版社，2001，第137页以下。
③ 〔德〕黑格尔：《法哲学原理》，范扬、张企泰译，商务印书馆，1982，第48页。
④ 参见熊培云《为了生活，我们立法》，《南风窗》2005年第15期。

权》一文，提倡这种观念。① 对财产权的保护，就是对人们进取心的保护，可以激发人们的创造力，正如布莱克斯通（Blackstone）所言："没有任何东西像财产所有权那样如此普遍地唤发起人类的想象力，并煽动起人类的激情。"② 由此可见，"所有权远不只是一种财产权的形式，它具有十分丰富的经济内涵和政治内涵"。③ 德国著名法学家拉伦茨（Larenz）教授在其《德国民法通论》一书中指出，意识到自身价值的人，要为了发展符合自己特点的个性、实现自己制定的生活目标而努力。为了达到这些目的，他需要具备属于自己并且只能属于自己的物。只要一个人感到自己不是一个个体，而仅仅是某个集体的一个成员，那么他对于自己作为个人排他性支配物的要求就不会很明显。而一旦他感到自己首先是"这个人"，是一个独立的个体，这一点就会改变。这时他会感受到一种需求，要由自己来构筑自己的环境、由自己来处分、要将物据为己有。所有权作为法律所承认和保护的人对某些物的支配权，就是为了满足人们的这种要求。④ 这些都表明了所有权对人性发展要求的满足。

其次，就债权法而言，其虽为财产法，却无时无处不渗透着民法的人文主义精神。特别是合同法中的私法自治原则，更是充分满足了人格发展的要求。拉伦茨教授说："人总是生活在同他人的不断交往之中。每个人都需要私法自治制度，只有这样他才能在自己的切身事务方面自由地做出决定，并以自己的责任处理这些事情。一个人只有具备了这种努力，他才能充分地发展自己的人格，维护自己的尊严。"⑤ 崔建远教授指出："合同法是对身份的超越，变权利、义务、地位的先天命定为自主创设；合同法弘扬人的主体性，使当事人自己决定交易事项；合同法以意思自治为原则，最大限度地激发当事人的主动性、积极性和创造性；合同法以诚实信

① Ludwig Raiser, Das Eigentum als Menschenrecht, in Festschrift für Fritz Baur, J. C. B. Mohr（Paul Siebeck）Tübingen 1981, S. 105 – 118.

② 〔英〕布莱克斯通：《英国法注释》第 2 卷，游云庭、缪苗译，上海人民出版社，2006，第 2 页。转引自〔德〕罗伯特·霍恩等《德国民商法导论》，楚建译，中国大百科全书出版社，1996，第 189 页。

③ 〔英〕布莱克斯通：《英国法注释》第 2 卷，游云庭、缪苗译，上海人民出版社，2006，第 2 页。转引自〔德〕罗伯特·霍恩等《德国民商法导论》，楚建译，中国大百科全书出版社，1996，第 189 页。

④ 参见〔德〕拉伦茨《德国民法通论》上册，王晓晔等译，法律出版社，2003，第 52 页。

⑤ 参见〔德〕拉伦茨《德国民法通论》上册，王晓晔等译，法律出版社，2003，第 54 页。

用为原则，它提升当事人的道德水准和精神境界；合同法是一套交易规则，为市场经济提供了基本遵循，促进市场经济的发展；合同法以平等自由为价值，为民主政治树立了范式。正因如此，合同法是促进社会发展之法。"① 由此，我们岂可说合同法就仅仅具有财产法属性？岂能因合同法在未来民法典中的位置以及合同法在整个民法典中的比重，就轻言民法是"物文"主义？

民法使社会处于一个有秩序的自由状态，也只有在这种有秩序的自由状态下，人们追求幸福生活的愿望才能得到满足。民法对人的关注和尊重，对人的主体性的企盼与高扬，能给人提供更多的发展空间。民法对自由的具体赋予能唤醒和张扬人的主体意识，而平等和正义的基本原则有助于确立人的尊严与人格。正如马克思所言，"平等和自由不仅在以交换价值为基础的交换中受到尊重，而且交换价值的交换是一切平等和自由的生产的、现实的基础"。② 民法对平等的要求，其意义并不仅仅在于要求人们在商品面前平等，更重要的是通过在商品面前的人人平等，培育人们的平等观念，从而实现人与人之间的平等。所以，民法的使命就不应仅仅局限于调整商品经济关系，更在于推动人类的成长和发展，使人类走向自由的王国。

（二）民法使人成为人，并且推动人的发展

回顾人类的成长与发展史，我们可以看到民法一步一步地把从自然界中分离出来的"人"逐渐推向"人之为人"的境地。可以说，是民法使人成为真正的人，并且仍在坚持不懈地努力推动人的发展。

马克思把人的发展过程概括为"三大社会形态"：第一个阶段，前资本主义社会，人与人之间是相互依赖的形态；第二个阶段，资本主义社会，"以物的依赖性为基础的人的独立性"的形态；第三个阶段，共产主义社会，是"建立在个人全面发展和他们共同的社会生产能力成为他们的社会财富这一基础之上的自由个性"的形态。③ 而这其中，从人与人的相互依赖关系，到在物的依赖基础上人的独立性，再到人的全面自由的发

---

① 崔建远主编《合同法》，法律出版社，2003，第 14 页。
② 参见《马克思恩格斯全集》第 46 卷，人民出版社，1979，第 197 页。
③ 参见《马克思恩格斯全集》第 46 卷，人民出版社，1979，第 104 页。

展，都离不开民法。

前资本主义社会，即奴隶社会、封建社会，是身份社会。人与人之间存在身份上的依赖关系，奴隶主—奴隶、地主—佃农的关系是当时社会的基础结构，人们之间通过身份来确定和分配各自的权利义务。即使在当时最为先进的罗马法中，市民权、自由权、家父（族）权三权俱备的人才能够真正成为法律关系主体，妇女、家子、拉丁人、外国人在当时只具有部分权利能力，[①] 甚至还有"奴隶适用法律等同于四足动物"的规定。奴隶主可以买卖奴隶，奴隶可以成为诸如用益权等权利的客体，奴隶主杀死奴隶，并不构成犯罪，只是被认为不太恰当地处置了他的财产而已。换言之，奴隶不是法律关系的主体，而是法律关系的客体。我们常说的直立行走、有语言、能够思维这样的人与动物的三大区别特征，奴隶并不缺少其中的任何一个，何以会"适用法律等同于四足动物"呢？这表明，生理条件只是人之为人的自然前提，具备再充分的生理特征也不足以成为真正意义上的人，或充其量只是生物意义上的人，而并非法律意义上的人。要想真正成为人，获得法律的支持和保护，必须具有权利能力。所以，真正使所有奴隶、佃农都成为人的是法国大革命带来的自由主义运动。作为其反映，法国民法典第8条宣布，所有法国人均享有民事权利。由此，民法中的权利能力制度使人成为人。在众多法律部门中，是民法使人成为人。

民法不仅使人成为人，而且还进一步推动着人的发展，不断增强人的独立地位，确立其主体性，使人成为真正意义上的人。由前资本主义社会向资本主义社会过渡所带来的解放，只是使人从身份的束缚中脱离出来，成为平等的主体。但这种平等只是形式上的平等、起点的平等，而不是实质的平等、结果的平等。后者意义上的平等需要依靠每个人的努力去争取，民法通过为商品经济设立规则，为每个人充分发挥自己的能力创造出一个良好的环境，使得人们可以自由发挥他们的创造欲望和成功欲望，不断地去创造财富，从而打破"人对物的依赖性"，进而在由马克思所言的第二阶段向第三阶段的转化过程中，推动人自身的发展。正如英国法律史学家梅因所言，所有近代社会的进步运动，都是一个从身份到契约的运

---

① 参见周枏《罗马法原论》上册，商务印书馆，1994，第98页以下。

动。① 而此中推动人类社会从身份到契约进展的，舍民法而为何？民法满足了人们追求幸福生活的愿望，民法与人的发展目标是一致的。

（三）民法对人的关怀是终极的关怀

民法是一个全面关心人的生活与成长的法律，民法对人的关怀是一种终极的关怀。正如孟德斯鸠所言："在民法慈母般的眼里，每一个个人就是整个的国家。"② 卢梭曾言，"人性的首要法则，是维护其自身的存在；人性的首要关怀，是对其自身所应有的关怀"。③ 而这个关怀在法律上就是由民法来承担的。比如对德国民法典的结构进行解读，我们可以发现，其体现了对人的"从摇篮到墓地"的终极关怀。德国民法典第 1 条即规定，人从出生开始取得权利能力；接下来随着其长大，开始具备了劳动能力，就需要和别人签订劳动合同，为了生活也要和别人签订合同，由是总则之后出现了第二编债权；有了财产，法律就需要确认其所有权，以及利用财产的法律形式，于是接下来便是第三编物权；成熟后开始娶妻生子，亲属家庭便成为第四编；人会逐渐变老，最后诀别于人世，死亡后人格消灭，财产成为遗产，为继承人所继承，这就是第五编继承。

一个良好、健康的社会，应是一个为人们实现其内心愿望提供通途的社会。而民法在保护人、成就人这种理念下的制度设计，恰恰为民事主体展示了一条自我解放的"大道"。④ 民法通过其制度设计，使人们有机会展示自己的能力和才华，使人们在内心想法不断变成现实的过程中体味成就，确认自我，使人性得到张扬，使人得到解放。人正是在不断地满足自我的前提下，不断地发展为一个独立的个人，发展为一个能够把握自己的个人。

二　民法的社会品性

民法乃促进社会不断进步之法，它在民主政治下法治国家形成的过程

---

① 参见〔英〕梅因《古代法》，沈景一译，商务印书馆，1959，第 97 页。
② 〔法〕孟德斯鸠：《论法的精神》下册，张雁深译，商务印书馆，1994，第 190 页。
③ 〔法〕卢梭：《社会契约论》，何兆武译，商务印书馆，1980，第 9 页。
④ 参见杨振山《论民法是中国法制改革的支点》，《政法论坛》1995 年第 1 期。

中具有重大推动作用。

（一）民法完善与否标志着一个社会的文明和进化程度

梅因曾指出，一个国家文化的高低，看它的民法和刑法的比例就能知道。大凡半开化的国家，民法少而刑法多。进化的国家，则民法多而刑法少。① 一个人可以一辈子与刑法无涉，却无时无刻不处于民法的关怀之下，离开民法人们寸步难行。一切法律部门都体现着对人的关怀，都是围绕人并为了人而制定的。但是相比较而言，民法对人的关怀是一切法律部门的起点和终点，其他部门法则都是为了配合民法对人的成长、发展之作用的发挥而存在的，并且其他部门法的发展变革及其价值目标都应该也必须围绕这一目的而展开。譬如，刑法认定某些行为为犯罪，行政法进行一定的行政管理，它们的出发点和最终目的都是对民法上确认的权利——人身权和财产权——进行保护。古罗马时期杀死奴隶不是犯罪，乃是因为奴隶在民法上并非权利主体，而是等同于四足动物的法律关系客体。而自法国民法典宣布人自出生即取得权利能力，不因种族、出身、地位、财富、性别而有不同后，杀任何人便都是犯罪。正是民法上权利能力的赋予使奴隶成为真正的人。同样，盗窃为罪乃是因为民法上有物权的规定。要认定某人盗窃之成立，首先要做的就是确认其对该财产没有权利。炒得沸沸扬扬的胡海英盗窃案便是极好的例子。②

由此可见，如果没有民法，其他部门法将失去其存在的前提。勒内·达维说过，"法的其他部门只是从民法出发，较迟或较不完备地发展起来的"。③ 黄风教授认为："民法是一切部门法的基础，其他部门法可以说都

---

① 参见〔英〕梅因《古代法》，沈景一译，商务印书馆，1959，李祖荫之小引以及第207页。

② 2001年2月27日，哈尔滨市民胡海英拿了家中50万元带着女儿负气离家，出走大连。其婆婆金顺涛以胡海英盗窃50万元为由向哈市公安局南岗分局报案。2001年3月17日，哈市警方以涉嫌盗窃将胡海英进看守所，并刑事拘留23天，该案后被撤销。同年4月，胡海英向哈市南岗区人民法院提出与丈夫李钟鸣离婚，成为受到全国广泛关注的胡海英离婚案。参见《离婚大战中，媳妇拿走自家50万所犯何罪》，http://www.zhiyin.com.cn/zy/ca268.htm；《"胡海英现象"再起风波，胡海英又失人身自由》，《黑龙江晨报》2002年4月10日；《胡海英离婚案最新进展："宏鸣火锅"系夫妻共有财产》，《黑龙江晨报》2004年3月17日。

③ 〔法〕勒内·达维：《当代主要法律体系》，漆竹生译，上海译文出版社，1984，第25页。

是从不同侧面对民事法律关系和基本原则的保护、充实和发展，或者为它们的完满实现创造必要的法制条件和环境。"①

卡尔·波普尔曾经在给俄国读者的一封信中，建议俄国实行法制的关键是制定一部民法典，并精辟地指出，"刑法是必不可少的弊，而民法则是不可或缺的利"，因为民法对于实现自由的贡献极大。② 按照乌尔比安的概括，民法要求我们诚实生活、不犯他人、各得其所。③ 这与其说是民法的准则，不如说是做人的准则。民法为"生活的指南、是生活的百科全书"，我们会怀着"自由是法律下的自由"的心态来对待法律，然后如西塞罗那句广为流传的名言所说，"为了自由之故，我们成为法律的奴隶仆人，以便我们可以获得自由"。而在我国，人们对法律（法治）有着天然的排斥心理，认为离法越远越意味着自由，如此又如何能够在观念上对法律产生神圣的敬仰和依赖，从而建设法治社会？相反，民法却"使人成为人，并尊重他人为人"，④ 鼓励人们积极地追求权利、实现权利、张扬个性、弘扬主体意识；同时又以诚实信用原则和公序良俗原则加以引导，防止权利滥用。这就使得民事主体在实践权利的同时，不断淳化自身的教养，逐渐成为一个既具有权利意识和独立意识的个体主体，又具有社会责任感和同情心、人道主义精神的社会主体，成为一个成熟的"人"，使整个社会演化为一个成熟、健康的社会，走向自我确认、自我解放的社会。

（二）民法是建设法治国家与民主政治的法律基础

民法的发达不仅保护了人们的基本人权——财产权和人身权，推动了社会的进步，更为重要的是，民法理念和精神的普及还是建设法治国家的基础。德国著名法学家耶林曾说过："不是公法而是私法才是各民族政治教育的真正学校。"⑤ 史尚宽先生亦曾言，"民法乃众法之基，欲知私法者

---

① 见〔意〕彼德罗·彭梵得《罗马法教科书》，黄风译，中国政法大学出版社，1992，后记。
② 转引自〔德〕卡纳里斯《欧洲大陆民法的典型特征》，载孙宪忠主编《制定科学的民法典——中德民法典立法研讨会文集》，法律出版社，2003，第41页。
③ 见〔意〕彼德罗·彭梵得《罗马法教科书》，黄风译，中国政法大学出版社，1992，第4页。
④ 〔德〕黑格尔：《法哲学原理》，范扬、张企泰译，商务印书馆，1982，第46页。
⑤ 〔德〕鲁道夫·冯·耶林：《为权利而斗争》，胡宝海译，载梁慧星主编《民商法论丛》第2卷，法律出版社，1994，第45页。

故勿待论，欲知公法者对其也应有一定的了解，而后可得其真谛"。① 只有在私法领域里培养出既尊重自己权利又尊重他人权利，有着平等意识、契约意识和自我负责精神的人，才会去参与民主政治的建设，建设一个法治国家。很难想象，一个连自己的利益都不关心的人会真正关心国家的利益。正如汪丁丁所言，"因为你们有各自的'家'，所以才显出'人'的尊严。只有从自由的心灵中才可以涌流出'民主'、'公正'、'博爱'等等美德"。②

民法以私法自治为其基本精神并贯彻始终。德国民法学家卡纳里斯（Canaris）指出："所谓私法自治，就是当事人可以为自己制定法律。私法自治的结果是，国家在此采取极为克制的态度，也即尽可能少地设置障碍和进行干预。民法的这种相对于国家的特意拉开距离的态度，用西方的眼光来看，主要理由就是因为这被视为保障自由的主要手段。因为这首先意味着个人的自主决定，而在合同自由上所涉及的就是自主决定，舍此无他。此外，它显然还和侵权原则相关，因为如果国家的成员尽可能多地自己规定自己的事务，其结果将是，国家对权力的聚集就会受到限制，官僚制度的影响就会减少。最后，按照我们的观念，合同自由和民主原则之间也有着紧密联系，因为二者在目标上是一致的，即人应当尽可能自己决定自己的事情。"③ 同样，梁慧星教授亦曾指出，民事领域实行私法自治原则，有利于抑制行政机关的膨胀和限制行政干预，使行政机关侵害民事权利亦应承担法律责任，最终有利于政府职能的转变，实现社会主义民主政治。④

早在1989年，张文显教授即指出，以商品经济为内容的民法是法治的真正法律基础，民法中的人权、所有权和平等权是现代公民权利的原型，民法最充分地体现了法治的价值，民法传统中的权利神圣和契约自由精神，成为人权保障、有限政府、分权制衡、以法治国等法治原则的文化源泉。宪法只不过是以根本大法的形式对民法原则进行确认、移植、转化或

---

① 史尚宽：《债法总论》，中国政法大学出版社，2000，序言。
② 汪丁丁：《退出权、财产所有权与自由》，见〔美〕詹姆斯·布坎南《财产与自由》，韩旭译，中国社会科学出版社，2002，代译序。
③ 〔德〕卡纳里斯：《欧洲大陆民法的典型特征》，载孙宪忠主编《制定科学的民法典——中德民法典立法研讨会文集》，法律出版社，2003，第42页。
④ 参见梁慧星《民法总论》，法律出版社，1996，第33页。

升华。法治的历史充分说明，没有民法和民法传统的社会，要实行宪政和法治是极其困难的，甚至是不可能的。而在民法完备、民法原则已经成为公认的社会生活标准的社会中，要想彻底废除宪政和法治，实行独裁，也是极其困难、不可能长久的。① 为此，我们应努力提高民法地位，弘扬民法精神，普及民法理念，制定一部独立、完备、科学的民法典，这将是我国步入法治社会的现实之路。

　　未来的中国应该在促进社会进步和人的发展、建设法治国家这样的高度上，构建一部民法典：在价值取向上以权利本位为主，兼顾社会公共利益；兼顾个人物质生活条件之确保与人格尊严之尊重；充分贯彻意思自治原则，强调对民事权利的切实保护，非基于社会公共利益并依合法程序不得限制；兼顾社会正义与经济效率，兼顾交易安全与交易便捷；切实贯彻两性实质平等与弱者保护之原则，对劳动者、消费者、妇女、儿童、老人和残疾者实行特殊保护；既着重于中国现实社会问题的对策，更着眼于中华民族之未来，建立竞争、公平、统一的市场经济秩序及和睦、健康、体现亲情的家庭生活秩序。由此，为中国最终实现真正的人权、民主、法治国和现代化奠定基础。② 只有这样，才是一部可以与19世纪的法国民法典和20世纪的德国民法典相媲美，代表21世纪的发展潮流的伟大法典。

　　我们应该打破传统观念，跳出既有法律体系的限制，从人的成长与法律的关系上来善待民法、尊重民法，让民法知识、民法观念、民法精神成为人们日常生活的准则，成为人们的教养，培养出既懂得主张自己权利，又懂得尊重他人权利的真正的"人"，使之成为作为市场经济之基础的人文主义精神主体。到那时，人们便无须再为法治而奔走呼号，因为人人都是法治的主体，人人都视法治为生命、为教养。

---

① 张文显：《中国步入法治社会的必由之路》，《中国社会科学》1989年第2期。
② 参见梁慧星《中国民法典草案建议稿附理由》，法律出版社，2004，序言。

民法典总则与民法典立法体系模式[*]

尹　田^{**}

摘　要： 德国民法典总则的形成，是一种逻辑思维方法及立法技术运用的必然结果，其本身并不包含任何价值判断。身份权的独立所导致的"人法"的分裂，物权与债权的区分所导致的"物法"的分裂，以及法律关系一般理论的创制对法典体系结构的影响，是该法典设置总则的技术原因。理论界对潘德克顿体系"重物轻人"的批评，混淆了罗马法与近代民法中"人法"以及"身份"的不同概念。鉴于民法典总则的体制价值和制度整合功能，中国民法典应当设置总则编。

关键词： 民法典总则　人法　物法　潘德克顿体系　总则编

一　问题的提出

在中国民法典形式体系的设计过程中，学界发生了激烈的论争，学者们相继提出了各种不同的立法体系模式，观点针锋相对，在立法技术层面、立法指导思想上均出现了分歧。其中真正的对峙，并非产生于"人格权与侵权责任是否独立成编、是否设置债法总则、知识产权是否纳入民法典"这样一些非从根本上影响法典整个体系的问题，而是产生于"民法典是否需要设置总则"这一似乎更为重大的问题。

---

* 本文原载于《法学研究》2006 年第 6 期。
** 尹田，北京大学法学院教授。

由此，持不同见解的学者虽然被冠以"现实主义"与"理想主义"，甚至"人文主义"与"物文主义"等各种名号，但其实际上可被分为"总则派"与"反总则派"。由梁慧星和王利明两位学者分别主持提出的民法典草案建议稿，均采用了德国潘德克顿体系，设置了"总则"编。而由徐国栋教授主持提出的绿色民法典草案建议稿，主要由"人法"与"物法"两编构成，不存在严格意义上的"总则"编。由于总则的取消，"人法"成为该法典草案建议稿的第一部分，财产法位居其次。据此，徐国栋教授称其草案建议稿为"新人文主义"，而批评梁慧星教授的草案建议稿为"物文主义"，认为物法前置会淹没人的主体性，表现出一种"重物轻人"的思想观念，并由此延展为对以德国民法典为代表的传统民法之"拜物教"的严厉批评。① 然而，这种批评真的能够成立吗？

二 德国民法典设置总则的原因

所谓法典化，系规则体系化达到一定高度的必然结果，而规则体系化则必然要遵守一定的逻辑准则。因此，法典编纂的具体内容安排，显然要服从于其相互的逻辑联系。诚然，各种立法动机的展示及其展示方法完全有可能破坏此种逻辑严密性，而对于逻辑演进前提的不同认识，也有可能导致不同的内容安排。例如，基于对物权与债权相互关系及其重要性的不同认识，德国民法典采用潘德克顿体系中的巴伐利亚式，将债权法置于物权法之前，而日本民法典则采用同种体系中的撒克逊式，作出相反安排。但是，任何真实意义上的民法典都不可能不从整体上展现其体系的逻辑特性。问题仅仅在于，不同法典所实现的逻辑性程度是有所不同的。其整个体系上的重大差异，即由此而生。

事实上，对法国民法典"内部像一个杂物间"② 的批评是过分夸张的。

---

① 参见徐国栋《民法典草案的基本结构——以民法的调整对象理论为中心》，《法学研究》2000 年第 1 期；《两种民法典起草思路：新人文主义对物文主义》，载徐国栋主编《中国民法典起草思路论战——世界民法典编纂史上的第四大论战》，中国政法大学出版社，2001，第 137 页。

② 参见〔法〕雅克·盖斯旦、吉勒·古博《法国民法总论》，陈鹏等译，法律出版社，2004，第 98 页。

尽管这种批评未触及该法典采用"人法"与"物法"之极富逻辑性的分编方式，但即使从各编的具体内容来看，其第一编"人"毫无疑问包含了有关自然人的基本地位和身份关系的全部内容，而第二编"财产及对于所有权的各种变更"则规定了所有权及其"派生权利"的基本内容。[①] 上述两编，没有任何逻辑混乱。问题主要发生在该法典的第三编"取得财产的各种方法"，有关批评实际上针对的就是这一编，认为其"完全是异类题材的大杂烩"，[②] "任何科学的安排方法都不会在一编之中把继承和赠与、契约和侵权行为、婚姻财产、抵押和时效等这些毫不相干的内容都放在'取得财产的不同方法'之下"。[③] 但此种批评与该法典所遵循的逻辑思路也许并不同步。与德国民法典完全不同，法国民法典中的财产权是以所有权为中心建立起来的，无论基于身份关系抑或财产关系而发生的财产所有权的变动，均可合并规定于一处，这是基本符合逻辑要求的。所谓"杂乱"，其实是批评者从一种更抽象的角度所作出的观察结论。

实质上，法国民法典之所以显得杂乱而德国民法典之所以显得清晰，其基本原因在于前者没有严格区分物权与债权，亦未设置总则。故可断言，决定法典整体结构风貌的关键在于是否设置法典"总则"；而是否设置法典"总则"的关键，又在于立法者运用抽象技术的方法或者所达到的程度是否足以产生设置总则的动机和条件。

依笔者所见，仅就技术方面而言，至少有三个具体原因使德国民法典不能不设置总则。

（一）身份权的独立与"人法"的分裂

在法国民法典上，"人法"与"物法"两相分立，自成一体，凡有关伦理关系及民事身份的事项，均直接规定于"自然人"一编。此种情况，首先被德国民法典所创设的法人制度所改变。团体人格的创设对于德国民

① 法国民法将基于所有权而产生的用益权、使用权、居住权以及役权和地役权统称为"所有权的派生权利"（démembrements），而担保物权则被认为是一种"价值权利"，另行作为优先权种类单独规定。参见尹田《法国物权法》，法律出版社，1998，第24页。

② 参见〔澳〕瑞安《民法导论》，楚建译，载法学教材编辑部《民法原理》资料组编《外国民法资料选编》，法律出版社，1983，第33页。

③ 〔德〕K. 茨威格特、H. 克茨：《比较法总论》，潘汉典等译，贵州人民出版社，1992，第72页。

法典所产生的影响比想象中的更为深远，而此种影响，不能不通过该法典的结构安排直接显现出来。

在罗马法上，人法是以人格为基础展开的，而身份（自由人、罗马市民以及家父三种）是构成人格的要素。人格与身份的联系达到如此密不可分的程度，以至于可以说人法即身份法，而身份法即人格法。但在法国民法典编纂时期，身份的概念已经发生了本质性变化。基于天赋人权的自然法思想，人的人格与身份不应有任何联系，身份蜕变为仅仅与婚姻亲属之伦理关系相联系的一种民事地位。但鉴于对罗马法《法学阶梯》编纂体制的借鉴，法国民法典仍然保留了人法与物法的编制，不过此时的所谓人法，已经不再是人格法，而主要是（民事）身份法。此一事实，至关重要。

此后，德国民法借助自然人人格中原本所包含的"权利主体资格"的部分内涵，完成了对团体人格（即法人）的抽象。但团体人格并不包含自然人人格中的政治要素（个人在社会政治生活中的基本地位），也不包含自然人人格中的伦理要素（个人在婚姻家庭伦理生活中的基本地位），因此，如同团体人格绝对无法进入罗马法中的人法（即人格法）体系一样，团体人格也绝对无法进入法国民法典中的人法（即民事身份法）体系！为给法人在法典中寻找到生存的位置，德国民法必须击破法国民法典所设置的人法的固有框架。这就决定了德国民法典必须采取两项重要举措。

其一，特别创设单纯表现权利主体资格的"权利能力"概念，以使法人与自然人能够在"主体"的名目下获得并列的逻辑基础。

其二，对"身份权"与自然人的主体资格予以立法体例安排上的分离，以使"主体法"获得内容上的单纯性。

如此一来，法国民法典上的人法被分裂，其"一切法国人均享有民事权利"的概括规定中所表现出的人格平等思想，被"吸入"德国民法典有关自然人权利能力的具体规则之中——它被"吸入"得如此之深，以至于几乎隐而不见！而有关民事身份的主要内容，则被分别单独安排为"亲属"与"继承"两编，置于"债权"编与"物权"编之后。于是，人法变成了与身份无关的干干净净的"主体法"，法人即得如真实自然人一般昂然而入，毫无阻隔。

"主体法"与物权、债权及身份权显然不在同一逻辑位阶，前者的规则得普遍适用于后者。由此,德国民法典获得了建构其总则的第一块基石。而没有法人的法国民法典,可以毫无困难地将"身份"与"财产"切割为两大块,显然是用不着什么总则的。至于瑞士民法典或其他任何试图取消总则的法典,则无一例外地必然要把身份法恢复到人法之原来的位置。

(二) 物权与债权的区分与"物法"的分裂

权利的类型化,是大陆法系立法技术的主要特点之一。而与罗马法、法国民法很不同的是,德国民法将这一抽象技术运用到了极致,其最为辉煌的成果之一便是将物权与债权两相分立。

表面观之,物权与债权的分界早在罗马法上便显端倪。[①] 法国民法典中虽无物权概念,但理论上已将"对物权"与"对人权"完全分开。[②] 由此,德国民法似乎不过是承前启后,全面创设了物权的概念并建构了其内部的完整体系,其功劳仅在"集大成"而已。但实际情况并非如此简单。德国民法创设物权概念的目的,并不仅仅是对所有权及其他物权进行单纯的抽象与归纳整合,而是通过物权的高度类型化,使物权与债权达到一种本质的分离。因此,德国民法在类型化物权的同时,也全面完成了对债权的高度类型化,从而使债权从根本上获得了与物权平起平坐的重要地位。换言之,德国民法对物权与债权的类型化,不仅是形式上的,更是实质上的。[③]

自此,民事权利的类型化工作得以全面完成,物权、债权与身份权被固定为民事权利的三大类型,并由此成为德国民法典构建其分则结构的基本依据。随着这三种类型化权利的分而自立,对其抽象出一些普遍适用的

---

① 罗马人不仅创造了所有权(proprietas)、役权(servitutes)、永佃权(emphyteusis)、地上权(superficies)、抵押权(hypotheca)、质权(pignus)等具体的物权概念,而且在诉讼程序上划分了"对物之诉"(actio in rem)与"对人之诉"(actio in personam),从而提供了区分物权与债权的基本材料及思路。

② 受罗马法的影响,早期法国学者通过对财产权中两种主要权利类型效力指向的分析,已经发现对物的支配权与对人的请求权不同,并由此而接受了中世纪注释法学派提出的物权概念,认为物权(le droit réel)是权利在物上的一种具体体现,是人对物的权利,即"对物权"(jus in re)。与此相应,还存在一种一方当事人对另一方当事人的权利,即"对人权"(le droit personnel),也就是债权。参见尹田《物权法理论评析与思考》,中国人民大学出版社,2004,第47页。另参见 J. Pothier, Traité du Droit de Dommaine, éd. Bugnet, no 1。

③ 参见尹田《物权法理论评析与思考》,中国人民大学出版社,2004,第二章。

共同规则随即变得可能且必要，而这些共同规则，正是法典之总则得以建立及有可能建立的基本素材。反观法国民法，不仅所有权的"派生权利"——用益权、使用权等依附于所有权，而且债权也被视为一种依附于所有权的权利——一种取得或者实现所有权的方法。债权并无独立存在的地位，为此，以所有权为中心的财产法当然可以自成一体，与身份法两相对应、各司其职，没有再进一步抽象出两者之共同规则设置法典总则的必要和可能。至于瑞士民法典，在不设总则的同时却不得不于"物权"编与"债权"编之上另设"财产权法总则"，这一做法恰恰证明了物法的分裂对民法典总则的形成有直接作用。

（三）法律关系理论与法典体系的建构

法律关系理论的创设也是德国民法最具价值的成果之一。作为一种思维工具，同时也作为一种技术手段，此种理论不仅改变了过去对民法现象的观察角度，而且成为其法典体系安排最为重要的技术支持。依据这种理论，不仅以权利为基点而展开的包含主体、客体、内容三要素的法律关系结构得以被阐述，而且使对作为一种主要法律事实的"法律行为"的抽象成为可能。

以法律关系的要素为基础材料而构建起来的德国民法体系，不可能不在安排各种具体法律关系，即各种类型化权利的同时，合乎逻辑地对法律关系的一般准则作出安排。因此，"当时德国法律学者皆认为：对各种法律关系共同事项，另有谋设一般的共同规定之必要"，[①] 这就形成了其设置总则的最初动机。

于是，依照一种相同的逻辑推理方法，在物权与债权相互分离以及身份权获得独立的基础之上，"物权行为"与"债权行为"以及"身份行为"被同时发现。对其再进一步抽象形成"法律行为"，认为其普遍适用于各种具体权利，从而使德国民法典总则的设立，获得了第二块重要的基石。

而法国民法体系的展开基础是（民事）身份与所有权，不存在对法律关系的一般认识。这就决定了其不仅不可能在所有权与其他财产权利之间发现必须表达的共同准则，而且不可能在身份与所有权之间寻找到形式上

---

① 陈棋炎：《亲属、继承法基本问题》，三民书局，1980，第3页。

的联结点。

上述原因所生之结果，便是在德国民法典中，法国式样的人法被分解而不复存在，有关人格的一部分规定被融入自然人权利能力规则之中，其余有关自然人身份的规则独立为身份法，被列入法典分则。因此，所谓德国民法典中人法的在先位置被总则取而代之的说法其实是不确切的。法国民法典上的人法与物法处于并列之平行关系中，故有先后之谓；德国民法典上总则与分则中的各类具体权利处于纵向之关系中，仅有上下之分而无先后之别，而总则与身份法之上下，仅仅是基于法典体系的逻辑性所形成的。

三　民法典总则与"物文主义"

依上所述可以发现，德国民法典总则的形成，不过是一种逻辑思维方法及立法技术运用的必然结果，其本身并不包含任何价值判断。鉴于此，有关对潘德克顿体系"重物轻人"的批评，至少存有下列谬误。

（一）"人法"概念的混淆

中国民法典起草过程中，所谓"新人文主义"对"物文主义"的猛烈攻击，源自有人从民法典的形式体系中发现了制度安排顺序所蕴含的"哲学意味"（类似于从官员出场顺序中发现了国家政治新动向）。在此，罗马法与法国民法的人法在前、物法在后的两编制被认为体现了对人的尊重，而以其总则淹没人法的德国体系则被指责为"拜物教"。此种观点的思想基础，首先源于认为人法与物法在本质上存有对立关系的认识。对于这种认识的错误，看来并不需要特别仔细的分析，因为类似"民法的一切规则，其目的均在于对人的保护"、"民法并不保护物，而只是保护支配物的人"等命题的常识性和不可动摇性，足以使此"人与物二元对立"的观点在本质上无从立足。但更深刻的问题在于，所谓"人法在前、物法在后"的排序本身，是否真的潜藏了某种有关重要性的价值判断或者价值理念呢？

如上所述，罗马法上的人法，实质上是一种人格法，其有关自然人身份的规则确定了人的一般法律地位，作为组织身份社会的基本法，具有公法的性质，而财产权利不过是身份的附属物，即身份的拥有为前提，财产的拥有为结果，只有首先确定身份，方可分配财产。因此，在罗马时代，必须"先排队，后打饭"，人法在前与物法在后，不仅是一种逻辑结果（无身份即无人格，无人格即无财产），而且的确表现了两种制度之不可类比的重要程度。但在近代社会，民法不再具有组织身份社会的功能，自然人人格的赋予被交由"上天"或者宪法去完成，由此，法国民法典之人法，完全不同于罗马法之人法，主要是规范婚姻亲属之伦理关系的（民事）身份法。而此种身份的拥有，根本不再是享有财产权利的前提。所以，法国民法之所谓人法与物法，不过是（民事）身份法与财产法（所有权法）的别称，与罗马法之人法与物法，毫无共通之处。此处的身份权与财产权之间，既不存在前提与结果的逻辑关系（身份的拥有非为财产拥有的前提），亦不存在孰重孰轻的重要性区别。法国民法典之结构之所以人法在前而物法在后，不外是对优士丁尼《法学阶梯》体系的形式借鉴而已。

倘若"人格重要还是财产重要"之类问题尚且值得讨论的话，那么"（婚姻亲属关系中）身份重要还是财产重要"的问题原本就不应当提出。

结论就是，"人法"概念的不同内涵被一些人混淆了，在近现代民法典上，根本就不存在也不可能存在罗马法意义上的人法。因此，法国民法典之光彩夺目的人文主义炫耀并非来自其位置在前的人法（相反，所有权绝对、契约自由与过错责任三大原则似乎都是源自其物法！），而德国民法典即使成心要将早已被历史废弃的罗马法"人法"溺死于法典总则之中，也当然不可能构成"物文主义"的严重错误。

（二）"身份"概念的混淆

面对"新人文主义"的指责，令所有人深感困惑的是：无论德国民法典，抑或梁慧星先生的民法典草案建议稿中，均无一例外地将"人"排列在法典的最前端，既然如此，"物文主义"的指控从何而来？殊不知，"新人文主义"所声讨的"物文主义"罪行，其实包括两个方面：一是人法不独立而被淹没于总则之中；二是身份权被置于物权与债权之后。考虑到人法之被淹没实际上是由身份权从自然人部分被抽走所引起的，所以，身份法被置后，应当是所谓"重物轻人"的实质表现。

不难发现，在这里，人法概念的混淆必然导致身份概念的混淆。

如前所述，在罗马时代，身份是获得人格的前提，而在近现代社会，身份是具有人格的结果，此"身份"不同于彼"身份"。所以，近现代民法之身份法并非原本意义上的人法，"身份法在后"不能等同于"人法在后"。

如作进一步观察，还可发现，德国民法将法国式样的人法予以分裂，具有尚未引起理论界足够重视的重大意义。

首先，是民法的私法化。近代以来，民法成为私人生活领域的法律规范。而自然人之平等人格被普遍认同或者赋予，关乎个人社会生存之全面，此等根本性重大任务不应由民法而应由宪法完成。就个人主义及人文主义的价值宣示来看，民法固有其重要作用，但"至少到了宪政主义渐渐成形以后，19世纪民法典宣示价值的功能已有相当一部分转移到更高位阶的宪法身上"。① 因此，将本初意义上的"人法"——人格法从民法上予以消除，摆正民法与宪法的位置，符合历史发展的潮流。

其次，是身份的伦理化。从身份到契约的转换为从古代社会进入近代社会的标志，自此，人格脱离身份并使身份蜕变为伦理关系中的一种地位。但法国民法典承袭《法学阶梯》中人法与物法之分编形式，将身份与人混为一体，即使不能断定其显露出一种封建法制的残留痕迹，至少也极易使人产生"身份为个人立世之本"的强烈印象。而德国民法决然将身份关系抽出另行安排，彻底斩断了身份与人格的隐隐粘连，复原其伦理性权利而非人格性权利的本来面貌，不能不说是一个重大的贡献。

据此，身份并非人格，身份权亦非人格权。而身份权与财产权本无轻重之分，孰先孰后，当系于体系编排之技术设置。德国民法典之所以将身份权置于"债权"编、"物权"编之后，应当是基于两方面的考虑：一是法典总则中的法人、法律行为以及消灭时效等制度，只能适用或者主要适用于债权与物权，不能适用或者不能完全适用于婚姻家庭关系；② 二是身份关系中存在许多特别规则，且"身份法的多数规范还是和财产的权利义务有关，只不过因为身份而在发生、存续或消灭上有其特殊性，从而如果先规定身份法，会有基本财产权概念或规范都还未交待的逻辑问题"。③ 由此，规则安排的逻辑顺序和适用上的方便，应当是身份权后置的基本

---

① 苏永钦：《民法典的时代意义》，载王利明等主编《中国民法典基本理论问题研究》，人民法院出版社，2004，第44页。

② 如法人的规则完全不能适用于婚姻家庭关系；因欺诈、胁迫、乘人之危而意思表示不真实导致法律行为相对无效的规则，不能完全适用于婚姻契约。

③ 苏永钦：《民法典的时代意义》，载王利明等主编《中国民法典基本理论问题研究》，人民法院出版社，2004，第44页。

原因。

综上所述，"新人文主义"对"物文主义"的批评，是一种毫无根据的批评。

四　中国民法典是否需要总则

（一）对民法典总则的得失评判

德国民法典总则的设计是德国民法思维方法的必然成果。而关于德国民法思维方法的科学性及局限性，近百年来展开的批判和讨论已经非常充分。在此基础上，对其总则设计的得与失的评判，自然亦褒贬不一。

毫无疑问，德国民法总则的创设系"以一般而抽象之原则汇总而成"，"为法制史上大胆之创作"。[①] 对总则的体系效用存在诸多肯认的论述，要点不外是"体系精密，统摄全局"，即"民法总则通过共同事项的抽出和对它的综合，反复完成一般概念的形成，其结果，就具备了经过透彻的逻辑思考的、保持首尾一贯的体系"，抽象化的总则内容"可以广泛涵盖同种事例……有可能用必要的、最少限度的规定解决问题，防止没有经过深思熟虑的规定出笼"。[②] 总则的设立，"不仅在立法技术上因避免重复而较为经济，更重要的是让使用者可以如算算术般从一般演绎到特别，乃至借此标示出足以统摄整部民法典的精神……就此而言，首创总则编的德国民法典确实代表民法体系化发展的一个新里程碑"。[③]

德国学者对于法典总则的优缺点有着清醒的认识，他们认为，设置"总则"编的主要优点反映在有关法律行为的规定方面，由此避免了立法者为每一项具体的法律行为重复规定生效要件。但总则条文因必须保证有普遍适用性，不能不以抽象的方式加以表达，这样就难以完全反映限制这些一般规则的各种例外。此外，对一般性规则之提取概括，不能不增加对法律规定的理解难度，且由于法典分则各部分本身均有类似于总则的内

[①]　参见曾世雄《民法总则之现在与未来》，中国政法大学出版社，2001，第4页。

[②]　〔日〕山本敬三：《民法讲义I　总则》，解亘译，北京大学出版社，2004，第17页。

[③]　苏永钦：《民法典的时代意义》，载王利明等主编《中国民法典基本理论问题研究》，人民法院出版社，2004，第44页。

容，法律规则由此必然发生分裂，"要寻找一个具体问题的法律规定，往往要瞻前顾后，同时查阅许多地方"。①

大致来说，对于民法典总则的价值评判，可以从宣示功能、体系效率与实用价值三方面进行。

第一，就宣示功能而言，民法典总则的优势并不见得特别明显。诚然，在民法典总则中，可以规定"意思自治"、"诚实信用"、"公平"等抽象的基本原则，使民法的价值观念得到更加清晰的表达；但即使不设总则，也可以在"序编"一类的前置体例中作出安排，设立集中表达民法精神的民法基本原则条款。

第二，就体系效率而言，民法典总则却发挥出一种无可替代的特殊作用。它不仅可以使各个具体规则相互之间建立内在的联系，而且可以使民法基本法理及思维方式获得立法上的真实表现，为民法理论阐述与法学教育提供了大展身手的广阔平台。

不过，第三，从实用价值来看，正是因为总则的这种高度抽象性及高度逻辑性特点，民法规范又给人们留下了远离实际生活的直观印象。抽象程度越高的概念，越难为法学家以外的人所理解；具体的法律现象被抽象的次数越多，有关规则的重复率就越高，规则分裂的现象也就越严重，从而因同种规则"叠床架屋"而造成法律适用上的繁琐和困难。

为此，民法典总则的设置能否达到立法者想要达到的目的，是一个值得怀疑的问题。正因如此，即使在瑞士等深受德国法影响的国家，其民法典也作出了取消总则的选择。

（二）中国民法典的选择

仔细分析德国民法典总则的具体内容，可以发现，其并非严格通过抽象及解构一般的法律关系获得材料而建成。除了"主体"要素被全面规定外，有关法律关系"客体"要素的规则是残缺不全的：依据客体理论的通说，在物权、债权与身份权三大类权利中，唯有物权的客体为物，而债权的客体应为特定行为而非物，至于身份权的客体，则肯定不是物。如此一

---

① 参见〔德〕迪特尔·梅迪库斯《德国民法总论》，邵建东译，法律出版社，2000，第30页以下。

来，该法典总则所规定的"物"其实并非法律关系的一般、抽象之客体，本无资格进入总则。而抽象法律关系之"内容"要素，应为抽象之一般权利、义务，但各种具体权利之设定、变更、消灭方式及其内容差异甚大，基本上不存在通过立法而特别加以表达的"共同规则"。为此，该法典总则除了从外部对权利行使的限制及其保护作出一般规定之外，对于权利本身毫无触及。

唯一值得德国人骄傲的是，该法典总则创设了法律行为制度。作为一种最主要的法律事实，法律行为的规则不仅完全符合总则之一般条款的特性，而且以其极为丰富的实质内容，为总则注入了真正的生命力和存在价值。如果没有法律行为，德国民法典总则将成为一个徒有其名的空壳。该总则实际上是由"主体法"（自然人与法人）和"行为法"（法律行为）两部分构成的，其中：代理规则的一般抽象是否必要尚要存疑，因为法定代理与委托代理性质上差异极大，分别规定于监护制度及委托合同中也许更为实用；而物本应规定于物权法之中；消灭时效的地位则理应放入债权法。因此，去其点缀以及附加，如果没有法律行为，总则将仅剩下"主体法"。

为此，如果不考虑其他因素，仅就法典总则所需之内容安排而言，中国民法典要不要总则，实际上取决于要不要设置法律行为。诚然，中国1986年颁布的民法通则中早已规定了法律行为制度，法律行为的理论也一直是中国民法理论中"总论"部分的核心。但问题在于，中国民法中的法律行为与德国民法中的法律行为具有根本的不同：德国民法中的法律行为，是通过对物权行为、债权行为以及身份行为抽象而成的。由于身份行为具有不同于财产行为的诸多特征，故法律行为的规则，主要适用于物权行为与债权行为。但在拒绝采用物权行为理论的中国民法中，其法律行为的抽象材料，仅为合同行为和各种单独行为。再鉴于单独行为之分散和不重要，[①] 中国民法之法律行为，实质上不能不成为合同法总则的翻版。那么，基本上不能适用于物权、很少直接适用于身份权的法律行为规则，还有资格被称为"一般条款"而进入民法典总则吗？

然而，尽管存在上述种种相反理由，但综合起来考虑，中国民法典

---

① 遗嘱行为除外。但如同中国继承法的做法，即使民法通则规定了法律行为制度，遗嘱行为较为特别的有效条件也必须在继承法中作出进一步的具体规定。

"总则"编的设置仍然是有必要的。

首先，从体系价值看。在一种体系化的法律思维模式中，法典总则有可能具有特别的象征意义。中国民法理论已经完全采用物权与债权的严格区分方法，通过婚姻法的颁布施行，身份权亦早已脱离人法而自成一体。如此"三权分立"，加之知识产权及其他无形财产权尚且"没爹没娘"，倘无民法典总则的统摄，诸种权利在形式上将无所归依。

其次，从制度整合看。由于不采用物权行为理论，中国民法中法律行为制度的统率作用大打折扣。但作为民事活动中的一般行为模式，法律行为制度有助于确定和彰显民事主体应当遵循的一般行为准则，其宣示功能和引导作用远远大于合同法中的相关规定。同时，法律行为毕竟覆盖了全部表意行为，① 其将在合同行为之外的各种单独行为中普遍适用，仍可得简便灵活之效用。至于代理关系与委托合同的剥离，已被理论和实践证明具有种种益处，如无总则，此项重要制度的安排将成问题。此外，民法典总则的存废须与法典的整体安排结合起来予以斟酌。依目前中国民法典起草的情势与走向看，侵权法的独立成编势在必行，由此必然导致债法总则安排上的巨大困难。因为侵权法独立成编后，就不再为"债权"编所统合，而一旦缺乏债法总则，诉讼时效的位置必然难以确定。此外，即将颁布的物权法有可能不规定取得时效，如此一来，将诉讼时效与取得时效并合规定于"总则"编，实为不得已之唯一选择。

最后，从制度成本上考虑。1986 年颁布的民法通则施行已近 20 年，事实上已经形成了民法典总则的雏形，而更长时间的民法理论教育已经固化了法律职业者"从一般到具体"的思维模式。更为重要的是，从全国人大于 2002 年公开发布征求意见的民法典草案来看，"总则"编的存在已成定局。为此，无论基于何种理由，再去喋喋不休地讨论民法典是否需要设置"总则"编，于国于民，似无实益。当下需要着力作好的事情，应是深入研究如何克服潘德克顿体系的弱点和弊端，结合中国的国情，使中国民法典"总则"编的结构和内容最大可能地科学、合理和实用。

---

① 表意行为包括法律行为和准法律行为，准法律行为准用法律行为的准则。

中国民事立法体系化之路径[*]

王利明[**]

摘　要：在我国大力加强民事立法的情况下，应当构建一部民法典，还是保留单行法的形式，或者采取法律汇编的方式，是必须作出的重大选择。单行法有悖于民法的体系化，不利于民法基本价值的一贯性；法律汇编不是真正的体系化，难以有效实现民事法律的内容全面性和内在一致性。我国民事立法必须选择法典化的道路，这是实现民法体系化的最佳途径。在进行民法体系化的同时，还必须注意协调民法典和单行法之间的关系。

关键词：民法典　单行法　法律汇编　法典化　体系化

作为市场经济和法治国家的法律基石，民法在我国政治、经济和社会中的重要作用日益彰显和突出，立法在大力保障和促进民事主体人身权和财产权发展的同时，又强劲地推进有中国特色社会主义法律体系的完善。然而，不容忽视的是，尽管合同法、物权法、婚姻法等民法部门在改革开放30年来有了迅猛发展，侵权责任法、涉外法律关系适用法、国有资产管理法等也在制定之中，但民法在形式上终究未成一统，这种立法散乱的格局与其基本法的地位不相称。要改变这种格局，唯一的路径就是尽快实现我国民事立法的体系化，以确保民法规范合理而有序地配置，并在此基础上保障和推进我国改革开放的深度进展。

---

* 　本文原载于《法学研究》2008年第6期。
** 　王利明，中国人民大学法学院教授。

一般来说，体系是具有一定顺序和逻辑的系统构成。民法体系化同样是一种系统构成，即根据构建民事法律规范内在体系的要求，实现民事法律规范的系统化和逻辑化，使民法在整体上形成结构化的制度安排。毫无疑问，实现民法的体系化是无数法律人的孜孜追求和梦想。然而，实现民法的体系化有多种道路可供选择，大致有法典化、单行法和法律汇编三种模式。在我国民法体系化的过程中，究竟应该走何种路径，学界的意见并不一致。客观来看，主张民法法典化的观点是主流意见，但其他两种观点也有不同程度的影响。这表明，现在我国民事立法面临着重大选择：在大量民商事法律颁行之后，是应当构建一个逻辑严谨、体系严密的民法典，还是以单行法的形式形成各自的微系统和各自的体系，抑或仅仅将它们形成法律汇编？这一问题的实质是中国民事立法是否需要走法典化、体系化道路。毋庸赘言，这是一个直接关系到中国民事立法向何处去的重要问题。笔者拟在对制定单行法和法律汇编这两种观点加以评析的基础上，提出自己对民法体系化路径的一些思考。

一　零散的单行法有悖于民法的体系化

在近代法典化运动时期，有一种比较极端的理论认为，可以制定一部无所不包的民法典，尽可能规定各项民事法律制度，并允许法律类推适用，这样就可以为任何民事法律纠纷的解决提供相应的法律规范，并排斥单行法的存在。在此意义上，民法典将"成为调整市民生活和保障民事权利的系统性宪章"。① 但是，该理论很快就被实践证明是一种神话。随着19世纪末期工业社会的迅速发展，大量新的法律问题频繁出现，为了加强国家对经济的干预，各国都在民法典之外颁布了大量单行法。这就使"民法典的唯一法源地位"成为历史，民法典甚至被边缘化，这一现象也被称为"去法典化"。意大利学者伊尔蒂（N. Irti）在1978年发表了《民法典的分解时代》一文，认为现在已经处于民法典分解的时代。他认为，在层出不穷、种类繁多的民事特别法的冲击下，民法典已经被民事特别法分解，其

---

① 转引自张礼洪《民法典的分解现象和中国民法典的制定》，《法学》2006年第5期。

社会调整功能已经被严重削弱，其在私法体系中的重大核心地位已经丧失。①

　　将这种思路运用于我国，产生两种意见。一种意见认为，既然民法典已经不再是民事法律的核心，那么我国就没有必要制定一部民法典。对此，笔者认为，尽管现在各国民法典确实遭遇了来自单行法的冲击，但也不能据此认为现在已经处于"去法典化"时期，甚至认为仅仅靠民事单行法就足以有效调整社会生活。一方面，从比较法来看，虽然各国民法典不再是私法的唯一法源，但不可否认的是，民法典仍然是私法的主要法律渊源，民法典仍然居于私法的核心地位。另一方面，与传统大陆法系国家不同的是，我国尚未制定一部民法典，目前讨论"去法典化"的问题可能超越了我国所处的特定历史阶段。故而，这种意见并不妥当。

　　另一种意见认为，单行法模式的针对性强，可以有效克服法典的抽象性，反映特定时期的立法政策需要。既然各个单行法能分别调整社会生活的不同领域，由这些单行法构成的法律体系就足以有效调整市民社会生活。应当承认，这种观点不无道理，因为民法典具有一般性、抽象性、高度稳定性，与单行法相比，它表现出更明显的滞后性，而且难以及时应对变化了的社会的需要。不过，这些问题并非不能在技术上予以克服，比较法的经验已经证明，通过法律解释的方法，在法典内保持法律的开放性和适度的灵活性，巧妙运用一般条款和具体列举相结合的方式等，均能有效弥补法典的缺陷。再者，尽管单行法的立法模式存在一定的优点，且从我国已经颁布的大量民事单行法来看，其在现实中也发挥了完善立法、规范生活的作用，但是，这些单行法之间难免存在大量价值冲突和规则矛盾的现象，仅仅依靠这些数量庞大的单行法尚不能形成一个科学的民法体系。②特别是，大量的单行法甚至会冲击民事立法过程中形成的部分既有体系，这正如没有规划的城市建筑显得杂乱无章一样，没有体系化的单行法必然导致民法内部的规范紊乱。

　　这些都说明，不能以民法已经法典化国家的"去法典化"现象来证成今日我国民法体系构建中的路径选择问题。换言之，我国不能依靠零散的

① 转引自张礼洪《民法典的分解现象和中国民法典的制定》，《法学》2006 年第 5 期。
② 参见李开国《法典化：我国民法发展的必由之路》，《重庆大学学报》1997 年第 4 期。

单行法来实现民法的体系化。具体来说，单行法在构建民法典体系方面存在如下不足。

第一，单行法不具有形式一致性。形式一致性即规则和制度的系统性。换言之，是指民法的概念、规则、制度构成相互一致的整体，各要素之间不存在冲突和矛盾。体系化方法可以合理地安排所要规范的内容，使民法的各项制度和规范各就各位，既不遗漏，也不重复。单行法受制于"各自为政"，分别针对不同领域在不同时期的具体问题而制定，受制于时势和问题的导向，这些都决定了单行法不可能通盘和全面地考虑问题，具有明显的局限性，使法律之间可能发生冲突和矛盾。这突出地表现在，一方面，各个单行法对同一概念的表述不一致，如物权法采用"建设用地使用权"，而土地管理法采用"土地使用权"的概念；另一方面，新的单行法对相同事项作出新的规定，而旧法中的相关规定并没有进行修改。此外，旧法中的部分内容被新法所取代，而在新法中又没有规定二者如何衔接，这就导致法律适用中的困难。例如，物权法修改了担保法关于抵押、质押、留置的规定，但没有具体指明修改的内容，结果造成法官找法的困惑。

第二，单行法不具有价值的统一性。所谓价值的统一性，是指立法者在各个法律中采取并反映了同样的价值取向。民事法律作为一个重要的法律部门，要对社会生活作出有序的统一调整，必然要追求统一的立法价值，力求对相同民事法律关系作出一致的法律调整。然而，单行法因为在不同时期制定，其反映的立法精神和法的价值会有所不同，甚至一些民事单行法更注重贯彻国家宏观调控和管理政策，不合理地限制了私法自治。这使得不同单行法之间的界限泾渭分明，不同的立法指导思想和规范目的，既可能导致同一用语在不同法律中有不同含义，也可能导致类似规则在不同的法律中采取不同的价值取向。特别应当注意的是，在我国立法实践中，诸多单行法由政府部门起草。由于我国缺乏科学的立法规划、程序和监督机制，这些政府部门往往为了各自的部门利益，在单行法中加入不应有的部门利益衡量机制。而在人大通过法律的时候，受限于种种因素，这些不当的利益考虑无法完全从法律中删除，结果导致个别单行法成为维护部门利益的工具，与民法体系化的价值要求完全背离。

第三，单行法很难自发地形成一个富有逻辑性的整体。民法的体系化要求民法的各项概念、规则、制度之间以某种内在逻辑加以组织和编排。逻辑性是体系化的生命所在，是体系的最直接表现，也构成法典的本质特征。如果不具备逻辑性，则不可能成为真正意义上的民法体系。单行法的制定往往满足于对某一领域法律问题的调整，可能在一定程度上考虑与既有法律之间的逻辑关系，但也只是对个别法律规则的调整，一般不会对整个单行法作出修改，并且单行法很难对未来的其他单行法作出预测和安排。如此一来，单行法之间就难以自发地形成一个富有逻辑性的整体，不利于法律的适用。例如，在不动产法律方面，我国已经有不少单行法，如土地管理法、城市房地产管理法、物权法、农村土地承包法等。在处理有关不动产纠纷时，究竟应适用哪部法律，应以何种顺序适用，均处于模糊状态，这是实践中难以解决的难题。

第四，单行法往往自成体系，影响民法的体系化。民事立法的体系化，最终目的在于将整个民事法律制度进行整体化构造，使相互间形成有机的联系。因为没有民法典，基本民事制度不明确，就难以厘清一般法与特别法的关系。单行法与其他法律之间的关系如何，是否构成特别法与普通法的关系，常常引发争议。例如，民法通则和物权法、合同法、担保法等法律之间，究竟是一般法和特别法的关系，还是平行的关系？物权法关于担保物权的规定与担保法的关系如何？再如，在我国物权法框架下，票据质押背书不是设立票据质权的必备要件；而根据票据法的规定，非经票据质押背书，票据质权不得设立。因此，在物权法和票据法两个微系统中，票据质押背书的功能就产生了冲突。特别需要强调的是，尽管单行法自身成为体系，但受制于其调整对象和适用范围，它不可能像法典那样具有全面调整社会生活基本方面的功能。单行法不具有法典化的全面性，这使它不可能成为基本法律的理想形态。

正是由于单行法的这些不足之处，导致它不能担当我国民事法律体系化的重任，同时也意味着我国应当尽快制定一部内容完备、体系合理的民法典，以解决单行法缺乏体系化所带来的问题。[①] 当然，尽管单行法难以自发构成一个富有逻辑性的民法体系，但这并不能彻底否定单行法存在的必要性。客观来看，一部民法典确实难以承担调整所有社会生活的任务，

[①] 参见江平《中国民法典制订的宏观思考》，《法学》2002 年第 2 期。

需要一定单行法的配合，适度的单行法也因此获得了存在的必要性和发挥作用的空间。

二　法律汇编不是真正的体系化

所谓法律汇编（Digest、compilation、à droit constant），是指按照一定的体系，在不改变法律内容的前提下，将已有法律编在一起，并通常冠以统一名称。在大陆法系国家，法律汇编实际上最早起源于罗马法。罗马法的《学说汇纂》乃是对过去，特别是对公元 1 世纪到 4 世纪初罗马著名法学家著作、学说和法律解答的选编。① 大陆法系国家为了方便法官适用法律，大多采用了法律汇编的方法，如日本的小六法。英美法系国家也大多采用法律汇编模式。

法律汇编通常也是有权机构的一种正式立法活动，具有以下特点。一是不需要起草和修订。法律汇编主要是按照一定的目的或者标准对已颁行的规范性文件进行系统的排列，从而汇编成册。② 因此，汇编本身不是一种创制法律的立法活动，只是一种对现有法律作出技术性编辑的活动。尽管在汇编过程中也要考虑一定的逻辑性和体系性，但这种考虑主要是以各个规范性法律文件为对象，而不需要考虑各个法律规范和制度之间严谨的逻辑性，也不需要考虑解决既有制度之间的重复和冲突。二是需要符合一定的编排标准。法律汇编虽然不需要对既有法律文件进行改动，但也不同于简单的法律文件的叠加，因为生效法律文件的汇集也需要符合一定的标准，例如颁行时间、调整对象、效力等级等。三是法律汇编通常是某一部门法律的汇编，也可以是多个部门法律的汇编，将各种法律汇编在一起的主要目的在于为法官在司法中寻找法律渊源提供便利。

学界之所以有主张民事立法应采用法律汇编模式的观点，主要基于以下理由。其一，域外经验提供了借鉴，即英美法广泛采用法律汇编的方式，有些大陆法系国家和地区也采取了这种方式，法律汇编简便易行、成本较低、历时较短，有利于节约立法成本。其二，我国实践经验的参考，

---

① 参见余能斌主编《民法典专题研究》，武汉大学出版社，2004，第 48 页。
② 参见许中缘《体系化的民法与法学方法》，法律出版社，2007，第 161 页。

即我国目前已有大量的民商事单行法律，且在实务操作中也有不同形式的法律汇编供法官适用，不宜改变现有做法，再另起炉灶制定民法典。应当承认，与制定一部科学严谨的民法典相比，通过法律汇编来实现民法的体系化具有其优势。一方面，编纂一部民法典工程浩大，需要长期的学术理论准备和司法实践检验，不可能在短期内完成；而采用汇编的方式，既可以满足法律适用的需要，又可以节省大量的人力物力。另一方面，法律汇编不需要修改原有法律，能最大限度地保持法律的稳定性。现有法律已经颁行，且为人们所熟悉，不像新的民法典的制定那样需要人们重新熟悉，也不需要人们重新学习新的法典，在适用中不会带来新的变化。特别是，我国现在正处于社会转型时期，需要调整各种利益，社会生活也正在发生深刻变化，法律汇编的方式具有针对新的社会关系颁布新法律的灵活性，并能满足法律开放性的需要。正是基于对法律汇编前述优势的考虑，我国一直存在一种所谓"松散式、邦联式"的思路。这一思路的主要特点是，主张民法典各个部门相对独立，相互之间构成松散的、邦联式的关系，不赞成民法典具有体系性和逻辑性。① 有学者甚至认为，去法典化和反法典化已经成为民事立法的一种国际发展趋势。与这种趋势相适应，我国采用法律汇编的方式即可实现法律的体系化，而不需要另外单独制定民法典。②

应当看到，通过法律汇编的方式来实现民法的体系化，主要是判例法国家的经验，我国毕竟属于成文法国家，不能简单地照搬判例法国家的这种做法，否则，就会在大方向上出错。而且，尽管有些大陆法系国家和地区有法律汇编的形式，但其前提是已经有一部民法典，法律汇编只不过是为了适用法律便利而为的技术性作业。德国、法国、瑞士等大陆法系国家大多通过制定一部严谨而科学的民法典来实现民法的体系化。如果我国通过法律汇编的形式实现民法的体系化，实质上就是放弃原有的成文法道路，从根本上改变民法的定位。尤其值得注意的是，由于法律汇编的体系化程度还远远不足以真正实现民法的体系化，因此，法律汇编虽然可能满足短期的、暂时的法律适用需要，却不能够真正解决民法的体系化问题，也不利于提高裁判质量、保障司法公正。虽然民法典的编纂的确要花费相

① 参见梁慧星《为中国民法典而奋斗》，法律出版社，2002，第37页。
② 张礼洪：《民法典的分解现象和中国民法典的制定》，《法学》2006年第5期。

当大的成本，但它是实现我国民法体系化的必由之路。具体来说，我国采用法律汇编的模式具有如下弊端。

第一，法律汇编不能有效实现民事法律的内容全面性和内在一致性。一方面，法律汇编虽然在形式上完成了民事法律的汇集，但它仅仅将现行的法律进行简单的排列，并不进行实质性的修改和创造，一般不涉及严密的体系安排和编纂计划，难以消除单行法之间的内在冲突和矛盾。这"就好像建一栋大厦，不先进行整体设计，而是分别建造各个房间，再将造好的各个房间拼合在一起组成一座大厦"。① 法律汇编只是将各个法律按照一定的体例简单汇编在一起，不涉及各项具体制度的改变和协调，不追求严谨的体系。由此带来的一个问题是，法典汇编不能实现汇编内部法律制度和法律规范的和谐一致，也不能有效地实现民法体系化，不能解决法律制度大量重复、法律之间相互冲突以及法律适用中效力等级不明确等问题。另一方面，各个单行法通常只关注某一领域的民事法律问题，缺乏对市民社会的周全考虑，对部分社会生活甚至缺乏相应的法律规范，因此，法律汇编在内容上也就存在空白，缺乏全面性。

第二，法律汇编不能实现法律价值目标的协调统一。与单行法一样，通过法律汇编形成的民法体系同样缺乏价值的一致性。法律汇编中的各个法律都是在不同时期基于不同的立法政策和目的而制定的，它们要反映当时的社会需要，体现当时社会的价值理念。但是，不同时期的价值取向和侧重点可能存在差异，因此，将这些法律简单地汇编在一起，就不可避免地存在法律规范所体现的价值冲突，难以实现内在价值的统一。前后不同的法律中规范同样法律关系的法律规范可能采取截然相反的两种态度，例如，我国民法通则和合同法规定的合同无效的范围就存在重大差异，反映了对合同交易的不同价值立场。另外，由于法律汇编不对各单行法作修改，即便立法者能发现单行法中存在的价值冲突，也缺少缓和或者消除这些价值冲突的机会。

第三，法律汇编将大大增加司法成本且有损司法的权威性。虽然通过法律汇编方式实现民法体系化具有立法成本低廉的优点，但是，法律汇编缺乏一个明朗的体系和安排，这将增加法官寻找法律渊源的成本，从而增

---

① 参见梁慧星《为中国民法典而奋斗》，法律出版社，2002，第37页。

加司法成本。例如，物权法、担保法和最高院关于担保法的司法解释之间不一致之处较多，难以准确判断和选择适用。同时，由于法律汇编不可避免地存在法律制度、法律规范和价值理念的冲突，因此，"一部不讲究逻辑性和体系性的所谓松散式、汇编式、邦联式的法典，使审理同样案件的不同地区、不同法院的不同的法官，可以从中找到完全不同的规则，得出截然相反的判决"。① 因为单行法众多，而在法律上又难以确定需要适用的裁判规范，加之法律适用上一般法与特别法的区分，在找法时法官容易按照自己的理解各取所需，从而损害法的安定性和权威性。此外，法典的立法思想非常明确，即便法无明文规定，法官仍可以根据法典的指导思想来合理造法。反之，如果只有法律汇编，则法官难以进行正确的造法和释法活动。

第四，法律汇编不利于法律的研习和传播。法律汇编中没有上位法和下位法的区分，没有一般规范和特别规范的差异，也没有民法的基本原则和一般原则的不同，这就使法学研究和法学教育活动难以从法律汇编中寻找到法学理论的实践模型，不利于法学理论和立法实践的对接与协调。这不利于人们对汇编中法律制度和思想的传播。

因此，法律汇编不具有法典的全部功能。与法律汇编不同的是，"法典化并不在于汇集、汇编改进或重整现有的科学或准科学的法律，即就像从前德意志法律改革和罗马及西班牙法律汇编一样，而是在于通过新的体系化的和创造性的法律来创造一个更好的社会"。② 故而，以法律汇编的方式实现民事立法的体系化，实际上混淆了法律汇编和法典编纂这两种不同的立法活动。法律汇编的这些缺陷决定了它不能真正实现民法体系化，也不能满足构建社会主义民商事法律体系的需要。

三 中国民法体系化必须走法典化道路

如前所述，无论是单行法还是法律汇编的方式，皆不足以承担起实现

① 梁慧星：《松散式、汇编式的民法典不适合中国国情》，《政法论坛》2003 年第 1 期。
② F. Wieacker, Historia del Derecho Privado de la Edad Moderna, Francisco Fernandez Jardon trans., Aguilar ed., 1957, p. 292.

我国民法体系化的历史使命。与这两种模式相反，法典化是实现私法系统化的一个完美方法，① 是实现我国民法体系化的最佳途径，大陆法系国家民事立法的经验也充分说明了这一点。虽然大陆法系国家出现了"去法典化"现象，但这种现象与这些国家的法律发展史密切相关，"法典的颁行"与"单行法对民法典中心地位的冲击"是发生"去法典化"现象的重要前提条件。然而，这两个条件在我国根本就未曾发生过，因此，不能以"去法典化"现象来否定法典化在我国立法实践和国家秩序中的重要功能，也不能简单地根据这种现象来否定我国对民法法典化道路的选择。诚然，我国既有的大量单行法在建设社会主义法律体系进程中起到了很好的作用，但实事求是地讲，由于欠缺统一的价值指导和思想理念，这些法律没有在体系化的框架内产生有效的合力，以至于在实践中还存在诸多矛盾、冲突等不尽如人意之处。要解决此问题，法典化应当是最佳途径。之所以认为法典化是实现中国民法体系化的最佳途径，原因在于以下几方面。

第一，法典化具有体系性。可分为以下诸端：一是形式的一致性。法典化需要对所有民事法律制度进行逐个分析和通盘考虑，在此基础之上再构建一个统一的民事法律框架。法典需要统一的法律术语、统一的法律制度和法律规则。二是价值的一致性。价值是法典的灵魂，任何法典都要体现和保护一定的价值。要想实现制度和规则的一致性，就离不开对作为制度和规则指导的法律价值的一致性的追求。例如，就我国未来的民法典来说，除了要坚持和弘扬传统私法中的平等、自由和安全价值外，还要体现市场经济所要求的效率价值，更要反映现代民法所要求的"人的全面发展价值"。三是逻辑上的自足性。民法典的逻辑自洽既表现在构成民法典的各个具体制度自身可以形成一般规范与特殊规范、普通法与特别法的关系，又表现在民法典与单行法之间整个宏观结构的逻辑性。民法典是体系化的结果，法典化实际上就是体系化，体系是民法典的灵魂。在所有关于法典化的定义和解释的文献中，都提到了体系和秩序这些要素，② 它们被

---

① Karsten Schmidt, Die Zukunft der Kodificationsidee: Recktsrechung, Wissenschaft und Gestzgebung vor den Gesetzswerken des geltenden Rechts, 1985, S. 39.

② Gunther A. Weiss, "The Enchantment of Codification in the Common-law World", *Yale Journal of International Law*, Summer 2000.

认为是法典化最为重要的特征。① 民法典编纂必须要为未来的民法典设计一个科学合理的体系。民法典就是以体系性以及由之所决定的逻辑性为重要特征的,体系是民法典的生命。一方面,体系构建关乎整个民法典制定的基本蓝图,体系本身的科学性在相当程度上决定了民法典制定工作的质量优劣。如果事先对民法典没有一个体系化的安排,在全部立法完成之后再企望弥补,是比较困难的,显然会浪费许多立法资源,且事倍功半。另一方面,体系不仅仅关系到民法典的质量和生命力,而且关系到整个民法部门和民法学科的发展。我国未来的民法典应当是科学的、体现民事立法的最新发展趋势、面向新世纪的一部高质量的法典,而达到此目的首先必须建构科学合理的民法典体系。

第二,法典化具有全面性。民法典作为市民社会的一般私法,作为市场经济的基本规则,它必须为广大民众从事民事活动提供基本的准则,民法典是民众生活的百科全书。民法典也要为法官处理各种民事案件提供基本的规则。民法典的特征在于其全面性。法典化不同于一般的立法,就在于法典"包含了各种有效的控制主体的法律规则的完整性、逻辑性、科学性"。② 全面性的另一方面的表现就是完备性,这就是说,法典可以为民事活动的当事人提供一套基本的行为规则,也为法官裁判民事案件提供基本的法律规则和法律依据。完备性是体系化的前提和基础,如果缺乏完备性,则必然会残缺不全、支离破碎。③ 如果一部法典所包含的规范是支离破碎、残缺不全的,它仍然只是一部简单的法律汇编,而不是有机的整体。从这个意义上说,民法典是市民社会生活的一般规范,也是社会生活的百科全书。它为市场交易活动确立基本的规则,也为法官处理民事案件提供裁判规则。④ 民法典实现的制度统一性能够最大限度地保障法制统一,限制法官的恣意裁判,消除法律的不确定性。

---

① 参见 E. Schwarz, Die Geschichte der privatrechtlichen Kodifikationsbestrebungen in Deutschland und die Entstehungsgeschichte des Entwurfs eines bürgerlichen Gesetzbuchs für das Deutsche Reich, 1 Archiv für bürgerliches Recht 169 (Berlin, Heymann 1889)。

② Lobinger, Codification, 2 Encyclopedia of the Social Sciences 609 (1930, Reissued 1937).

③ Gunther A. Weiss, "The Enchantment of Codification in the Common-law World", *Yale Journal of International Law*, Summer 2000.

④ Reinhard Zimmermann, "Codification: History and Present Significance of an Idea", 3 *Eur. Rev. Private L.* 103 (1995).

第三，法典化具有权威性。民法典是具有权威性的法律文件。一方面，民法典是国家最高立法机关制定的由国家强制力保障的法律规范。与众多民间制定的示范法不同，民法典具有法律拘束力，而民间示范法并不具备强制力保障，仅具有参考价值。另一方面，民法典作为国家的基本法律，在民事法律体系中处于中心地位，在法律的位阶上仅次于宪法，其他任何行政法规、部门规章、政策命令、司法解释等，效力均不得超越民法典。我国法律体系由三部分构成，虽然单行的特别法在适用上优于普通法，但按照我国立法法的规定，民事基本法律制度由法律规定，实际上就是由民法典规定，单行法不得违背基本法律制度的规定。因此，民法典是成文法的最高形式，这是其他任何法律体系化形式所不能比拟的。①

第四，法典化具有稳定性。体系就其本身特质而言，具有一般性、基础性和开放性，因而具有相当程度的稳定性。民法典作为基本法律性文件，只能规定民事领域里面最为重要的基本法律制度；民法典应当在较长时间里保持一定的稳定性，所以应当具有一定的抽象性；民法典不宜对生活规定得过细，否则将过于繁琐；民法典对社会生活的规范应当保持相当的限制，即波塔利斯所言的"立法者的谦卑和节制"，不能过多地干预生活。② 所以法典不能也不宜规定得过于详细和琐碎，对社会生活只能是有限度的介入，只能规定基本层面的法律制度。民法典的体系化就是要将市民社会生活中最基本的规则抽象出来，在民法典中加以规定，通过此种体系安排使其成为稳定的规则，获得长久的生命力，不因国家的政策变化而随意发生改变。

第五，法典化具有统一性。民法典是整合整个私法制度的统一体。民法典的制定统一了民事审判的司法规则，能够最大限度地限制法官的恣意裁判，消除法律的不确定性。民法典统一了市场规则，能够为当事人带来确定的预期，这也是 19 世纪民法典运动的一个重要动因。法典使不同时代和不同领域的法律之间发生关系，联结为一个整体。在这个整体中，不同的法律分别处于不同的地位或不同的层次，在效力上有高下之分，因而在发生冲突时能找到解决矛盾的办法。③ 我国当前制定民法典的一个重要作

---

① 参见李开国《法典化：我国民法发展的必由之路》，《重庆大学学报》1997 年第 4 期。

② Valérie Lasserre-Kiesow, L'esprit scientifique du Code civil?, 45 Droits 58—59（2005）.

③ 严存生：《对法典和法典化的几点哲理思考》，《北方法学》2008 年第 1 期。

用就在于使民事法律体系化，保障法制统一，如保持行政法规、地方法规与民法典之间的协调一致。这能够有效防止政出多门，克服司法自由裁量，从而保障市场经济的正常运行。

德国法社会学家韦伯认为，大陆法系国家的法律具备逻辑上的形式理性。韦伯所说的形式理性，指法典以一种外在的形式存在。在韦伯看来，民法典实际上是形式理性的产物。民法的体系化需要借助民法的法典化来完成。在法典化的过程中，民法的价值理念得以贯彻，规范制度得以整合，法律规范之间的冲突得以消除，形成价值上一致、逻辑上自足的民事规范统一体。民法作为调整市场经济关系的基本法，其健全程度直接关涉法制建设的进程。从世界各国的立法经验来看，大陆法系国家都以民法典的颁布作为其法制成熟的一个重要标志。民法典是更高层次的成文法。①我国为了真正在 2010 年建成社会主义市场经济法律体系，必须尽快制定和颁行民法典。

四 民法体系化必须协调民法典和单行法之间的关系

尽管民法法典化是实现民法体系化的最佳选择，但这并不能否定单行法存在的作用和必要性。一方面，民法典不能代替单行法，大量的民事法律规范还必须置于民事单行法之中；另一方面，也不能将本应由民法典规定的内容交由单行法规定。要达到这一目的，就应统筹安排民法典和单行法各自应规定的内容。一般来说，民法典是对各种民事活动的基本的、普遍适用的规则所作的规定，民法典规定市民社会生活中的基本规则，它在整个国家民事立法体系中属于最普通、最基础的民事立法。既然如此，民法典作为最高形式的成文法必须保持最大限度的稳定性，不能频繁地修改或者废除，这正是民法典实现社会关系稳定以及人们在社会生活中预期功能的基础。故而，民法典所确立的制度、规则也应当保持较强的稳定性。然而，社会生活是变动不居、纷繁复杂的，为此，那些技术性很强的，仅仅适用于个别的、局部性民事关系的规则不应当由民法典规定，而应当由

---

① 薛军：《民法典编纂的若干理论问题研究》，载《清华法律评论》第 2 辑，清华大学出版社，1999。

单行法来解决。

不过，从成文法国家的经验来看，单行法在配合民法典发挥作用的时候，也引发了值得注意的问题。一是对法律的确定性产生威胁。"特别立法的勃兴，致使传统的法典渐成遗迹。只有当特别立法没有相关规定的时候，才转向传统法典以寻觅判案的依据。"① 单行法形成于不同时期，涉及不同领域的问题，并且不存在一个统一的整体性文件，因此，法律当事者常常难以查询和知晓其内容，这会为法律安全带来威胁。二是对民法典的中心地位产生冲击。正是因为在民法典颁布之后大量单行法的出现，才导致了"去法典化"和"再法典化"的问题。所谓"去法典化"，很大程度上是因为单行法所确立的规则和价值与民法典发生了一定的偏离，并使民法典被边缘化。越来越多的民事特别法奉行与民法典不同的价值和原则，并从传统民法中分离出去。② 在其数量发展到一定程度时，就逐渐形成了有别于民法典的"微观民事规范系统"。③ 此种现象可能导致"私法内在统一性的崩溃"，"因为这些巨变带来之民法典的解构，使民事司法与理论面对困难的任务"。④ 基于上述原因，如何处理好法典与单行法的关系，成为大陆法系国家普遍遇到的问题。

民法关乎国计民生和人们的日用常行。民法典是一国生活方式的总结，是一国文化的积淀，从一个侧面展示出一个国家的物质文明和精神文明。因此，我国在制定民法典的过程中，首先要立足于我国的国情，尤其要对我国现有的大量民事单行法进行全面统筹和合理安排，并在借鉴成文法国家民法法典化经验的基础上，注重协调好如下关系。

（一）按照民法典体系整合现行的单行法

在具体协调民法典与单行法关系时，如果已经完成了比较完善的民法典理论构建，就可以从这一体系出发，前瞻性地预见未来的立法需要，从

---

① 〔美〕约翰·亨利·梅利曼：《大陆法系》，顾培东、禄正平译，法律出版社，2004，第159页。

② 张礼洪：《民法典的分解现象和中国民法典的制定》，《法学》2006年第5期。

③ Maria Luisa Murillo, "The Evolution of Codification in the Civil Law Legal Systems: Towards Decodification of Recodifition", 2001 *Journal of Transnational Law & Policy* 174 (Fall).

④ 〔德〕弗朗茨·维亚克尔：《近代私法史》（下），陈爱娥等译，上海三联书店，2005，第531页。

而能动地进行立法规划。必须在制定民法典的同时，综合运用立、改、废、释等方式。要及时修改现行的法律，使之与未来的民法典协调统一，发挥法律调整的整体功能。因此，我国在制定民法典时，对于既有的法律，如民法通则、继承法、担保法、合同法、物权法等，① 如果能够纳入民法典，应当尽量纳入民法典。具体来说，有关民法典与单行法的关系，需要从如下几个方面考虑。

第一，应当对民法通则进行修改补充，将其改造为民法典的总则。民法通则虽然不是以法典形式颁布的，但其调整的都是基本的民事制度和民事权利，在某种意义上它的确发挥了民法典的部分功能，并且其大部分内容仍然可以适应我国的现实情况，因此，应该对其作进一步的修改和整理，然后纳入民法典的相应部分。②

第二，在制定民法典的时候，应当对合同法、物权法、婚姻法、收养法、继承法等民事法律以及将要制定的侵权责任法进行进一步完善和整合，在未来统一纳入民法典之中，分别形成民法典分则的各编。这是因为，我国民法的法典化本身是分阶段和分步骤进行的，合同法、物权法的制定也是制定民法典的战略安排，当初的定位就是要在未来能纳入民法典之中。但在完成民法典编纂时，还应当对这些法律进行必要的修改和完善，因为这些法律在立法时，常常重视每一个部分的体系性与完整性，但是忽略了各个部分之间的协调性与整体性。例如，制定合同法时，将代理、行纪等内容都规定在其中，忽略了与民法总则之间的协调。再如，在物权法关于保护物权的请求权的规定中，既包括了物权请求权，也包括了侵权的请求权等，忽视了与侵权法的协调。这就有必要根据民法典的体系进行整合。

第三，关于担保法与民法典的关系。物权法第 178 条规定："担保法与本法的规定不一致的，适用本法。"物权法在颁布实施时，担保法有效，因为担保法不仅包括物的担保，也包括人的担保。属于人的担保的内容本来属于债法，但是因为合同法并没有将保证纳入其中，就产生了法律上的难题，即如果废止担保法，会使保证合同无所适从，这显然是不妥当的。

---

① 严格来说，这些法律不是单行法，而是民法典的组成部分，但因为我国尚未形成和颁布民法典，故本文视它们为单行法。

② 参见梁慧星《为中国民法典而奋斗》，法律出版社，2002，第 22 页。

根据物权法第 178 条的规定，在物权法通过之后，担保法仍然继续有效。但是，物权法与担保法的关系并不是普通法与特别法的关系，而是新法与旧法的关系。根据新法优于旧法的原则，凡是担保法与物权法不一致的，都应该适用物权法的规定。应当承认，物权法已经对担保法的诸多内容作了较大的修改与完善，担保法与物权法的内容不一致的，当然要废止。因此，在将来制定我国民法典的时候，需要重新构建我国民法典的体系，按照民法典的体系，将既有的担保法一分为二，将物的担保纳入物权法，而将人的担保纳入债权法的范畴，然后废止担保法。

第四，关于专利法、商标法和著作权法是否应纳入民法典中，在民法典起草时曾有过很大的争议。笔者认为，知识产权就其整体而言不宜完全纳入民法典之中；但是为了保证民法权利的体系性，民法典可以规定知识产权的一般规则。有关知识产权的具体规定，应当由具体的单行法完成。[①]

（二）在制定单行法的过程中应考虑民法典的体系和价值

在制定单行法的过程中考虑民法典的体系，包括以下几个方面。第一，必须在制定民法典时认真处理好民法典和单行法之间在内容上的分工和协调。民法典不能代替单行法，大量的民事法律规范还必须处于民事单行法之中。但是也不能将本应由民法典规定的内容交由单行法规定。这就要求统筹安排，哪些内容要在民法典之中规定，哪些内容要在单行法之中规定。例如，就知识产权法而言，虽然民法典可以规定知识产权，但是民法典不能代替各个知识产权的单行法。第二，应当按照民法典体系的宏观要求来确定制定哪些单行法，同时要避免制定不符合民法典体系的单行法，像担保法这样的单行法就不符合法典体系。第三，作为法典组成部分的单行法在制定时要考虑民法典的相关内容，把握单行法与民法典的体系一致性。比如，侵权责任法的制定必须要考虑与人格权法、物权法、合同法等民法典其他部分的关系，合理确定它们的分工。第四，单行法的制定要考虑民法典中的援引条款，例如，在将来制定专门的征收征用法时，对于民法典物权法编关于征收制度的既有规定，单行法没有必要重复，仅规定对民法典相应条款的援引规范即可。

---

① 参见吴汉东《知识产权与民法典编纂》，《中国法学》2003 年第 1 期。

民法典的价值是应当对单行法起统率和指导作用，民事单行法原则上应当遵循民法典的基本价值，如此才能构建以民法典为中心的民事立法体系。民法典之外需要大量的单行法，但它们不能完全偏离民法典的价值体系。民法典确立的自由、平等、公平、正义等价值，体现了民法的基本精神，是民法典现代性和科学性的保障，是实现民法典立法目的的保障。所以，依据民法典的基本价值来制定单行法，才能保证民事单行法的现代性和科学性。当然，随着社会经济的发展，单行法也会在某种程度上影响民法典的价值，但这毕竟是一种例外的而非普遍的现象。例如，民法确立了平等的价值，但是消费者权益保护法可能基于消费者与经营者之间事实上的不平等地位，强化对消费者权益的保护。从表面上看，这似乎与民法典的平等价值和形式正义价值相冲突，而这正是为了弥补平等价值和形式正义的不足所构建的制度，也是现代民法发展的趋势。

（三）协调民法典和商事特别法的关系

我国实行民商合一体制，商法并非独立的法律部门，因此，我国不可能也没有必要在民法典之外制定单独的商法典或商法总则。民商合一的实质是要推进在一国法律体系内部的私法统一化，民商法的立法体例也决定了民法典整体的体系与构架。严格来说，在民商合一体制下，公司法、海商法、票据法等法律只是作为民法典的特别法而存在，它们和民法典的关系是特别法和一般法的关系。在法律适用上，首先要适用特别法，在没有特别法时，才适用民法典的规定。需要指出的是，这里所说的民商合一，并不意味着在民法典中包括商事特别法。由于商事规范的复合性、技术性、变动性、具体针对性等特点，决定了未来民法典不宜包括商事特别法。[①] 民商合一不是意味着在形式上的诸法合一，而是在民法典内部实现民法和商法内容的协调。所以，我国在制定民法典的同时，仍然要以特别法的形式在民法典之外制定和完善各种商事特别法，不能简单地将民商合一理解为民法典要将所有商事法规都包含在内。

---

① 石少侠：《我国应实行实质商法主义的民商分立——兼论我国的商事立法模式》，《法制与社会发展》2003 年第 5 期。

五 结语

制定一部面向 21 世纪的科学的民法典，不仅能够有效实现我国民事法律的体系化并构建中国特色社会主义法律体系，也将表明我国民事立法水平达到一个新的高度，表明我国法律文化将达到更高的层次。通过民法法典化的方式实现民法的体系化，不仅符合我国的成文法典化法律传统，也是我国实行依法治国、完善社会主义市场经济法律体系的重要标志，既表明我国法律文化的高度发达水平，更是中国法治现代化的具体表现。[①] 我们的祖先曾在历史上创造了包括中华法系在内的灿烂的中华文明，其内容是何等博大精深，至今仍在人类法律文明史上闪烁着耀眼的光芒，并与西方两大法系分庭抗礼、互相辉映。今天，我国立法和司法实践已为民法典的制定积累了丰富的实践经验，广大民法学者也作了大量的理论准备。制定和颁布一部先进的、体系完整的、符合中国国情的民法典，不仅能够真正从制度上保障市场经济的发展和完善，为市场经济健康有序发展奠定坚实的基础，而且将为我国在 21 世纪的经济腾飞、文化昌明、国家长治久安提供坚强有力的保障。19 世纪初的法国民法典和 20 世纪初的德国民法典都是世界民法发展史上的重要成果，而 21 世纪初中国民法典的出台，必将在民法发展史上留下光辉的篇章。

---

① 谢怀栻：《大陆法国家民法典研究》，中国法制出版社，2005，第 3 页。

风险领域理论与侵权法二元归责体系[*]

叶金强^{**}

摘　要： 近代民法上的过错责任原则包含"有过错就有责任"和"没有过错就没有责任"两个层面。近代以来，"没有过错就没有责任"原则逐渐被废弃，代之而起的是风险责任原则。风险责任以风险领域理论为基础，根据一定的标准判断风险发生于何人领域之内，进而确定无过错所致损害的分配。划定风险领域的考量因素包括利益获取、风险开启与维持、信赖保护、损害分散可能性、自我保护可能性等。现代侵权法归责二元体系由过错归责和风险归责构成，风险责任可涵盖现行的危险责任、交往安全义务中的无过错责任、公平责任等所有无过错致害责任。风险责任立法可采一般条款加类型立法的模式。

关键词： 过错责任　风险责任　风险领域理论

一　问题的提出

侵权法的核心是归责，以什么样的基础来确定责任的归属，反映了基本的损害分配思想，构成了侵权法的灵魂。近代民法确立了过错责任原则，而近代以降，随着危险责任的发达，逐渐形成了侵权法的二元结构。德国法

---

　*　本文原载于《法学研究》2009 年第 2 期。本文的写作得到德国洪堡基金会（Alexander von Humboldt—Stiftung）的资助，特此致谢。

　**　叶金强，南京大学法学院教授。

中，责任法二元结构理论可追溯到 1953 年埃塞尔（Esser）的论文，[①] 其后，埃塞尔的理论很快成为通说。[②] 不过，在似乎截然对立的过错责任与危险责任之间，一直存在边缘模糊的、流动的灰色地带。并且，危险责任背后之归责思想也带来了过错责任的内部调整。埃塞尔指出，过错责任与危险责任之间存在一个灰色区域，表面证据、举证责任转移、过错推定，均可以取得与危险责任相似的效果。[③] 这样，结构性的分立背后，隐含的似乎是归责思想的贯通性与流动性。

对此，维尔伯格（Wilburg）尝试进行损害赔偿法的统一构造。对于损害赔偿法的基础，他试图在追求单一原理与听任众多责任基础无序排列这两极之间发现一条中间道路，尝试由各种思想的有机合作来形成共通的构造。维尔伯格主张通过许多相互联系、具有不同强度的要素来整合赔偿义务的基础，包括三个决定性要素和一个附加要素。决定性要素为：①通过侵害或者危险化而形成了对他人权利领域的利用；②因发生在责任者领域内的事情而引发了损害事件；③对前两种情况中发生在责任者领域之瑕疵的责难。附加要素为：责任者的经济能力或者办理责任保险的可苛求性。[④] 他认为，这些责任要素可视为价值序列，根据各自的数量和程度，相互补充，以发生损害赔偿义务。责任并非以全部要素或一定要素的同时存在为前提，而是可由要素的任意结合而发生。在四个要素同时发挥作用的情况下，每一个要素达到很低的程度就足以发生责任；相反，在例外情况下，具有特别强度的单一要素即可构成损害赔偿义务的基础。[⑤] 他主张，体系由损害赔偿义务的构成要素组成，并使这些要素发生动态的互动作用。在对各个要素的评价中，保留了法官裁量的广阔空间，这使得判决与价值变迁相适应成为可能。[⑥] 由此，维尔伯格表达了其著名的动态体系思想。

动态体系论于理论层面确实非常具有吸引力，不过，有学者认为，动

[①] Josef Esser, Die Zweispurigkeit unsers Haftepflichtrechts, JZ 1953.

[②] Nils Jansen, Tagespolitike, Wertungswandel und Rechtsdogmatik, JZ 2002, S. 966.

[③] Erwin Deutsch, Das Recht der Gefährdungshaftung, Jura 1983, S. 619.

[④] Walter Wilburg, Die Elemente des Schadensrechts, Marburg: N. G. Elwert'sche Verlagsbuchhandlung, G. Braun, 1941, S. 28.

[⑤] Walter Wilburg, Die Elemente des Schadensrechts, Marburg: N. G. Elwert'sche Verlagsbuchhandlung, G. Braun, 1941, S. 29.

[⑥] Walter Wilburg, Die Elemente des Schadensrechts, Marburg: N. G. Elwert'sche Verlagsbuchhandlung, G. Braun, 1941, S. 101.

态体系理论因过于复杂而在法院实践中无法适用。① 动态体系论所触及的仍然是法律安定性与实质正义之间的紧张关系这一法学的永恒主题。于损害赔偿法领域，如何处理这样的紧张关系成为方法论层面的核心问题。需要什么样的框架以及框架的弹性化程度如何，均是值得探讨的问题。值得注意的是，德国法自其民法典公布之后，即通过判例发展出交往安全义务（Verkehrspflichten），该制度对过错责任、危险责任的框架性区分已形成了一定的冲击。虽然司法实践的推进并不一定要顾及现有理论体系的和谐，但是，对实践中的法给出体系化的解释，却是理论的任务。于实践中一点一滴演化着的过错责任、一步一步发展起来的危险责任以及交往安全义务，在其背后发挥定向功能的应是变迁中的侵权法思想，由此"历史上流传下来的概念和教义学框架是否仍然能够与责任法的现代功能和价值抉择相协调"，② 这样的问题也进入了学者的视野。

我国侵权法上归责体系之理论主张主要包括：过错责任一元制，过错责任和无过错责任二元制，以及过错责任、过错推定、公平责任三元制，③ 过错责任、危险责任、公平责任三元制。④ 其中，过错责任与无过错责任/危险责任二元制为通说。不过，理论界并没有深入探讨无过失责任的归责基础，对危险责任的基本思想也缺乏基础性的梳理，而对公平责任的争议也只是停留于各执一词的局面。立法上，民法通则在规定过错责任的同时，也规定了危险责任等无过错责任，并且其第 132 条规定，双方均无过错时，可根据实际情况，由当事人分担责任。而最高人民法院在 2003 年的司法解释中规定了安全保障义务，⑤ 从制度渊源上观察，系借鉴德国法上的交往安全义务，但其范围要狭窄得多。

我国正在进行侵权行为立法，对德国法现行的以 1900 年民法典为基础，经由司法实践发展起来的侵权法框架，零敲碎打式的跟进，显然不是妥当之举；而立基于现代侵权法理念，摆脱德国法因"路径依赖"等因素

---

① Ewald Hücking, Der Systemversuch Wilburgs, Duisburg, 1982, S. 127.

② Nils Jansen, Die Struktur des Haftungsrechts, J. C. B. Mohr（Paul Siebeck）Tübingen, 2003, S. 27.

③ 参见米健《关于"公平"责任原则的思考》，《中外法学》1997 年第 1 期。

④ 孔祥俊：《论侵权行为的归责原则》，《中国法学》1992 年第 5 期。

⑤ 参见最高人民法院《关于审理人身损害赔偿案件适用法律若干问题的解释》（法释〔2003〕20 号）第 6 条之规定。

而形成的不必要的交叉与繁复，进行制度的整合与创新，当是有益的尝试。就侵权法归责体系而言，忽视归责基础变迁的思想性根基，局限于现行规定而形成的表达，除了易陷于肤浅之外，也会使得变迁了的思想难以发挥指导功能，从而可能发生方向性的偏离。鉴于我国私法实践的历史尚短，基于比较法资料来进行制度性反思就十分必要，对他国实践的考察，可展现历史的纵深感，有助于把握现代法的脉动。笔者以为，归责思想现代变迁的基本脉络是过错责任的退让与风险责任的挺进。风险分配思想在修正过错责任的同时，不断扩展自身的影响，形成了现代责任法中过错责任、风险责任的二元构造，被修正的过错责任理论和风险领域理论构建了现代责任法的归责基础。本文的中心任务，正是在反思与检讨的基础上，重塑现代侵权法的归责体系，并对已作出初步讨论的风险领域理论[①]进行详细的展开。

二　现有理论之构造及其局限

前已述及，侵权法理论系以过错责任和危险责任的二元结构论为通说。同时，德国法上通过司法实践发展出了交往安全义务，我国法上则尚有公平责任之主张。这里，拟先对危险责任、交往安全义务作简要的梳理，而对过错责任之检讨则留待后文来完成。

（一）危险责任

1. 定位

危险责任源远流长，罗马法上即有对危险责任的规定。依照罗马法，饲养野生或驯服的动物，占有失修的房屋或者水利实施，均可能发生没有过错的赔偿责任。德国普通法、普鲁士普通邦法以及 1838 年普鲁士铁路法中，均有无过失责任的规定。[②] 危险责任（Gefährdungshaftung）之表达是由吕梅林（Rümlin）于 1896 年创造的，[③] 而危险责任的真正发达，则是近

---

① 参见叶金强《信赖原理的私法结构》，台北元照出版有限公司，2006，第 6 章第 3 节。
② Gerd Rinck, Gefährdungshaftung, Verlag Otto Schwartz & Co. Göttingen, 1959, S. 2.
③ Erwin Deutsch/Hans—Jügen Ahrens, Deliksrecht, Carl Hezmanns Verlag KG. Köln, 4. Aufl, 2002, S. 162.

代以后的事。不过，危险责任并非根据统一的体系而导入现行法，而是基于不同的动机或多或少地杂乱发展起来的。① 现在的通说认为，危险责任不再属于不法行为，而是个案风险实现时的损失补偿，有些学者因此认为危险责任不再属于侵权法。② 另有学者认为，可以确定的是，相对于侵权责任（Deliktshaftung），危险责任构成独立的归责原则；但尚不确定的是，作为原则之危险责任本身的内容限定和体系定位。③

对于危险责任的定位，贝兹（Bälz）认为，与侵权法的行为责任之责任基础以及相应的结果相区分，危险责任属于不当得利法上的状态责任体系。④ 危险责任不涉及行为不法和赔偿，而是涉及状态不法和补偿。危险责任也是对不法（Unrecht）之责任，只是其针对的当然不是行为不法（违法性，Rechtswidrigkeit），而是状态不法［Zustandsunrecht，即无合法根据（Rechts-grundloskeit）］。⑤ 早在 1941 年，埃塞尔即在其著作中尝试解决危险责任的理论定位及其与私法一般原理的关系问题。⑥ 从埃塞尔的该基础性著作开始，危险责任就被视为分配正义的体现，相应的过错责任则众所周知地被作为矫正正义的表现形式。⑦ 正如延森（Jansen）所言，分配正义不仅涉及财富的分配，同样也涉及负担的分配。⑧

危险责任基于特别危险的实现而发生，以特别立法的存在为前提，不以行为人的过错为必要，并无违法性的要求，一般会有最高赔偿额的限制。⑨ 但是，危险责任并非纯粹的原因责任，而是在必要的引发损害之外，尚有一系列社会评价在发挥着作用。⑩ 笔者以为，作为风险分配的措施，

---

① Gerd Rinck, Gefährdungshaftung, Verlag Otto Schwartz & Co. Göttingen, 1959, S. 20.

② J. von Staudingers, Kommentar zum BGB, Buch2, § 823—825, 1999, S. 16.

③ Ulrich Bälz, Ersatz oder Ausgleich?, JZ 1992, S. 62.

④ Ulrich Bälz, Ersatz oder Ausgleich?, JZ 1992, S. 69.

⑤ Ulrich Bälz, Ersatz oder Ausgleich?, JZ 1992, S. 65.

⑥ Josef Esser, Grundlagen und Entwicklung der Gefährdungshaftung, C. H. Beck'sche Verlagsbuchhandlung, München und Berlin, 1941, S. 69.

⑦ C-W. Canaris, Die Gefährdungshaftung im Lichte der neueren Rechtsentwicklung, JB1. 117 (1995), S, 15.

⑧ Nils Jansen, Die Struktur des Haftungsrechts, J. C. B. Mohr (Paul Siebeck) Tübingen, 2003, S. 82.

⑨ Vgl. Kötz, Wagner, Deliktsrecht, München: Luchterland, 10. Aufl. , 2006, S. 190ff.

⑩ Vgl. Gert Brüggemeier, Gesellschaftliche Schadensverteilung und Deliksrecht, Acp 182 (1982), S. 400.

危险责任当然可以不考虑违法性和过错，而最高额的限制、慰抚金的排除以及免责事由的设定等，均是一种平衡手段，与过错责任中的抗辩事由具有不同的旨趣。不过，在瑞士法和奥地利法中，危险责任中慰抚金之发生并不依赖于过错的存在。[1] 黑尔（Hehl）认为，对过错责任和危险责任中非物质损害赔偿请求权作不同的安排，没有正当的基础。[2] 德国法上原本严格限制危险责任中的慰抚金请求权，但 2002 年通过的《关于修改损害赔偿法规定的第二法案》在德国民法典第 253 条中增加了一款，该款认可的慰抚金请求权适用领域包括危险责任。[3]

2. 基础

对于危险责任的基础，冯·卡梅尔（von Cammerer）认为，危险责任的正当化系立于多种视角之下的、个案中或多或少且强度不同的各种因素的合力之上，具体的考虑包括：①只有尽管风险承担者采取了一切可能的措施也未能阻止损害之发生，对危险活动的许可才是可容忍的；②风险承担者应将这些损害的风险作为营业费用的一部分计算在内，将其作为经营费用加以承担；③由控制危险源者承担责任是恰当的，这样可以诱导其作出一切可能预防损害或者减轻损害的行为；④意外事件往往是人的过错行为共同作用的结果，但过错行为之外的当事人通常无法查明，举证责任的转移也无济于事，故在事实上存在过错时，也只能空手而归；⑤控制和利用危险之人于市场中，可以使费用和风险通过价格向对其产品或服务感兴趣的客户进行分散；⑥就各个事故当事人而言，危险的发生完全是不可预见、不可计算的偶然，事故受害人并不可以将其作为现代技术世界的生活风险，通过一个一般性的事故保险来承受。[4] 布莱施楚克（Blaschczok）认为，危险责任的基本考量因素包括：危险的许可性、特别的危险程度、由危险源导致损害、公众的无助、危险源对致害人的利益、致害人接近危险源及受害人举证困难、履行能力和保险的可能。一些学者相信，通过上述

---

[1]　Susanne Hehl, Das Verhältnis von Verschuldens—und Gefährdungshaftung, S. Roderer Verlag, Regensburg, 1999, S. 109.

[2]　Susanne Hehl, Das Verhältnis von Verschuldens—und Gefährdungshaftung, S. Roderer Verlag, Regensburg, 1999, S. 112.

[3]　Palandt, Bürgliches Gesetzbuch, Verlag C. H. Beck, München, 65. Aufl., 2006, S. 300.

[4]　Erst von Cammerer, Reform der Gefährdungshaftung, De Gruyter · Berlin · New York, 1971, S. 15.

角度的综合考虑，可以对危险责任法作出说明。①

从历史发展的角度，林克（Rinck）归纳出的危险责任的正当化途径包括：①推定过错：将虽不可证明但也不可反驳的过错推定作为危险责任的正当化基础，认为没有过错的事故是不可想象的，每个损害事故均是以过错的存在为基础的，尽管可能无法证明。②基于利益状况：在追求其利益过程中损害他人者，须赔偿相应的损失。③基于典型危险：行为典型地使环境遭受危险的，启动、控制风险之人应承担责任。②

黑尔则对危险责任的效力基础作了如下归纳：①分配正义：危险责任背后的思想为分配正义，即对不可避免之风险的公平分配。②为被许可的危险活动承担责任：就像危险许可的价格一样，危险引发者应就随之而来的后果承担赔偿责任。③对危险源的控制和利益的获取：归责的基础在于对危险源的控制和危险的引发，不管怎样，抽象的危险在危险引发者手中；损害者作为危险维持中经济利益的获得者，理应对由此产生的后果承担责任。④特别危险和公众的无助：特别危险具有特别大的损害可能性，涉及众多人身或者威胁特别重大的利益；特别危险强化了责任，同时特别危险会导致公众的无助，使其失去防卫的可能性；当自我保护的可能性丧失时，与危险相连的损害赔偿请求权就应产生。③ 从上述学者的观点中，不难把握危险责任的基本归责要素。

3. 立法模式

危险责任制度中争议较大的是立法模式问题，即一般条款模式与特别立法模式之争。德国、奥地利等国采行的均是特别立法模式。在采行特别立法模式的国家，是否可以类推适用危险责任规则也存在争议。在德国法中，危险责任被看作一般性的过失责任之例外，司法中拒绝类推适用于现有的危险责任类型。④ 因为类推适用是以存在法律漏洞为前提的，无漏洞则无类推的可能，而危险责任的规定作为过失责任原则的例外而存在，依

---

① Andreas Blaschczok, Gefährdungshaftung und Risikozuweisung, Carl Heymanns Verlag K. G. Köln. Berlin. Bonn. München, 1993, S. 46ff.

② Gerd Rinck, Gefährdungshaftung, Verlag Otto Schwartz & Co. Göttingen, 1959, S. 3ff.

③ Susanne Hehl, Das Verhältnis von Verschuldens—und Gefährdungshaftung, S. Roderer Verlag, Regensburg, 1999, S. 86ff.

④ Erwin Deutsch/Hans—Jügen Ahrens, Deliksrecht, Carl Hezmanns Verlag K. G. Köln, 4. Aufl, 2002, S. 166.

其例外之特征自应局限于法定规则，故无法律漏洞可言，不可以通过类推加以扩展。① 其他的反对类推的理由尚有：危险的标准相对模糊，将其作为一个责任基础不太合适；或基于当事人利益考虑，其需要事先知道是否可能发生无过失责任，只有这样才可能通过责任保险来应对。② 但是，黑尔指出，危险责任的类推适用，在奥地利判例和文献中却不成问题，早已得到承认，因为危险责任的构成要件并未被当作特别规定来理解，而类推是一个合适的漏洞填补工具，可以避免责任法中出现对相同情况作不同处理的不理想状况。③ 多伊奇（Deutsch）认为，立法列举各个危险责任的要件，并不是作为过错责任之例外，而是构建了一个独立的责任原则，故在类似的情况下，存在可比较的特别危险时，通过类推来填补漏洞是合适的选择。④

就立法模式而言，施特克勒（Strickler）指出，危险责任的特别立法模式具有三个优点：法律的安定性、经济上的可承受性以及对行为自由的维护。不足之处则在于：危险责任规则的无序状态和任意性，危险责任立法存在漏洞，司法实践在危险责任的灰色地带中不得不另寻出路。⑤ 瑞士责任法修订委员会认为，支持一般条款的根本基础在于特别立法模式本身的缺陷，即不完整性、对相同类型作不同处理以及跟不上技术发展的步伐。⑥ 对于危险责任的改革，多伊奇建议，或者设立危险责任的一般条款，或者容许危险责任一般要件的类推适用，⑦ 施特克勒则建议一种次级的一般条款模式，即一般构成要件加列举的方式。⑧

---

① Siehe Hanspeter Strickler, Die Entwicklung der Gefährdungshaftung: Auf dem weg zur Generalklausel? Jurist Druck + Verlag Zürich, 1982, S. 100.

② J. von Staudingers, Kommentar zum BGB, Buch2, §823—825, 1999, S. 18.

③ Susanne Hehl, Das Verhältnis von Verschuldens—und Gefährdungshaftung, S. Roderer Verlag, Regensburg, 1999, S. 218.

④ Erwin Deutsch, Das Recht der Gefährdungshaftung, Jura 1983, S. 624.

⑤ Siehe Hanspeter Strickler, Die Entwicklung der Gefährdungshaftung: Auf dem weg zur Generalklausel? Jurist Druck + Verlag Zürich, 1982, S. 42ff.

⑥ Susanne Hehl, Das Verhältnis von Verschuldens—und Gefährdungshaftung, S. Roderer Verlag, Regensburg, 1999, S. 118.

⑦ Erwin Deutsch/Hans—Jügen Ahrens, Deliksrecht, Carl Hezmanns Verlag K. G. Köln, 4. Aufl, 2002, S. 167.

⑧ Siehe Hanspeter Strickler, Die Entwicklung der Gefährdungshaftung: Auf dem weg zur Generalklausel? Jurist Druck + Verlag Zürich, 1982, S. 140.

（二）交往安全义务

1. 定位

德国民法典第823条以下并没有提及交往安全义务，交往安全义务系于判例中首先为应对不作为责任问题而发展起来的，后来也用于解决行为责任问题。人们将交往安全义务描述为民法典体系的"野生物"，司法实践将其视为对侵权构成的必要补充。[①] 冯·巴尔（V. Bar）指出，民法中交往安全义务的生成，首先承担了这样的任务，即在当时已认可的作为义务之外，为不作为责任提供了新的基础。[②] 交往安全义务的发展可追溯到1902年德国帝国法院枯树案的判决，[③] 该案中为被告所有的立于公共道路边的枯树倒下，给原告造成了损害。德国帝国法院认为，德国民法典第823条第1款可以用来规范此类违法的不作为行为。法院虽否定了土地占有人有随时防止树木产生危险的义务，但认为当占有人事先已被提醒注意树木一定的危险性时，对其过失的非难就可能成立。在1903年的另外一个案件中，[④] 原告夜间在为被告所有的石头阶梯上滑倒受伤，该阶梯缺少照明并且结冰光滑。德国帝国法院指出，任何人将自己的不动产供公共交通使用时，即负有依照保障交通安全所要求之方式行事的义务，以及进一步的照顾义务。[⑤] 交往安全义务最初主要用来解决道路交通设施的安全问题，后逐渐扩展到交通安全以外的领域，成为一般性的安全保障义务。[⑥] 其涉及的主要类型包括：街道安全、通道安全、铁路、运动项目、公共广场、楼梯、房屋、院子、游乐场等。[⑦] 多伊奇指出，交往安全义务的发展，对责

---

① Erwin Deutsch/Hans—Jügen Ahrens, Deliksrecht, Carl Hezmanns Verlag K. G. Köln, 4. Aufl, 2002, S. 123.

② Christian V. Bar, Verkehrspflichten-Richterliche Gefahrsteuerungsgebote im deutschen Deliktrecht, Carl Heymann Verlag K. G. , Köln, 1980, S. 318.

③ RGZ 52, 373.

④ RGZ 54, 53.

⑤ Vgl. Larenz/Canaris, Lehrbuch des Schuldrechts Band II /2, München: C. H. Beck'sche Verlagsbuchhandlung, 13 Auflage, 1994, S. 400.

⑥ Christian V. Bar, Verkehrspflichten-Richterliche Gefahrsteuerungsgebote im deutschen Deliktrecht, Carl Heymann Verlag K. G. , Köln, 1980, S. 43ff.

⑦ Erwin Deutsch/Hans—Jügen Ahrens, Deliksrecht, Carl Hezmanns Verlag K. G. Köln, 4. Aufl, 2002, S. 129.

任和责任法具有根本性的意义，它显著地扩展了责任，几乎成为安全疏忽方面的一般条款。①

作为德国法院发展出来的制度，交往安全义务系产生于第 823 条第 1 款之解释，然而其功能却与第 823 条第 2 款十分相似。② 通说认为，其体系定位应在第 823 条第 1 款，判例和学说也始终主张将交往安全义务置于第 823 条第 1 款，但是，其是否可以成为事实构成、违法性或者有责性的一部分，却完全不清晰。③ 不过，交往安全义务不仅保护第 823 条第 1 款规定的权利和法益，而且保护其他利益，当然，这样的利益必须是从法律角度而言被认为是值得提供侵权保护的。④ 第 823 条第 1 款所保护的利益本来就有限定，除了明确列举的权利之外，作为该款意义上的"其他权利"，在限制解释的基础上仅指这样的法律地位，即与该款明确列举的诸如所有权和健康这样的权利和利益相类似的状况，⑤ 这样，交往安全义务就明显扩展了侵权法的保护范围。此外，冯·巴尔指出，长期以来人们认为交往安全义务是应对不作为之难题的特殊措施，而在结果或行为关联之不法概念的讨论中，交往安全义务对间接侵害同样具有重要意义之观点得到了普遍认同。⑥ 现实要求人们更多地顾及他人的私人领域，而不作为责任的扩展，正意味着对这种要求的法律保障。⑦ 交往安全义务在狭义上就是一项危险控制命令，即对不动产标的享有支配权之人应负担起对他人生命、健康和财产的保护义务。⑧

---

① Nils Jansen, Die Struktur des Haftungsrechts, J. C. B. Mohr（Paul Siebeck）Tübingen, 2003, S. 133.

② Erwin Deutsch/Hans—Jügen Ahrens, Deliksrecht, Carl Hezmanns Verlag K. G. Köln, 4. Aufl, 2002, S. 131.

③ Vgl. Larenz/Canaris, Lehrbuch des Schuldrechts Band II／2, München：C. H. Beck'sche Verlagsbuchhandlung, 13 Auflage, 1994, S. 394.

④ Vgl. Larenz/Canaris, Lehrbuch des Schuldrechts Band II／2, München：C. H. Beck'sche Verlagsbuchhandlung, 13 Auflage, 1994, S. 135.

⑤ Vgl. Larenz/Canaris, Lehrbuch des Schuldrechts Band II／2, München：C. H. Beck'sche Verlagsbuchhandlung, 13 Auflage, 1994, S. 356.

⑥ Christian V. Bar, Verkehrspflichten-Richterliche Gefahrsteuerungsgebote im deutschen Deliktrecht, Carl Heymann Verlag K. G., Köln, 1980, S. 401.

⑦ Christian V. Bar, Verkehrspflichten-Richterliche Gefahrsteuerungsgebote im deutschen Deliktrecht, Carl Heymann Verlag K. G., Köln, 1980, S. 26.

⑧ Christian V. Bar, Verkehrspflichten-Richterliche Gefahrsteuerungsgebote im deutschen Deliktrecht, Carl Heymann Verlag K. G., Köln, 1980, S. 45.

2. 基础

对于交往安全义务的正当化，许多学者从不同角度进行了尝试。冯·巴尔认为，交往安全义务的基础包括：危险的创造或维持、信赖保护、危险控制的可能性、危险领域的私人和共同体效用。前三者为发生交往安全义务最重要的基础，后者体现的是从危险中获益者应控制危险的思想。① 值得保护之期待的落空，是交往安全义务发生、义务人确定以及义务方式和范围的核心标准之一。② 拉布（Raab）认为，交往安全义务的正当化基础在于风险引发和风险控制之思想、利益和风险同在之思想以及信赖思想。③ 拉伦茨、卡纳里斯（Larenz/Canaris）则认为，交往安全义务的主要基础为危险源的制造或维持，决定性的正义标准在于为所设置风险负责的思想，构成了领域责任（Bereichshaftung）。特定领域安全之责任的背后支撑，为责任与控制力相配套的思想。所有者原则上处于可以控制危险的地位，通常也从危险源中获益。④ 危险防免义务的第二项主要基础是任务的承担（übernahme einer Aufgabe），诸如兽医、建筑师、施工负责人等，不仅对任务给予者（Auftraggeber）负有合同义务，而且原则上负有保护第三人生命、身体和财产的交往安全义务。对于任务承担之责任的正当化，危险制造、风险控制思想具有重要的意义。就危险制造而言，任务的承担使原义务人不再履行保护义务，并减少或排除了潜在受害人的自我保护；就风险控制而言，任务的承担者通常具有妥当履行的能力，至少会给第三人以这样的印象。此外，信赖思想也是重要的正当化基础之一，通常信赖的要求和提供与任务的承担联系在一起。交往安全义务还可以从先前行为中产生，此类先前行为具有引发特别大的风险之可能，行为人因而承担了防范风险的义务。⑤ 最后，拉伦茨、卡纳里斯还从方法论的

① Christian V. Bar, Verkehrspflichten-Richterliche Gefahrsteuerungsgebote im deutschen Deliktrecht, Carl Heymann Verlag K. G. , Köln, 1980, S. 112ff.
② Christian V. Bar, Verkehrspflichten-Richterliche Gefahrsteuerungsgebote im deutschen Deliktrecht, Carl Heymann Verlag K. G. , Köln, 1980, S. 117.
③ Thomas Raab, Die Bedeutung der Verkehrspflichten und ihre Stellung im Deliktsrecht, JuS 2002, S. 1044.
④ Vgl. Larenz/Canaris, Lehrbuch des Schuldrechts Band Ⅱ/2, München: C. H. Beck'sche Verlagsbuchhandlung, 13 Auflage, 1994, S. 407ff.
⑤ Vgl. Larenz/Canaris, Lehrbuch des Schuldrechts Band Ⅱ/2, München: C. H. Beck'sche Verlagsbuchhandlung, 13 Auflage, 1994, S. 408ff.

角度作了总结：危险制造思想、危险控制思想、风险承担与利益获取相配套以及信赖保护思想，可构成维尔伯格意义上的开放的、动态的体系，这些不同的归责基础以综合的方式共同发挥作用。[1]

（三）初步的批判

现行侵权法二元归责体系是随着危险责任的逐步发展而成形的，大陆法系近代的民法典以过错责任为基点，危险责任的兴起多在法典之外，因应实践的需要而产生。此类由实践推动产生的制度，包括交往安全义务在内，往往忽视理论体系的内在和谐。[2] 故有学者指出，危险责任的归责原理并不清晰，[3] 侵权责任法展现为不统一的图景，甚至导致混乱。[4] 但是，实践指引出来的方向，不是原有理论可以否定的东西，反而应是理论发展的定向仪。新实践的出现，理论上的说明总是会有的，但关键是当实践的变化累积为根本性的前行时，原有的理论框架便有可能失去解释的能力，或至多也只能提供一些牵强的解释。此时，对新实践基础的认识模糊，就会直接影响到正义的实现，实践基础之探明、理论之更新也便势在必行了。

那么，学者所言的欠清晰与混乱是什么呢？首先，危险责任、无过失责任表述本身并不包含对归责基础的揭示，仅是类型特征的表层性描述，即分别对应对危险的责任和在没有过失情况下发生的责任。同时，危险责任涵盖面有限，难以形成与过错责任对接的格局，这样形成的二元结构必然存在许多遗漏，出现法外空间。故有学者因此指出：危险责任的改革十分迫切，因为基于法院所留下的危险责任为例外规则的印象，必要的扩展

---

① Vgl. Larenz/Canaris, Lehrbuch des Schuldrechts Band Ⅱ/2, München: C. H. Beck'sche Verlagsbuchhandlung, 13 Auflage, 1994, S. 412.

② 此种忽视本身无可指责，盖个案判决以个案正义之实现为根本目标，理论本身只具有辅助功能，并且最终需要依当下正义理念之框架进行调整。在确信判决的妥当性之后，判决与现行理论的冲突、判决基础之论证理路的欠清晰，均不构成实质性的障碍。相反，理论需要跟进，以帮助理清思路、发现本质，并最终由更新的价值理念拓展出顺畅的体系，以发挥理论的说明、贯彻等功能。

③ Andreas Blaschczok, Gefährdungshaftung und Risikozuweisung, Carl Heymanns Verlag K. G. Köln. Berlin. Bonn. München, 1993, S. 139.

④ Vgl. Hans G. Leser, Zu den Instrumenten des Rechtsgüterschutzes im Dilikts-und Gefährdungshaftungsrecht, Acp 183 (1983), S. 576.

迄今仍被阻断。① 危险责任无法将其他无过错责任类型包含进去,而无过失责任只是对不需要过失之责任形态的概括,对各项不需要过失之责任的归责基础没有任何揭示,更不可能提供一个统一的归责基础。

交往安全义务的发展则更进一步加剧了体系的混乱。虽然有学者认为对交往安全义务的违反以及赔偿义务的发生以过错为前提,② 但是,实际的状况是,许多交往安全义务案型更接近于危险责任。正如学者所言:交往安全义务将危险责任的归责标准转置到过错责任中,③ 越来越多地趋向于担保责任、风险责任,掏空了过错原则,④ 成为法官法上隐秘地进行危险责任法续造的工具。⑤ 从前文所述的交往安全义务的正当化理由来看,也不难看出其与危险责任的正当化基础有许多相似之处。这样,交往安全义务之中混杂了过错责任与危险责任两种形态,对二元结构体系的破坏也由此可见一斑。此外,冯·巴尔还提出了另外一个角度。他认为,责任法发展中过失责任与危险责任的区分不能成功,二者均立基于民法典侵权行为法中普遍存在的危险提升理论;危险责任是与危险程度相对应的、完全客观的、不被注意的责任。⑥

所有这些,似乎使侵权法重新回到混沌状态,过错责任的内在调整,危险责任、交往安全义务的实务发展,模糊了人们的视线。追随着正义观念而于历史中杂生出的制度,形成盘根错节之势,其各自赢得的力量阻碍着制度的整合。但是,中国法不存在这样的问题,司法实践的缺乏反而解放了人们的手脚,使人们可以也应当深刻反思侵权法的现代精神,尝试理论与制度的创新,而这样的任务要求进一步思考隐藏于这一切背后的东西。

---

① Vgl. Hans G. Leser, Zu den Instrumenten des Rechtsgüterschutzes im Dilikts-und Gefährdungshaftungsrecht, Acp 183 (1983), S. 601.

② Erwin Deutsch, Unerlaubte Handlungen, Schadensersatz und Schmerzensgeld, Köln: Carl Heymanns Verlag K. G., 3. Aufl., 1995, S. 135.

③ Christian V. Bar, Verkehrspflichten-Richterliche Gefahrsteuerungsgebote im deutschen Deliktrecht, Carl Heymann Verlag K. G., Köln, 1980, S. 319.

④ Laurenz Voss, Die Verkehrspflichten, Duncker & Humblot GmbH, Berlin, 2007, S. 84, 85.

⑤ Andreas Blaschczok, Gefährdungshaftung und Risikozuweisung, Carl Heymanns Verlag K. G. Köln. Berlin. Bonn. München, 1993, S. 93.

⑥ Christian V. Bar, Verkehrspflichten-Richterliche Gefahrsteuerungsgebote im deutschen Deliktrecht, Carl Heymann Verlag K. G., Köln, 1980, S. 143.

三　过错责任之检讨：为什么将损失留在原处

（一）过错责任之内涵

过错责任原则系指有过错才有责任，没有过错就没有责任之原则，它将过错作为归责的基础。过错原则于 19 世纪取得了统治地位，法国民法典、普鲁士普通邦法以及奥地利民法典均以过错原则作为不容置疑之基础，① 德国民法典也以过错责任为占据主导地位的原则。过错责任原则是近代私法基本原则中私法自治原则的当然体现。埃塞尔指出，私法由个人的自主决定和自己责任这样的原理，发展出作为独立的私法领域的"合同"和"不法行为"之概念，将合同视为意定的交易和基本的自由行使理论，将不法行为视为自由滥用的理论。② 由此也不难看出过错责任在侵权法中的地位。

冯·卡梅尔指出，过错原则有积极的和消极的两个层面。积极层面为，谁因过错而损害了他人，就必须承担相应的损失，这符合正义观念，显然已为世人所普遍接受；消极层面为，只有作出过错行为者，方才有责任，没有过错就没有损害赔偿义务，从而保障个人之必要的行为自由。③ 据此，多伊奇也认为，过错不仅是责任的基础，也是责任的边界。作为责任的基础，在一定的要件框架下，每个过错均导向损害赔偿请求权；过错同样构成责任的界限，自由之空间始于过错的对面，人们可以在其间进行价值创造。④ 对于过错责任的这两个层面，耶林也有精辟的论述，认为引发损害赔偿义务的不是损害而是过失，就像刑法中没有过失就没有刑罚一样，民法中也仅是主观上可归责的行为方才招致损害赔偿义务；没有这样的前提而发生损害时，则由遭遇这种损害的自然事件之人承受相应

---

① Ernst von Cammerer, Der Verschuldensprinzip in Rechtsvergleichender Sicht, RabelsZ 42 (1978), S. 8.

② Josef Esser, Grundlagen und Entwicklung der Gefährdungshaftung, C. H. Beck'sche Verlagsbuchhandlung, München und Berlin, 1941, S. 51.

③ Ernst von Cammerer, Der Verschuldensprinzip in Rechtsvergleichender Sicht, RabelsZ 42 (1978), S. 6.

④ Erwin Deutsch, Die Fahrlässigkeit im neun Schuldrecht, Acp 202 (2002), S. 893.

的不利后果。①

布里格迈耶尔（Brüggemeier）认为，19 世纪私法之发展系受三种支配性思潮的影响：法律概念体系化的民法学、康德的理性自然法思想和德意志唯心主义哲学的责任伦理、亚当·斯密的经济自由主义之个人主义行为逻辑。② 在立基于这些思潮的私法中，自治的理念必然处于核心的地位。在侵权法中，由结果责任到过错责任的演变，从罗马法阶段即已开始，《阿奎利亚法》中过错责任已初见端倪，而正是到近代民法时期，过错责任达到了其发展的顶峰。此一时期的过错责任具有浓厚的伦理色彩，马顿（Marton）指出，法律领域中的"过错"是一个借用的概念，它最初发源于伦理领域。③ 每部教科书，无论是民事的还是刑事的，均一致地表明，对过错不能作任何其他的理解，它仅指确定的主观应受谴责性——行为人内在的意志行为导致了一个确定的后果。④ 维尔伯格也强调，深深扎根于正义感的过错，于损害责任方面形成了这样的观点，即过错的伦理价值无可置疑。⑤ 值得注意的是，在过错责任的两个层面中，似乎与伦理有密切关联的只是其积极的层面，即"有过错就有责任"体现了伦理的评价，而"没有过错就没有责任"则更多地基于经济政策的考虑。⑥ 可能正是基于这个理由，埃塞尔认为，不是道德上的而是经济政策上的动机，构成了过错原则至高无上的基础。⑦

不过，过错责任从近代的顶峰开始，便确定了其"客观化"的方向。

---

① Vgl. Regina Ogorek, Unterrsuchungen zur Entwicklung der Gefährdungshaftung im 19. Jahrhundert, Böhlau—Verlag Köln Wien, 1975, S. 42ff.

② Gert Brüggemeier, Deliktsrecht, Nomos Verlagsgesellschaft Baden_Baden, 1986, S. 43.

③ G. Marton, Verschuldensprinzip Verursachungsprinzip, J. Schweitzer Verlag, München, Berlin und Leipzig, 1926, S. 16.

④ G. Marton, Verschuldensprinzip Verursachungsprinzip, J. Schweitzer Verlag, München, Berlin und Leipzig, 1926, S. 5.

⑤ Walter Wilburg, Die Elemente des Schadensrechts, Marburg: N. G. Elwert'sche Verlagsbuchhandlung, G. Braun, 1941, S. 51.

⑥ 也许"没有过错就没有责任"与伦理评价的关系尚有进一步思考的余地。当伦理上将过错与责任牢固地联系在一起时，似乎"没有过错就没有责任"可以视为"有过错就有责任"的自然延伸。不过，若将过错责任作为对"损失由所有人承受"原则的调整，则"没有过错就没有责任"只是局部上对原有风险分配规则的保留。此外，"损失由所有人承受"原则与结果责任在思想史上的关系，值得探究。

⑦ Vgl. Hein Kötz, Haftung für besondere Gefahr, Acp 170（1970），S. 4

许布纳（Hübner）指出，在 19 世纪损害赔偿法中即已出现了确定的客观化趋势。[①] 下文将尝试揭示此一动向的思想根源。就过错责任整体而言，如果说"有过错就有责任"是伦理评价的法律表达，那么"没有过错就没有责任"体现的则更多是一种风险分配思想。现代社会中，"有过错就有责任"的伦理基础依然坚实，故值得检讨与反思的是"没有过错就没有责任"这样的风险分配思想。

（二）为什么将损失留在原处

"没有过错就没有责任"的实际效果是，被告不负担任何责任，损失将留在原处，由原告自己消化。布里格迈耶尔指出，追随原子论市场社会之个人主义和自由经济模式的责任法，奉行"损失由所有人承受"、将损失留在原处之原则。所有人为其财产承担风险，谁遭受了损失，原则上谁自己承担。而过错责任基于经济效率和通行责任伦理的考虑，对"损失由所有人承受"之原则作部分矫正。[②] 此种矫正是指，在行为人有过错时，损失不再留在原处，而是移转到行为人处，由行为人承受。但是，为什么在没有过错时，要将损失留在原处呢？

对此，拉伦茨与卡纳里斯指出，施加责任意味着对赔偿义务人自由和财产的侵害，故需要一个合法的基础。因而，"损失由所有人承受"原则成为侵权法的起点，偶然事件的后果由遭遇事件之人承受。该原则反映了基本的正义内涵，即每个人均当然应承受自己的"一般生活风险"（allgemeines Lebensrisiko），不能简单地将其转嫁给其他私法主体。根据德国民法典，损害赔偿义务之基础建立在被请求人的过错之上。[③] 而霍姆斯指出，将损失从受害人处转移到被告处，会产生附加的社会成本，诸如律师、法院和执行费用。因此，除非有合理的理由，损失应留在受害人处。[④] 就经

---

① Jürgen Hübner, Schadenszurechnung nach Risikosphären, Verlag Duncker & Humblot, Berlin, 1974, S. 72.

② Vgl. Gert Brüggemeier, Gesellschaftliche Schadensverteilung und Deliksrecht, Acp 182（1982）, S. 393.

③ Vgl. Larenz/Canaris, Lehrbuch des Schuldrechts Band Ⅱ/2, München: C. H. Beck'sche Verlagsbuchhandlung, 13 Auflage, 1994, S. 351.

④ See George P. Fletcher, "The Search for Synthesis in Tort Theory", 2 *Journal of Law and Philosophy* 63 – 88, 69（1983）.

济政策上的根据而言，冯·卡梅尔认为，过错责任原则在 19 世纪的胜利，不仅归功于自然法传统，工业化时代的经济政策也发挥了作用。自由主义要求的行为空间，同样可服务于工业发展，可能阻碍经济和技术发展的附加责任负担被排除。①

诚然，在因自然事件而遭受损害时，所有人承担损失应是自然理性的当然体现，将此类损害归结为"一般生活风险"也无可挑剔。但是，当损害可归因于人的行为时，仍简单地将损失留在原处，其奉行的价值取向就存在检讨的必要。此时，符合自然理性的恐怕应是行为人承担损害。实际上，19 世纪盛行的个人责任伦理及经济自由主义思潮，在法律上形成了坚定的行为人视角。行为自由的强调、经济发展保障的需要，使法律将行为人的风险降到最低点，以确保行为自由的空间并提供经济发展的推动力。与此同时，法律却几乎完全漠视了受害人的安全利益，而且立基于行为人视角的制度框架，也会极度压缩受害人的利益空间，使其正当利益在法律上得不到应有的表达。② 本来法律即以平衡为目标，私法更是重视当事人利益的平衡，这种因一定经济、社会思潮激发出来的制度，在相应的经济、社会条件发生变化时，也必然呈消退之势。翁格尔（Unger）于 1893 年即已指出，在很大程度上损害赔偿法是一定时代的伦理信念以及社会、经济关系的产物。③ 虽然不可否认过错责任具有确定的法伦理优势，④ 但其消极层面即"没有过错就没有责任"却并没有明显的伦理上的优势。时过境迁之后，社会经济背景的演进、思想基础的变迁，引发的将是对过错责任这一消极层面的彻底批判。

（三）"没有过错就没有责任"原则之废弃

如果说"没有过错就没有责任"在近代私法中是一个坚定的信条的

---

① Ernst von Cammerer, Der Verschuldensprinzip in Rechtsvergleichender Sicht, RabelsZ 42 (1978), S. 8.

② 前述拉伦茨与卡纳里斯的观点，反映了典型的行为人视角，只考虑对行为人施加责任的正当性，却忽略了这样的问题：受害人为什么要承担行为人没有过错而导致损害之风险？

③ Vgl. Hans G. Leser, Zu den Instrumenten des Rechtsgüterschutzes im Dilikts-und Gefährdungshaftungsrecht, Acp 183 (1983), S. 569.

④ C-W. Canaris, Die Gefährdungshaftung im Lichte der neueren Rechtsentwicklung, JBl. 117 (1995), S. 16.

话，那么该信条也从那一刻起，即已开始了被不断削弱的历程。时至今日，排除对昔日辉煌信条的心理依恋，不得不承认，"没有过错就没有责任"原则已经被废弃。这不仅发生在思想层面，同时也发生在制度层面。

早在 19 世纪，宾丁（Binding）就已指出，无过失是排除刑罚的必要基础，但不是排除损害赔偿义务的必要基础。① 福格特（Voigt）认为，损害赔偿义务独立于过失的现象十分古老，存在于每个人们熟悉的私法体系的初始发展阶段，如希腊法、罗马法以及德国私法。不过，此时的因果责任仅是粗糙的、不成熟的正义感的结果。但是，在现代法律秩序中，无过失损害责任的案件不再仅仅是法直觉的结果，而是理智的权衡。② 思想与社会的变迁是这一切背后的主因。布里格迈耶尔指出，随着自 19 世纪末开始的国家和社会关系的变迁，过错责任的双重合法基础，即经济自由主义和个人责任伦理，也失去了效力；随之而来的是形形色色的对过失原理的侵蚀。③ 19 世纪工业化阶段的经济自由主义理论，通过以过错责任为例外的将损害留在受害人处的支配性原则，以及损害和责任的私人保险，构建了损害赔偿法。随着工业社会的发展成熟，通过立法和司法措施对将损害分配于受害人这一早期工业社会的基础规则进行矫正，越来越受到重视。具体而言，此类矫正包括：通过过失责任的客观化及公开或隐蔽的严格责任，将损害越来越多地分配给行为人；通过私人责任保险和社会安全体系来建构损害的社会分散形式。④

克茨也认为，19 世纪中过失责任据以取得统治地位的古典自由主义思想已经在很大程度上失去了影响力，经过一个很长的过程，如今，由社会法治国理念形成的观念已经在法律、经济以及社会政治中获得承认。⑤ 市民的安全诉求构成了根本性的法律政策动机，来导入和持续扩张特别法，以建立严格的、脱离过失要求之责任。同时，安全需求还导致了对过失责

---

① Vgl. Regina Ogorek, Unterrsuchungen zur Entwicklung der Gefährdungshaftung im 19. Jahrhundert, Böhlau—Verlag Köln Wien, 1975, S. 124.
② Kurt Voigt, Fälle der Causalhaftung des Bürgerlichen Gesetzbuches, Weimar. Druck von G. Uschmann, 1902, S. 96 – 97.
③ Vgl. Gert Brüggemeier, Gesellschaftliche Schadensverteilung und Deliksrecht, Acp 182（1982）, S. 396.
④ Vgl. Gert Brüggemeier, Gesellschaftliche Schadensverteilung und Deliksrecht, Acp 182（1982）, S. 388ff.
⑤ Vgl. Hein Kötz, Haftung für besondere Gefahr, Acp 170（1970）, S. 5.

任的内部改造，诸如交往安全义务的发展、谨慎要求的提高等，使事故受害人的法律地位显著改善，常达到这样的程度，即过失责任和危险责任的区别实际上几乎不复存在。① 而卡策迈耶尔（Katzenmeier）则十分鲜明地指出：时代精神已从"损失由所有人承担"原则走向"损失由致害人承担"原则，即致害人比无辜的受害人更接近损害，因此更应当承担损害，这样的认识获得了影响力。②

自近代以来的过失客观化，实质上也是对"没有过错就没有责任"的否定，客观化了的过失已失去了伦理评价的功能，系将原本的无过失说成过失，进而肯定赔偿责任。正如学者所言，客观过失标准之下，加害人原则上承担了从低于平均值的能力到无责任能力期间的行为风险。③ 客观过失责任不再是过错责任，它包含了对社会期待之能力的绝对保证。④ 此外，过失之推定也会使没有过失的被告因不能证明自己没有过失而不得不承担责任，从而走向"没有过错就没有责任"之反面。这些过失责任的内部调整，收到了以过失责任之名行无过失责任之实的效果。布里格迈耶尔因此总结道，尽管侵权规范之文本没有改变，但如今将损害内化于行为人之原则在司法实践中已处于突出的地位。⑤

值得一提的是，我国民法通则第 132 条规定："当事人对造成损害都没有过错的，可以根据实际情况，由当事人分担民事责任。"这被部分学者解释为公平责任原则。笔者对所谓公平责任原则之说，难以认同。实际上，该条隐含的思想也许正是对"没有过错就没有责任"原则的反思，其预见到行为人无过错时一概将损失留在原处之不妥，故而授权法官根据个案情境确定是否改变"将损失留在原处"的规则。这样，民法通则的规定与现代侵权法思想也产生了内在勾连。

传统的过错责任原则过度偏向于对行为人自由的保障，忽视了受害

---

① Vgl. Hein Kötz, Haftung für besondere Gefahr, Acp 170（1970），S. 7.

② Christian Katzenmeier, Zur neueren dogmengeschichtlichen Entwicklung der Deliktsrechtstatbestände, Acp 203（2003），S. 114.

③ Claus—Wilheim Canaris, Schutzgesetz—Verkehrspflichten—Schutzpflichten, in：Festschrift fur Karl Larenz zum 80. Geburtstag, C. H. Beck'sche Verlagsbuchhandlung, München, 1983, S. 33.

④ Vgl. Gert Brüggemeier, Gesellschaftliche Schadensverteilung und Deliksrecht, Acp 182（1982），S. 441.

⑤ Vgl. Gert Brüggemeier, Gesellschaftliche Schadensverteilung und Deliksrecht, Acp 182（1982），S. 418.

人安全利益之价值。"没有过错就没有责任"给予行为人过度的鼓励，导致自由的过度膨胀，由此将提高社会成本，并危及一般的安全利益。而通过过错责任的内在调整以及外在的退让，法律的着眼点发生了重大变化，已由行为人视角转向了受害人视角。这样的视角转换，可以释放出巨大的能量，使长期被压抑的受害人正当利益得到应有的关注。私法中，视角选择并非纯粹的技术性问题，不同的视角反映了不同的取向，冯·卡梅尔早在 20 世纪 70 年代即已指出，私法上起决定性作用的是受害人视角。①

在侵权法从近代向现代的转换中，过失的客观化、过失之推定、交往安全义务的确立、危险责任的扩展，已使"没有过错就没有责任"丧失了作为原则的地位。不过，对过错责任的检讨与修正，基本上没有涉及"有过错就有责任"原则，被剥离的仅是过错责任原则中伦理色彩极弱的成分。那么，"没有过错就没有责任"之信条逐渐隐退，其背后的实质是什么？

（四）整合的基础与方向

由过错责任的演变、危险责任的发达、交往安全义务的扩张，不难看出侵权归责体系演进的整体图景。近代私法中，过错责任呈鼎盛之势，只有极少的过错责任之例外，"没有过错就没有责任"为处于强势的原则。近代以降，归责思想的演变轨迹，表现为"没有过错就没有责任"原则的逐步消隐，并最终被废弃。本来，在行为人没有过错的情况下，损害分配之实质就是风险的分配，"没有过错就没有责任"原则选择将风险完全分配给受害人。而该原则的消隐，实质上就是基于理念的变迁，将风险越来越多地分配给行为人。② 在这一过程中，源于风险分配思想的演变，杂生出许多制度，形成近乎凌乱不堪的局面。对此，有必要进行相应的整合。

接下来的问题是，于过错之外，应根据什么来确定损害的承担？过错

---

① Ernst von Cammerer, Der Verschuldensprinzip in Rechtsvergleichender Sicht, RabelsZ 42 (1978), S. 19.

② 与多数学者的观点不同，笔者认为，在过错责任的变迁中，个人责任之伦理色彩并没有受到实质性的削弱。"没有过错就没有责任"本来就与伦理的牵连较弱，而更多的是基于经济政策考量而形成的风险分配思想。在过错责任之变迁中，处于核心地位的主要是风险分配思想的变迁。过失责任的内部调整也不影响上述结论的得出，盖现代过失责任中容纳的非过失责任，仅是基于风险分配思想发生之责任被置于过失责任名下而已。

之外的标准，是否可能给予统一的构造？对此，笔者认为，无过错行为导致损害之分配，实为风险之分配，可通过构建"风险领域理论"来解决这一风险分配问题。风险分配的基本考量因素，构成这一理论的核心，通过对这些因素的综合考量，来确定损害发生在谁的风险领域之中，最终解决损害的分配问题。这样，责任法中可形成过错归责和风险归责的二元结构，该结构可以覆盖损害赔偿的全部领域，且二元归责原则均有其各自相对清晰的轮廓。过错责任原则将过错作为归责之基础，在剥离了"没有过错就没有责任"之后，其实已演变为"有过错就有责任"原则。而风险归责的基本构造，将于下文详细展开。

四　风险领域理论之构造

（一）内涵

风险领域理论是关于如何分配无过错导致之损害的理论，其根据一定的标准来判断损害发生在谁的风险领域之内，以此确定损害之分配。风险是指非因任何人的过错而发生损害的可能性，此种可能性的实现为损害的发生。而领域并非局限于空间意义上的定位，而是一种包含非时空性切割可能性的东西。"风险领域"乃是一种形象的简化表达方式，和其他理论中的表达一样，领域不是一个事实性的，而是一个法律性的概念。[1]

埃塞尔指出，责任法处于两个原理的紧张关系之下，即个人承担责任的过错思想和社会公平分配不可避免之风险的思想。[2] 而与这两个思想相对应的正是两个归责原则，即过错归责和风险归责。过错责任处理的是不法行为之责任，而风险责任应对的是不幸事件之损害分配。由于风险被界定为非因过错而导致损害的可能性，故不管过错被定位于何处，这个二元归责原则

---

[1]　Nils Jansen, Die Struktur des Haftungsrechts, J. C. B. Mohr（Paul Siebeck）Tübingen, 2003, S. 380.

[2]　Josef Esser, Die Zweispurigkeit unsers Haftepflichtrechts, JZ 1953, S. 129. 这两个原理之间是否存在紧张关系，值得思考。笔者以为，二者之间似乎并不当然存在此消彼长的关系，个案中，二者既可能是彼此对抗，也可能是同方向的彼此加强。"风险"的概念形成了二者的界限，但二者在理论上具备被构建为统一原理的可能性，分立只是一种法技术性的安排。

在逻辑上均可以无缝隙契合，向各自的方向伸展，并覆盖责任法全域。

风险领域理论可以覆盖现有的危险责任，为危险责任提供正当化说明，危险事故的发生可以视为从事危险活动者在风险领域内风险的实现。此外，雇主责任、动物饲养人责任、产品责任以及交往安全义务的部分案型等，均不难从风险领域理论角度加以正当化。我国民法通则第132条之规定虽并未具体化其价值判断，而其所根据的"实际情况"可以理解为与风险领域判断标准相关的情况，因而其确立的责任也可被视为风险责任。可见，风险领域理论可以为侵权法中的无过错致害责任提供统一的理论基础。

（二）划定风险领域之考量因素

1. 利益获取

风险领域理论的核心，是确定损害系位于谁之风险领域内的判断标准。该判断标准不应是刚性的、封闭式的，而只能表现为对多种因素综合考量的弹性判断框架。对于这些具体的考量因素，下文将逐一展开。

利益获取是划定风险领域之最为重要的考量因素。行为人应承担与其利益获取相关之风险的思想，已深深地植根于人们的正义观念中。默克尔（Merkel）指出，每个人都应当承担其获取利益的成本，[1] 风险损害成为获取利益所不得不支付的成本。拉伦茨与卡纳里斯认为，危险责任中，被许可进行的危险活动为行为人带来利益，承担风险责任则被视为对相应危险源许可的对价。[2] 盖风险与利益同在，只要一个行为制造了一项风险，而行为人从中实现了一定的经济利益，则利益和风险一体化思想就会发挥作用。[3] 在物之责任理论中，有学者相应地提出了"利用—风险"原则，认为损害发生时物在为谁所用，谁就应该承担相应的风险。[4] 福格特也指出，处理自己利益时损害他人权益者，应当将其作为自己的危险，即应承担由

---

[1] G. Marton, Verschuldensprinzip Verursachungsprinzip, J. Schweitzer Verlag, München, Berlin und Leipzig, 1926, S. 31.

[2] Vgl. Larenz/Canaris, Lehrbuch des Schuldrechts Band Ⅱ/2, München: C. H. Beck'sche Verlagsbuchhandlung, 13 Auflage, 1994, S. 606.

[3] Thomas Raab, Die Bedeutung der Verkehrspflichten und ihre Stellung im Deliktsrecht, JuS 2002, S. 1044.

[4] Bernhard A. Koch, Die Sachhaftung, Duncker & Humblot Berlin, 1992, S. 61.

此导致第三人损害之责任，而无论其是否有过失。① 这里的利益通常为经济上的利益，不过，冯·巴尔认为也可以包括精神上的利益。②

利益与风险一体性思想在我国现行法中也有体现。最高人民法院《关于贯彻执行〈中华人民共和国民法通则〉若干问题的意见（试行）》第157条规定："当事人对造成损害均无过错，但一方是在为对方的利益或者共同的利益进行活动的过程中受到损害的，可以责令对方或者受益人给予一定的经济补偿。"该条是对民法通则第132条规定的具体化，明确将利益获取作为决定风险安排的主要因素。

2. 损害分散的可能性

损害分散的可能性是划定风险领域的重要考量因素之一，损害分散的可能性越大，将损害分配给该当事人承担的合理性也就越大。此外，分散损害的面积与方向也是重要的考量因素，最终承担损害的人群越大，分配损害的合理性也越大。而在最终承担者存有多种选择可能性时，则需要考虑由哪一个方向的人群来承担损害更为合理。

现代社会为高风险社会，如何应对风险，是现代社会需要解决的重大问题。由于个体承担风险的能力非常有限，让个体来承受风险往往过于严苛，故而将风险分散开来由社会承受，已成为一个方向。王泽鉴先生指出，对于损害，传统侵权行为法系采取移转方式，而现代侵权法系采取分散方式，其所关心的基本问题，不是加害人之行为在道德上应否受到非难，而是加害人是否具有较佳之分散风险能力。③ 笔者以为，在现代侵权行为法中的过错责任领域，道德上的可非难性仍然构成责任的根基，而于非因过错导致损害的场合，即风险责任领域，对当事人本来即无道德上之责难，损害分散的可能性就成为风险安排的基本考量之一。

损害的分散需要一定的连接点，处于连接点上的当事人会成为法律上损害的承担者，而当事人可继而实现其分散损害的可能性，通过一定途径将损害进一步分散出去。损害分散的基本途径为保险，多伊奇指出，在危

---

① Kurt Voigt, Fälle der Causalhaftung des Bürgerlichen Gesetzbuches, Weimar. Druck von G. Uschmann, 1902, S. 6.

② Christian V. Bar, Verkehrspflichten-Richterliche Gefahrsteuerungsgebote im deutschen Deliktrecht, Carl Heymann Verlag K. G., Köln, 1980, S. 125.

③ 参见王泽鉴《民法学说与判例研究》（2），中国政法大学出版社，1998，第165页。

险责任中保险可能性系最基础的考虑，保险有研细损害的效果，损失风险通过企业核算由公众承担，或者由全体投保人分担。① 保险本来就是集体承担风险的一项制度，保险可能性也是社会安排的一部分，相应险种的存在，提供了分散相应风险的管道。不过，在同样具有保险可能性的当事人之间，还存在要求谁去投保更为合理的问题。一般而言，企业等机构因对风险管理的专业化、类型化，行业风险的恒定存在等，多被认定为有义务通过保险防范风险。特定职业的从业专家也被认为有义务建立渠道，分散与其职业相关的风险。

除保险之外，企业还存在通过产品或服务的价格来分散风险的可能性。企业承担的事故责任可计入企业成本，通过产品或服务的价格，使损害最终由众多的消费者分担。这样，在企业为一方当事人的场合，让企业承担相应风险的理由相对充足一些。

3. 风险的开启与维持，风险控制的可能性

特定的行为或活动与特定的风险相联系。当行为人以其行为开启一定的风险，或者维持一定的风险状态时，若该风险实现（损害发生），行为人即难辞其咎。不过，开启或维持一定的风险状态并不意味着过错的存在，故所承担的责任并非过错责任。风险的开启与维持往往基于一些正当的需要，而且，既为风险，本即具有与过错无涉的特征。

风险开启与维持作为考量因素，其力量来源于因果律，盖开启或维持一定的风险，提升了损害发生的可能性。就因果关系而言，福格特指出，德国民法典损害赔偿法中，过失责任原则占据了主导地位；而在罗马法及德国私法的早期发展阶段，损害赔偿法领域存在的却是完全不同的另一原则，即"引起（Verursachung、Veranlassung）原则"，谁导致了损害，谁就承担后果。行为与后果之间的关系已足以将损害归责于行为人。② 虽然"引起原则"在近现代已得到彻底的批判，造成损害并不当然确定责任，但因果关系本身的力量仍然存在，包括其伦理上的力量，即"你对你导致的损害负责"、"你承担你行为的风险"。这样，受害人已天然地处于优势地位，盖承担他人行为的风险应当有充分的理由。

---

① Erwin Deutsch, Das Recht der Gefährdungshaftung, Jura 1983, S. 617.
② Kurt Voigt, Fälle der Causalhaftung des Bürgerlichen Gesetzbuches, Weimar. Druck von G. Uschmann, 1902, S. 1.

风险虽然本质上具有无法完全被控制的特征，但总是具有一定程度的控制可能性，主体可以影响风险的进程。将风险控制可能性作为确定风险领域的考量因素之一，可诱导可控制风险之人尽可能地控制风险，降低风险发生的可能性，减轻损害或避免损害的产生。对风险的控制一般表现为：决定是否开启或维持风险，及开启或维持的程度；安全措施之方式，范围的选择；谨慎注意义务的投入等。风险控制可能性作为考量因素，与因果律也有一定的关系。如果说风险的开启或维持系从积极层面与因果律发生联系的话，那么风险控制的可能性则是从消极层面与因果律发生联系，前者增加了风险发生的可能，后者则是适当减少了风险发生的可能。

风险控制可能性作为考量基础的另一个理由是，在许多场合下，损害的发生是否系因有控制力之人的过失所致，难以证明。将控制可能性作为分配风险的基础，可以缓和行为人是否有过失之争论，减少行为人是否有过失问题的争议成本，从而退守于控制可能性，形成对受害人的有力保护。不过，这样会形成风险责任中暗含过错责任的可能性。

4. 合理信赖

受害人对领域安全性信赖的合理程度，也是影响风险分配的因素之一。现代社会中，个体的安全不断受到威胁，大量未知的情事会使个体的财产或人身处于危险之中。社会需要为个体提供基本的安全感，避免其财产或人身遭受不测的风险，并在其遭受不测风险时提供相应的救济。合理信赖之保护的不断加强，为法律现代化进程中的主线之一，交易领域中自不必说，侵权领域中对过失有无之判断也可以以受害人可合理期待的理性之人的行为为标准，[①] 以达到保护合理信赖的目标。在风险责任领域，保护合理信赖的思想同样构成责任的基础之一。

当受害人对环境等的安全性产生合理信赖时，不会预想到不测风险发生的可能，更不会有所应对。此时，其行为具有正当性，该正当性表现在法律上，就应当是对不利益的排除。故风险实现时，损害就不应当分配给受害人承担。与此相应，就行为人角度而言，拉布指出，当某人将其影响、控制之领域供他人使用时，将唤起他人对进入该领域不会有任何危险

---

① 参见叶金强《侵权过失标准的具体构造》，载江平主编《侵权行为法研究》，中国民主法制出版社，2004。

之信赖，因此他应承担起危险监控义务，以免使相应的信赖落空。①

合理信赖的存在，意味着受害人的行为与法秩序相吻合，合理信赖的落空会使法秩序遭到破坏，而保护合理信赖，使受害人免担损失，也就避免了秩序的动荡。不过，信赖合理性具有程度的不同，信赖合理性程度越高，将风险分配给行为人的合理性也就越高。信赖合理性的程度将会与其他考量因素综合起来，共同影响风险的分配。而信赖合理性判断所采行的标准，也应当是以常人形象为核心的、依个案因素适度调整的理性人标准。

尚须探讨的是风险责任中的信赖因素与过错责任中的信赖因素的关系。对此，笔者认为，损害赔偿法中的信赖因素具有价值取向的一致性，不管处于风险责任中还是过错责任中，宣示的均是应当保护合理信赖之思想，只是因技术上的需要才于不同领域中产生了表现形式上的分立。更为重要的是，对过失之信赖标准的采行，使过失责任中融入了部分风险责任，实质上也体现了对传统"没有过错就没有责任"理念的否定。

5. 受害人自我保护的可能性

自我保护可能性的大小影响风险的分配。拉布在论述交往安全义务时指出，需考虑潜在的受危险威胁之人是否以及在多大程度上可以认识到危险并通过谨慎之行为进行自我保护；自我保护的可能性会使开启或维持危险源之人的交往安全义务完全被取消。② 在受害人完全没有自我保护可能性的情况下，若不提供法律救济，受害人就会处于完全无助的境地，而这正是法律所应避免的。财产或人身处于风险之中，而自己又无能为力，法律此时给予适度的保护，就为受害人提供了基本的安全保障。此外，在没有自我保护可能性的情况下，受害人的行为也就没有任何不妥之处，自应在风险安排中处于有利的地位。故有学者指出，当自我保护的可能性丧失时，与危险相连的损害赔偿请求权就产生了。③

在许多重大风险面前，受害人往往处于无法逃避的境地，没有任何措施可以用来避免损害的发生。从受害人视角来观察，面对无法预测、无法

① Thomas Raab, Die Bedeutung der Verkehrspflichten und ihre Stellung im Deliktsrecht, JuS 2002, S. 1045.

② Thomas Raab, Die Bedeutung der Verkehrspflichten und ihre Stellung im Deliktsrecht, JuS 2002, S. 1045.

③ Susanne Hehl, Das Verhältnis von Verschuldens—und Gefährdungshaftung, S. Roderer Verlag, Regensburg, 1999, S. 92.

避免的风险，他们本来即处于一种无助的弱势地位，若风险发生之后还要承担损害，显然与基本的正义观念不相吻合。不过，作为考量因素，自我保护可能性也有程度的不同，此种程度需结合其他因素综合加以判断。此外，一般认为行为人对儿童的关照义务更高，这应与儿童自我保护的可能性低相关，儿童的心智水平使他们难以预见危险的存在，也缺乏避险的能力。

受害人自我保护的可能性在过错责任中也是一个考量因素，体现在过失相抵的规则之中。但是，这并不妨碍于风险责任中也将此种可能性作为考量因素，就像信赖因素一样。这涉及对侵权法二元结构的理解：过错责任与风险责任并非截然对立的责任体系，一些价值判断在二者之中均占据一定空间，实属当然之理。

6. 其他因素

除上述考量因素之外，尚有一些其他因素需要在风险分配中予以考虑。首先，风险责任中，行为的正面意义虽绝不能成为免除责任的当然理由，但仍然是影响风险分配的因素，尤其是在对一些个别性行为的评价中。行为对社会、私人的有用程度影响法律对它的评价，行为无益而又含有潜在的风险，法律的认可度相应地就低，让行为人承担更多的风险也就更为合理，而风险责任的承担，也会对该行为形成一定程度的遏制。

其次，对当事人的财产状况也需要考虑，只是其影响力相对较弱。在维尔伯格主张的损害赔偿法动态体系中，当事人的经济能力也被作为考量因素之一。[①] 风险的分配应当考虑当事人的经济承受能力，这一方面涉及对裁决的执行，另一方面也可以避免附加给当事人以难以承受的经济负担。此外，当事人分担的损失数额与其财产总额之比，可以视为一项法律上的负效果指数，这样的负效果指数应当与个案中对当事人应否承担责任的整体评价相适应。如此，则在综合评定其他考量因素之后，结合当事人的财产状况，可得出相对妥当的损害承担数额。

再有，受害人遭受损害之权利的位阶也有一定的影响，受损的权利位阶越高，行为人承担损害的可能性或数量就越大。这一方面出于加强对高位阶权利保护的需要；另一方面，位阶很高的人身权利受损时，损害的非

---

① Walter Wilburg, Die Elemente des Schadensrechts, Marburg: N. G. Elwert'sche Verlagsbuchhandlung, G. Braun, 1941, S. 28.

物质性与物质性赔偿之间本来就有隔阂，即使在物质性赔偿完全到位的情况下，受害人也往往分担了一部分不利益，故在风险分配中应当考虑到受害人已然承担的东西。此外，《欧洲侵权法原则》第3：201条规定，责任范围的确定需要考虑生活中通常风险的程度，① 这与德国法中的一般生活风险理论②也有一定的牵连，这二者中内含的思想对风险的分配也有一定的影响。

（三）体系的开放性、动态性

风险领域理论建构起来的应该是一个开放的、动态的体系。体系的开放性，体现在其随时准备吸纳新的价值取向，展现出面向未来的开放性。前文所述的考量因素，并不构成一个封闭的框架，随着正义观念的演进，必然会有新的考量因素出现，此时，风险领域理论会积极予以接纳。这样，基于更新的考量因素而作出的风险分配，将会符合当下的正义理念，可获得契合个案情境的妥当性。

同时，各考量因素的影响力不同，并且信赖合理性、自我保护可能性、风险控制可能性等，均存在程度的不同。在具体的个案中可能涉及的考量因素，以及相应的程度，均有所不同。故正如维尔伯格指出的那样，每个案件均展现出迥异的画面。③ 这样，个案判断实际上表现为以不同强度出现的不同考量因素之间的综合平衡，各考量因素的不同影响力及其具体的强度将共同发挥作用，来确定风险的分配。由此，理论体系表现出显著的动态化、弹性化特征。

五　框架性立法建议

（一）归责原则之间的边界

侵权法的体系构造是一项技术性工作，作为价值基础的则是其背后的

---

① See http://www.egtl.org/principles.

② Vgl. Matthias Mädrich, Das allegmeine Lebensrisiko, Berlin: Duncken & Humblot, 1980.

③ Walter Wilburg, Entwicklung eines Beweglichen Systems im Bürgerlichen Recht, Graz: Verlag Jos. A. kienreich, 1950, S. 13.

实质性考量因素。实质性考量因素是根本，但体系构造的技术也十分重要。维尔伯格尝试了一种将过错责任和无过错责任的所有类型都统合到一起的体系，此种体系在技术上并不具有优势。现有的体系也如前文所述，存有缺陷。而本文主张的过错责任、风险责任的二元结构体系则已克服了现有体系的不足，并具备立法化的条件。

在过错责任、风险责任的二元结构之下，过错责任是过错这一归责基础的实体化。在现代侵权法中，过错仍然具备独立支撑起一项归责原则的力量，作为考量因素，其影响力非其他因素所可比拟。不过，风险归责也并非过错归责之例外，而是与其并列的归责原则，一个以过错作为归责的基础，一个以风险分配思想作为归责的根基，二者核心区域的分界十分清晰。值得关注的是过失客观化问题，这里有两个层面需要强调。

首先，过失的客观化并没有缩小传统过错责任的覆盖面，只是加大了以过错责任之名追究责任的范围，增加的部分基本上是对"没有过错就没有责任"的否定。而且，过失标准变化之后包容进来的部分，也许只是一小部分，其拓展部分并不当然构成责任的主体，故仅因过失客观化现象即得出个案中的过失均已背离其原有本质的观点是错误的。过失责任的客观化并不意味着个案中承担责任的行为人均不具有主观过失。就此而言，过失的客观化并不构成对传统自治理念的根本性削弱，自治依然占据着显著的位置，仍是私法的核心。将过失的客观化视为传统私法自治衰落之表现，并不妥当。

其次，过失客观化的实际效果是将部分风险责任纳入过错责任名下，对此，韦特赫尔特（Wiethölter）明确将客观过失实行的标准描述为风险标准。① 多伊奇也指出，当将义务提高到无法实现的程度时，事实上就成了结果责任。② 如此一来，过错责任、风险责任的二分法还有无意义？笔者认为，无论如何，过错责任与风险责任之间的划分只可能是逻辑界限上的清晰，而于实践中二者之间必然呈绵延不绝的状态。所谓的流动的边缘地带、③

---

① Jürgen Hübner, Schadenszurechnung nach Risikosphären, Verlag Duncker & Humblot, Berlin, 1974, S. 74.

② Erwin Deutsch, Das Recht der Gefährdungshaftung, Jura 1983, S. 619.

③ Siehe Hanspeter Strickler, Die Entwicklung der Gefährdungshaftung: Auf dem weg zur Generalklausel? Jurist Druck + Verlag Zürich, 1982, S. 70.

无波动地彼此融合交错在一起等，① 均是对此种状态的描述。不管是过错责任还是风险责任，个案中的考量是连续体，并没有明确的边界，于幽微的边界处，两种归责原则背后的考量均需要走出来，进行精细的较量。但是，在核心地带，二者之间存在明确的区分，归责基础表现出显著的不同，故二元结构依然成立。那么，是否需要将过错责任中的风险责任成分剥离出来，由风险责任来调整？对此，笔者持否定态度。具体而言，当下的过错责任在理论层面和制度层面，均立基于客观化的过失标准之上，继续将这部分风险责任留在过错责任之中，可避免不必要的制度重组，维持理论与制度的稳定。而且，过失的客观化具有成本节约的功能，避免了个案中为探明当事人具体能力之成本的支出。因而，维持现有的过错责任格局具有明显的法技术上的优势。

（二）风险责任的立法建议

在过错责任、风险责任的二元体系之下，立法可分别就二者设立一般条款。过错责任的一般条款并非本文主题，这里仅就风险责任的立法问题进行讨论。作为解决如何分配无过错所致损害问题的理论，风险领域理论的立法化指向风险分配问题的全面解决。风险责任之一般条款设立后，德国法上的交往安全义务将被分解，分别为过错责任的一般条款和风险责任的一般条款所覆盖。我国法上的所谓公平责任也应废弃，同样为风险责任的一般条款所包容。在危险责任方面，对危险责任的一般条款化和类推可能性之讨论将失去意义，风险责任的一般条款会起到兜底的作用。同时，就特别的风险类型可设立特别的规定，这样的特别规定可置于民法典之中，也可以置于民法典之外。特别立法将根据不同的风险类型，规定不同的免责事由、责任限制等，而风险领域理论则可以为这些特别立法之解释提供背景。

风险责任的一般条款可运用动态体系论的思想，在列举主要的考量因素的同时，保持体系的开放性与弹性。虽然动态体系论背负着破坏法律安定性的批评，但是，在无法具体化的场合，却只能保持弹性，并且，只有

---

① Vgl. Larenz/Canaris, Lehrbuch des Schuldrechts Band Ⅱ/2, München: C. H. Beck'sche Verlagsbuchhandlung, 13 Auflage, 1994, S. 610.

这样的弹性才能适应社会生活调整之需要。就像法律常常不得不使用类似"合理"这样的弹性表达一样,从立法技术上而言,许多领域也只能是动态体系的构造。卡纳里斯认为,动态体系是处于固定的事实构成与一般条款之间的状态。[①] 而维尔伯格认为,能够弹性地规定决定性要素的立法,甚至可以形成更为稳固的架构。[②] 实际上,在风险责任的规定中,对确定的需考量因素之列举,可构成对法官的指引与限制,并形成可把握的框架。固然这样的框架的适用仍然存有广阔的弹性空间,对各因素的影响力及其强度的综合判断也需要法官的自由裁量,从而难以达到十分精确的程度,但正如亚里士多德所强调的那样,在"实践哲学"里不可能有那种数学家所达到的高度精确性,要求这样一种精确性其实乃是一种错误。[③]

法律的弹性与安定性之间存在永恒的紧张关系,此种紧张关系只可能适度缓解而不可能彻底解决。从立法的层面看,在价值判断明确的情况下,就应尽可能地将价值判断表达出来,以提高法律价值上的安定性。故一般条款之下,当有明确肯定的价值判断存在时,均应当具体表达,一般条款的设立,并不排斥具体化的立法规定。风险责任立法中,除一般条款之外,就可类型化的特殊风险,可用单独条文加以规定,并将相应领域中的特殊考量表现出来,制定出符合该类型领域的妥当规则。这样,风险责任领域将展现出一般条款加类型立法的立法模式。

六 结论

现行侵权归责体系以过错责任、危险责任二元论为通说,危险责任被视为过错责任之例外。但是,随着交往安全义务的发达、过错责任的演变、无过错致害之责任的进一步扩张,侵权体系呈现出混乱之景象,各责任的归责基础也逐渐模糊,通说已不能为现阶段的侵权法提供妥当的理论

---

① Claus-Wilhelm Canaris, Systemdenken und Systembegriff in der Jurisprudenz, Duncker & Humblot, Berlin, 1969, S. 82.

② Walter Wilburg, Entwicklung eines Beweglichen Systems im Bürgerlichen Recht, Graz: Verlag Jos. A. kienreich, 1950, S. 22.

③ 〔德〕加达默尔:《真理与方法》(上),洪汉鼎译,上海译文出版社,1999,第 402 页。

说明。这样，理论便面临着更新的艰巨任务。

理论的更新是以对实践的精确把握为前提的，现代侵权法到底发生了什么样的变化，侵权法理念的变迁轨迹、制度演进的方向等，均是值得思考的问题。自近代以来，随着经济社会格局的演变，过错责任受到了彻底的检讨，发生了深刻的变化。从现象上来看，于过错责任内部发生了过失的客观化运动，于过错责任外部则是无过错责任的不断扩张。而这些现象背后的实质是，"没有过错就没有责任"之近代法原则逐渐被削弱以至于被彻底废弃。这样，近代法上的过错责任原则被修正为"有过错就有责任"原则，而"没有过错就没有责任"原则的废弃，实质上意味着风险责任的发达。

侵权法从近代到现代发生了视角的转换，由行为人视角转向了受害人视角，由侧重于对行为人行为自由之保障，转为侧重于对受害人安全之保障。在行为人无过错的场合，现代侵权法不再奉行"损失由所有人承受"之原则，而是将无过错导致之损害视为风险，根据风险分配的思想来确定损害的承担。风险分配思想可通过风险领域理论来贯彻，风险领域理论经由多个考量因素的综合评价，确定风险发生于谁的领域，进而确定损害的承担。以风险领域理论为基础的风险归责，可整合危险责任、公平责任以及交往安全义务中的无过错责任，形成与过错责任相并列的归责原则。这样，新的侵权法归责二结构体系得以型塑。在过错责任、风险责任二元格局中，过错责任退回到"有过错就有责任"原则；同时基于法技术上的考虑，保留由客观化的过失所揽入的部分风险责任，风险责任则统合了无过错致害之责任，构建出统一的归责基础。立法上，可分别制定过错责任、风险责任之一般条款，风险责任立法采用一般条款加类型立法的模式。

民法典总则编"法律行为"一章学者建议稿的编写说明*

孙宪忠**

摘　要：民法典总则编中，对法律行为制度的设计，不论是体系结构还是具体条文的编写，都对民法整体功能具有核心价值。法律行为得以建立的法思想渊源，是人文主义革命以来得以确立的民事主体对于自己的权利义务甚至法律责任的选择权和决定权。按照这种法思想确立的意思自治原则，在确定法律行为整体结构和具体制度上发挥了决定性作用。我国现有立法在法律行为理论的接受方面的主要不足，恰恰在于未能全面地接受法律行为制度的法思想基础，因而在现行立法的制度体系和条文设计中未能全面贯彻法律行为理论。现行立法在行为主体的类型划分方面存在不足。现行立法在作为民法基本权利类型的支配权和请求权的划分方面，只承认请求权的法律行为根据，而不承认支配权的法律行为根据；在关于现代人事关系、人身关系方面，未能接受法律行为作为根据。这些缺陷应当在编纂民法典总则编时予以弥补。

关键词：民法典　民法总则　法律行为　意思自治　负担行为　处分行为

---

* 本文原载于《法学研究》2015 年第 6 期，是作者撰写的民法典总则编中"法律行为"一章学者建议稿的立法理由。
** 孙宪忠，中国社会科学院法学研究所研究员。

一 法律行为的制度价值

法律行为制度，是民法总则甚至是整个民法的核心制度之一。这一制度的基本意义，是确立民事主体享有权利、承担义务以及责任的法理根据。在民法制度体系中，权利处于核心地位，但是这些权利在现实生活中要发生取得、变更和丧失，相对应的是，民事主体也要承担义务和责任。在民法上需要解决的问题，首先是要明确界定民事主体的权利和义务的具体内容，同时也要确定这些权利和义务的法律根据或者法律基础。传统民法因此建立了法律根据或者法律事实的制度规则。关于法律根据或者法律事实，现代民法是以民事主体的行为作为根据，将其区分为法律行为和非法律行为。其中的法律行为，指的是以民事主体的意思表示作为核心要素的行为。此外，其他那些能够引起民事权利和民事义务及责任发生的法律事实，传统民法称为非法律行为。非法律行为在民法制度建设中也是一个非常大的类型，我国民法总则也将确定其规则，我们在此仅仅考虑法律行为的制度建设问题。

法律行为作为民事权利义务发生变动的法律根据，其最基本的要素是民事主体自己的意思表示，也就是他关于民事权利义务关系发生变动的真实的内心意愿。以通俗的话讲，这就是要把民事主体的"是的，我愿意"（Yes，I will）作为其享有权利、行使权利的正当性根据，也将此作为其承担义务和责任的正当性根据。将民事主体的意思表示作为民事权利义务关系发生变动的法律根据，这一点在历史上意义非常重大。从历史发展的角度看，它不仅仅是民法上的一项制度建设问题，更体现了十分重大的人文和政治价值的革命性进步。之所以这样，是因为在历史上，法律上看待民事权利和义务的伦理正当性根据，并不认为它们和民事主体本身有关，更不会认为它们和民事主体的内心意愿有关。法律确定民事主体享有权利、承担义务和责任的法律根据，是神的意志、君主的意志以及社会的公共统治权的强制要求等。法律把这些规定为法律根据，以此来确定民事主体应该享有的权利和承担的义务，民事主体对此只能接受，不享有主动选择的权利。法律在确定这些与民事主体无关的法律根据时，首先考虑的是统治者对人民的统治权，而不是人民自己的感受。即使法律上的权利义务对于一般民众产生一种被强加的十分不利的结果，民众也不可以否定。所以，这些法律并不是民主与法治的立法，而是君主统治人民的手段。在人文主义革命之后，民法之中引入民主与法治的精神，这样民法的制度建设之中才有了民事主体尤其是一般的人民可以依据自己的意愿来发生权利义务关系的规则，也就是法律行为的制度规则。从此，民法的本质发生了改变。所以，民法上确定将民事主体自己的内心意愿作为他承受权利义务关系的根据，不仅仅在民法制度发展中有重要意义，而且可以说这是现代法律制度最深层的变革。法律行为制度进入民法，是历史上最伟大的进步之一。①

在传统法学中，民法属于私法，民事权利义务关系一般是民众之间的权利义务关系。如果民众对自己的权利义务关系不能根据自己的意愿来选择和决定，那显然违背民法的私法本质。而法律行为理论的产生，就是要承认民事主体对自己的权利义务甚至法律责任的选择权和决定权，所以该理论提出并被确立为法律制度之后，民法才找到了符合私法关系建立与保障的符合普通民众真正利益的道德伦理根据。意思自治原则与法律行为制度的建立，废除了封建时代自然人方面的等级身份制，从实质上开启了人人享有平等、自由与尊严的社会，极大地促进了社会经济的发展。这一理论对人类社会的发展贡献非常大。② 在意思自治这一民法基本原则下，法律行为不仅是民事权利义务关系得以建立的正当伦理依据，而且是规范公共权力管理的民事法律关系中各种行为的正当性根据。只有按照当事人自己设定的权利义务关系来确定当事人的法律责任，即只有符合当事人自己意愿的法律关系，才是符合人类社会进步的、文明的法律所追求的正义性价值。我国的法律尤其是民法当然要采纳这一理论以及依此建立的法律制度。

二 制度的产生以及发展

法律行为概念诞生在近代法学时期，罗马法中尚无这个概念。当文艺

---

① 关于法律行为理论产生的背景资料，可参见〔德〕汉斯·哈腾保尔《法律行为的概念——产生以及发展》，孙宪忠译，载杨立新主编《民商法前沿》第1—2辑，吉林人民出版社，2002，第136页以下。

② 参见王泽鉴《民法总则》，三民书局，2000，第266页以下。

复兴运动发展到人文主义阶段，17世纪的欧洲社会兴起了理性法学派，德意志法学家古斯塔夫·胡果提出了"法律行为"的概念，并建立了这一概念的基本体系。此后，该理论在德意志法系各国的立法中得到了确认。后来，萨维尼以及以萨维尼的学生温德沙伊德为代表的德国潘德克顿学派的法学家对这一理论作出了极为重要的发展，在这一学派的努力下，该理论终于成为完善的体系。① 德国民法典以及后来继受德国法学的国家，其民法立法都采纳了这一理论体系。法国民法典即使没有明确采纳这一概念，也采纳了意思自治原则，法官和民法学界也普遍承认这一概念的科学性，并在学理上为丰富这一理论作出了贡献。其他后来制定民法典的罗马法系国家，虽然不属于德意志法系，但是其民法立法基本上都直接采纳了这一概念。② 明治维新之后产生的日本民法，和20世纪30年代制定的我国旧民法，也直接在民法总则中规定了法律行为制度。英美法系国家在学理上也采纳了这一概念。

以苏联民法为代表的社会主义民法，一般也直接或者间接地采纳法律行为的概念，立法上也建立了相应的制度。但是，因为计划经济体制的需要，民事法律关系的作用范围受到极大限制，社会主要的财产移转依据政府指令划拨或者调拨，而不再依据法律行为；当事人自己的意思自治原则更是无法发挥作用。在这方面一个最典型的例子就是婚姻。苏联法已经将婚姻法从民法之中摘了出去，对于民事主体而言，对非常个性化、隐私化的婚姻行为，都不再从婚姻当事人的意思自治原则出发去分析和理解，而是从社会利益需要的角度去分析理解。这种不再把婚姻作为法律行为结果的理论和制度，实际上已经违背了婚姻的本质。至于这一法系中的合同、财产处分、公司的发起及其运作等，法律行为理论在其中已经很难发挥作用。因为这种经济体制，这些国家立法中的法律行为制度也都非常简单。③

苏联法学建立的法律行为制度，适应了计划经济体制的要求，但是违背了民法意思自治这个基本原则。这一制度模式传入我国后，曾对我国的

① Hans Hattenbauer, Grundbegriffe des Bürgerlichen Rechts, Verlag C. H. Beck, 1982, Seite 67 – 74 usw.

② K. Zweigert and H. Kötz, *An Introduction to Comparative Law*, trans. by Tony Weir, 2d ed., Volume Ⅱ, Clarendon Press Oxford, 1987, pp. 16 – 18.

③ 参见〔苏〕斯米尔诺夫等《苏联民法》上卷，黄良平、丁文琪译，中国人民大学出版社，1987，第84页以下。

立法发展有非常大的消极影响。这种变形或者说变质的法律行为理论，现在还可以从我国主导性的法理学理论、宪法学理论中清晰地看出来。我国法学理论上，对法律行为的概念不是从当事人意思表示这个核心来分析和定义的。我国法理学、宪法学上所称的法律行为，被定义为"具有法律意义的行为"或者"能够导致法律关系发生的行为"，它既包括宪法行为、民事法律行为、行政法律行为、诉讼法律行为这些一般的法律行为，还包括各类别的法律行为，如合法行为、违法行为、犯罪行为等。法律行为是这些行为的上位法学概念。① 实际上，这种理论已经完全脱离了法律行为理论的本源。与苏联法学一样，我国立法和主导学说也不再将婚姻行为作为法律行为，民事主体处分财产的行为不作为法律行为而仅仅作为事实行为，这些都沿袭了苏联法学限制甚至否定主体意思表示的法律行为理论。显然，如果不从意思表示的角度理解法律行为，就不能理解意思自治原则；而不理解意思自治原则，民法甚至整体的法律制度都会变质。

幸运的是，改革开放之后，我国民法理论一直在努力地跳出苏联法学的窠臼，基本上成功地转型为适应市场经济体制的类型。尤其是合同法、物权法以及最高人民法院关于合同法、物权法的司法解释的颁布，是我国民法成功转型的标志。

我国立法从清末变法至今，一直接受法律行为理论。其中，20 世纪 30 年代中国旧民法建立的法律行为制度在当时已经非常完善，在世界上享有盛名。改革开放之后，为适应市场经济体制的发展和人民权利保护的需要，我国民法不但采纳法律行为制度，而且在尊重民众意思自治原则方面，制度进步一直没有停止过。比如，1986 年颁布的作为民法基本法律的民法通则就建立了法律行为制度。1999 年颁布的合同法则以比较细致的规则，规定了我国法律中的债权行为，在这一方面极大地弥补了民法通则的众多疏漏。对我国社会经济生活具有重大意义的 2007 年颁布的物权法，也直接或者间接地承认了一些非常重要的处分行为。② 我国婚姻法中强调了婚姻的法律效果必须取决于当事人的内心真实意愿，即婚姻自主原则。我国继承法则比较细致地规定了遗嘱行为。我国公司法等商事法律也规定了

---

① 参见张文显主编《法理学》，高等教育出版社、北京大学出版社，1999，第 101 页。
② 参见拙著《中国物权法总论》（法律出版社，2014）"物权变动"一章。

一些多方法律行为和共同行为。

三 我国现行法律的制度缺陷

从立法的角度看，我国现行法律对法律行为的理论"接受"和制度建设还是有许多不足。当然，首先是已有制度不成体系，彼此之间没有逻辑联系。此外，从民法总则立法也就是从制度建设的角度看，比较明显的不足有以下几点。

第一，我国法学整体的主导理论不能完全彻底地接受"意思自治原则"，在承认民众享有自我决定权方面显得小心翼翼、十分拘谨，导致民法立法无法完全接受法律行为理论，从而出现很不应该的制度偏差。如上所述，这一点主要是受到苏联法学的消极影响所致。改革开放之前，因计划经济体制的需要，公共权力对社会全面而又强力的管控具有法律道德层面至高无上的伦理正当性，而民众依据自我意愿寻求生存和发展的权利受到极大限制，意思自治原则不但不能获得承认，反而被当作资产阶级法学的本质和典型特征受到批判。① 这种观念，和我国过去不发达的交易生活相适应。这曾经一度导致主流的民法学说不完全承认民间社会的存在，不完全承认自然人、法人按照自己的意思追求法律效果的效力。这些学说导致的立法结果，首先是我国立法在民法通则中使用"民事法律行为"这一概念而不采用"法律行为"概念。这是典型的似是而非。民事法律行为这一概念来源于苏联法学，虽然从表面上看它与法律行为概念似乎没有什么差别，但其实差别很大。因为，"法律行为"概念的核心是意思表示，即当事人内心真意的表达；法律行为的效果，必须来源于当事人自己的效果意思。但是，"民事法律行为"这一概念只是强调能够发生民事权利变动的法律根据，其法律效果来源于法律的规定。"法律行为"概念和我国法

---

① 我国旧有法学对意思自治原则的批判，最为人熟知者，即资本家购买工人活劳动的例子。这个例子被当作资本主义用形式平等原则掩盖实质不平等的典型。但是这种批判从历史研究的角度看是非常不准确的。形式平等原则，首先是否定封建等级身份制下人与人之间合法的、公开的不平等；而意思自治原则，是为了否定民事权利义务关系由国家统治者规定，而不能由民事主体自己约定的情形。因此，不论是形式平等原则，还是意思自治原则，从历史发展的角度看，都是人类社会法律制度的重大进步。

律中采用的"民事法律行为"概念的内涵大相径庭。如上所述,我国法学界将"法律行为"概念和"行政法律行为"、"诉讼法律行为"等概念相并列的观点,就更是不成立的。但恰恰是这种并不看重当事人意思表示的"民事法律行为"概念,目前在我国法理学、宪法学的著述中居然是主导性的学说。[1]

在法律行为的概念之中抽去当事人的意思表示,就是抽去了民事权利义务关系得以确立的道德正当性的基础,也就抽去了法律行为的灵魂。在公法领域尤其是在行政法领域,并不存在依据当事人尤其是民众的意思表示发生法律效果的可能。因此,在行政法领域,只有行政机关的管理行为和民众接受或者不接受管理的行为,不可能有任何意义上的发生法律效果的当事人意思。所以,公法上不可能存在法律行为。与"行政法律行为"这个概念似是而非一样,"民事法律行为"这个概念同样似是而非。

另外,民法通则还使用了"民事行为"这一概念,这就导致了法律概念的更多混乱。从表面上看,似乎"民事行为"涵盖了"法律行为"、"事实行为"与"不法行为"这些部分,但是从立法的内容看,民法通则有时又将"民事行为"与"法律行为"这两个概念混同使用,对于它们之间的区别,立法上、司法上和学理解释上均不清楚。

第二,我国法律只是明确承认法律行为理论的一部分,而不承认一些更为重要的法律行为类型。因此,现行法在法律行为制度的体系上是很不全面的。这方面的问题主要有:

其一,现行重要民法立法,不论是民法通则、合同法,还是相关民法立法,只承认双方法律行为,而不承认单方法律行为(如悬赏行为、抛弃行为)、多方法律行为(三方当事人以上的交易行为)、共同行为(如公司发起行为、决议行为)等非常重要的法律行为类型。因为立法不承认这些分类,当然也没有建立相应的规则。[2] 虽然后来的公司法、合伙企业法等法律规定了多方行为和共同行为,但是这些重要的行为类型在基本法律中尚付阙如。

---

[1] 参见张文显主编《法理学》,高等教育出版社、北京大学出版社,1999,第100页以下。

[2] 民法通则第57条要求,行为人"非依法律规定或者取得对方的同意,不得擅自变更或者解除"民事法律行为。从这个条文可以知道,在那个时代制定的民法基本法,仅仅只是承认了需要"对方"的双方行为,而没有承认单方行为、多方行为、共同行为这些重要的法律行为类型。

其二，现行立法尤其是民法基本法律只承认财产法中的法律行为，基本上不承认人身关系中的法律行为。恰恰从民法的发展历史看，从人文主义法思想的角度看，意思自治原则在人身关系领域里发挥作用，意义十分重大。因为个人的幸福、个性的满足，都必须从当事人自己的内心真实意愿的角度去理解，才能够得到完满的答案。这里，最典型的涉及人身关系的法律行为就是婚姻。意思自治原则的起源，本来就是和婚姻的个人自主性相联系的。但是恰恰在我国，在现行法律关于人身关系的规则中，我们基本上看不到法律行为尤其是人的效果意思发挥决定性作用。比如，从婚姻法规定的婚姻效力的条文中，看不出婚姻当事人的意思表示在婚姻缔结以至终止中的决定作用。① 至于在我国实践生活中得到广泛应用的婚约，我国法律基本上不予理睬，对此毫无规定。可以说，立法至今认识不到婚约的社会功用，也不知道如何加以规范，现实中涉及婚约的案件全部依靠法院的司法解释来裁判。至于当前社会中应用越来越多的婚姻契约或者婚前约定等，民法基本法律中的法律行为制度基本上也是未予涉及。

其三，对于其他涉及人身关系、人事关系的法律行为，法律更无规定。一些法律将这些法律行为规定为行政行为，排斥了当事人的意思表示在其中发挥的作用。而在民法之中，也没有认识到这些法律行为的基本特征。比如，对于雇佣这样涉及人身自由、可以订约但是不可强制义务人履约的法律行为，立法实际没有给予足够的关注。

第三，对于现代社会中新出现的法律行为类型，立法基本上是不予理睬。比如，像运动员转会、人事流动等，虽然这些都属于特别民法问题或者特别法律行为问题，但民法总则中应该有对其基本的规定。至于现代日常生活中大量存在的人体器官移植、输血、生命元素移植（如人的精子、卵子捐献）中当事人意思表示的效力等，法律至今没有涉及。显然，在这些领域，我国法律应该有更多的创造。

第四，事实上，我国现行民法立法在法律行为制度中最为重大的缺

---

① 例如，婚姻法第 10 条规定的"婚姻无效"的事由，并没有因意思表示瑕疵而导致的婚姻关系效力瑕疵的规定。关于意思表示不自由情况下婚姻关系的撤销，婚姻法第 11 条也只是规定了"胁迫结婚"这一种情形，而对于欺诈等情形没有规定。另外，我国《婚姻登记条例》也体现出以登记作为婚姻法律效果的根据，而不是以当事人的意思表示作为其根据的特点。

陷，是没有规定负担行为和处分行为的区分原则。这一点之所以是最为重大的缺陷，原因在于，民法上的基本权利类型有请求权和支配权的区分，这些基本的权利也有依据法律行为发生变动的法律制度建设问题。但是我国现行法律仅仅承认债权可以依据法律行为来发生变动，而不承认支配权可以依据法律行为发生变动。这不仅是一个重大的法律制度缺失的遗憾，而且也使支配权的变动，比如所有权取得、消灭等重大的法律事实，没有足够的法律根据，从而在民众所有权保护方面造成了不应有的现实问题。

依据法律行为理论的基本知识，对应于作为民法基本权利类型的请求权和支配权，法律行为亦区分为负担行为和处分行为，而且这一划分属于基本的法律行为分类。但是我国立法恰恰在这个基本的类型划分方面出现了重大的制度问题。我国立法和支撑立法的民法学理论，在法律行为理论以及制度建设方面只承认模模糊糊的“泛意思表示”和“泛法律行为”，[①]而不承认对于所有交易——不论是民法上的物权交易、债权交易，还是商法上的权利移转、知识产权上的让与和许可等——都具有分析和裁判意义上的具体的意思表示和具体法律行为的划分，即负担行为和处分行为的划分。事实上，这两种基本的法律行为在法律交易之中所承担的法律规范现实生活的功能有着清晰而且明确的区分。在所有法律交易中，当事人之间先要订立合同，然后才履行合同，订立合同和履行合同之间有时间上的间隔，这本是交易的常态，有些合同从订立到履行相隔数年也是正常。之所以人们会相信合同订立的当时没有履行而以后肯定会按约定的时间履行，原因就是合同从订立之时起，就发生了具有法律约束力的债权。当事人如果不履行合同，就是违约行为，就要承担违约责任。所以，债权承担的法律功能，就是在合同订立之后履行之前保障合同的持续效力，也就是保障当事人之间的信用关系。这是交易的法律规制的第一步，而这个建立债权请求权法律效果的行为，就是债权行为。因为它给双方当事人设置了一个债权意义上的法律负担，所以这个法律行为也被称为负担行为。另外，因为这个法律行为给当事人设置的是履行义务的负担，所以这个法律行为也被称为义务行为。

在合同约定的履行期限到了的时候，如果当事人约定的法律条件仍然

---

① 参见拙著《中国物权法总论》，法律出版社，2014，第305页。

正当，那么此时当事人会以自己独立的意思表示来履约，也就是完成合同中指明的权利变动。比如，如果当事人订立的是买卖合同，那么出卖人会把标的物以及标的物的所有权证书交付给买受人，而买受人应该支付合同约定的价款。此时出卖人履行合同交付标的物和标的物的所有权证书，同样是意思表示推动的结果，也就是他的效果意思的结果。而这个意思表示的内容，就是完成所有权的交付或者所有权移转。这个意思表示，和债权行为不同，目的在于完成所有权移转的法律行为。这个法律行为，就是物权行为。如果当事人之间的交易目的不是物权的移转，而是其他权利的移转，比如证券权利、股权、知识产权甚至债权的移转，那么，这种行为被称为"准物权行为"，其性质与物权行为一致。此时，当事人的意思表示的内容在于完全物权或者其他权利的移转或者变更，所以这一行为也被称为处分行为。处分行为、物权行为的法律功能，就是保障交易能够按照当事人的意思表示来完成物权的变动。这个意思表示，当然是债权意思表示之后的另一个意思表示。

除上文分析的买卖这种最为典型的法律交易中必然包含典型的负担行为和处分行为的区分之外，其他民事权利的交易也都存在负担行为和处分行为的区分，它们在交易中发挥的作用和买卖合同类似。因此，法学理论上建立了负担行为和处分行为的区分原则。这一原则——尤其是其中包含的民事主体依据意思自治原则行使对物以及物上权利的处分权的法思想——在民法上得以建立，具有极为重大的价值。首先是在权利的设立、变更、转让和处分这些法律实践之中，彻底地贯彻了民法上的意思自治原则，体现了民事权利发生变动的基本伦理：不是神权，不是君权，也不是国家公共权力，而是民事主体自己拥有对自己权利的最终支配权。从这一点看，我国法学界某些学者至今还坚持否定物权行为理论的观点，确实存在严重的缺陷。而一些学者坚持的仅仅是只承认债权契约成立过程中存在法律行为，而物权处分过程中不存在法律行为的"债权形式主义"学说，①

---

① 所谓"债权形式主义"学说，指的是一种目的在于解释和分析物权变动的理论。其要点是：在依据法律行为发生物权变动的整个过程中，当事人之间只会发生债权性质的意思表示，即当事人之间订立的债权合同再加上不动产登记以及动产交付这些形式要件，就发生了物权变动的效果。这种学说的要点是否定当事人之间发生物权变动的意思表示。参见梁慧星、陈华彬《物权法》，法律出版社，2007，第81页以下。

其学术观点的不足也在于此。这种观点,就是看不到处分行为之中民事主体独立的意思表示发挥的作用。这种观点反映在立法上,是把物权处分的法律根据要么确定为债权行为,要么确定为公共权力机构的行为,最终的结果都是排斥了民事主体对自己权利的最终处分权。这种观点在民法的核心领域或者说核心要点上,排斥了意思自治原则的作用。

另外,从法律技术的角度看,这种"债权形式主义"的理论也是难以成立的。依此理论,交易中只有当事人之间发生债权变动的意思表示,那么物权变动的效力从何而来?它当然不能是债权意思表示的结果。那么是法律上的什么力量导致物权变动?对此,"债权形式主义"只能从公共权力赋权、授权学说来理解交易中的物权效力来源问题。他们因此把不动产登记理解为行政规制的行为,把不动产物权变动的法律效果理解为行政权力对民事主体的赋权或者授权。[①] 这个理论存在明显的认识错误,如一个买卖房屋所有权的交易,买受人取得的所有权,到底是从出卖人手中取得,还是从不动产登记机构取得?对于这个问题,"债权形式主义"历来是回答不了的。在民法上,交易涉及的权利变动是否正当,归根结底都应该从当事人的意思表示中确定。

债权形式主义的理论缺陷一旦应用于法律实践,就会造成严重的错误。我们在拆迁和征地的法律实务中可以看到很多案例,一些地方政府的官员一再声称,民众的不动产所有权来源于政府的授权;既然来源于政府,政府为什么不可以收回?[②] 所以,必须坚持交易物权的来源只能是民事权利主体本身,而绝对不是政府的公共权力这样的观点。坚持公共权力对民众权利的赋权或者授权,对民事权利有着致命的危害。苏联法学就是滥用了这种赋权和授权学说,才给一些政府利用其公共权力损害民众权利创造了借口。承认当事人之间发生物权变动的法律效果之根源是当事人关于物权变动的效果意思,也就是当事人的物权行为,上述理论和实践错误都会烟消云散。

---

① 参见崔建远等《中国房地产法研究》,中国法制出版社,1995,第238页;王崇敏《我国不动产登记制度若干问题探讨》,《中国法学》2003年第2期,第48页以下。
② 参见拙著《物权法的实施(第二卷):城镇拆迁与物权》(社会科学文献出版社,2012)案例选编部分。

区分原则第二个非常重大的价值，就是它作为核心的裁判规范，对所有涉及民事权利包括商事权利、知识产权等的交易案件的分析和裁判，具有普遍的指导价值和贯穿作用。在所有法律交易之中，当事人之间首先会订立合同，产生请求权，然后会履行合同，发生支配权的变动。实践中涉及交易的案件，常常就发生在合同订立之后这一阶段，当事人之间经常为合同效力问题、合同是否履行以及是否发生物权变动或者其他支配权的变动问题发生争论。而区分原则恰恰就是在这一领域发挥核心的裁判规范作用，它能够指导人们按照当事人交易中的意思表示，准确地裁判什么时候发生了债权变动，什么时候发生了支配权（包括物权、知识产权、票据权利以及成员权中的股权）的变动，从而对当事人之间的争议作出既符合当事人意思又符合民法原理的裁判。

我国法学界以前的主导学说并不知道民法学说中还有区分原则，导致现行立法涉及债权变动和支配权变动之间关系的法律裁判规则出现了极大的混乱。其表现显著者有四。

其一，合同不登记不生效的规则。20 世纪 90 年代初期，在我国出现的一系列立法和最高人民法院的司法解释中，提出并采纳了诸如"不动产的合同不登记则不生效"的规则。最典型者，为我国担保法第 41 条以及第 64 条的规定。该法第 41 条规定："当事人以本法第四十二条规定的财产抵押的，应当办理抵押物登记，抵押合同自登记之日起生效。"第 64 条规定："出质人和质权人应当以书面形式订立质押合同。质押合同自质物移交于质权人占有时生效。"这一规则的核心错误，是把不动产登记和动产交付这些物权变动的法律根据规定为合同生效的根据。这一时期制定的城市房地产管理法、最高人民法院的司法解释等，也都采用了"不动产的合同不登记者不生效"的裁判规则。但是交易生活实践告诉我们，登记是不动产交易的最后环节，登记表示不动产交易的终结或者完成。"不动产的合同不登记者不生效"，其含义就是交易彻底完成之后合同才生效。那么，当事人之间订立合同有什么意义？本人曾经在拙作中引用过一个现实的案例。案件中的房地产开发商没有按照合同的约定向购买房屋的一些民众交付指定的房屋，在这些民众将房地产开发商起诉到法院之后，法院却以这些合同没有进行不动产登记因而应该无效为由驳回了民众的起诉。可见，法律的这些规定保护了不诚信的行为。[①] 这样的案件在当时发生过多起。从法理上分析我们会清晰地看到，对法律行为的认识不当，首先是会损害债权，损害交易的诚信。

其二，"债随财产走"的规则。1994 年，最高人民法院出台了"债随财产走"的司法解释，对我国社会造成的消极影响非常大。这个规则出台的本意，是为了解决当时大量存在的恶意避债问题。它的基本要求是，当债务人将借贷而来的金钱转移至第三人时，原债权人的债权针对该第三人也为有效。[②] 这一规则在 1994—2007 年得到法院的普遍应用，也得到了一些法学家的赞同。制定这个规则的本意也许是好的，但是因为它不能区分债权和物权的法律效力，也不能区分债权和物权的法律根据，所以它作为裁判规则是错误的。债权只能是请求权，它不能指向第三人，一个有效的债权，在任何时候都不可以直接向第三人主张权利。实际上，民法、商法中针对"恶意避债"问题的解决方法有很多，完全用不着以违背法理的方式来达到目的。[③]

其三，债权上的"无权处分"规则。现行合同法第 51 条的规定就突出地表现出这一问题。该条规定："无处分权的人处分他人财产，经权利人追认或者无处分权的人订立合同后取得处分权的，该合同有效。"如上所述，本来交易过程是订立合同在先，合同能不能生效，应该以当时的条件能不能产生请求权作为法律根据。到履行合同的阶段才发生标的物或者

---

① 参见拙文《从几个典型案例看民法基本理论的更新》，载拙著《争议与思考——物权立法笔记》，中国人民大学出版社，2006，第 362 页以下；拙文《物权法制定的现状以及三点重大争议》，《金陵法律评论》2004 年第 2 期，第 37 页。

② 参见《最高人民法院关于审理与企业改制相关的民事纠纷案件若干问题的规定》（法释〔2003〕1 号）第 6 条、第 7 条。

③ 在此用一个本人曾经参与讨论的案例加以分析：山东某地甲公司，此前曾经向乙公司借贷用于经营活动；然后甲公司成立了独资的石油公司。因为甲公司所欠乙公司的借贷一直没有归还，乙公司向甲公司提出还贷的诉讼要求，并提出因石油公司为甲公司投资设立，因此追加石油公司为第三人。此案经法院多级审理，最终判决将石油公司的资产直接用来为甲公司还贷。法院依据的规则就是"债随财产走"，多级法院的判决书均引用了这一规则。但是，法院判决存在严重错误。因为乙公司依据借贷合同仅仅只能向甲公司主张权利；而乙公司向甲公司主张权利也能够满足其利益，因为甲公司对石油公司的股权价值就能够满足其诉讼请求；法院将石油公司的财产直接拿来向乙公司清偿债务，那么石油公司自己的债权人，其权利又如何得到保护？所以，"债随财产走"的裁判规则是错误的。

权利处分，因此在合同履行阶段应该考虑处分权是否存在以及可否行使的法律根据问题。所以订立合同本质上与"处分权"无关。这好比一家公司到另一家工厂里订购产品，合同订立的时候产品当然是没有的，处分权当然也是没有的，但是这个合同必须首先生效，必须对双方当事人产生法律约束。按照合同法第51条的规定，这一合同只有在工厂把产品生产出来以后才能够有效。那么，工厂如果不能积极组织生产，反而是没有责任的。合同法第51条的错误同样在于，它把物权变动的法律根据依法强制规定为债权生效的法律根据，从而导致了交易逻辑的混乱。[①]

其四，合同法第132条规定："出卖的标的物，应当属于出卖人所有或者出卖人有权处分。"这个条文的错误之处同合同法第51条一样，是把物权变动的生效条件即法律根据规定为债权生效的法律根据。这当然是不符合交易实情的，也不符合债权生效的法理。一个民事主体在没有所有权、没有处分权的情况下，可不可以订立出卖合同？是不是出卖人一定要在取得所有权之后才能订立出卖合同？在现实生活中存在大量的中间商，他们在产品的制造者和使用者之间发挥桥梁作用，比如把制造商的产品出卖给使用者。这些合同，基本上都是出卖人尚未取得所有权的合同。但是这些合同的存在是很正常的，尤其是在国际贸易中，这些合同是常见的。[②]

从上面这些分析可以清楚地看出，20世纪末期在我国民法的发展过程中，出现了交易规则的系列性混乱。而且，如上所示，这些混乱都是关于债权发生的法律根据与物权变动的法律根据的混乱。用这些错误规则来分析和裁判交易中当事人之间到底是发生了债权关系还是发生了物权关系，

---

① 合同法第51条产生后，支持者对此展开了非常积极努力的辩护性论证。其中论证之一，是指出合同如果不把物权处分权当作条件，那么就会导致人们订立那些根本无法履行的合同，而这样的合同如果生效，就会欺骗民众。参见崔建远《无权处分辨——合同法第51条规定的解释与适用》，《法学研究》2003年第1期，第13页以下；王利明《合同法新问题研究》，中国社会科学出版社，2011，第310页。但是这一论证是不能成立的。因为合同也是法律行为，它的生效必须服从立法为法律行为设置的最一般的条件。根本无法履行的合同属于标的不能，而且是自始不能，所以该合同自始无效、根本无效，不会得到法律的承认和保护。这些与合同的处分权基本无关。

② 王泽鉴在分析债权变动和物权变动的法律根据的区别时指出：债权因其对人请求权的本质，其发生效果不需要物的特定化，不需要出卖人有所有权或者处分权，更不需要不动产登记或者动产交付；而物权的本质是对物的支配权，故物权变动的生效，标的物必须特定化，出卖人必须享有所有权，并且以不动产登记和动产交付作为必要条件。参见王泽鉴《民法总则》，台湾三民书局，2000，第284页以下。

就必然违背交易常识或者损害交易诚信。① 为纠正这些基本的法律分析和裁判规则的错误，在参与撰写"中国物权法学者建议稿"的过程中，在借鉴德国民法科学中物权行为理论的基础上，本人提出了"区分原则"的更新理论和规则，并且为此进行了系统性论证。② 这些论证的基本思路，首先是坚持在民法的基本权利类型之中，确定依支配权和请求权的法律效力为基本的划分；而在依据法律行为发生支配权和请求权的变动时，其法律根据必须要有处分行为和负担行为的区分。正如支配权和请求权的区分在民事权利中为基本类型划分一样，处分行为和负担行为的区分是法律行为的基本划分。当然，处分行为之中，物权行为是典型形式。

这种区分并不只是具有理论意义，其实践意义才是根本性的。只有在这种清晰的理论指导下，民法才能建立起科学的民事权利变动法律规则。尤其是在一个交易涉及多种民事权利变动时，法官和其他裁判者需要对这些不同的权利变动从时间上和效力上作出清晰的判断，从而为处理复杂的交易行为建立科学的根据，而区分原则正是这样的根据。相比之下，否定区分原则的种种理论都显得捉襟见肘。也正因为这样，我国民法学界越来越多的学者尤其是青年学者都开始接受这一理论。

在立法层面，"区分原则"的提出也逐渐得到了采纳。该原则提出10年之后，中国物权法第9条、第15条、第23条等，从法律根据的一般性的角度承认了债权变动和物权变动的区分。因为物权法具有基本法的意义，所以这些规则为从根本上改变中国民法的裁判规则系统、改变中国民法学基本理论体系奠定了基础。在这一点上，具有重大实践价值的是，《最高人民法院关于审理买卖合同纠纷案件适用法律问题的解释》（法释〔2012〕8号）从裁判规则的角度旗帜鲜明地采纳了区分原则。该解释第3条规定："当事人一方以出卖人在缔约时对标的物没有所有权或者处分权为由主张合同无效的，人民法院不予支持（第1款）。出卖人因未取得所有权或者处分权致使

---

① 参见拙文《从几个典型案例看民法基本理论的更新》，载拙著《争议与思考——物权立法笔记》，中国人民大学出版社，2006，第362页以下。

② 参见拙作《论物权变动的原因与结果的区分原则》、《物权行为理论探源及其意义》、《物权变动中第三人保护的法律基准》、《再谈物权行为理论》等。这些论文最初发表于《中国社会科学》、《法学研究》、《中国法学》等杂志，后一并收入文集《论物权法》（法律出版社，2001，第36页以下）。另外，拙著《中国物权法总论》（法律出版社，2014）一书，遵循从民事权利的基本分类到法律行为的基本分类的逻辑，对此也有系统阐述。

标的物所有权不能转移，买受人要求出卖人承担违约责任或者要求解除合同并主张损害赔偿的，人民法院应予支持（第 2 款）。"尤其值得注意的是，在最高人民法院参与撰写这一解释的法官和学者的著述中，明确提出："物权法第 15 条明确地表明我国立法已经接受'区分物权变动的原因与结果'的原则，因此在解释合同法第 132 条与第 51 条的关系时，应特别注意区分负担行为与处分行为，区分物权变动的原因与结果，区分合同的效力与合同的履行，区分买卖合同与物权处分。"① 从这一司法解释以及说明中可以清楚地看到，我国法院已经把以区分负担行为与处分行为为基础的裁判规则，准确地应用到了实践层面。该解释既否定了"债随财产走"的司法解释，也否定了合同法第 51 条所谓的"无权处分合同"所代表的债权变动和物权变动的逻辑混乱，是我国民法走上科学化的重大进步。

四 立法建议

在以上分析的基础上，我们在这里提出民法典总则编中"法律行为"一章的基本编制设想。

各国法律对法律行为制度，一般都是规定在民法典的总则编，也有一些立法将其散乱地规定在涉及不同权利变动的章节中。德国民法典中"法律行为"一章分为六节：第一节，行为能力；第二节，意思表示；第三节，合同；第四节，条件和期限；第五节，代理、代理权；第六节，单方面的同意、许可。② 日本民法中"法律行为"一章分为五节：第一节，总则；第二节，意思表示；第三节，代理；第四节，无效及撤销；第五节，条件及期限。韩国民法典中"法律行为"一章分为五节：总则、意思表示、代理、无效与撤销、条件与期限。我国旧民法中"法律行为"一章分为六节：第一节，通则；第二节，行为能力；第三节，意思表示；第四节，条件及期限；第五节，代理；第六节，无效及撤销。

我国民法通则将原来属于法律行为制度的行为能力制度纳入自然人

① 参见最高人民法院民事审判第二庭编著《最高人民法院关于买卖合同司法解释理解与适用》，人民法院出版社，2012，第 77 页。
② 以上德国民法典的内容为作者自译。

法，而不再规定在法律行为部分；另外，它还将代理制度也从法律行为部分析出，将一般代理（即直接代理）结合法定代理、间接代理和广义的商事代理，单独规定为"代理"一章。在这种情况下，我们现在接受的"法律行为"一章的立法覆盖面稍稍狭窄一些，仍然有很多必要的内容要加以规定。另外，从上文分析可以看出，我国立法在这一部分必须有立法观念以及制度的继承、创新和发展。本建议稿认为，我国的法律行为制度应规定如下七节：第一节，一般规则；第二节，意思表示；第三节，人身法律行为；第四节，负担行为、处分行为；第五节，无效、撤销、追认与效力待定；第六节，条件与期限；第七节，法律行为的解释。

民法基本原则：理论反思与法典表达[*]

于　飞[**]

摘　要： 我国制定民法总则要不要沿袭民法通则体例，将民法基本原则集中规定于法典开篇，这一问题具有重要的立法意义，却未经真正的讨论。传统民法知识体系中，基本原则指不具裁判功能的"一般法律思想"，并不在民法典中规定；其与作为裁判规范的诚实信用、善良风俗等概括条款迥然不同。民法通则"基本原则"章实际上是把"一般法律思想"与"概括条款"混而为一，导致了诸多理论误区与实践弊端。民法通则"基本原则"章的产生，有其特定的社会背景和历史原因。民法总则不应再于法典开篇集中规定基本原则，也不应再将一般法律思想明文化。诚实信用、公序良俗这些概括条款应当各归其位，放在各自适用的领域之中。

关键词： 民法总则　基本原则　一般法律思想　概括条款

---

[*] 本文原载于《法学研究》2016年第3期，为《法学研究》2015年秋季论坛"民法典编纂的前瞻性、本土性与体系性"的征文。是国家社科基金重大项目"中国民法重述、民法典编纂与社会主义市场经济法律制度的完善"（14ZDC018）、国家社科基金青年项目"公序良俗原则的司法适用研究"（10CFX036）、中国政法大学优秀中青年教师培养支持计划资助项目"中国民法概括条款具体化的理论、方法与实践"的成果之一。

[**] 于飞，中国政法大学民商经济法学院教授。

一 问题的提出

全国人大常委会法工委的"民法总则"（征求意见稿·草案）第一章"一般规定"集中规定了民法基本原则。各民法总则专家建议稿也普遍采取了开篇设专门章节集中规定"基本原则"的体例。① 以上属于实质相同的立法设计，章节名称不同只是形式。这些立法设计共同渊源于民法通则第一章"基本原则"。在这种体例框架内，对民法总则"基本原则"的立法讨论，基本等同于"要哪几个"基本原则的问题。前述不同立法设计，就表现为不同数量和内容的基本原则的不同组合方式。

与前述立法设计不同，本文试图回溯一步，去反思一个更具前提性的问题：我们要不要采取在法典开篇集中规定基本原则的体例？显然，只有在该问题上作出"要"的回答之后，逻辑上才会存在"要哪几个"的问题。然而，我们在"要不要"这个问题上并未真正讨论过。民法研究者面对现行法——民法通则第一章"基本原则"，"要不要"的问题似乎无法讨论，也没有必要讨论。如果向前追溯，公开出版物中最早可查的民法总则草案——1955年10月5日的《中华人民共和国民法总则（草稿）》，其第一章就是"基本原则"。② 新中国成立后的第一部民法教材——中央政法干校民法教研室编著的《中华人民共和国民法基本问题》，第一章也设有

---

① 梁慧星主编《中国民法典草案建议稿》第一章第二节"基本原则"，法律出版社，2013，第3页以下；王利明主编《中国民法典学者建议稿及立法理由·总则编》第一章第一节"民法的调整对象和基本原则"（熊谞龙执笔），法律出版社，2005，第13页以下；徐国栋主编《绿色民法典草案》第一题第二章"基本原则"，社会科学文献出版社，2004，第3页以下（徐国栋执笔）；中国法学会：《中华人民共和国民法典·民法总则专家建议稿（征求意见稿）》第一章第一节"基本原则"，http://www. chinalaw. org. cn/Column/Column_View. aspx? ColumnID =81 & InfoID =14364；杨立新：《中华人民共和国民法总则（草案）建议稿（2.0版）》第一章第三节"法律原则"，http://www, lawinnovation. com/html/xjdt/13857. shtml；北航法学院课题组（龙卫球主持）：《〈中华人民共和国民法典·通则编〉草案建议稿》第一章第二节"基本原则"，http://www. lawinnovation. com/html/xjdt/15061. shtml。所引互联网资料均于2016年3月7日最后访问。

② 参见何勤华、李秀清、陈颐编《新中国民法典草案总览》上卷，法律出版社，2003，第3页。

"我国民法的任务和基本原则"的专节。① 对我们而言，"基本原则"的独立结构几乎是一个起点上的既成事实。

民法总则的制定使我们有了重新考虑选择的机会。以往未经真正讨论的"要不要"的问题，现在能够被讨论了；它也应当被认真地讨论。假设民法通则开篇集中规定基本原则的立法体例并不妥当，若无历史再选择关口上的深刻反思，那么错误会因惯性而被沿袭下去。假设该体例是正确的，讨论仍然有价值，因为它会对既有基本原则的立法设计——无论是哪一种——的正当性基础进行补强甚至是补白，反思之后的前进就不会再被质疑。

本文反思的切入口和关键所在，是对民法通则规定的诸基本原则进行内部区分。在看似浑然一体的民法通则"基本原则"章内部，实际上表述了完全不同质的事物，而不同事物要求立法上的不同对待。本文将依以下思路展开：首先，从体系和逻辑两个视角区分基本原则与概括条款，作为一般法律思想的基本原则不需要在民法典上明文规定；其次，对我国民法基本原则的立法体例及基础理论进行反思，这些基础理论有弥合立法例上两类异质事物之间裂隙的效果，但反思使我们认识到该目的不能达到；再次，对我国民法通则"基本原则"章的特殊立法例给予具体历史场景下充满代入感的理解，而历史的合理性也会随着历史变迁而逝去；最后，给出结论，就民法总则中基本原则的立法安排谈若干浅见。

二　基本原则与概括条款的区分

民法通则第一章"基本原则"规定了平等原则（第 3 条）、自愿原则（第 4 条）、公平原则（第 4 条）、等价有偿原则（第 4 条）、诚实信用原则（第 4 条）、合法权益受保护原则（第 5 条）、公序良俗原则（第 7 条）。②

---

① 参见中央政法干部学校民法教研室编著《中华人民共和国民法基本问题》，法律出版社，1958，第 21 页以下。教科书中包含民法基本原则部分，堪称我国民法总论教科书的一个定例。笔者所见的一个比较显著的例外，是朱庆育的《民法总论》（北京大学出版社，2013）。该书没有"基本原则"章节，可能是受德国民法总论教科书撰写体例的影响。

② 通说认为，民法通则第 7 条是解释上的公序良俗原则。参见梁慧星《民法总论》，法律出版社，2011，第 50 页；王利明《民法总则研究》，中国人民大学出版社，2012，第 135 页。

以上是否为同质性事物？如果是，则将其集中规定并予以统一命名的立法例有可能是合理的。如果不是，则不同的事物可能会要求立法上的区别对待。

（一）区分的体系视角——利用德国民法体系的论证

在《法学方法论》一书中，拉伦茨有一段非常重要的阐释："最高层的原则根本尚不区分构成要件及法效果，其毋宁只是——作为进一步具体化工作指标的一般法律思想。此类原则有：法治国原则、社会国原则、尊重人性尊严的原则及自主决定与个人负责的原则。区分构成要件及法效果的第一步，同时也是建构规则的开始则是：相同的案件事实在法律上应予相同处置的命令以及各种不同方向的信赖原则（例如负担性法律溯及既往之禁止以及——作为私法中'信赖责任'的基础之——在所有法律上的特别关系均应循行'诚信'的要求）。"① 下文分三点对这段论述进行分析。

1. 原则具有层次性

拉伦茨认为，原则及"下位原则"② 构成一个"内在的阶层秩序"，③ 从而使体系的形成成为可能。其中，达到我们所谓的基本原则中"最高层的原则"，拉伦茨列举了四个：法治国原则、社会国原则、尊重人性尊严的原则、自主决定与个人负责的原则。其下位存在"相同的案件事实在法律上应予相同处置的命令"及"信赖原则"。信赖原则之下才出现了"诚实信用"以及法不溯及既往。

不同的德国学者对于"基本原则"有哪些，也有不同认识。如卡纳里斯认为，现行德国民法中的"一般法律原则"有自我决定原则、自我负责原则、交往及信赖保护原则、尊重他人人格及自由原则等。④ 而他同样认可原则的层次性："为求自身的实现，原则需要通过包含有独立实质内容的下位原则及个别评价行为进行具体化。"⑤

2. 最高层原则是"一般法律思想"，民法典不作规定

相当于我们所称的基本原则层级的"最高层原则"，拉伦茨称其实质

---

① 〔德〕拉伦茨：《法学方法论》，陈爱娥译，商务印书馆，2003，第348页。
② 〔德〕拉伦茨：《法学方法论》，陈爱娥译，商务印书馆，2003，第348页。
③ 〔德〕拉伦茨：《法学方法论》，陈爱娥译，商务印书馆，2003，第349页。
④ Vgl. Canaris, Systemdenken und Systembegriff in der Jurisprudenz, 2. Aufl., 1983, S. 48.
⑤ Vgl. Canaris, Systemdenken und Systembegriff in der Jurisprudenz, 2. Aufl., 1983, S. 57.

是"一般法律思想"。此外拉伦茨还用"法理念的特殊表现"、"法理念的特殊化"、"实质的法律思想"、①"主导性法律思想"② 等来称呼此类原则。不同的德国学者在有哪些基本原则的认识上或有差别，但一个共同点是，他们所认为的基本原则都未在德国民法典中明文规定。如法治国原则、社会国原则以及尊重人的尊严与自由原则，均规定于宪法（分别参见德国基本法第 28 条第 1 款、第 20 条第 1 款、第 1 条第 1 款、第 2 条第 2 款）。建立和维护法治、提供社会福利、尊重和保障人的尊严与自由，首先是国家的义务，若规定于民法典，反而搞错了义务对象，降低了对相应基本权利的保护程度。而自我决定原则、自我负责原则、交往及信赖保护原则属于纯粹的私法原则，此类原则德国民法典也没有明文规定。沃尔夫甚至将"一般法律原则"直接归入"不成文法"中，与习惯法、法官法、交易习惯及商业需求相并列。③ 文中所引内容是沃尔夫续写拉伦茨教科书时所加，系沃尔夫的观点。

宪法原则不宜规定在民法典中可以理解，私法原则为什么也不规定在民法典中？拉伦茨以契约自由及债权契约形式自由原则为例解释道："法律虽未明白言及，但因法律就其例外特为明定，可见其乃包含于法律之中。立法者之所以不明白言及，因其认为该原则系如此'理所当然'之事，因此根本不须提及原则，而只须表明其例外情况。"④ 如私法自治、契约自由、交易保护、信赖保护、善意保护之类，实为民法典赖以存在的前提。民法典的存在，就意味着这些前提一定存在，此即属于"理所当然"而不言自明之事。

另一个重要原因，是这些原则是"一般法律思想"，不是具有裁判功能的规则，因此没有必要规定于民法典中。拉伦茨明确指出："法律原则是（可能的或既存的）法律规则的指导思想，该思想还不是可适用的规则，但能够向可适用的规则转化。"⑤ 卡纳里斯也强调："原则并非规范，因而不能不经中介地适用，而是必须首先使之要件固化或者说'规范

---

① 〔德〕拉伦茨：《法学方法论》，陈爱娥译，商务印书馆，2003，第 348 页。
② 〔德〕拉伦茨：《法学方法论》，陈爱娥译，商务印书馆，2003，第 353 页。
③ Vgl. Larenz/Wolf, Allgemeiner Teil des BGB, 9. Aufl., 2004, § 3, Rn. 31ff.
④ 〔德〕拉伦茨：《法学方法论》，陈爱娥译，商务印书馆，2003，第 353 页。
⑤ Larenz, Richtiges Recht, 1979, S. 23.

化'。"① 拉伦茨与卡纳里斯表述的关键之处在于，均强调了原则不是"规则"或"规范"，"不能直接适用以裁判个案，毋宁只能借其于法律或者司法裁判的具体化才能获得裁判基准"。②

于是，这些作为"一般法律思想"的"最高层原则"，即使在民法典中不作规定，也"理所当然"地存在，而规定在民法典中也没有裁判的意义，因此就形成了基本原则不入法（民法典）的状况。

3. 诚实信用并非最高层原则，其性质实为"概括条款"

在前述拉伦茨、卡纳里斯的原则体系中，最高层原则中都没有诚实信用。沃尔夫亦同，他在对"一般法律原则"举例时称："私法自治原则、合同自由原则是一般法律原则，在某些法律领域中善意保护及信赖保护也是一般法律原则，表见代理就是一例。一般法律原则能够通过诚实信用（德国民法典第 242 条）这样的概括条款而具体化。"③ 可见，沃尔夫是将诚实信用作为一般法律原则的一个具体化表现，其本身尚不构成一般法律原则。对于诚实信用，沃尔夫将其称为"概括条款"。那么概括条款与一般法律原则有什么区别？《德语法律百科全书》对概括条款的解释是："概括条款是一种法律规范，它仅设立了一个一般准则，其在个案中的具体含义则委托法官在学说的帮助下去确定（例如德国民法典第 242 条、第 138 条）。"④ 这里我们可以看到一个重大差异：前述最高层原则或一般法律原则，拉伦茨、卡纳里斯都在强调它们不是"规则"或"规范"，只是一般法律思想或法律理念，不能直接用于裁判案件；而概括条款则是"规范"的一种，它具有裁判功能，可以直接作为法官的裁判工具。前述《德语法律百科全书》将德国民法典第 242 条（诚实信用）、第 138 条（善良风俗）作为概括条款的典型例子，德国法官利用这些概括条款创造了浩如烟海的判例。⑤

---

① Vgl. Canaris, Systemdenken und Systembegriff in der Jurisprudenz, 2. Aufl., 1983, S. 57.
② 〔德〕拉伦茨：《法学方法论》，陈爱娥译，商务印书馆，2003，第 353 页。
③ Vgl. Larenz/Wolf, Allgemeiner Teil des BGB, 9. Aufl., 2004, § 3, Rn. 36ff. 此处也是沃尔夫的观点。
④ Tilch/Arloth, Deutsches Rechts-Lexikon, 3. Aufl., 2001, S. 1870.
⑤ 在《施陶丁格法典评注》中，德国民法典第 242 条有 365 页评注，第 138 条有 265 页评注，主要内容即判例的类型化研究。Vgl. Staudinger/Looschelders/Olzen, 2009, § 242, Rn. 1ff. Staudinger/Sack, 2003, § 138, Rn. 1ff.

（二）区分的逻辑视角——利用德沃金、阿列克西的原则理论论证

由德沃金开创并由阿列克西发展和精致化的原则与规则区分理论，并非是为了解决民法上的问题；以上法理学家对相关概念的用法，也与民法学者有所不同。因此须先作两点前提性说明。

第一，规范、规则、原则之间的关系。在德沃金与阿列克西的语境下，规范是规则与原则的共同上位概念。因此，原则是规范的一种。而在拉伦茨、卡纳里斯的语境下，规范与规则基本是同义词，都是原则的对立物。因此，原则既不是规则，也不是规范。在本部分讨论中，将按照德沃金与阿列克西的用法来使用相关概念。

第二，原则能否适用。在拉伦茨、卡纳里斯的语境下，出于对法律安定性的追求，强调最高层原则不能直接适用，它们须经下位原则一步步地具体化为规则，最终被适用的也只能是规则。只有这样，原则才不会化身为任意司法，其在法秩序中的作用才能被控制和检验。而在德沃金、阿列克西的语境下，前述在原则的指导下寻找、确定实质规则的过程，被认为是在适用原则。

以下论述将借助一个简单但重要的图示来完成：A→B。其中，A 代表"适用条件具备"，B 代表"规范得到适用"，"→"代表蕴涵词"如果，则"。

1. 全有或全无（all or nothing）的适用方法

这是德沃金所称原则与规则之间"逻辑的"区别之关键点。"规则在适用时，是以完全有效或者完全无效的方式。如果一条规则所规定的事实是既定的，那么，或者这条规则是有效的，在这种情况下，必须接受该规则所提供的解决办法。或者该规则是无效的，在这样的情况中，该规则对裁决不起任何作用。"[1] 而原则不是这样运作的，即使是"那些看来同规则十分类似的原则，也没有列举出当规定的条件被满足时自动发生的法律后果"。[2] 因为还存在其他与之相冲突的原则，各原则需要较量它们在个案中

---

[1] 〔美〕德沃金：《认真对待权利》，信春鹰、吴玉章译，中国大百科全书出版社，1998，第43页。

[2] 〔美〕德沃金：《认真对待权利》，信春鹰、吴玉章译，中国大百科全书出版社，1998，第43页。

的分量，来决定最终的适用。这一在个案中较量分量来决定适用的过程，阿列克西称为"权衡"，并用"重力公式"来论证权衡是一种理性程序。[①]

对于规则，在 A 满足（适用条件具备）之时，B 确定地发生（规则得到适用）；若 A 不满足，则 B 确定地不发生。这就是全有或全无地适用。原则的独特性在于，即使 A 满足，B 也不会确定地发生，而是开启一个权衡的过程，由权衡来决定最终的结果。

概括条款属于规则。例如，"违反公序良俗的法律行为无效"，如果 A 满足（法律行为违反公序良俗），则 B 确定地发生（该条获得适用，产生无效后果）；若 A 不满足（未发生背俗情事），则 B 确定地不发生（该条与本案无涉而不被适用）。这就是"全有或全无"。诚实信用也是如此。"行使权利、履行义务须遵循诚实信用"，一个具体权利行使行为要么合乎诚信要求，从而导致权利行使产生相应法律效果；要么不合乎诚信要求，从而不产生权利行使的效果。

原则则不同。例如"权益受保护原则"（民法通则第 5 条，"公民、法人的合法的民事权益受法律保护"），即使 A 满足（存在一个合法的民事权益），B 也未必发生（未必适用该条并产生"受法律保护"的效果），因为存在信赖保护（具体如善意取得）、公共利益（具体如征收）等与之相冲突的其他原则或理念。原则之间的冲突导致原则的例外不可穷尽，[②] 这就决定了原则无法像规则一样"全有或全无"地确定适用，而是只能进入一个原则之间的权衡程序。德沃金在讨论众所周知的里格斯诉帕尔默一案中提出的"任何人不得从自己的错误行为中获利"，[③] 也同样符合原则的特征。

这里必然会有一个关于"权衡"的疑问：概括条款在适用中不是也需要权衡或进行利益衡量吗？在判断是否违反"诚实信用"或"公序良俗"时，显然也需要法官综合一切情况进行考量，这是否意味着原则与概括条款实质上并无分别？贡特尔指出规则适用中也存在"考量所有情形"的情

---

① 参见〔德〕阿列克西《重力公式》，载氏著《法：作为理性的制度化》，雷磊编译，中国法制出版社，2012，第 148 页以下。

② 关于原则的例外不可穷尽的论述，参见〔美〕德沃金《认真对待权利》，信春鹰、吴玉章译，中国大百科全书出版社，1998，第 44 页以下。

③ 〔美〕德沃金：《认真对待权利》，信春鹰、吴玉章译，中国大百科全书出版社，1998，第 44 页。

况。阿列克西回击道："贡特尔理解了'考量所有情形'。然而，考量所有情形并不等同于最佳化。这一点可通过以下事实得到说明：考量所有的情形同样可能意味着以'全有或全无'的方式来适用规范。"① 这就是关键，虽然概括条款在适用条件是否具备上需要"考量所有情形"，但适用条件一旦具备（或不具备），概括条款仍然是"全有或全无"地适用的。

原则是在"→"上需要权衡，A 满足后未必发生 B，而是要权衡地决定；概括条款则是在"A"上需要权衡，A 一旦确定之后，在其上没有权衡的余地，仍然是"全有或全无"地适用。原则与规则区分的关键在于"→"上是否需要权衡，在"A"上是否需要权衡则非所问。在"→"不可权衡之时，该规范已然确定地属于规则；然后，若在"A"上也不可权衡，则属于一个一般或典型的规则；若"A"需要权衡（通常是 A 中包含"须评价地予以补充的概念"② 导致的），则属于规则中的概括条款。

借此可以分析我们习以为常的一些误用。如情事变更原则〔《最高人民法院关于适用〈中华人民共和国合同法〉若干问题的解释（二）》第 26条〕，虽然该条在要件上包含了"重大变化"、"明显不公平"这样的表述，但并不能否定构成要件满足之后该条会确定地得到适用的规范特点，因此其属于规则。要件上包含了须权衡方能确定的概念，则使之进一步构成了规则中的概括条款。这是一个虽常被称为原则，但实为概括条款的典型例子。诚实信用原则、公序良俗原则也是如此。

2. 最佳化命令与确定性命令

阿列克西明确指出："按照原则理论的标准定义，原则是一种要求某事在事实上和法律上可能的范围内尽最大可能被实现的规范。因此，原则是最佳化命令。它们能以不同的程度被实现。实现的强制程度不仅取决于事实因素，也取决于法律上的可能性。后者的范围取决于与其相冲突的原则和规则。相反，规则是一种仅能以被遵守或不被遵守的方式来实现的规范。如果一项规则是有效的，它就要求人们不多不少地实现它所规定的内容。因此，规则在事实上和法律上可能的范围内构成一种决断。它们是确

---

① 〔德〕阿列克西：《法律原则的结构》，载氏著《法：作为理性的制度化》，雷磊编译，中国法制出版社，2012，第 139 页。

② 对"须评价地予以补充的概念"，可参见黄茂荣《法学方法论》，中国政法大学出版社，2001，第 297 页。

定性命令。"①

对于原则，最佳化命令意味着相冲突的诸原则在个案中都要在可能范围内得到最大的实现和满足，权衡的目的也正是使处于紧张状态的诸原则在个案中获得一种理想的平衡，最终达到整体的最佳化。这就意味着原则可以在一定程度上实现或部分地得到满足。换言之，原则的适用结果可以位于 1（适用）和 0（不适用）之间的任意一点上（包括 1 和 0，因为有可能某个原则在权衡中完全获胜），或者说原则在其关涉的类型案件中的适用结果有无穷多的可能。对于规则，由于其只能根据适用条件满足与否来决定是否适用，因此规则只有 1 和 0 两种适用可能，没有第三种状态或中间状态，也不能部分适用。

阿列克西认为宪法基本权利具有原则的属性，② 他用原则理论对宪法判例香烟强制标示案进行了分析。③ 该案一方面涉及烟草生产者的职业自由，另一方面涉及公众健康，以上利益均受德国基本法保护。但在权衡中，我们无法得出为了公众健康而禁止烟草生产或为了职业自由而放任烟草生产的结论，也即 1 或 0 都不能满足最佳化的要求。阿列克西遂将对烟草生产者的可能限制区分为轻（烟草生产者有义务在其产品上标示吸烟的危害性）、中（禁止某些经营方式，如禁止安装自动售烟机以及只限于特定商店才能销售烟草制品）、重（完全禁止销售任何烟草制品）三个等级。而现代医学已经证明吸烟对人体有严重危害，也即对该职业自由进行限制的理由的重要程度很高，故该案中分量很重的公众健康能够证成对职业自由的轻度侵害，最终阿列克西的结论——也是德国联邦宪法法院的结论——是，烟草生产者有义务在其产品上标示吸烟的危害性。该结论就落在了 1 和 0 之间，使得公众健康和职业自由两项基本权利（原则）都得到了一定程度的实现或满足。在冲突的原则之间取折中，这无论在理论上还是在实践中都是可能的，也是必须的，这就是最佳化命题。

综上，规则是在 A 满足之后确定地发生 B，在"→"上不可权衡。原

---

① 〔德〕阿列克西：《法律原则的结构》，载氏著《法：作为理性的制度化》，雷磊编译，中国法制出版社，2012，第 132 页。
② 〔德〕阿列克西：《法律原则的结构》，载氏著《法：作为理性的制度化》，雷磊编译，中国法制出版社，2012，第 155 页。
③ 〔德〕阿列克西：《法律原则的结构》，载氏著《法：作为理性的制度化》，雷磊编译，中国法制出版社，2012，第 150 页以下。

则是在 A 满足之后未必发生 B，而是开启一个权衡的过程，这是其一。原则权衡的结果，也并非只有完全适用或完全不适用两种可能，而是可以部分地适用，以实现最佳化，这是其二。显然，诚实信用、公序良俗这些概括条款既在"→"上不可权衡，又不能部分地适用，因此不是原则，而是规则（具体属于概括条款）。它们与自愿、平等、权益受保护这些原则（一般法律思想或理念）有"逻辑的"区别。

三 对我国民法通则上两类"基本原则"的反思

（一）民法通则第一章"基本原则"内容的两分

借助体系与逻辑之镜，我们发现民法通则第一章中的"基本原则"实际上由两部分构成。

第一部分是民法通则第 4 条中的"诚实信用"及第 7 条"公序良俗"。这两者的性质是"概括条款"，它们是法官的裁判规范；两者中的任何一个都不能缺少，也不能合并。原因在于，一定意义上，我们可以说民法主要解决两个问题：其一，权利如何产生；其二，权利如何行使。民法奉行"法无禁止即自由"，问题在于具体禁止性规定总是不足，因此需要兜底性质的条款。公序良俗就是在权利产生阶段弥补禁止性规定不足的概括条款，目的在于通过宣告法律行为无效来否定权利，此即所谓针对法律行为内容进行的"内容审查"。诚实信用则是在权利行使阶段弥补禁止性规定不足的概括条款，目的在于否定既存权利的某个具体行使行为，但权利仍然存在，在调整行使方式符合诚信要求之后，权利仍得继续行使，此即所谓针对权利行使行为进行的"行使审查"。因此，虽然两者都是赋予法官自由裁量权的"委任状"，都是克服成文法局限性的工具，但在作用阶段和根本功能上有质的差异。两者若欠缺任何一个，实践中就一定会有纠纷找不到裁判依据。①

第二部分是民法通则第一章中的其他所谓"基本原则"，包括平等原

① 参见于飞《公序良俗原则与诚实信用原则的区分》，《中国社会科学》2015 年第 11 期，第 146 页以下。

则、自愿原则、公平原则、权益受保护原则，这些实际是没有裁判功能的一般法律思想或法律理念。如平等原则在体现平等的法律条文（如民法通则第 10 条公民的民事权利能力一律平等）之外，自身并无独立的裁判功能；自愿原则在体现自愿的法律条文（如合同法第 52 条第 1 项反欺诈、胁迫条款）之外，自身并无独立的裁判功能；权益受保护原则在体现权益保护的条文之外，自身并无独立的裁判功能。这些原则即属拉伦茨所谓的"法律的理由"，而非"法律本身"。① 实践中"适用"以上原则进行裁判的案件，绝大部分都是将这些原则作为一个"理由叠加"，与相关具体法律规范一并适用。少数单独"适用"此类原则的案件，也可以归于若干误用的类型。② 实际上，有具体规范时适用原则，是"向一般条款逃避"，故此举不应当；同时，有具体规范时，原则适用已经是法技术上的冗余，故此举不必要。

对公平原则需单独进行解释。由于实践中存在相当多的直接且实质依公平原则裁判的案例，故可能引起公平原则有裁判功能的观感。公平原则的本质是追求当事人之间的实质公平或结果公平，③ 也只有在这个意义上才能将其与表征形式公平的平等原则、自愿原则等区分开来。然而，民法以追求形式公平为原则，以追求实质公平为例外，关键在于例外必须是法定的，所以民法中才有了"显失公平"规则（合同法第 54 条第 1 款第 2 项）、"公平分担损失"规则（侵权责任法第 24 条）等法定规范。所谓公

---

① 〔德〕拉伦茨：《法学方法论》，陈爱娥译，商务印书馆，2003，第 353 页。

② 笔者在"北大法宝"中，运用法条联想功能对适用《民法通则》第 3、4、5 条进行裁判的案例进行了检索和梳理。截至 2016 年 3 月 7 日，适用第 3 条裁判的案例有 13 个，适用第 4 条裁判的案例有 1556 个，适用第 5 条裁判的案例有 1805 个。以上绝大部分案例是将基本原则与其他具体民事实体规范并用，共有 3165 个，约占总数的 93.8%。此时基本原则仅起到"理由叠加"的作用，实为无必要性的法技术上的冗余。未与具体实体规范并用的情况仅为 209 个，约占总数的 6.2%。这些案例中，除少数适用诚信原则进行裁判的案件外，其他案例大致可以分为以下四种类型：第一，应当直接适用民法中的其他具体规定；第二，应当直接适用当事人之间的协议或约定；第三，应当直接适用举证责任规定；第四，主张权利者无权利。以上四种情况都不需要民法基本原则。上述案例检索当然不全面，但对实践中非概括条款性质的基本原则的适用情况进行考察，可为此类基本原则不具有裁判功能提供佐证。

③ 参见梁慧星《民法总论》，法律出版社，2011，第 48 页；王利明《民法总则研究》，中国人民大学出版社，2012，第 122 页；马俊驹、余延满《民法原论》，法律出版社，2010，第 39 页。合同法第 5 条规定："当事人应当遵循公平原则确定各方的权利和义务"，可印证"公平原则"系指实质公平。

平原则，在体现实质公平的具体规范之外，不应有适用余地。否则，就意味着追求实质公平的例外不再是法定，而是可以由法官在个案中自由裁量的确定。这是不合理的，也是危险的。

正如弗卢梅以买卖合同为例所作的经典论述："除法律对买卖合同不予认可的几种例外情形（例如，第134条、第138条）之外，在对买卖合同所约定的法律效果进行法律评价时，并不考虑该约定的'合理性'。其合理性来源于合同的约定，即意思自治。意思自治在为法律秩序所认可的范围内先于法律价值评判而存在。"① 这段话最具启发之处在于，告诉我们意思自治的结果是不受价值评判的，我们不能再说意思自治的结果好或不好、公平或不公平了，意思自治已经为这一结果提供了合理性。若存在例外，则仅限于"法律不予认可的几种例外情形"，如弗卢梅所明确例示的德国民法典第134条（违反禁止性规定的法律行为无效）、第138条（违反善良风俗的法律行为无效），也即超出意思自治追求实质公平的例外必须是法定的。公平原则只要超出法定的例外情形被法官适用了，就构成了一个被弗卢梅称为"自相矛盾"的所谓"正义性"评判；② 而如果公平原则只能在有法定例外时适用，这种适用就只是一种法技术上的冗余。

综上，民法通则第一章"基本原则"其实包括了一般法律思想（平等、自愿、公平、权益受保护等）和概括条款（诚实信用、公序良俗）两部分内容，这实际上是把两种完全不同的事物混在一起了。③

（二）对我国民法"基本原则"基础理论的反思

我国民法中一直有一套"基本原则"的基础理论，与我们的"基本原则"立法体例之间有相互证成的作用。若仅反思立法体例而不反思作为其

---

① 〔德〕弗卢梅：《法律行为论》，迟颖译，法律出版社，2013，第5页。
② 〔德〕弗卢梅：《法律行为论》，迟颖译，法律出版社，2013，第9页。
③ 徐国栋指出，基本原则应分为两类：一类是价值宣示意义上的原则，包括权利受保护、身份平等、意思自治等；另一类是克服成文法局限性意义上的原则，只有两个，即诚实信用和公序良俗。（参见徐国栋《民法基本原则解释——成文法局限性之克服》，中国政法大学出版社，1992，"自序"第11页以下）梁慧星亦明确指出："可以直接适用作为裁判依据的基本原则，只是属于授权条款性质的诚实信用原则、公序良俗原则、权利滥用的禁止原则。其他基本原则，如平等原则、公平原则、合同自由原则，不具有授权条款的性质。"（见梁慧星《民法总论》，法律出版社，2011，第46页注1）

基础的相关理论，这一反思就不彻底。

1. 基本原则的"效力贯彻始终性"

我国学者常以"效力贯彻始终性"来诠释何谓"基本"，从而将基本原则与某一特定民法领域的具体原则区分开来。① 本文就此作三点分析。

（1）概括条款的效力不可能贯彻民法始终。如前文所述，在权利产生与权利行使两个阶段，公序良俗与诚实信用各自控制其中一个，用以弥补特定阶段上的禁止性规定之不足，因此，二者都没有贯彻民法始终。而且，如拉伦茨所说，诚实信用仅适用于当事人之间存在"特别关联"之时，该特别关联的范围虽远超债的关系，但并不涵盖民法全部领域。如在陌生人之间不存在任何特别关联，此时不侵害他人就足够了，不需要对这些人课以依诚信标准予以行为的义务。② 使陌生人背负较高标准的诚信义务是不必要地增加了主体负担，限制了行为自由。从根本上说，任何概括条款都有其确切的适用领域或要解决的具体问题，故都不可能适用于民法全体或效力贯彻民法始终。

（2）"效力贯彻始终性"的真实意图是试图解说那些不具裁判功能的一般法律思想，如平等、自愿、公平、权益受保护。然而，这些一般法律思想无法适用于裁判，其所谓贯彻民法始终的"效力"是指什么？这时我们会发觉，我们似乎是把法律思想被法条体现称为有"效力"了。《中国大百科全书·法学》对"法律的效力"的解释是："法律效力……主要指两个方面：一是指一定法律依法公布并宣告在一定时日开始施行，即该法开始生效，对所有人均有效，都有约束力；同时也使有关当事人或组织可依法享有权利或承担义务，或拥有职权、权力并承担义务、职责。二是指这种法律效力四个方面的生效范围"，即"对人的效力"、"对事的效力"、"对空间的效力"及"对时间的效力"。③ 显然，法律思想被法条体现这一含义已逸出"法律效力"的内涵范围。

① 参见王利明《民法总则研究》，中国人民大学出版社，2012，第110页；徐国栋《民法基本原则解释——诚信原则的历史、实务、法理研究》，北京大学出版社，2013，第31页；魏振瀛主编《民法》，北京大学出版社、高等教育出版社，2013，第19页；马俊驹、余延满《民法原论》，法律出版社，2010，第32页。
② Vgl. Larenz, Lehrbuch des Schuldrechts, Band I, Allgemeiner Teil, 14. Aufl. 1987, S. 127f.
③ 江平主编《中国大百科全书·法学》，中国大百科全书出版社，2006，第78页（沈宗灵执笔）。

而且，即使将思想或理念在具体条文中得到体现称为有"效力"，在我国民法中大量存在强者受特殊限制、弱者受特殊保护、强制缔约、格式合同、征收、征用等具体条文的背景下，我们还能说平等、自愿、权益受保护的效力贯彻了民法"始终"吗？有学者注意到了这一点，在强调"效力贯彻始终性"之后立刻表示，"既然是基本原则，就应允许有例外"，①而这实际上也就意味着对"效力贯彻始终"的否定。

（3）"效力贯彻始终"理论带来实践弊端。第一，将本不具有裁判功能的一般法律思想作为裁判依据在全民法领域内适用。最典型的就是公平原则。前已论及，追求实质公平的例外必须法定化。公平原则入法且荣任"基本原则"，在"效力贯彻民法始终"的注解之下，等于允许法官在一切个案中以自由裁量的方式追求实质公平。这是公平原则产生消极实践效果的根源。第二，使原本只能在特定领域中适用的概括条款在整个民法领域适用。诚实信用、公序良俗作为概括条款，都有其确定的适用领域；若将它们视为"基本原则"并强调"效力贯彻民法始终"，一样会造成其适用范围的不适当扩大。例如，具体权利行使行为违反诚信会导致权利行使不产生相应效果，但并不否定权利本身，产生权利的法律行为也非无效。法律行为效力领域是公序良俗的适用范围。而在我国实务中，就有以违反诚信原则（合同法第6条）为由直接否定自由磋商合同之效力的案例，即属这种功能不适当扩大的典型表现。②

2. 基本原则的立法准则、司法准则、行为准则功能

这又是我国基本原则理论的一个关键点。该表述扩张了基本原则的功能和控制领域，使"基本"二字的语义得到进一步的发挥。③

其一，基本原则的立法准则功能。所谓立法准则功能，其实质是为立法者设定义务。然而，私法只能为私人设定义务，凭什么为立法者设定义

---

① 马俊驹、余延满：《民法原论》，法律出版社，2010，第33页。
② 参见"贾建业诉李生文确认合同无效纠纷案"，〔2013〕宁民提字第26号【法宝引证码】CLI. C. 2227788。值得指出的是，本案一审、二审法院以违反诚信（合同法第6条）为由宣告合同无效，而检察院抗诉意见及再审法院认为此系适用法律错误。
③ 参见王利明《民法总则研究》，中国人民大学出版社，2012，第104页以下；徐国栋《民法基本原则解释——诚信原则的历史、实务、法理研究》，北京大学出版社，2013，第34页；魏振瀛主编《民法》，北京大学出版社、高等教育出版社，2013，第19页；马俊驹、余延满《民法原论》，法律出版社，2010，第32页。

务？如果要为立法者设定义务，只能由宪法或立法法为之。如德国基本法第1条第3款规定："下列基本权利作为直接有效的法律，约束立法、行政和司法。"依此，立法者就有了在立法时尊重和积极实现基本权利的义务。但若以私法为立法者设定义务，则无从谈起。

其二，基本原则的行为准则功能。民法基本原则具有作为行为准则或行为规范的功能，这一点看起来似乎不言而喻，但事实上却并非如此。

针对行为规范与裁判规范之间的关系，黄茂荣指出："行为规范在规范逻辑上当同时为裁判规范"，若行为规范的法律效果不能在裁判中贯彻，它就会失去命令或诱导人们发生行为的功能；而"裁判规范并不必然是行为规范"，因为有的裁判规范系专为裁判者而发，不涉及调整人的行为，如各种衡平规定及法源规定。① 故裁判规范是个更大的概念，行为规范被包含在其中。

于是，逻辑上我们可以得出结论：凡不是裁判规范的，也不属于行为规范。平等等民法理念并非裁判规范，无法独立地在司法中适用。因此，人们也就无从感知这些理念的"法律拘束力"，亦无从根据该拘束力调整自己的行为。若说平等、自愿、公平这些表述本身就有一定的导人向善的作用，那也是这些理念作为道德规范所固有的，并不是作为法律规范的行为准则功能。质言之，无论是否将这些民法理念写入法典，道德伦理上的劝导功能，它们都具备；相应的，无论是否将这些民法理念写入法典，作为法律规范意义上的行为规范功能，它们都不具备。

综上，所谓民法"基本原则"的立法准则与行为准则功能都是值得怀疑的。能够确定无疑的仅限于司法准则功能，也即以之作为裁判依据，授予法官自由裁量权并克服成文法局限性。具备上述司法功能的，只有诚实信用与公序良俗这两个概括条款。

至此也就可以明了，平等、自愿、公平、权益受保护这些一般法律思想，与诚实信用、公序良俗这些概括条款是两类性质完全不同的事物。我国以往的立法和理论将两者糅合在一起，称它们为无差别的事物，实为严重的混淆。而像"效力贯彻始终性"、"立法准则、司法准则、行为准则功能"这些民法基本原则理论，其实质作用恰恰在于总结一些看似说得过去

---

① 黄茂荣：《法学方法论》，中国政法大学出版社，2001，第111页。

的共性，从而把这两类事物糅合在一起，为《民法通则》第一章“基本原则”提供解释基础。

四　民法通则将传统民法理念明文化的原因

民法通则为什么要将传统民法理念——尤其是不构成概括条款的一般法律思想——予以明文化？我们越作比较法上的映照，这种疑窦就越深。传统大陆法系民法典没有以“基本原则”为首章的立法体例；1922 年和1964 年苏俄民法典第一章为“基本原则”，但在内容上并不包含传统民法理念。[①] 以主要民法理念构成法典第一章“基本原则”，这几乎是一个比较法上未见先例的立法设计。民法通则的立法者为什么要作这种创新？

我们需要从私法传统上去认识。大陆法系法治发达国家具有绵亘久远的私法传统，这一私法传统一般认为渊源于罗马法。有学者认为：“近代欧洲国家吸收共同的文化成果，在承继罗马法的基础上，复兴和发展了民法。在这些国家，尽管存在各自的立法政策的一些差别，但是由于共同承继了罗马私法传统价值观，同时又共同接受了欧洲启蒙思潮的影响，在民法上，形成了一套共同的较为稳定的法律价值观，并且依不同层次的法律原则加以表现。其中，居于最高层次的贯穿全部民法体系的共同性价值准则，我们称之为民法的基本原则。这些原则如此根深蒂固，成为之后西方社会对私法的一般理解，以至于之后立法者都自觉地将之贯彻于私法，作为民法制定法的基本指导准则。”[②] 在有悠久私法传统的大陆法系国家，民法是其自身历史自然发展的一个结果。自由、平等、权利理念并非民法典的衍生物或民法典的结果，而是民法典赖以产生的前提，这些前提性因素蕴含在久远的私法传统之中，不需要借助民法典规定的方式去无中生有地创造出来。在这个意义上，我们才能理解为什么拉伦茨认为一些原则在民法中的存在是理所当然的，因此根本不需要规定，只需要表明例外即可。

---

① 参见《苏俄民法典》，郑华译，法律出版社，1956，第 3 页；中国社会科学院法学研究所民法研究室编《苏俄民法典》，中国社会科学出版社，1980，第 4 页以下。

② 龙卫球：《民法总论》，中国法制出版社，2002，第 50 页。

中国没有私法传统。① 民法通则的制定是一种自上而下的自觉改革，而非自下而上的自发演进。这种法制发展方式决定了我们的需求和经验与西方恰恰相反。我们的社会无法向民法提供必需的前提性因素，反而需要我们的立法先将这些前提因素明确规定出来，再向社会输出，以促进社会进步。民法通则刚刚颁布时，权威机关与权威人士对"基本原则"的阐述，能够透露"基本原则"立法的背景和意图。

时任全国人大常委会法工委副主任的顾昂然于 1986 年在最高人民法院就民法通则作报告，谈到"平等原则"时称："无论是国家机关还是普通百姓，无论是领导还是被领导，无论是中央单位还是地方单位，也无论是国有企业、集体企业还是个体工商户，只要在民事活动中，法律地位都是平等的。"② 全国人大常委会法工委编写的《民法通则讲话》就"平等原则"指出："作为民事主体的公民、法人，不同于家庭关系中的父子关系，也不同于劳动关系中的管理者与被管理者的关系，亦不同于行政关系中的上下级之间的关系，而是一种相对离异，彼此间既无血缘、又非行政隶属的关系。"③ 学者认为："全民所有制的企业法人不得以'所有制优越'为由，在具体的民事法律关系中向集体所有制企业主张不平等的权利；全民和集体所有制企业与公民进行民事活动，不能以其'财产的社会主义性质'为由，向作为私有财产所有者的公民主张特别的权利。"④

顾昂然谈到"自愿原则"时举例称："上下级之间，在工作中，下级可以提出不同意见，但上级决定了，下级应当执行。但是在民事活动中，不管是谁，都应当遵循自愿的原则，从这个角度说，没有领导和被领导的关系。"⑤ 学者就"自愿原则"强调："要使这个原则实现，得到很好的保证，还必须把国家职责和企业职责分开，国家不再直接管理企业。违反企

---

① 在中国古代有没有民法这一问题上，学界或存在分歧，可参见俞江《关于"古代中国有无民法"问题的再思考》，《现代法学》2001 年第 6 期。但在中国没有以"自由"、"平等"、"权利"为内涵的私法传统这一点上，应当没有争议。

② 顾昂然：《〈民法通则〉的制定情况和主要问题（1986 年 7 月 28 日最高人民法院民法通则培训班）》，载顾昂然《立法札记》，法律出版社，2006，第 218 页。

③ 《民法通则讲话》编写组：《民法通则讲话》，经济科学出版社，1986，第 30 页（魏军执笔）。

④ 佟柔主编《中华人民共和国民法通则简论》，中国政法大学出版社，1987，第 16 页（张新宝、蔡超行执笔）。

⑤ 顾昂然编《民法通则知识》，中国经济出版社，1987，第 5 页。

业自愿原则在很大程度上是我们的国家机关造成的。"①

顾昂然谈到"等价有偿"时特别强调"不能无偿调拨"。② 学者指出："民事活动中的各种交易都应该是等价有偿的……只有这样，才能真正杜绝刮'共产风'、无偿平调"，③ "这个原则不允许巧取豪夺，不允许用超经济的办法取得利益，不允许无偿平调，不允许凭借优势地位强迫对方接受不等价的交换"。④

对于"合法民事权益受保护原则"，顾昂然称，"过去有一段时期由于法制观念不强，发生过侵犯公民合法民事权益的情况，特别是'文革'期间，公民的民事权益被任意侵犯"。⑤ 学者指出："《民法通则》将保护公民和法人的合法权益，作为民法的基本原则，这是总结了我国三十多年来深刻的经验教训。五十年代末期，席卷全国的共产风和平调风，由于严重侵犯了公民和法人的财产权益，成为导致之后三年经济困难的主要原因。'文化大革命'十年动乱中，大规模地侵犯公民的合法权益，任意摧残蹂躏公民人身、生命、人格、自由、财产，使整个国家和民族陷入严重的灾难。正是总结了这些历史经验教训，才把保护公民和法人的权益，规定为我国法律的最重要的基本原则之一。"⑥

前述民法通则刚颁布时，立法者、最高人民法院、代表性学者的阐述，可以帮助我们回顾当时的社会情态，也能更好地理解民法通则"基本原则"立法的所欲所求。与大陆法系传统民法典立法不同，我们传统社会中缺乏平等、自由、权利这些民法典的前提性因素，也就无法向民法典供给。我们需要的是先在民法中明定这些因素，再以之改造社会。至于这些

---

① 最高人民法院《民法通则》培训班编辑组编《民法通则讲座》，北京市文化局出版处，1986，第三讲"民法的基本原则"，第84页（王家福执笔）。

② 顾昂然：《〈民法通则〉的制定情况和主要问题（1986年7月28日最高人民法院民法通则培训班）》，载顾昂然《立法札记》，法律出版社，2006，第219页。

③ 佟柔主编《中华人民共和国民法通则简论》，中国政法大学出版社，1987，第20页（张新宝、蔡超行执笔）。

④ 最高人民法院《民法通则》培训班编辑组编《民法通则讲座》，北京市文化局出版处，1986，第三讲"民法的基本原则"，第85页（王家福执笔）。

⑤ 顾昂然：《〈民法通则〉的制定情况和主要问题（1986年7月28日最高人民法院民法通则培训班）》，载顾昂然《立法札记》，法律出版社，2006，第220页。

⑥ 最高人民法院《民法通则》培训班编辑组编《民法通则讲座》，北京市文化局出版处，1986，第三讲"民法的基本原则"，第85页（王家福执笔）。

前提因素是不是裁判规范，已经无法放在第一位去考虑了。

五　结论　我国民法总则中"基本原则"的立法表达

民法总则中，我们还"要不要"采取在法典开篇集中规定基本原则的体例？综合前文所述，该问题可作以下回答。

第一，民法通则所规定的"基本原则"，其实是由不具裁判功能的"一般法律思想"和作为裁判规范的"概括条款"两部分构成。概括条款是肯定要规定的。故真正的问题在于，是否还有必要将一般法律思想在法典中明文化。

第二，民法通则的做法有其特定的时代背景与原因。而现在民法通则颁布已经30年了，我们的经济、社会、法律制度、思想观念上都已有了巨大变化。例如，我们已从"有计划的商品经济"转为了"社会主义市场经济"；已经提出了全面推进依法治国、建设社会主义法治国家的总目标；各类法律制度庶几齐备，体现自由、平等、权利保护的合同法、物权法、侵权责任法等大量民商事法律已经实施多年；"维权"、"自由签约"、"法律上人人平等"已经成为社会普遍认可和接受的观念。若说时至今日，社会上还不存在民法赖以存在的前提因素，它们还必须依靠法典规定的方式才能创造出来，恐怕难以令人信服。

更重要的是，在法技术层面，"一般法律思想"与"概括条款"的混淆不仅无益，而且有害。一旦将两类完全异质的事物等同视之，就一定会产生误解。误解可能表现为把一般法律思想视同为概括条款在司法裁判中广泛适用，典型如公平原则；也可能表现为把概括条款视为"效力贯彻民法始终"的一般法律思想，从而不恰当地扩大其适用范围，如实践中以违反诚信否定合同效力的案例。没有裁判功能的法律思想是不需要在民法典中规定的，"平等"、"自愿"、"公平"、"权益受保护"都属此类。

第三，"诚实信用"、"公序良俗"这两个概括条款必须在民法典中明定，两者任缺其一，法官都会在实践中遇到找不到裁判依据的情形。这两者的实质是有明确适用领域的概括条款，应当各归其位，放在各自的适用领域之中。"诚实信用"的核心功能是规制权利的行使，故应将其放在总则编"权利的行使"章中；"公序良俗"的核心功能是否定法律行为效力，故应将其放在总则编"法律行为"章"无效"一节。

第四，最后再引申一步。在明确认识一般法律思想与概括条款的区别之后，似可在立法体例上作一种折中，即使概括条款各归其位，将一般法律思想（基本原则）集中规定于民法典开篇，并在立法理由上强调基本原则的规定并非为了适用，而是为了建构民法的"内在体系"，[①] 以利解释。这样，既避免了混淆和误用，又能照顾我国自身的立法传统。以上无疑已经是一个进步，但仍存在学理问题。"内在体系"的建构与解释功能的发挥，并不取决于一般法律思想是否进入民法典；入了民法典，反而使"内在体系"固化，妨碍民法根基上的解释与成长的余地。尊重人格尊严、信赖保护之所以能成为现代德国法语境下有相当共识度的一般法律原则，正是因为德国民法典没有把民法价值理念在法典上固化，从而对内在体系进行新的解释才比较容易。否则，将未在法典上规定的理念与法典上明文规定的理念解释得可以等同视之，将会是比较困难的工作。即使能作这种等同视之的解释，反倒说明理念入法典是没有意义的。

---

① 〔德〕拉伦茨：《德国民法通论》，王晓晔等译，法律出版社，2003，"沃尔夫序"第 1 页。

图书在版编目(CIP)数据

民事立法与民法典编纂 / 朱广新主编. -- 北京：
社会科学文献出版社,2020.6
(《法学研究》专题选辑)
ISBN 978 - 7 - 5201 - 6288 - 3

Ⅰ.①民… Ⅱ.①朱… Ⅲ.①民法 - 法典 - 立法 - 研
究 - 中国 Ⅳ.①D923.04

中国版本图书馆 CIP 数据核字(2020)第 029917 号

《法学研究》专题选辑
民事立法与民法典编纂

主　　编／朱广新

出 版 人／谢寿光
组稿编辑／芮素平
责任编辑／赵晶华

出　　版／社会科学文献出版社·联合出版中心(010)59367281
　　　　　地址：北京市北三环中路甲29号院华龙大厦　邮编：100029
　　　　　网址：www.ssap.com.cn
发　　行／市场营销中心(010)59367081　59367083
印　　装／三河市龙林印务有限公司

规　　格／开本：787mm×1092mm　1/16
　　　　　印张：23　字数：377千字
版　　次／2020年6月第1版　2020年6月第1次印刷
书　　号／ISBN 978 - 7 - 5201 - 6288 - 3
定　　价／138.00元

本书如有印装质量问题,请与读者服务中心(010 -59367028)联系